湖南人文科技学院优秀学术专著出版资助

且为繁华寄此生

——高校图书馆阅读推广理论与实务

刘时容◎著

新华出版社

图书在版编目（CIP）数据

且为繁华寄书香：高校图书馆阅读推广理论与实务 /
刘时容著 . —北京：新华出版社，2018.1
ISBN 978-7-5166-3821-7

Ⅰ . ①且… Ⅱ . ①刘… Ⅲ . ①院校图书馆—图书馆服
务—研究—中国 Ⅳ . ①G258.6

中国版本图书馆 CIP 数据核字（2018）第 009258 号

且为繁华寄书香——高校图书馆阅读推广理论与实务

作　　者：刘时容

责任编辑：徐文贤
封面设计：人文在线

出版发行：新华出版社
地　　址：北京石景山区京原路 8 号　　　邮　　编：100040
网　　址：http：//www.xinhuapub.com
经　　销：新华书店
购书热线：010—63077122　　　中国新闻书店购书热线：010—63072012

照　　排：北京人文在线文化艺术有限公司
印　　刷：北京市金星印务有限公司
成品尺寸：170mm×240mm　1/16
印　　张：23.25　　　　　　　字　　数：405 千字
版　　次：2018 年 5 月第一版　　印　　次：2018 年 5 月北京第一次印刷
书　　号：ISBN 978-7-5166-3821-7
定　　价：72.00 元

缘起苦涩贫寒地；终归温柔富贵乡。

八千云月风伴雨；九万家国爱如粮。

沧溟击水排天浪；岳麓课书印地霜。

难得皓首筑经梦；且为繁华寄书香。

——元恺题赠之

序

王　波

　　最早见到刘时容老师的芳名，是在 2012 年第 15 期的《图书情报工作》上，刘老师在该期发表了一篇关于拙作《快乐的软图书馆学》的书评——《多营养易消化的软图书馆学》，将拙作的"营养之效"归结为"荐书""刻人""普会""绘图""导写""播爱"六个方面，以精准的文字细细道来。读她的领会入微的书评，让我不禁感叹世界上真有知己、确有书友，她感受的正是我想传达的，她发挥的也都是我想表达而没有展开的。所以，我对刘时容老师的样貌、才情充满了好奇。心想：时容、时容，一定是个追求时尚、思想敏锐、容貌仪态走在前沿的图书馆员吧。

　　不久之后，在一次学术会议上邂逅刘时容老师，她自报家门时，我看到的果然是一个明眸善睐、举止干练、仪态大方的女馆员。从此，对刘时容这个名字更加关注，她发表的文章也更多地进入我的视野。我对刘老师选题之新颖、行文之细腻，印象尤为深刻。比如，她在 2017 年第 3 期的《山东图书馆学刊》上发表了《图书馆员参会攻略》一文，这是一个很难谈出学术味道的话题，居然被她精斟细酌、左议右论，写成了一篇内容丰富、颇有指导意义的论文，令我大为叹服。可以说，我和刘时容老师虽相距遥远但并不陌生，每每看到她在专业报刊上发表的不俗文字，便由衷地为她的才情、进步感到高兴。

　　当我还以为刘时容老师是位学术新秀的时候，她突然给我寄来一部书稿，翻阅后面的作者介绍，我才知道刘老师已经是位图书馆职业和图书馆学研究上的"老司机"了。天道酬勤，十余年间，她完成了四个省级科研课题，发表专业学术论文三十余篇，其中发表在核心期刊的就有二十余篇，因此而被评为湖南省图书馆学会"优秀中青年人才"、湖南省高校图工委"优秀阅读推广人"，她所主持的湖南省哲学社会科学基金项目的结题成果被评为"优秀"

等级，在工作岗位上年年被评为优秀。没有长年累月的辛勤耕耘，是不可能有如此骄人的成果的。

所谓"工作与研究并行"，这是作为学术性服务机构的高校图书馆的工作性质所决定的。刘时容老师忠实地履行岗位职责，善于把工作、研究和阅读紧密结合起来。将工作当成研究来做，让研究指导工作，因阅读而获得灵感，工作、研究、阅读之间的良性循环，让她的研究有了底气和灵气，让她的创新与绩效成为常态，让她的著书立说水到渠成。

拿到她的书稿，《且为繁华寄书香》的书名很女性化，似乎散发着芬芳。沉甸甸地捧在手上，细细翻读，发现颇有亮点，令我感触最深的主要有三个方面：

一是将阅读推广的"推广"二字进行了学术溯源，发现其来源于农业推广，从而将农业推广比较成熟的理论、原则、方法、模式引入阅读推广，带来诸多思考和启发。这项研究貌似简单，但反映了刘时容老师强大的理论自觉性。阅读推广目前已成为图书馆的主流服务，阅读推广研究或者说阅读推广学已经成为图书馆学中的显学，专业刊物上已经发表了上千篇论文，涌现了上百位学者，但为什么别人就没有想到探讨"推广"二字的学术来源，偏偏刘时容老师想到了，这就是一种学术眼光、一种理论自觉、一种灵气、一种不平凡。所以第二章"关于推广学的基本理论"尤其值得推荐。

二是第十章"阅读的图书馆员及阅读释义之花"写得相当精彩，该章采用文本细读的方法，详尽解读了《包法利夫人》《图书馆之恋》《夜晚的书斋》《小猫杜威》《图书馆：不落幕的智慧盛宴》五部关于阅读和图书馆的经典，提炼出各书中对阅读推广、对图书馆工作富有启发的内容。特别是对《包法利夫人》的精妙阐释，将这部文学经典变成了一个可从阅读推广角度解剖、分析的标本，总结出诸多值得阅读推广过程中注意的原则和方法，让人读后有不读《包法利夫人》就没有资格从事阅读推广的紧迫感。刘时容老师这种用图书馆学、阅读学的显微镜，以咬文嚼字的细度，寻觅、诠释经典著作、畅销书中的图书馆学、阅读学因素，这种功力也不是一般学者所具备的。

三是书中花费较大篇幅分析"中国汉字听写大会""中国成语大会""中国诗词大会""朗读者""汉字英雄""中华好诗词"等成功的电视节目对图书馆阅读推广的启发，分析的深度和提出的建议，在以往的阅读推广研究中也是不多见的。第十一章"阅读的图书馆员及学术行走拾贝"，详述刘老师阅读《快乐的软图书馆学》《天下万世共读之》《阅读推广：理念·方法·案例》《图书馆报》的感受，以及参加一些学术会议的记忆与花絮，个性化色彩浓烈，富有独到见解，读来颇有趣味、受益匪浅。

概而言之，刘时容老师的《且为繁华寄书香》一书理论上有创新，特别是关于阅读推广的研究，思路开阔、颇有创获。研究的动机是促进服务，实践上有很好的指导价值。阅读、参考的文献广博，很多清新诚恳的感悟值得同行品味和思考。作者锲而不舍、笔耕不辍的研究精神是值得赞许和推广的，全书内容充实而有生气，展示的新理念、新观点、新视角、新实践也是值得推荐的。

值得强调的是，阅读推广学在理论与实务两个方面都是宏大的论题与工程，本书作者虽能经年累月耕耘不辍，集中笔墨推出了有分量的系列学术成果，从理论的高度推介、分享其实践创新的业绩，作者可喜的开创性工作，还需同仁们共肩使命。本书关于阅读推广研究的篇幅大于其他部分，精彩程度也高于其他专题，将来如能继续深化关于阅读推广的研究，围绕阅读推广再出一本专书，将会更加出彩、更有影响力。

刘时容老师有好奇心、有阅读热情、有学术敏感、有研究素养，期待她在图书馆学研究的道路上走得更远、走得更美。

是为序。

2017 年 10 月 15 日于北京大学

（作者介绍：王波，博士，北京大学图书馆研究馆员，《大学图书馆学报》副主编，教育部高等学校图书情报工作指导委员会副秘书长，中国图书馆学会阅读与心理健康专业委员会主任。）

目 录
Contents

第一章

关于阅读学的基础理论

　　阅读作为人类发展的一种权利，自有文字记载以来，它便伴随着人类文化的全部历史与所有活动。特别是在知识信息大爆炸的现当代，高等教育迅速扩张的黄金时代，阅读的重要性、多样性、差异性与多元性更是凸显出来。什么是阅读？阅读的功能与特征，阅读的目的与意义，阅读的类型与方法，不同人群的阅读行为特征等，成为我们首先要讨论和解决的基础理论问题。

第一节　阅读的基本概念

一、什么是阅读

　　什么是阅读？这是一个看起来简单实则非常复杂的概念。说它简单，是因为在现代社会，阅读现象随处可见，阅读如同呼吸一般，成为人们一个近乎本能的行为。一个人只要不是文盲，就至少能读路标广告、报纸杂志、电视新闻等最基本的东西，就像一个人若无生理缺陷就可以同他人交谈一样。说它复杂，是因为每个人阅读起来的情况会大不相同，阅读作为复杂的心理过程，阅读的能力、方式与习惯更是因人而异。就像有人说话得体，有人则词不达意；有人听话能听出弦外之音，有人就连基本的语意也会理解错误。那么，究竟什么是阅读呢？我们又该如何理解人类的阅读行为？还是让我们先来看看古今中外文献中一些有代表性的观点吧。

　　"阅读乃是从文本中提取意义的过程。"（吉布森，1970）

　　"阅读是一种从书面语言中获得意义的心理过程。"（《中国大百科全书·

1

教育卷》，1985)

"阅读是一种积极的过程，阅读是读者与文章（或作者）的交流过程，成功的阅读是一个创造过程，读者和阅读材料相互交流创造意义。"（维德森，1978)

"阅读是指个体从印刷文字、图画、图解、图表等书面材料获取信息或意义的过程。个体在阅读时，通过把文字等符号的视觉信息与头脑中已有的知识经验不断进行比较、预测、判断、推理和整合，从而理解文字等符号所表达的意义。"（杨治良，《简明心理学辞典》，2007)

"阅读是理解图文、阐释意义、产生共鸣或启迪思想的复杂的脑力活动。"（约翰·凯里)

"阅读是从信息符号中获取意义的一种复杂的智力活动。"（胡继武，《现代阅读学》，1991)

"阅文者披文以入情，缀文者情动而辞发。"（刘勰，《文心雕龙》)

以上定义大致可以分为"过程说"与"活动说"两大类。"阅读过程说"与"阅读活动说"大体相同，却又稍有出入。"活动"是有一定目的的行动，由目的、动机和动作构成；"过程"则是指事物发展所经过的程序或阶段。两者又是相通的，任何一项活动都有一个发生、发展的过程。因此，王余光和徐雁在主编《中国读书大辞典》时，将"阅读"作如下界定：阅读是"一种从书面语言和其他书面符号中获得意义的社会行为、实践活动和心理过程。阅读首先是作为一种特殊的交际方式而存在的社会现象，具有行为的社会性。它是以书面材料作为社会交际的中介的。""作者——文本——读者——世界"，是构成一个完整的书面交际过程的四个基本要素。

无疑，此阅读概念综合了"活动说"与"过程说"的要义，并进行了拓展延伸，将"阅读"作为一种社会现象而不仅仅是一个单独的个体行为来看待，显然更具全面性，也得到了业内学者的认可。王波在《阅读疗法》一书中提到"学术上的阅读指的是'一种从书面语言和其他书面符号中获得意义的社会行为、实践活动和心理过程'"[①]。可见，王、徐的"阅读"定义是正统的、严肃的。随着知识经济与信息社会的到来，人类阅读的文本发生了巨大的变化，阅读的概念也变得更为宽泛。胡继武在《现代阅读学》中对阅读所下的定义"阅读是从信息符号中获取意义的一种复杂的智力活动"更符合当前实际。

---

① 王波：《阅读疗法》，北京：海洋出版社，2007年，第5页。

二、阅读的内涵

内涵，是指一个概念所反映的事物的本质属性的总和。遵循"作者——文本——读者——世界"这四个阅读要素，我们从阅读的客体、主体和过程三个方面来认识阅读的本质。

（一）阅读客体

阅读客体又称阅读对象，有广义和狭义之分。广义的阅读对象包括自然和人类社会的一切。鲁迅将"社会"看成读物，提出要留心世事，"用自己的眼睛去读世间这部活书"。陶行知将"活书"阐释为"活的知识之宝库"，并举例说，"花草是活书，树木是活书，飞禽走兽微生物都是活书。山川湖海，风云雨雷，天体运行都是活书。活的人，活的问题，活的文化，活的武功，活的世界，活的宇宙，活的变化，都是活的知识之宝库，便都是活的书。"[①] 人们也常常将这样的"活书"称为"无字书"，以便与书籍、报纸杂志这样的"有字书"相对应。阿尔维托·曼古埃尔在《阅读史》一书中对人类的阅读行为做了形象生动的描述："阅读书页上的字母只是它（指阅读）的诸多面相之一。天文学家阅读一张不复存在的星星图；日本的建筑师阅读准备盖房子的土地，以保护它免受邪恶势力侵袭；动物学家阅读森林中动物的臭迹；玩纸牌者阅读伙伴的手势，以打出获胜之牌；舞者阅读编舞者的记号法，而观众则阅读舞者在舞台上的动作；织者阅读一张待编织的地毯的错综复杂的设计图；弹奏管风琴的乐手阅读谱上编成管弦乐的各种同时性的串串音符；双亲阅读婴孩的表情，以察觉喜悦或惊骇或好奇的讯息；中国的算命者阅读古代龟壳上的标记；情人在晚上盲目地在被窝底下阅读爱人的身体；精神科医生帮助病人阅读他们自己饱受困扰的梦；夏威夷渔夫将手插入海中以阅读海流；农民阅读天空的天气；这一切阅读都和书本的读者共享辨读与翻译符号的技巧。"[②] 实乃"天地阅览室，万物皆书卷"（叶圣陶《读书二首》），广义的阅读对象包括人类目之所及的一切事物。

狭义的阅读对象是一种精神产品，这种精神产品既不同于自然事物和自然现象那种"自然客体"，也不同于社会存在和社会关系那种"社会客体"，亦不同于社会思潮和个人心态那种"主观的精神客体"，而是一种"客观的精

---

① 陶行知：《陶行知文集》，南京：江苏人民出版社，1981年，第323页。

② 阿尔维托·曼古埃尔：《阅读史》，吴昌杰译，北京：商务印书馆，2002年，第6—7页。

神客体"，一种"可供传播的精神外化物"。①曾祥芹根据马克思的"对象的主体占有性"理论对此概念继续补充说明：没有和读者建立阅读关系的潜在读物，还不能称其为阅读对象；只有与读者建立了阅读关系，并已被读者认识和把握了的读物，才可称其为现实的阅读对象。内容的思想观念性、形式的语言符号性和物质载体性，以及阅读主体的占有性是读物的四种基本属性，只有四者兼备，才能构成阅读对象的本质特征。②此观点似乎有点将阅读对象过于窄化。朱永新在引用此概念时便做了适当的修改："狭义的阅读对象，是一种精神产品，比如，书本、报纸、杂志等。这种精神产品既不同于自然事物和自然现象那种'自然客体'，也不同于社会存在和社会关系那种'社会客体'，而是一种'可供传播精神的外化物'。"③事实上，根据"对象"一词在《现代汉语词典》中的释义"行动或思考时作为目标的人或事物"，可见作为"对象"的人或事物并不一定要处在行为发生的过程中，尚处于思考中的人或事物亦可称其为对象。因此，我们认为，不如将"阅读主体的占有性"这条忽略，将狭义的阅读对象定义为"一种以书面语言为主体符号的、固化在物质载体内的作者的精神产品"，即通常意义上的"文本"比较符合人们的认知习惯。

由于阅读对象有广义和狭义之分，便有了广义与狭义的"阅读"概念，有了不同的阅读方法和途径，有了不一样的阅读效果，最终形成了人们或开阔或狭隘的阅读视野。

（二）阅读主体

王余光、徐雁认为，阅读主体通常指具体阅读过程中从事阅读活动的人。阅读者是阅读行为的发动者和操作者，而且自始至终地决定着阅读的目的、任务、方式和效果。读物也因而成为认识和把握的对象，并在阅读展开的过程中逐渐获得意义。④曾祥芹将阅读主体定义为"与阅读客体发生阅读关系的那一部分阅读者，即在具体阅读过程中从事阅读活动的人，因为读者在阅读过程中始终处在一个积极的主动的地位，所以称'阅读主体'。"⑤两者都把"阅读主体"进行了严格限定，即只有正处于阅读过程中的人才称得上阅读主体，似乎离开了具体的阅读过程，就是学富五车的科学家也不能称其为阅读

---

① 曾祥芹、韩雪屏：《阅读学原理》，郑州：大象出版社，2002 年，第 22—28 页。
② 曾祥芹、韩雪屏：《阅读学原理》，郑州：大象出版社，2002 年，第 2 页。
③ 朱永新：《我的阅读观》，北京：中国人民大学出版社，2012 年，第 2 页。
④ 王余光、徐雁：《中国读书大辞典》，南京：南京大学出版社，1999 年，第 341 页。
⑤ 曾祥芹、韩雪屏：《阅读学原理》，郑州：大象出版社，2002 年，第 12 页。

主体。这给人一种"钻牛角尖"的感觉。李长喜等在其主编的《中国大学生百科全书》中指出："一个人成为阅读主体应该具有三方面的条件：一是有阅读欲望；二是具备一定阅读能力；三是从事阅读活动。三者兼备，才是真正意义上的阅读主体。"[①] 此观点将阅读主体从牛角尖中解放出来，因为"从事阅读活动"是一种带有职业性的描述，具有长期性，而"具体的阅读过程"是一种行为描述，具有短暂性。所以只要喜欢阅读并做过阅读的所有人都可以称为阅读主体。同时可以看出，并不是每一个人都能成为阅读主体，如不识字的婴幼儿和成年文盲。

由于个体在性格气质、兴趣爱好、知识经验、思维方式等方面的差异，导致阅读主体也是千差万别的。这种差别主要表现在读物选择、阅读效应、阅读能力等方面。人们常说的"一千个读者一千个哈姆雷特"就是对阅读主体差异性的形象描述。

（三）阅读过程

如果把阅读看作是一个从信息符号中获取意义的过程，那么就可以用申农的"信息论"来分析作者、文本、读者、世界四要素及其相互关系。根据申农的通信模式：

图 1-1　申农的通信模式

通信过程是一个信源发出信息，经过编码变成信号，通过信道进行传递，再经过译码到达信宿的过程。虽然这个通信模式及他的整个信息论着眼于工程技术领域，但对传播学的孕育和创立都产生了至关重要的影响。著名的传播学家施拉姆就曾效仿申农的通信模式提出了一个传播模式：

图 1-2　施拉姆的传播模式

受此启发，我们可以将世界、作者、文本、读者四者之间的联系图示如下：

---

① 李长喜：《中国大百科全书》，沈阳：辽宁教育出版社，1996年，第339页。

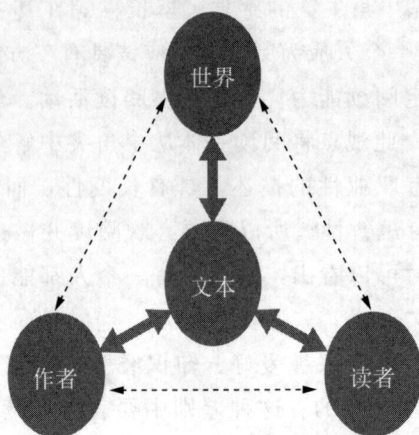

图 1-3　世界、作者、文本、读者联系图

图 1-3 中，作者的写作过程就是一个编码过程，作者通过认识世界，将储存在头脑中的信息编码成文字符号，形成文本。读者的阅读过程则是一个译码过程，读者以认识世界为前提，通过阅读文本，将文字符号还原成作者意图传播的信息。所不同的是，在编码过程中，作者是编码行为的发起者和承担者，文本是编码的产品；在译码过程中，读者是译码行为的发起者和承担者，文本是译码的对象。虽然文本是作者和读者交际过程的中介，但这个中介始终处于被动静止的状态，作者在读者的译码过程中不会直接发挥作用，他是静止的，远离的，非参与的。读者通过了解世界与文本，间接地和作者对话。作者通过世界与文本，间接地影响读者。世界作为一个显性的存在，它通过影响作者与读者，而间接地影响文本的创作与文本的解读。所以，在传统的阅读理论中只考虑"作者－文本－读者"的三角关系，而忽视"世界"的重要一极，因而忽视了"作者－文本－世界""读者－文本－世界""作者－世界－读者"这三个同样不可忽视的三角关系。所以，在阅读中，读者的世界观以及对世界的认识是他读懂文本、理解作者的前提。

根据阅读的信息加工理论，上述译码过程即读者的阅读过程可以分为阅读前期、阅读中期、阅读后期三个阶段。阅读前期即阅读的准备阶段，读者需要选择读物，并对读物进行初步感知和识别，以确定将要阅读的是哪个文本，此行为可称作选码和识码。阅读中期即阅读进行阶段，此阶段分为两个步骤，一是读者需要理解和阐释文本语言代码的意义，并组织编制新的认知结构，此行为可称作解码和编码（读者对文本意义重新编码）；二是读者对文本表述的对象进行欣赏和评价，此行为可称作赏码和评码。阅读后期即阅读的结束阶段，读者需要把自己从文本中提取的信息进行储存并应用，以实现知识的增值和创新效应，此行为可称作储码和用码。由此可见，读者的阅读过程就是一个读者对信息进行选码、识码、解码、重新编码、赏码、评码、储码、用码的过程，分别对应认知心理学的感知、理解、评价、应用等不同阶段，最终达到知识迁移的目的。

三、阅读的外延

所谓处延，是指一个概念所确指的对象的数量或范围，相对于概念的内涵而存在，并与内涵一起构成概念的两个基本逻辑特征。明确概念内涵的逻辑方法是给概念下定义，而明确概念外延的逻辑方法是划分，即根据一定的标准把一个属概念划分成若干种概念。例如：生物可以分为动物、植物、微生物，那么动物、植物与微生物三者合在一起便构成了"生物"这个概念的外延。

照此方法，要想明确"阅读"的外延，首先必须选择合适的标准给"阅读"划分类型。朱永新在《我的阅读观》① 一书中对阅读类型进行了如下划分：

（1）根据读者的阅读目的，可以把阅读分为功利性阅读和非功利性阅读。

（2）根据阅读内容的经典性，可以把阅读分为一般阅读和经典阅读。

（3）根据信息载体的不同，可以把阅读分为电子阅读和文本阅读。

（4）根据在阅读一本书过程中参与的人数多少，可以把阅读分为个别阅读和共同阅读。

（5）根据阅读过程中思维参与的程度，可以把阅读分为浅层阅读和深层阅读。

如此，我们可以把阅读的外延图示如下：

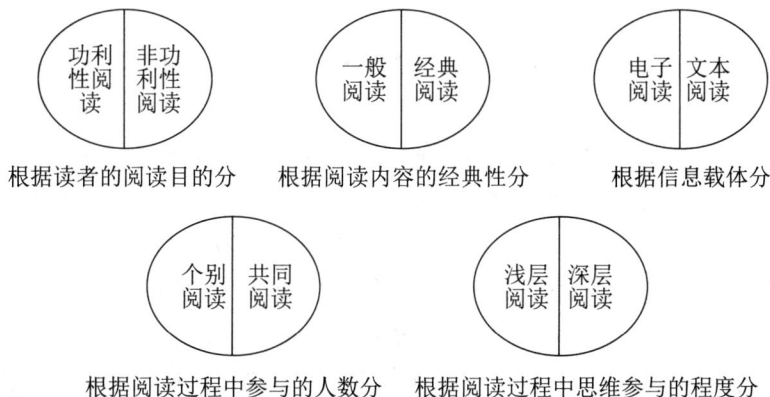

图 1-4 "阅读"的外延

---

① 朱永新：《我的阅读观》，北京：中国人民大学出版社，2012 年，第 9—17 页。

以上对阅读类型的划分属于二分法，即将一个属概念划分为矛盾关系的两个种概念，其优点在于使思维简洁明快，把注意力集中于主要对象上。其缺点是母项的外延比较模糊。

一般来说，概念越具体，越容易指出其外延；概念越抽象，越难辨别其外延。事实上，要想把一个概念的全部外延揭示出来，有时是不可能的，有时却是不必要的。这也是许多阅读学著作中只谈"阅读"的内涵，而很少涉及其外延的原因。

第二节　阅读的目的与意义

要想明确阅读的目的和意义，首先就要清楚"目的"与"意义"的概念。目的是指想要达到的任务和境地，亦指想要得到的结果，它是努力的方向和目标。意义是指价值和作用的实现，是付出努力后得到的回报和收益，更是主体对需求满足的一种评价。目的与意义既有联系，又有区别。联系在于两者辩证统一于同一事物，都含有要达成某一种效果的意思；区别在于对这种效果分析的层面不同。"目的"是客观预设，从蓝图层面考量做一件事情想要达到的明确的、具体的、直接的效果；而意义则是主体评价，从满足需求视角考察目的达成后所产生的潜在的、长远的以及主观心理效果。

一、阅读的目的概说

阅读目的是指从事阅读活动所期望达到的预期，由阅读主体在阅读活动前人为设定，会因人的需求不同而不同。

美国心理学家马斯洛将人的需要由低到高分为生理需要、安全需要、社会需要、自尊需要和自我实现的需要五个层次。生理需要是人最原始、最基本的需要，包括衣、食、住、行和性等方面的需要；当生理需要满足后，人就希望得到安全保障，产生安全需要；当人处在安全的环境中，很自然地就会萌发对社交、归属、友谊、情感和爱的渴求即社会需要，并进一步对名誉、地位、成就、利益产生欲望，希望得到社会的承认和尊重，实现个人的理想和抱负，即尊重需要和自我实现的需要。显然，人的阅读需要应该是在社会需要、尊重需要和自我实现的需要三个层次上发生的。黄鸣奋根据个人需要的这种层次分化从逻辑的角度进行了更加细致的划分，如下表①：

表 1-1　个人需要划分

功能名目内涵	自向性需要	他向性需要	交互性需要
生存性需要	自存需要	他存需要	制约需要
生理性需要	储备需要	供给需要	交换需要
信息性需要	认识需要	传播需要	交流需要
心理性需要	自亲需要	他亲需要	联络需要
实践性需要	审美需要	劳动需要	归属需要
成就性需要	自立需要	他立需要	评价需要

在表 1-1 中，我们可以明确地看到，在个人的一般需要里，已经客观地存在着认识的需要（求知、求善、求真）、审美的需要（求美和娱乐）、交往的需要（沟通和交流）、评价的需要（欣赏和评价）。与此相对应，一般地，人们阅读的目的大体可以分为四类：求知目的、审美目的、交往目的和评价目的。

（一）阅读的求知目的

子曰："我非生而知之者，好古敏以求之者也。"（《论语·述而》）孔子是我国古代最伟大的思想家和教育家，被后人奉为"至圣先师"。他否认自己是"生而知之者"，而是一个爱好古代图籍并勤奋敏捷地去求得知识的人。胡适先生曾这样回答"为什么读书"这个问题："因为书是过去已经知道的智识学问和经验的一种记录，我们读书便是要接受这人类的遗产……以此为基础，可以继续发扬光大，更在这基础之上建立更高深更伟大的智识。"② 即站在前人的肩膀上进步。英国哲学家弗朗西斯·培根的名言"知识就是力量"不知激励着多少人去掌握人类已有的知识，探索新的知识，开拓未知的领域，才有了今天的现代文明与科技。由此可见，求知是人们发出阅读行为的一个最基本最古老的目的，也是最普通最常见的目的，伴随着人成长的整个过程，即所谓"活到老，学到老"。

（二）阅读的审美目的

马克思指出：社会的进步就是人类对美的追求的结晶。达尔文曾告诉我

---

① 黄鸣奋：《需要理论与艺术批评》，引自王确：《文学理论研究》，长春：东北师范大学出版社，2005 年，第 187 页。

② 胡适：《读书与治学》，北京：三联书店，1999 年，第 14 页。

们：不要因为长期埋头科学而失去对生活、对美、对诗意的感受能力。所谓"爱美之心，人皆有之"。美是一种客观存在，爱美并不等于懂美，更不等于能够正确审美。那么，什么是审美呢？《现代汉语词典》将"审美"释义为"领会事物或艺术品的美"。如何"领会"？这就涉及美的标准、美的判断、审的主体、审的对象等一系列美学理论问题。因此，美学上的审美是指人们根据一定的美学理论，通过自己的感官去感受、评价美的事物或现象的复杂的心理活动，具有直观性、情感性、愉悦性和差异性，带有明显的主观色彩。同时，审美又是人类认识世界、改造世界不可缺少的一种独特的思想情感方式，对人的全面和谐发展、事业的成功和生活的幸福都有着重要的影响。所以，人都有着审美需求。正是在这个意义上，人类需要文学。因为文学是情感的，文学作品以情感人。文学阅读以文学作品为对象，目的主要是为了从中获得美感信息和审美愉悦。比起其他学科的书籍，人们阅读文学作品，其审美需求更加容易得到满足。这便是图书馆文学类书籍馆藏外借量永远排在第一位的主要原因，也是人们从事阅读活动的第二大目的。

（三）阅读的交往目的

交往，即互相来往。哈贝马斯认为，交往是两个有语言和行为能力的主体进行的对话，在人类的所有行为中，"交往"行为是最合理的行为。交往需要是人的一种社会需要，在黄鸣奋的"个人需要划分表"中，交互性需要也是个人需要的一个重要类型。事实上，人是群居的动物，每个人都是在"社会"中存在的，没有谁能够脱离群体而单独存在。因此，阅读的交往目的是指阅读作为一种社会交往行为，读者期望通过阅读了解作者本人、通过阅读了解文本以及文本中的文本、通过阅读了解世界和社会、通过阅读了解自己以及同时阅读的读者的现象。

我们知道，世界、作者、文本和读者组成一个密不可分的交往网络。作者和读者是世界中的人，作者创作的文本反映着世界，读者在文本的阅读中相遇作者，并触摸世界。这四个因素相互关联，以作者与读者各自在现实中的交往为基础，形成了一个循环的交往系统。阅读的交往目的首先表现在读者与作者的交往层面。读者的阅读是主动与作者进行的交往，读者以文本为媒介，窥视作者的内心世界，希望通过与作者的交往来实现对世界的理解。其次，读者在阅读文本时，也与文本及文本中的文本构成了一种交往关系。作者在创作文本时，在语言文字中留下了许多"未定点"和"空白"，以此"召唤"读者去阅读，即文本本身包含了与读者进行交往的内在动机；同时，作者在创作文本时，必然会借鉴他人的作品，通过对他人作品的分析与吸收，来结构自己的作品，这样呈现出来的作品必然带有其他文本的印记。在论文写作中的"引用"便是这种印记的具体表征。读者阅读文本时自然也连带着与文本中的文本进行了交往。再次，读者通过阅读了解世界，展开社会交往。一般认为，"作品总得有一个直接或间接地导源于现实事物的主题——总会涉及、表现、反映某种客观状态或者与此相关联的东西……便可以认为是由人物和行动、思想和情感、物质和事件或者超越感觉的本质构成。"① 即世界构成了文本的一维，文本表现的世界是作者在现实的交往中看到的世界，而且，不同文化背景下的作家在创作时表现的世界也是不一样的。读者在阅读时窥探的世界也就不同。在这样的传达与接受中，便实现了人与人、人与世界交往的目的。世界作为一个背景，起着沟通作者与读者、读者与读者、读者与世界的桥梁作用。最后，读者通过阅读了解自己以及同时阅读的读者。当读者的认知语境与作者的认知语境趋于相同时，就产生了认知语境的重叠，即"共鸣"，共鸣越多越强烈，读者通过阅读了解自己就越全面和深刻，与作者的交往效果也就越好；阅读也让读者与其他读者进行交往，当两个以上的读者在阅读同一个文本时，文本中呈现的形式与内容，使不同的读者在感悟中实现了交往。特别是当多个读者在同一时空中阅读同一文本时，阅读的这种交往效应不可低估。这便是共同阅读成为当下的时尚和潮流的一个主要原因。

（四）阅读的评价目的②

"评价"一词在《现代汉语词典》中的解释是"评定价值的高低"。评价活动在日常生活中随处可见。从一般的意义来看，人的视觉系统对外部事物进行扫描和接受时，本身就带有评价和取舍。这些评价和取舍，既是人们面对外部世界的态度，也是体现人们与外部世界的关系的一个重要因素，更是人的精神主体得以社会化和对象化的基本形式和方式。虽然这种评价和取舍会因个体的不同而具有不同的标准和内容，但它作为人的心理活动的一种特殊现象，必然成为人的个性需要的一个有机组成部分。在黄鸣奋的个人需要划分表中，评价需要属于成就性需要中的交互性需要，是人的个性需要的最高层次。在马斯洛的需要层次理论中，评价需要应该属于人的自我实现的需要。换句话说，人作为社会人，既是社会权利的享有者，也是社会义务的承

---

① ［美］M·H·艾布拉姆斯：《镜与灯——浪漫主义文论及批评传统》，郦稚牛译，北京：北京大学出版社，2004年，第14页。

② 参阅王确：《文学理论研究》，长春：东北师范大学出版社，2005年及曾祥芹、韩雪屏：《阅读学原理》，郑州：大象出版社，1992年。

担者。人的任何社会实践行为，都必须估计或预见他人可能产生的反应或者自己应该给予对方的回报。相应地，便产生了交互性需要。这一需要是双向的，它既要求他者的反应和评价，也是对他者的反应和评价。

对于阅读者来说，阅读对象既有表实性，又有表义性。两者分别体现了阅读者和阅读对象之间的认识关系和价值关系。一方面，任何一种阅读活动都无法回避文本（尤其是文学作品）中的世界对阅读者的诱惑和冲击，也都无法回避对文本中的世界的感受和认同，当然地要具有对文本世界的某种利害判断，甚至这种判断会常常走出文本而进入现实世界。另一方面，一般意义上的阅读行为的发生，常常依从于一定的阅读评价要求，这一评价要求有时来自于现实的个人阅读的好恶选择，这种选择既有受动的感触和反应，又有主动的审视和评价。因而有学者将阅读主体的评价能力（指选择文献的能力）视为阅读能力的基础。对于研究性阅读来说，阅读过程更多的是一个分析、判断的过程，阅读评价因而也成为阅读者的一种必需的态度与重要的目的。

总的来说，阅读活动的发生，既有着鲜明的现实目的，又有着复杂的心理动机；既有着功利性的个人目的，又有着审美性的社会需求；既因人们求知的目的而体现阅读特有的认识价值，也因情感的愉悦和心灵的净化而表现文本的审美功能，同时还使得阅读在对象化的过程中还原着人的自我和本质。上述阅读目的，在实际阅读中，并不是独立存在的，而是相互联系相互作用的，共同决定和影响着人们在阅读活动中的取向与感受，以及收获和评价。

二、阅读的意义归类

阅读的功能决定了阅读的意义。阅读的特点影响着阅读功能的发挥。不论是何种阅读，都具有共同的功能特征：主体建构性、文化增殖性、再创造性以及解读差异性。

所谓"阅读意义"，指的是阅读主体对被阅读的客体对象满足主体需要大小的一种评价。一般来说，满足需求愈大、愈充分，意义就愈大。但意义的评价还具有某种主观性特点，尽管被阅读的对象并不具有太大的客观价值，却会得到阅读者的高度评价。

朱永新对于阅读的意义和价值有这样几个基本观点①：一个人的精神发育史就是他的阅读史；一个民族的精神境界取决于这个民族的阅读水平；一个

① 朱永新：《我的阅读观》，北京：中国人民大学出版社，2012年，第1—10页。

没有阅读的学校永远不可能有真正的教育；一个书香充盈的城市必然是一个美丽的城市；共读共写共同生活。作为推动"全民阅读"成为国家战略的一个有力倡导者，朱先生的这五句话可谓家喻户晓，概括起来，阅读的重要意义无外于两个方面：个体意义与社会意义。

（一）阅读满足发展的个体意义

英国中世纪思想家培根说过："读书造就丰富充实的人。"（Reading makes a full man.）我国民间也流传着这样一句话：万般皆下品，唯有读书高。又说，家无读书子，官从何处来。阅读的个人意义可以从个体成长与家族昌盛两个层面来分析。

1. 阅读是实现个体精神成长的唯一途径

众所周知，人的成长过程都是从自然人向社会人转变的过程。自然人的成长只要不断地吃进食物，生命就会慢慢长大，这是人类的本能，与动物没有任何区别。个人即使不做出任何主观的努力，生命也会自然生长，这是人的物质成长过程。只是单纯靠这样长成的一个"自然成人"是不能适应人类世界的生活的，也是不被人类社会所接纳的。狼孩、熊孩的故事就充分说明了这一点，他们充其量只是"人形动物"而已。

个体要想成为一个真正意义上的人，就必须进行"社会化"。所谓社会化，是指个体在社会影响下，通过学习社会知识，掌握社会技能，建立社会经验，并通过自身不断地选择和建构，形成一定社会所认可的"心理——行为"模式，成为社会成员的过程，这是人的精神成长过程。这个过程离不开个人的学习和阅读，可以是个体积极主动的学习，如自觉接受一系列正规的学校教育，自觉阅读各种各样的书籍；也可以是无意识的潜移默化的学习，如口耳相传的社会经验的传递，许多从未上过学的人就是用"口耳相传"的阅读方式实现了自己的社会化。正是在此意义上，我们可以说，阅读是实现个体精神成长的唯一途径。

2. 阅读是实现家族持续昌盛的不竭动力

中国自古以来便有"学而优则仕"的传统，民间也流传着"家无读书子，官从何处来"的俗语。可见教育对于家庭，具有荫泽后代、荣耀门庭的意义。于是有了孔母督课、孟母三迁、欧母画荻的典故。在炒房、炒股盛行的当今社会，尽管教育之光宗耀祖的功能日益退化，家长们还是不约而同地知道，一个家庭中的所有投资，在子女教育上的投资回报率最高。浙西一位老农曾声情并茂地说："父亲是梁，房子没有梁要塌；母亲是墙，墙可以挡风雨；孩子是窗，那是一家人的希望所在。即使砸锅卖铁，倾家荡产，也要供孩子上学。"老农的这番话可谓道出了中国所有父母的心声，也从一个侧面反映出家庭对子女教育的期盼。的确，一个欣欣向荣的家族首先必须有一批学而不厌、孜孜以求的子孙后代。所谓"富不过三代"，没有良好家庭教育、严格家风家训的家族，即使祖辈因为某种机遇而发家致富，也是不可能长久繁盛的。而阅读作为一种文化传承与知识习得的方式，历来受到所有家庭的重视。人们常说"言教不如身教"，在全民阅读的今天，亲子阅读已经被越来越多的家庭接受并付诸实践。

（二）阅读满足和谐的社会意义

阅读不仅是个体完善自我、增长智慧的重要途径，而且是国家提高国民素质、推动社会进步的有效工具。建设社会主义和谐社会是中国共产党执政的战略目标。和谐社会的构建离不开和谐的社会环境与共同的价值体系。

1. 阅读是协调社会行为与心理的重要手段

每一个社会都有维护社会秩序、协调人际关系的行为规范。现代社会生产、社会生活等社会实践活动，大都是群体性活动，人只有掌握约定、禁忌、风俗、习惯、规矩、伦理、道德、法律、宗教、制度、礼节、价值观、态度、行为模式等社会行为规范，才能正确处理个人与社会、个人与集体以及同事同行之间的关系，才有可能获得个人事业的成功。社会也必须依靠这些行为规范来协调人类的社会实践活动，因而需要对每一个社会公民进行社会化教育，使每一个人都理解它们的含义和生效机制，并内化为个体的自觉行为。毫无疑问，倡导阅读是实现这一过程的重要手段。同时，社会中的人是一个既有个性、又有共性的矛盾统一体。人的共性主要表现为人的民族性、阶级性、国民性和时代性；人的个性是人与人之间的差异。我们既要张扬个性，但也不能缺失共性。只有当人的个性和共性有机融合，协调发展时才称得上是一个和谐的个体，其社会实践活动和行为方式才能符合社会规范。当人的个性和共性发生矛盾时，需要一个协调机制来使个体的心理与行为符合社会规范，这个协调机制就是人类自己创造和制定的各种社会约束，即社会的规章制度。而这些规章制度的了解和掌握，无一例外都离不开阅读。和谐的社会不仅要人与人和谐、人与自然和谐，还要人内心和谐。阅读是通往人内心和谐的桥梁，只有每个人都拥有和谐的内心，整个社会才会呈现出一种和谐的生态。

2. 阅读是培育世界观与价值观的重要途径

价值观是人们对价值问题的根本看法，包括对价值的实质、构成以及标准的认识。这些认识的不同，形成了人们不同的价值观。每个人都在各自价值观的引领下，形成不同的价值取向，追寻着各自认为最有价值的东西。尽管现代社会是一个价值多元的社会，可对于一个国家或民族来说，如果没有核心的价值体系与共同的思想基础，这个国家或民族就没有团结力和凝聚力，生活在这个国家的人们就像一盘散沙、一群乌合之众，这个国家或民族就会面临着消亡的危险。而这些共同的思想和价值，就藏在国家和民族自己的文化里。文化需要传承，传承需要教育，教育又离不开阅读。因此，古今中外的阅读学家一致强调"读书立德"的效用。孔子高度重视阅读"六经"的"德治"功能："其为人也，温柔敦厚，诗教也；疏通知远，书教也；广博易良，乐教也；洁静精微，易教也；恭俭庄敬，礼教也；属辞比事，春秋教也。"（《礼记·经解》）正是这些文化经典把我们的祖先紧紧地团结在一起，也是在对这些经典的共同解读中，才逐渐形成了"仁、义、礼、智、信、温、良、恭、俭、让、忠、孝、勇、恭、廉"等共同的价值体系。培根也充分评价阅读对于塑造人的性格的作用："读史使人明智，读诗使人聪慧，演算使人精密，哲理使人深刻，伦理学使人有修养，逻辑修辞使人善辩。"（培根《论求知》）诚如学者所言："书的力量，就在于作者通过物质的书这个载体传导给读者，并在读者心中唤起那种崭新的意象或精神。书就是这样把精神传给每个读者，或是群体集团物，它往往会转化为一种推动历史变革的巨大力量。"[1] 正是因为阅读才使得书的力量得以传导和实现。

古语云："古之欲明明德于天下者，先治其国。欲治其国者，先齐其家。欲齐其家者，先修其身。欲修其身者，先正其心。欲正其心者，先诚其意。欲诚其意者，先致其知。致知在格物。"可见，源于《礼记·大学》的八目——格物、致知、诚意、正心、修身、齐家、治国、平天下，其逻辑起点是"格物"，即探究事物原理。无疑，阅读学习是格物致知的唯一途径，诚意正心、修身齐家是格物致知的个人意义与基础功能，治国平天下是格物致知的社会理想与派生功能。于是便有了"一家之教化，即朝廷之教化"（《寒松堂集·奏疏》），有了"家国同构"，有了"为中华之崛起而读书"，有了终身教育之命题，有了学习型社会建设，有了"全民阅读"国家战略。阅读之于经济发展、文化传承、政治文明、社会和谐、民族复兴的重要意义，由此可见一斑。

苏霍姆林斯基说："无限相信书籍的力量。""书籍的力量首先就意味着阅

---

① ［日］远藤千舟：《书的力量》，载《编辑学刊》，2005 年，第 1 期，第 58—59 页。

读的力量，知识的力量要通过阅读的力量才能实现。"①

如此，我们可以说：

阅读滋养心灵。

阅读改变人生。

阅读改良社会。

阅读创造世界。

阅读能力也是"生产力"。

看来，阅读之于个人和社会的重要意义，怎么强调都不过分。

第三节　阅读的类型与特点

对阅读划分类型是明确阅读概念外延的最佳方式。要想分类科学合理，选择划分标准是关键。通常人们根据读者的阅读目的划分不同的阅读类型。例如：西方学者吉尔·G 将阅读分为情报型阅读、逃避型阅读（以摆脱生活为目的）、求知型阅读、文艺型阅读四种。鲍贝尔格·R 提出了 10 种阅读类型：浏览、情报阅读、消遣阅读、记忆阅读、实用性选择阅读、分析阅读、批判阅读、扩展性阅读、创造性阅读、校对阅读。因为人的目的是极其复杂的，从目的角度划分阅读类型，可能会导致类型的交叉和兼容。如分析、批判型阅读可能是创造型阅读也可能是实用型阅读，消遣阅读很可能是浏览式，情报阅读也会掺杂记忆的成分，校对阅读也不能排除其实用性。② 因此，国内学者探索多维度分析阅读类型。蒋成禹③较早从读者需求层次角度将阅读分为积累性阅读、理解性阅读、鉴赏性阅读、评论性阅读四种类型。曾祥芹、韩雪屏在其主编的《阅读学原理》④ 一书中，专辟"阅读分类论"一章，除了按阅读目的划分类型外，还按阅读对象把阅读划分为白话文阅读与文言文阅读（据语体分）、文章阅读与文学阅读（据文体分）、哲学社会科学阅读与自然科学阅读（据内容分）；按阅读方式把阅读分为朗读与默读（据是否出声分）、精读与略读（据读的粗略精细分）、慢读与快读（据速度分）、全读与跳读

---

① 朱永新：《我的阅读观》，北京：中国人民大学出版社，2012 年，第 77 页。

② 曹培根：《阅读指导》，苏州：苏州大学出版社，2003 年，第 9—10 页。

③ 蒋成禹：《阅读入门》，引见曹培根：《阅读指导》，苏州：苏州大学出版社，2003 年，第 10 页。

④ 曾祥芹、韩雪屏：《阅读学原理》，郑州：大象出版社，2002 年，第 342—370 页。

（据读的整体与部分分）、个体阅读与群体阅读（据参与人数分）；按阅读素质把阅读分为幼儿阅读、青少年阅读、成人阅读（中老年阅读）（据读者年龄层次分）；基础阅读、职业阅读、专家阅读（按阅读需要及文化程度分）。这样的分类全面细致，有利于分层次有针对性地开展阅读指导活动。

　　这里，我们不再给阅读做一些新的分类，而是对一些阅读现象特别是21世纪以来大学生中普遍存在的功利性阅读、数字阅读、浅阅读、经典阅读、共同阅读五种阅读类型做深入分析，以便读者对阅读有更深刻的认识。之所以选择这五种阅读类型做分析，是因为前三种常常成为人们批判的对象，而经典阅读日益式微却又必须大力提倡，共同阅读正逐渐成为时尚。

一、功利性阅读及其特点

　　根据读者的阅读目的，采用二分法可以将阅读分为功利性阅读和非功利性阅读。功利性阅读主要指读者为了实现一些现实的外在目标而进行的阅读活动，阅读动机以实际功效或利益为准则。如为了求职、晋升、升学、考证、竞赛以及获得别人称赞、争取社会地位和名声等而进行的阅读，大都属于功利性阅读的范畴。现实目的性、短期时效性是功利性阅读的两个主要特点。

　　人总是生活在现实世界中，需要面对衣食住行、生老病死等诸多现实问题，这些问题的解决大都需要通过功利性阅读才能实现。当今社会需要应用型人才，大学生就业形势日益严峻，功利性阅读在大学生中大行其道也就不足为怪。他们读书的目的就是为了能够考上研究生，为了谋求一份更好的工作，为了能挣钱养活自己和家庭……诸如此类，生存压力让大学生将阅读的短期功效和利益摆在了第一位，忽略了非功利性阅读在提高修养、完善人格、净化心灵方面的作用，导致高分低能、有才无德型人才层出不穷，因而遭到一些学者的诟病。

　　然而，换个视角思考，大学生作为未来社会的精英，修身、齐家、治国、平天下是他们必须具备的个体素质与社会担当，阅读作为大学生获取知识、提高技能、获得成功的重要手段，其功利性自然也应包容。翻开中国几千年的阅读历史，不为功名不读书的思想可谓根深蒂固，流传至今的名言"书中自有黄金屋、书中自有颜如玉、书中自有千钟粟、学而优则仕"就是阅读功利性的真实写照。所谓存在的就是合理的，功利性阅读自然有其合理性与必然性，我们也大可不必看到"功利"二字就"捧杀"。需要提醒的是大学生不能"唯功利"而读，错把功利性阅读当成阅读的全部，忘却了有益于人生观、价值观、世界观形成的非功利性阅读，这是万万不可取的。如果阅读沦为了解决现实外在问题的手段，那么阅读对我们来说则更多的是一种负担，读者也无法享受阅读本身带来的真正乐趣，久而久之，甚至会引起阅读厌恶。

因此，理想的状态是功利性阅读与非功利性阅读相互结合，让阅读既能解决现实问题，也能满足精神需求。让阅读从现实走向理想，从外在走向内在，从功利走向非功利，这是我们应该秉持的阅读态度。

二、数字阅读及其特点

1971 年，随着伊利诺伊大学学生迈克尔·哈特将《美国独立宣言》录入计算机、并将其以文本格式存储，世界上第一本免费电子书便诞生了。也是在同年，哈特发起了"古腾堡计划"，致力于将传统纸本书以电子档案格式存储于数据库中，供社会成员查询下载使用。此后，伴随着信息生产、传播和使用方式的变革，智能手机、平板电脑的更新换代，数字阅读日渐走入人们的视野，并跻身为主流的阅读形态。那么，什么是数字阅读呢？一般认为，数字阅读是相对于纸本阅读而言的，其分类标准是信息载体的不同。学界对于数字阅读的定义也有狭义和广义之分。狭义的数字阅读指阅读的数字化，即使用数字设备阅读以语言符号为主的数字文本内容。[①] 广义的数字阅读是以数字化形式获取或传递认知的过程，不论载体、场合、形式，可以是任何数字化终端（如网络、浏览器、电子阅读器、电子纸或音视频设备），可以是任何格式（各种文本、图像、音视频），可以通过任何技术手段（脱机的、联网的），可以是交互的，跨越时空的社会阅读，也可以是私密的个人阅读。[②] 为了避免定义内容的无限扩张，从图书馆信息资源建设与阅读推广的角度，通常认为，数字阅读包含两层含义：一是阅读对象的数字化，即阅读内容以数字化方式呈现，如电子书、网络小说、电子地图、数码照片、博客网页等；二是阅读方式的数字化，即阅读载体、终端不是平面的纸张而是带屏幕显示的电子仪器，如 Pad/MP3/MP4、电脑、手机、阅读器等。[③] 此定义在数字阅读的对象上既不像狭义数字阅读那样限制于以语言符号为主的文本，也不像广义数字阅读那样发散到包括音视频等立体、动态媒体，因而比较符合当下

---

① 姜洪伟：《数字阅读概念辨析及其类型特征》，载《图书馆理论与实践》，2013 年，第 9 期，第 9 页。

② 刘炜：《数字阅读——开启全民阅读新时代》，载《出版人》，2009 年，第 12 期，第 35—37 页。

③ 艾瑞咨询：《2011－2012 年中国数字阅读用户行为研究报告简版》，http：//report. iresearch. cn/1684. html。

图书馆工作的实际。

与传统的纸本阅读相比，数字阅读具有以下特征[①]：第一，阅读形态多元化。阅读形态多元化主要表现在阅读设备的多选择与阅读对象的多形态两个方面。读者可根据自己的阅读习惯和喜好自由选择如计算机、平板电脑、手机、电子书阅读器、MP3、PSP、MP4 等阅读设备中的任何一种进行阅读；也可选择各种格式、长度及体量的文本、声音、图像、动画等数字内容形态来阅读。第二，阅读模式多样化。读者可以根据自己的阅读偏好，自主调整字体、字号、背景颜色、高度等；根据阅读环境或习惯差异，选择在线浏览或离线阅读、翻页或滑动阅读、横屏或竖屏阅读、默读或听读、顺读或跳读，甚至通过检索匹配的查询式阅读。此外，除主动获取感兴趣的内容外，还可接受阅读推送。第三，阅读内容交互融合。读者在线上阅读的认知过程中，通过阅读社会化交互，如内容分享、转发、评议、回复等，实现互动参与和社会交往。在此过程中，用户既是数字内容的创建者也是读者；数字化内容之间相互引证、内外链接，读者可根据需要拓展阅读内容。此外，传统的文本为主的平面静态阅读逐渐发展为文、图、声、像结合的动态、多维、立体式阅读；数字化阅读设备通过对阅读内容、阅读标记、用户评价、浏览痕迹等的记录和计算，推荐读者可能感兴趣的内容。第四，读者对象成群集聚。数字环境中，相同阅读兴趣的用户可以通过主动被推荐方式快速结识抱团，将个人阅读行为变成公共阅读行为，在小团体内交流心得，分享体会，共同参与团体发起或组织的活动，并将线上交往延伸到现实生活，如豆瓣小组、QQ 群、微信群等。此外，数字化设备能通过记录读者个人或阅读内容的相关信息，对用户进行包括性别、年龄、职业、阅读兴趣、阅读习惯等在内的多维度分类、分组，并针对不同类别的用户群开展个性化服务。

无疑，数字阅读一方面有着纸质阅读无可比拟的诸多优势，如使用便捷、检索快速、储存海量、价格低廉、跨平台交互以及参与内容创建等；另一方面，数字阅读在无形中消解了传统阅读的专注、思索与深刻，使人们在无意识中养成了喧嚣、浮躁的阅读心态。尽管数字阅读生态百相，然而人们也不必过分担忧其负面影响，毕竟发出阅读行为的总是具有主观能动性的人。

三、浅阅读及其特点

数字环境下，人们的阅读行为、偏好和习惯悄然改变。美国剧作家理查

---

① 参阅刘菡：《数字阅读："滑"时代的阅读转型》，见李东来：《图书馆数字阅读推广》，北京：朝华出版社，2015 年，第 1—5 页。

德·福尔曼曾这样形容："鼠标一击，人人都联上那个巨大的信息网络，结果大伙都成了泛而薄的'面饼人'（Pancake People）。"① 的确，网络时代，快餐化、碎片化、浅显化的阅读方式正一步步成为主流。浅阅读现象曾一度成为社会关注的焦点。学界对于"浅阅读"的定义也很多，如"浅阅读是指不需要思考的、图文的、跳跃式的阅读"②，"浅阅读是一种浅层次的、以简单轻松甚至娱乐性为终极追求的阅读形式"③，"浅阅读是指阅读不需要思考而采取跳跃式的阅读方式，所追求的是短暂的视觉快感和心理的愉悦"④。这些定义大都关注阅读动作（跳跃式）、阅读感受（愉悦）等非本质属性来界定浅阅读概念，显然是不太科学的，甚至还有"浅阅读过程中不需要思考"的错误观点。例如，一个经验丰富的人到书店或图书馆找书，只要浏览一下题名、目录、前言、后记、正文排版，便可判断该书是否购买或借阅，你能说此过程中没有思维活动吗？你又能说此种阅读是深阅读吗？看来，要想准确地给浅阅读下定义，首先得仔细推敲"深""浅"二字的含义。

《现代汉语词典》⑤ 标注"浅"具有以下语义：

①从上到下或从外到里的距离小：浅滩/水浅/屋子的进深浅

②浅显：浅易/这些读物内容浅，容易懂

③浅薄：功夫浅

④（感情）不深厚：交情浅

⑤（颜色）淡：浅红/浅绿

⑥（时间）短：年代浅/相处的日子还浅

再来看看"浅"的反义词"深"的相对语义：

①从上到下或从外到里的距离大：深耕/深山/这院子很深

②深奥：由浅入深/这本书很深，初学的人不容易看懂

③深刻、深入：影响很深/深谈

④（感情）厚、（关系）密切：深情厚谊/两人的关系很深

---

① 练小川：《数字时代的阅读》，载《出版科学》，2009年，第2期，第16—20页。

② 袁玉荣：《透视青少年流行文化对中学生的影响》，载《中国德育》，2007年，第3期，第28页。

③ 蔡江、唐秀瑜：《浅阅读时代图书馆的深度选择》，载《图书馆》，2007年，第3期，第41页。

④ 李劲：《论浅阅读时代图书馆对大众阅读的深度引导》，载《图书馆学研究》，2008年，第4期，第79页。

⑤ 中国社会科学院语言研究所词典编辑室：《现代汉语词典》，北京：商务印书馆，2002年，第3版（增补本），第1014页，第1120—1121页。

⑤（颜色）浓：深红/深绿/颜色太深

⑥距离开始的时间很久：深秋/夜已经很深了

从上可以看出，汉语空间维度的"深"和"浅"是两个典型的多义形容词，语义①是它们的基本义，即从上到下或从外到里的距离大小；语义④⑤⑥是它们的非空间义在情感、颜色、时间上的用法；语义②指思维产物（即阅读对象）的深奥程度；语义③指思维参与的深入程度。显然，阅读作为大脑的一种智力活动，修饰"阅读"行为的"深"与"浅"，应该释义为语义③。

据此，我们可以根据读者在阅读过程中思维参与的程度，把阅读分为浅阅读和深阅读。浅阅读是指在阅读过程中读者的思维参与较少、对于语言和符号的理解和掌握程度不高、仅停留在了解层面的阅读。思维参与程度少、阅读效果不佳是浅阅读的两个本质特征。如此，我们可以作出如下判断：

（1）浅阅读不是不思考的阅读，而是思考深度不够的阅读。

（2）快速阅读不等于浅阅读。因为快速并不一定影响阅读效果。所谓"目所一见，辄诵于口"，东汉学问家张衡就有这样的本领，不仅阅读快速，而且效果很好。

（3）功利性阅读不等于浅阅读。这是显而易见的。若想通过阅读实现功利的目的，很多情况下还非得做"深阅读"不可。

（4）传统阅读不一定是深阅读，网络阅读不一定是浅阅读。尽管"浅阅读"是近些年使用的一个新鲜概念，但浅阅读现象古已有之，只不过互联网的崛起与新媒体的出现促进了浅阅读现象的普遍化。浅阅读并非一个新生事物。

因此，浅阅读是相对于深阅读而言的，"深""浅"阅读之间的界限并不明显，外人也很难从某人阅读的外在形式上对其加以区分，只有阅读主体自身才能真切地感觉到自己所做的阅读是属于"深阅读"还是"浅阅读"。我们提倡深阅读，但也需要浅阅读，在出版业、传播业高度发达的今天，尤其如此。

四、经典阅读及其特点

根据阅读内容的经典性，可以把阅读分为一般阅读和经典阅读。人们很难给"一般阅读"下定义，对"经典"却能如数家珍。如基督教的《圣经》，柏拉图的《理想国》，亚里士多德的《形而上学》，卢梭的《社会契约论》，马克思的《资本论》，亚当·斯密的《国富论》，孔子的《论语》，老子的《道德经》，这些都是经得起考验的、被时间证明了的、对人类文明有着重要影响的著作，可谓经典中的经典。因此，凡是以这样的经典著作作为阅读对象的阅读无疑是经典阅读。可是，现代意义上的"经典"被赋予了更广的含义。一般认为只要具备以下五个要素之一，便可称之为"好书"，并在一定程度上赋予其"经典"之意：一是核心价值不会随时间流逝而改变的作品；二是经久不衰的传世之作，后人尊敬它，称之为经典；三是具有典范性、权威性的著作；四是历史选择出来的"最有价值的书"；五是被主流文化所承认的著作。①以上要素中的第二、三、四条无疑是国学经典、权威经典、历史经典的主要特征，这是传统意义上的经典。要素一和五则是广义上的经典，即"时代经典"。由于社会的核心价值观念是不断变化的，主流文化也被打上了鲜明的时代印记。因此，经典并不见得是永恒的。但只要某本书在人类长河的某个时空领域产生过重要影响，就值得我们去阅读它，不要错过与它对话。

基于经典著作的以上五个要素，相应地，经典阅读具有以下几个特点②：

一是超时空性。即读者在阅读经典时要有大的时空观，视野要宽广，要联系古代和现代，要对文本有新的阐释。

二是文化传承性。关于经典阅读的文化传承性，领悟深刻的莫过于公元前三世纪末的国王托勒密。为了提高古亚历山大图书馆藏书的利用率，托勒密想出了一个妙招：邀请当时许多国家的名流学者，如欧几里得、阿基米德等人，请他们住在亚历山大里亚，付给他们可观的费用，只要他们好好使用图书馆的财富就行。这一创举的直接结果就是新的书籍和注解不断诞生。加拿大享誉盛名的作家阿尔维托·曼古埃尔说：现代的读者阅读过去的书，书在阅读的过程中就变成新的了；每一个读者都使某一本书获得了一定程度的不朽。在这个意义上，阅读就是使书籍复生的仪式。我国学者朱自清在《经典常谈》中说："经典训练的价值不在实用，而在文化。"现代学人也说：人们拒绝阅读经典，无异于斩断历史传承，自绝文脉。经典阅读的文化传承性由此可见一斑。

三是审美体悟性。经典阅读要求读者潜入经典著作中，可以"成为"大师本人，去关心属于他们那个时代的问题，给出自己对这个问题的见解和看法；也可以成为大师们的"对手"，去分析他们的观点是否有价值，去判定他

① 陈有志、赵研科：《"一校一书"阅读推广》，见王波：《图书馆时尚阅读推广》，北京：朝华出版社，2015年，第67页。
② 参阅崔波：《文化经典的阅读与欣赏——以《周易》为例》，见河南图书馆：《豫图讲坛——2012年讲座选集》（下），郑州：郑州大学出版社，2013年，第459页。

们的认证是否严谨。所谓站在巨人的肩膀上进行科学研究，对经典文本的这种感悟——理解——建构的过程就是一个审美体悟的过程。

四是限制性。经典文本中的内容、形式存在着一定的规定性，其中的人、事、物、景具有相对稳定性。我们可以突破权威的理解，可以有自己独到的见解，但却不能离谱。"我们常说，一千个读者就有一千个'哈姆莱特'，但一千个读者心目中的形象毕竟还是'哈姆莱特'，而不是其他什么人物。"[①] 这也就是说，阅读离不开阅读对象的规范和制约，经典阅读更是如此。我们不能曲解大师，更不能误读经典，篡改经典。

尽管阅读经典，就是向大师学习，这个道理人人都懂，可做起来却不是那么容易。广西师范大学出版社于 2013 年 6 月通过对近 3000 名读者吐槽最多的读不下去的书进行统计分析后，发布了一个"死活读不下去排行榜"，位列榜单前 10 名的图书分别是：《红楼梦》《百年孤独》《三国演义》《追忆似水年华》《瓦尔登湖》《水浒传》《不能承受的生命之轻》《西游记》《钢铁是怎样炼成的》《尤利西斯》。从中可以看出，不仅中国古代四大文学名著位列其中，就是其余 6 本书也全都是世界名著。也许人们并不知道其作者姓啥名谁，出自哪国，但作品名称却如雷贯耳。这些人尽皆知的经典之作，不仅历年来被列入各种推荐书目，很多还被节选入大中小学语文课本。然而，名著却并不受当下国人青睐。究其原因，除了名著因人名太长、厚如砖头、晦涩难懂等自身缺陷外，还与当下流行的"浅阅读""快阅读""碎片化阅读"不无关系。电视、网络、智能手机的广覆盖与高普及培养了人们对大众娱乐文化的兴趣，无形中又强化了人们拈轻怕重、避重就轻的本能选择，而且还剥夺了人们的阅读时间。读图读网之风盛行正是阅读"去经典化"的罪魁祸首。

基于此，有识之士纷纷倡导经典阅读。王余光呼吁"阅读，与经典同行"；徐雁将经典名著比喻为温补人类心神的"十全大补丸"；朱永新回首自己的阅读历程时发现，自己的阅读始终追随着伟大的灵魂；解玺璋建议读书人要多读经典，要有"通古今、达中外、能为世益者"的抱负。大学生至少应该算得上一般意义上的读书人，总该有些"家国"情怀。如此，大学教育在强调专业教育的同时，不要忽视人文教育，应该倡导经典阅读。

五、共同阅读及其特点

1998 年，美国西雅图公共图书馆举办了"假如西雅图民众共读一本书"

---

① 曾祥芹、韩雪屏：《阅读学原理》，郑州：大象出版社，2002 年，第 343 页。

活动，主办方希望通过阅读同一本书，给社区居民提供共同讨论的话题，交流思想，促进认识，融洽社区关系。活动吸引了社区公民的广泛参与，收效明显。此后，这种"一城一书"的阅读活动模式在美国图书馆协会公共计划部门的大力倡导下，迅速覆盖了美国51个州383个社区，并发展到加拿大、英国、澳大利亚等国家。该活动还催生了美国大学的"新生共同阅读计划"，又称"新生暑期阅读计划"，即在每年新生正式入学前的暑期，学校给新生指定一本阅读书目，要求新生在暑期阅读并思考。新生入校后，学校将围绕这本书展开一系列的活动，如小组讨论、作者见面会等，以引导学生批判地思考问题，建立学习共同体。[①] 近年来，国内一些高校也相继开展共同阅读活动。如中央民族大学外国语学院2009—2012年连续四年开展"同读一本书"[②]活动，旨在倡导大学生养成多读书、会读书、读好书的良好习惯，为其提供一个交流思想、互相学习的平台。湖南省高校图工委于2013年起，组织开展"一校一书"阅读活动，参加学校已从最初的本科院校扩展至独立学院与高职院校，并构建了协同阅读推广体系与评价激励机制。该活动倡导经典阅读与精细阅读，强调阅读的经世致用功能，受到了大学生的欢迎，逐渐发展成为一项区域性协同阅读推广品牌。此外，亲子阅读作为共同阅读的另一种形式，也日益受到家长的重视。

综观以上国内外开展的共同阅读活动，我们可以给"共同阅读"做出如下定义：

根据在阅读一本书过程中参与的人数多少，可以把阅读分为个别阅读和共同阅读。共同阅读是指两个或两个以上的人在同一时间段内都读同一本书，并互相交流对该书的感受、困惑和心得，以期借助群体的智慧对该书有更深入的理解，同时也通过交流加深彼此之间的关系。[③]

从该定义中不难看出"共同阅读"具有以下四个特点：

一是阅读主体的群体性。群体是相对于个体而言的。两个或两个以上有着共同点的个体组成的整体，即可称为群体。大家同读一本书，通常是在学校教育的课堂上，以语文教材为读物，按照教学大纲的规定，在老师的指导下，有步骤、有计划、有目的地进行。毫无疑问，这是典型的共同阅读。当

---

① 吕雪梅：《美国高校"新生共同阅读计划"及其启示》，载《图书馆建设》，2014年，第12期，第66页。

② 赵俊玲、郭腊梅、杨绍志：《阅读推广：理念·方法·案例》，北京：国家图书馆出版社，2013年，第264—271页。

③ 朱永新：《我的阅读观》，北京：中国人民大学出版社，2012年，第14—15页。

阅读一旦离开课堂，大都是以个人阅读的形式存在，遇到疑问，难免会有孤单无助之感。新媒体环境下，"新浪微博""微信朋友圈""脸书""推特"等社交网络的兴起，人们可以便捷地分享阅读内容，给共同阅读从"熟人群"向"生人群"扩散创造了条件。

二是阅读客体的同一性。只有群体阅读同一本书，大家才会有共同的话题，才可以通过互相切磋来增加对知识的理解；个体才可以实现从他人的阅读中吸收灵感，才可以借助群体的力量培养良好的阅读习惯。

三是阅读时间的统一性。尽管处于共同阅读群中的个体在阅读同一本书时，阅读时间通常会有先后之分、耗时也会有长短之分，但整体上必须统一在同一时间段内，可以是同一天、同一月、同数月，却不太可能是同数年。因为人的记忆会随时间而遗忘，时间越长，遗忘越多，进而影响阅读交流的广度和深度。

四是阅读过程的交互性。共同阅读是集体智慧的碰撞，是团队精神的体现。俗话说，三个臭皮匠，抵个诸葛亮；又说，三人行，必有吾师。共同阅读就是要发挥"臭皮匠精神"，发挥不耻下问的精神，让个体学会在分享和合作中更充分地从阅读中汲取营养，从而更具智慧。

换言之，只有两个以上的人在同一时间段内阅读同一本书，并围绕着这本书展开互动交流，才能称得上共同阅读，四者缺一不可。

第四节　不同人群的阅读行为特征

根据人的年龄成长阶段，结合公共图书馆与高校图书馆的服务对象，本节重点介绍少年儿童、青年大学生、职场成年人、赋闲老年人四类人群的阅读行为特征。

一、少年儿童的阅读行为特征

"少年儿童"实际上并不是一个很严谨的概念。联合国《儿童权利公约》规定：儿童是指 18 岁以下的任何人，除非对其适用的法律规定成年年龄低于18 岁。在我国，关于儿童有多种称呼，如"少年儿童""青少年""未成年人"等。由于独立自主的阅读必须以识字为前提，根据我国规定的儿童法定入学年龄，本节中的少年儿童特指 6－18 周岁的中小学生。

儿童期是长身体、长知识的关键期。这一时期的阅读常常是在一定指导下进行的，它强调的往往是思想品德的教育、基础知识的学习和掌握、智力能力的培养与开发以及阅读技能的获得，因而，它常常是一种积累性、学习性阅读。[①] 少年儿童的阅读行为相应地呈现出以下特征：

（一）阅读兴趣随年龄而变化

阅读兴趣随年龄变化主要表现在两个方面：一方面，不同年龄阶段儿童，其读书兴趣有其各自的特点，大致可以分为 6 个阶段[②]：

第一阶段（4—6 岁）：绘画兴趣期

第二阶段（6—8 岁）：传说兴趣期

第三阶段（8—10 岁）：童话兴趣期

第四阶段（10—15 岁）：故事兴趣期

第五阶段（15—17 岁）：文学兴趣期

第六阶段（17—24 岁）：思想兴趣期

另一方面，少年儿童到了一定的年龄阶段，其阅读兴趣会显示出性别差异。研究表明，小学低年级学生阅读书目的类别尚无男女差别，从小学高年级起，逐渐显露出阅读兴趣的性别和分化趋势。美国一项对 3000 名 10—15 岁儿童阅读兴趣的调查结果显示：男孩比女孩更喜欢科学、发明、运动和冒险等方面的故事，女孩喜欢家庭生活故事、浪漫文学作品、学校活动故事、童话和动物故事。[③] 我国童话作家郑渊洁在自己的童话创作中也有意纳入青少年的性别意识，常常在人物、故事乃至封面设计等方面考虑男女小读者的不同趣味和爱好。此外，男孩的阅读意愿普遍比女孩低。英国国家素养基金会2005 年调查了英国 8000 个 5—18 岁孩子的阅读习惯和偏好，结果显示出男孩不如女孩热爱阅读，并且男孩大多对阅读抱以消极的态度。[④] 因此，在国外出现了很多专门针对男孩的阅读推广项目，如英超俱乐部的"阅读之星"项目，加拿大的"男孩与文学"项目等。男孩与女孩的这种阅读兴趣差异是由其生理发育差异决定的。

（二）阅读注意具有不稳定性

读者对读物进行感知、记忆、思维时，都离不开注意的参加。高尔基说：

[①] 曾祥芹、韩雪屏：《阅读学原理》，郑州：大象出版社，2002 年，第 368 页。

[②] 张汉强：《青少年阅读心理学概论》，武汉：武汉出版社，2008 年，第 152 页。

[③] 方卫平、王昆建：《儿童文学教程》，北京：高等教育出版社，2009 年，第 60 页。

[④] 赵俊玲、郭腊梅、杨绍志：《阅读推广：理念·方法·案例》，北京：国家图书馆出版社，2013 年，第 97 页。

"我扑在书籍上，好像饥饿的人扑在面包上一样"，普希金常用"忘记了世界"来形容自己读书时注意的程度。事实上，阅读效果的取得，在很大程度上依赖于读者的注意力。注意力集中是阅读成功的必要条件之一。阅读注意的稳定性是指注意力集中于读物上所持续的时间，如果持续时间长，就说注意的稳定性好；如果持续时间短，或者很容易发生注意转移，就说稳定性差或者具有不稳定性。一般来说，年龄越小，注意越不稳定。少年儿童活泼爱动，具有强烈的好奇心和求知欲，这既是他们读书学习的优点，又是引起他们注意力分散的一个重要原因。表现在阅读中，一是注意不能长时间专注于同一读物，容易疲劳和受外界干扰；二是注意集中的强度不够，容易分心，引发无意注意。因而，少年儿童大都喜欢阅读浅显易懂的读物。

（三）阅读能力发展具有阶段性

阅读能力是指读者运用已有的知识经验，顺利而有效地完成阅读活动的能力。个体的阅读能力，是在一般能力发展的基础上，通过阅读实践而形成的多层次、多侧面的结构。[①] 从书面语言的理解层次分析，阅读能力包括字词认读能力、语言理解能力、语言吸收能力和语言自学技能四个方面。学校教育中的语文阅读教学显然符合这种从低级到高级、从基础到综合、从简单到复杂的阅读能力层级结构。从驾驭文献的角度思考，阅读能力包括文献选择能力、内容理解能力、知识运用能力与批判创新能力。少年儿童阅读能力发展的阶段性主要表现在文献选择能力的阶段性与阅读思维发展的阶段性两个方面。

小学低年级学生，在阅读兴趣上没有选择性和分化性，在阅读材料的选择上也没有明确的指向性；由于识字量非常有限，读物基本以标注有汉语拼音的童话故事、图文并茂、浅显易懂的连环画为主。到了小学高年级，随着字词认读能力的提高，儿童初步具备选择读物的能力，并表现出一定的学科兴趣。升入中学后，阅读兴趣开始分化，选择读物的能力进一步加强，开始形成阅读偏好。

在阅读思维的发展上，小学阶段的儿童以直观形象思维为主，对事物的认知停留在感性认识阶段，阅读缺乏深刻性。中学生的抽象逻辑思维能力逐渐增强，喜欢动脑筋思考问题，阅读理解能力不断提高，开始有自己的见解，但阅读评判能力还较低，还分辨不出文献的好坏，容易受不良读物的影响。儿童阅读能力发展的阶段性特征与儿童受教育程度的阶段性以及生理发育的阶段性相匹配，进而决定了少年儿童阅读的阶梯性。

---

① 王余光、徐雁：《中国读书大辞典》，南京：南京大学出版社，1999年，第347页。

的巨大压力,谋生是他们的第一要务,属于较高层次的个体阅读需要自然位居其次,且呈现出不一样的特点:

(一) 阅读时间少

职场成年人是社会建设和家庭建设的中坚力量。一方面,在"时间就是金钱"的工业社会里,面对激烈的职场竞争,成年人只有马不停蹄地努力工作。另一方面,在家庭生活中,购房压力、医疗压力、子女教育压力,都叠加在成年人的肩上,迫使他们更加重视经济利益。繁重的生存压力,直接影响了人们的阅读时间。有学者根据抽样调查结果绘制了一张成年人的时间分配图①:

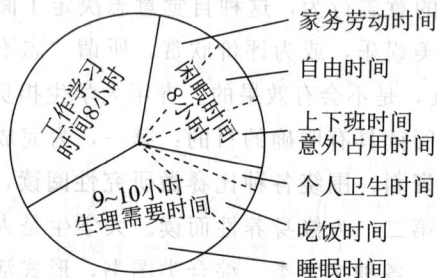

图 1-5　成年人的时间分配图

从图 1-5 中可以看出,职场成年人一天 24 小时的时间消费,是按工作时间、生理需要时间和闲暇时间三种形态分配的。其中工作时间属硬性时间,生理需要时间亦不能随便支配,而闲暇时间即可满足各种需要供自由支配。资料表明,家务劳动时间、上下班往返时间、意外占用时间(如来客、生病等)几乎占去闲暇时间的 2/3,所剩自由时间还不能全部用于阅读;加上智化劳动程度不高,工作时间相对较长,传统的慢节奏习惯难改,多种因素使得我国的职场成年人阅读时间的数量和质量都赶不上发达国家。2011-2015 年连续五次全国国民阅读状况调查显示:18-70 周岁的成年国民认为自己的阅读数量很少或比较少的依次为 50.7%、53.1%、52.8%、44.1%、45.0%;对个人总体阅读情况表示满意(包括非常满意或比较满意)的比率依次为 21.2%、19.1%、21%、25.8%、20.8%。调查结果同时显示:超过七成的成年国民认为当今社会阅读对于个人的生存和发展来说"非常重要"或"比较重要",认为阅读不重要的仅在 5% 左右。这就说明绝大部分成年国民认识到阅读的重要性,却又只有少数成年国民对自己的阅读情况表示满意,"工作

① 见曾祥芹、韩雪屏:《阅读学原理》,郑州:大象出版社,2002 年,第 84 页。

忙，没时间"是造成此种反差的最主要原因。

（二）深度阅读被忽视

职场成年人在有限的自由时间内，即使阅读，大都只有两个目的：一是为了考证而阅读。我国从1995年开始推行国家职业资格证书制度，各种职业资格证书如教师证、医师证、律师证、会计证、技师证等成了劳动者求职、任职、开业的资格凭证，也是用人单位招聘、录用劳动者的主要依据。

成年人要想谋求一份高收入的体面工作，首先就必须在各种证书考试中过五关斩六将，各种考试用书成了成年人阅读的主要对象。据统计，当代中国社会48.7%的识字人口中，大多数人是考什么，读什么；怎么考，怎么读。阅读成了追求效益的活动。二是为消遣娱乐而读。据国际电信联盟报告，全球互联网人数2016年已达35亿，中国网民达7.21亿，是全球网民人数最多的国家。网民每天平均上网时间约为3.8小时，浏览新闻、查询信息、聊天交友、观看视频、在线听歌是网民上网的主要活动类型。仅有19.5%的网民将"阅读网络书籍、报刊"作为主要网上活动之一，那种需要细嚼慢咽的深度阅读正日益淡出职场成年人的视野。

四、赋闲老年人的阅读行为特征

1996年《中华人民共和国老年人权益保障法》规定："老年人是指60周岁以上的公民。"我国现行的法定退休年龄上限为年满60周岁。因此，60周岁以上的老年人基本已退出职场，赋闲在家，且子女已成人，他们无须再背负来自社会和家庭的双重压力，属于自己的自由时间大量增加，他们逐渐回归书本，阅读成了丰富老年人精神生活的一种重要手段。他们的阅读行为呈现出以下特征：

（一）休闲消遣是老年人从事阅读的第一大目的

国外研究资料表明：阅读是老年人最常被提起的休闲活动，他们平均每天的阅读时间超过2小时，阅读的主要目的是消遣和获得信息。国内学者对老年人的阅读行为进行了研究分类：边振玉将其分为消遣型、养生型和写作型[①]；牛丽将其分为消遣型、学习型和应用型[②]；姚海燕则划分为学习消费

---

① 边振玉、黎浩：《报纸阅览室老年读者服务刍议》，载《河北科技图苑》，2006年，第6期，第71—72、8页。

② 牛丽：《浅谈公共图书馆面向老年读者的服务工作》，载《图书馆学研究》，2006年，第2期，第76—77页。

第二章
关于推广学的基本理论

"推广"一词首先起源于农业领域，伴随着农业的产生而产生，是一项为农业产业服务的社会活动。随着工业社会和现代技术的发展，"推广"的内涵不断扩展，推广的方法和手段也在许多领域得到广泛使用，诸如教育推广、产品推广、市场推广、营销推广、网络推广、平台推广、服务推广、学术推广、文化推广、阅读推广等随处可见。本章将对推广的概念内涵、目的功能、理念学说、类型方法以及推广的经济学与传播学意义展开分析与讨论。

第一节 推广的概念内涵

马克思认为："农业劳动是其他一切劳动得以独立存在的自然基础和前提。"的确，农业是人类社会首先出现的物质生产部门。为了生存，人类在从食物采集过渡到食物生产的漫长过程中，产生了原始农业。尽管当时的人类社会农业生产力水平低下，劳动手段与劳动技能都很落后，然而人们在共同劳动和共同生活中，在与自然的斗争中，还是积累了一些技术、技艺和经验，并通过父传子、师传徒的方式传播和扩散，这就是原始的农业推广活动。

到了奴隶社会，人们开始使用青铜农具中耕除草，栽培除谷物以外的果树蔬菜，应用除草治虫技术，同时出现了原始畜牧业生产，还发明了历法用以指导农事活动。一些先进部落开始出现专门负责指导百姓"种植五谷、饲养六畜"的农师，这便是早期的农业技术推广员。

进入封建社会，农业开始逐步由粗放向精耕细作发展。劝农、课桑、教稼等民间活动日益受到朝廷和地方政府的重视，让农业推广活动带上了浓厚的官办色彩和技术、技艺特征。

随着近现代工业和科学技术的发展，农业也逐渐走上了现代化，农业推广成为一种社会制度。推广科学也应运而生。

一、什么是推广

从上述农业发展过程可以看出，推广首先产生于农业领域，技术是推广的首要内容。直到现在，一说起推广，人们首先想到的是农业推广或技术推广，学界关于推广学的研究和成果主要集中在农业领域，对推广的定义、术语和应用也众说纷纭。

尽管推广活动早在原始农业阶段就有了，然而"推广"一词的使用，最早起源于1866年的英格兰。当时的剑桥大学和牛津大学首先采用"大学推广"系统。"推广教育"一词是剑桥大学于1873年首先使用的，用来描述当时大学面向社会，到校外进行农业教育活动的教育创新。后来，"农业推广"一词在美国得到广泛使用。1914年美国国会通过农业合作推广的《史密斯——利弗法》，给"农业推广"赋予了新的含义，从而也形成了美国赠地学院教学、科学试验和农业推广相结合的体制。正因为农业推广囊括了很多活动，所以使得"推广"具有许多不同的意思。范登班（Van den Ben，1985）指出：

在英国、德国和斯堪的纳维亚（Scandinavian）地区，"推广"即"咨询"，注重解决特定的具体问题；在美国的传统中，"推广"即"教育"，强调教给人民用扩延（extending）信息的方法解决问题；荷兰使用"Voorlichting"这个术语，意思是在人们前面保持着亮光以使他或她能够找到道路；法国使用"Vulgarisation"这个术语，表示推广是一个简化信息的问题，以使"大众（vulgts）"或普通人能够明白。此外，人们因反感从"自上而下"的视角定义推广而产生了许多反术语，如"激励（animation）""动员（mobilization）""自我觉悟（conscientization）"等。[①]

术语的不同并非推广概念的唯一混乱源，政治和其他传统也不能忽视。在保守的传统中，推广作为一种手段，来帮助人们在推广所提供的选择范围内做出考虑周到的选择，被称为"提供信息"的推广。

在社会主义和基督教的传统中，推广被看作为穷苦人的解放与道德提高

---

① ［荷兰］罗林：《推广学：农业发展中的信息系统》，王德海、朗大禹译，北京：北京农业大学出版社，1991年，第40—41页。

的手段，被称为"解放的"推广。

以上两种传统，同时也注重把推广用于为人类发展、为了"形成"或提高他的决策能力，以及学习、管理、与他人沟通、分析环境、当领导、反对压迫、组织等能力，因而又被称为"造型式"推广或"人力资源开发"。

当推广用于引导阻止环境污染、健康公害、野蛮的破坏行为时，所有国家的政府都将推广作为取得社会目的或集体事业效益的一种政策手段，被称为"劝导性"推广。

以上关于"推广"的含义，因观察视角的不同而不同。然而，它们都有一个共同的核心逻辑——诱导行为变革。

二、推广的内涵特征

推广的内涵受时间、地点的制约，随着社会经济、科技的历史发展而演进。尽管上述对推广含义的理解各不相同，然而我们还是可以从中解读出"推广"具有的几种共同属性：干预性，沟通性，自愿性，公益性，机构部署性。

（一）干预性

推广是一种干预。几乎所有的推广定义都强调推广是经预先考虑的、有计划的、循序渐进的、系统设计的、有目标指导的目的性活动。制定目标、设计并检验策略、资源配置、执行和评价是推广干预性的具体表现。"干预"在《现代汉语词典》中的释义是"过问（别人的事）"，推广的干预性往往超越"过问"的层级，充当"推广员"角色的人常常直接参与目标群体的行为变革过程，因为推广员本身就是一种以执行干预为目的的职业。事实上，医生、教师、推销员以及其他专业工作者在平常的工作中都部分地扮演着"干预者"的角色。正是由于这个原因，国外的许多大学生都以"农村推广"作为选修课，即使他们根本不打算成为专职的推广人员，他们也觉得通过沟通进行干预的原则，是许多工作所要求的职业技巧之一。

（二）沟通性

推广以沟通作为其引导变革的手段。沟通贯穿于推广的全过程，是推广、培训和信息传播的基础，是推广工作中的一项重要的、必不可少的活动。早期的推广工作被看成是一种简单的干预手段，忽视了沟通在推广中的重要作用，认为推广就像投掷标枪一样，把知识和动力投向目标用户便大功告成。后来发现这种把目标用户当成"靶子"的推广工作，收效甚微。即使目标群体相信自己会从行为变革中获益，可仍然会因为缺乏变革的资源和条件而没有引发自愿行为的改变。沟通的重要性由此得到认识。沟通需要相互理解。推广的效果取决于干预团体与目标群体之间互相理解的程度。在推广之前，若能了解受众的期望，倾听他们的意见并加以理解，与他们一起对新的建议进行预试，并注意使用他们已有的知识，让变革行为者（推广员）与目标用户共同解决问题，推广的效果会好很多。

（三）自愿性

推广只有通过自愿变革才能产生效力。尽管推广的影响力来自于策略地运用沟通这一手段，然而在引起人们行为自愿变革方面，这种影响力还是相当有限的，除非有其他途径以权力迫使人们依从。可是我们不能利用推广来强迫人们去做违背自身意愿的事情，推广的逻辑也要求变革行为者必须寻求引导目标用户自愿变革的手段和方式。自愿的行为是不能由命令或指令产生，它需要利用说服、传递信息和其他沟通形式来引导目标客户在知识、认识、动机、理解或反馈上的改变，让他们相信行为改变是为了他们自身的利益。戈加特曾提出自愿行为改变的三个条件：一是必须知道怎样做，二是必须想要做，三是必须有能力做。[①] 显然，推广在对知识（知道怎样做）和动机（想要做）上的影响比对能力上的影响要大得多。因为人的能力的养成是一个复杂而长期的过程。正因为如此，现实的推广工作常常在改变人的知识和动机方面着力，在改变能力方面望而却步，从而造成推而不广的情况发生。若背离自愿性原则强制推广，即使是好心，往往也会办成坏事。

（四）公益性

用户都是理性经济人。如果推广纯粹只是为了推广者的个人利益，那么推广行为必然会受到用户的抵制，更不用说会有什么好的推广效果了。因此，无论是农业领域的技术推广、商业领域的产品推广还是服务业的服务推广，都在一定程度上具有利他性，而且这种利他性成分越高，推广工作越容易开展，效果也越好。对目标用户来说，具有收益外溢的项目必须采用补偿机制才能得到有效推广。如此，在很多国家和地区，推广常常被用来作为一种政策工具。如在保护自然资源、预防公害、保证对于环境资源的适度使用、解放思想、主持公道、防止破坏公物的行为、能源保护、保证更好地使用娱乐设施、保证坚持公共利益的政策、交通安全等方面，推广的目的更加强调公

---

① 见［荷兰］罗林：《推广学：农业发展中的信息系统》，王德海、朗大禹译，北京：北京农业大学出版社，1991年，第51页。

共和集体的利益，而不是某些私人利益，因而具有显著的公益性。

（五）机构部署性

推广需要钱，它是一项职业活动。不管是专职的推广还是兼职的推广，都需要经费。要想保持推广工作的连续性，其经费开销非个人所能承担。因此，推广工作通常是由某种机构组织开展的，这些机构可以是政府机构、志愿机构、商业公司和会员协会等。例如，在许多国家特别是发展中国家，农业推广服务机构都是国家行政机构的组成部分，推广工作经费和人员大都由政府行政体系安排，常常采用技术、政策、物资三结合的运行机制开展工作；大专院校与科研院所等教育科研机构开展的推广工作，其资金来自于教育经费或科研项目经费，通常采用科研、教学、推广三结合的运行机制助力科技成果的转化，即使是在当下的大学教育中，仍然强调生产、教学、科研相结合，面向市场培养人才；企业或公司设置的推广机构以增加企业的经济利益为工作目标，以产品消费者为服务对象，由企业划拨推广经费，一般采用企业、基地、用户三结合的运行机制，以调动企业和用户的生产积极性，达到双赢的效果；会员协会合作形成的自助推广机构以会员为推广对象，以经营、咨询、推广相结合的方式开展资源传递服务。由此，推广的机构部署性便不言而喻。

根据推广的以上属性，我们可以给推广作出如下定义：

推广是一种由机构部署的职业性的有组织的沟通干预活动，以引导具有变革行为者（推广者）所认为的公共或集体效用的自愿行为的改变。

第二节　推广的目的与功能

一、推广的目的

推广是一种经过系统设计的、有计划有程序有目标指导的活动，具有很强的目的性。推广的目的有两个：一是直接目的，二是最终目的。直接目的是引发推广行为的动机。如在传统农业社会，人们为了生存，千方百计想要农作物高产，于是，为了提高作物产量的农业技术推广行为便应运而生；科研院所为了把潜在的、知识形态的科技成果转化为现实的、物质形态的生产力，必须将创新的成果在相应领域推广使用才能产生效益；企业开发的新产品只有投放市场，被消费者购买才能实现利润，为了占领市场，让产品迅速被消费者知道并接受，企业需要市场推广；政府从国家和社会的利益出发，必须对个体的行为进行规范和节制，这种规范和节制除了通过硬性的法令强制执行外，还需要通过推广教育来引导人们的行为自愿改变。这些推广行为，因传输技术、成果转化、产品销售、行为教育的动机而产生，是推广的直接目的，也是短期目的。那么，技术推广、成果推广、产品推广、教育推广，其最终目的是什么呢？根据推广的核心逻辑——诱导变革，我们认为，推广的最终目的只有一个，那就是引导行为自愿变革。

为了实现推广的最终目的，变革行为者需要科学合理地设计其直接目的，并努力使干预目的与用户目的相一致，以实现推广效益的最大化。推广目的（直接目的）与用户目的的一致性程度是有差别的，通常有以下四种情况[①]：

（1）推广目的与用户目的相同

（2）推广目的与用户目的部分相同

（3）推广目的与用户目的相联系

（4）用户目的能够被转化为适合于推广目的

第一种情况可能发生在由慈善机构提供资金的志愿组织开展的推广活动中，或者是由用户自己付费请商业公司为其提供的推广服务中。在这两种情况下，推广是为用户服务的一种手段，因而推广目的与用户目的高度一致。

第二种情况经常发生在农业推广中。用户目的是多赚钱过好日子，推广目的更多的是为国家利益服务。如在工业欠发达国家，农业推广的目的是为城市消费者提供廉价而可靠的食品供应，赚取外汇为工业发展提供原材料等，这种国家利益的达成是通过引进新技术提高农业产量实现的。产量提高了，价格就会下降，农民为了保持收入增长，也就自觉需要推广咨询服务。这样，当廉价而丰富的农产品变为现实的时候，农民们也看到了技术创新给他们带来的切身利益。

第三种情况经常发生在诸如广告一类的领域中。为了使推广目的（出售产品）和用户目的相联系，沟通干预常借助于某些用户感兴趣的、有利可图的、有指望的或者信服的中介物，即"诱导体"，而推广组织想要用户购买的产品被称为"劝导体"，沟通干预力求证明在"劝导体"和"诱导体"之间有一种关系，这种关系被称为广告的"允诺"。

第四种情况是指推广除采用沟通干预外，还可采用其他手段达成推广目

---

① 参阅［荷兰］罗林：《推广学：农业发展中的信息系统》，王德海、朗大禹译，北京：北京农业大学出版社，1991年，第54—58页。

的。如价格刺激和补贴可以使用户对推广咨询服务产生兴趣。

当推广目的与用户目的完全相反时，沟通干预是不起作用的。若想通过推广让目标用户去做他们不愿意做的事情，那是根本不可能的。当推广与其他手段如价格刺激、补贴等结合使用时会促使目标用户按照推广目的行事，这时推广的力量变得最大。然而这种力量很明显不是来自于推广本身而是来自于其他手段。因而纯粹的推广其力量是十分有限的。

二、推广的功能

现代意义上的推广即推销、传播、普及与指导，是以人为工作对象，将特定的商品如书籍、知识、信息、技术、成果以及文化与公共平台等传播出去，通过改变个人能力、行为与条件，来改变社会事物与环境。因而推广具有个体功能与社会功能。

（一）推广的个体功能

1. 推行科学以增进知识

职业推广人是具有专门知识的人。无论是提供信息的推广、为解放的推广，还是人力资源开发、亦或劝导式推广，其工作对象都是人而不是物，因而推广过程都是一个面向人传播知识的过程。推广为目标用户提供非正式的校外教育机会，从某种意义上讲就是把大学带给用户。

2. 传播技术以提高技能

推广行为首先起源于农业领域，传输技术、提高生活技能是推广活动产生的原初动力，也是推广的首要功能。即使是商业领域的推广行为，尽管其每一个步骤可能都存在着促销，但也离不开传播技术这一环节。因为产品的销量仅仅只是推广的间接结果，推广的直接利益结果是要让客户了解产品功能、传授产品使用技术，知晓企业品牌，让消费市场尽快接受产品。

3. 普及文化以改变观念

推广教育、咨询活动可以引导目标群体学习社会的价值观念、态度和行为方式，使得目标群体在观念上也能适应现代社会生活的变化。推广的最终目的是引导人的行为自愿变革。人的行为改变需要经历一个从知识改变、态度改变到行为改变的过程。虽然人的知识改变、态度改变并不一定会带来行为改变，但是人的行为改变了，其知识、态度和观念一定会发生改变。以书籍、知识、信息等为内容的文化型推广尤其具有这一功能。

4. 指导方法以增强应用

推广工作要运用参与式原理激发目标群体的主观能动性，通过广泛的社会教育与咨询活动，使目标群体在面临各种问题时，能有效地选择行动方案；通过目标群体参与推广计划的制订、实施和评价，提高目标群体的组织与决策能力。

（二）推广的社会功能

1. 促进科技成果转化

技术推广是推广的主要内容，也是科技进步系统中极其重要的环节。然而，科技成果是一种知识形态的潜在生产力，要把这种潜在的生产力转化为现实的生产力，需要让广大用户接受它，掌握它，并应用于生产实践中，从而产生一定的经济、社会和生态效益。这种转化是通过推广来完成的。推广效果越好，科技成果的转化速度就越快，质量也越高，生产力发展也更快。

2. 提高生产经营效率

研究、推广和教育是创新的三个核心要素，三者结合形成政策工具统一为用户服务。用户在改变知识、信息、技能和资源条件后，可以提高生产的投入产出效率。据美国学者分析，美国农业生产率提高的 71％ 是科学研究及其成果推广应用的结果。[①] 在创新驱动发展的现代社会，农业和工业发展更加依赖于科技成果的推广应用。

3. 改变生活环境质量

推广活动通过教育、传播、服务等工作方式，改变用户对生活环境及质量的认识和期望水平，进而引导用户参与环境改善活动，发展基础服务设施和公共文化事业，以改善他们自己的人居环境，提高生活质量。因此，推广必须同时兼顾经济效益、社会效益和生态效益。经济效益可以是首要的，但不能是唯一的。以牺牲社会效益和生态效益而取得的经济效益是表面的、暂时的、不可持续的。只具备经济效益的创新是不科学的，也是没有推广价值的。

4. 发挥媒介纽带作用

推广具有传递服务和反馈信息的功能。推广过程中，推广者起着联系科研、教育、生产的纽带作用，同时也是政府和目标群体对话的中介人。一方面，通过推广工作可以将政府的发展计划、方针、政策及时准确地传递给目标群体，以确保各项政策的落实和预定目标的实现；另一方面，可以将目标群体的意见、建议和呼声及时反馈给政府部门，为政府部门决策提供依据，增强政策的可行性。

---

① 张坤朋、马雪梅、张进忠：《农业推广学》，郑州：郑州大学出版社，2012 年，第 14 页。

第三节　推广的代表学说与理念

推广是一种目的性很强的实践活动。任何一项推广活动都要经过试验、示范、推广等基本程序以及培训、服务、评价等辅助程序。例如科技成果推广首先要把产生于实验条件下的新技术放到生产条件下进行适应性试验，试验成功的成果再选择基地进行示范，在示范的基础上选择取得显著效益的成果进行广范围和大面积的推广。我国自贸区的引进也经历了上海的改革试点，广东、天津、福建的差异化功能示范，再到全国 11 个省份的推广应用过程。推广程序作为推广工作的步骤和指南，在执行过程中都有一定的理论作指导。具有代表性的推广理论与学派有"技术传输理论""双向沟通理论""创新扩散理论""目标团体理论""知识信息系统理论"等。

一、"技术传输"推广理论

技术传输理论是最早出现的推广理论，起源于早期的农业推广领域。早期的农业，生产力低下，技术是制约农业生产的主要因素。推广工作者（又称变革行为者）认为他们掌握的知识经验对于人类以及子孙后代的利益非常重要，因为这些知识来自于减少疾病、保护环境、增加交通安全、防止龋齿、增加粮食作物产量的专家和技术人员，有时这些专家自己就是推广工作者。由于社会给予科学家和专家以崇高的地位，推广者认为他们的工作就是通过某种沟通形式来"传输"这种知识。其技术传输模式如图 2-1 所示[1]：

变革行为者（推广工作者）——————→ 目标用户

图 2-1　技术传输模式

推广工作被看作是一种简单的干预手段，像"标枪"一样，把知识和动力投向目标用户，以此来"传输"知识。推广工作所关心的只是如何改善干预手段，即如何通过有效的示范、培训等手段达到推广目的。策略地使用干预媒介和方法是推广过程所关心的问题，因为干预是有效改变农民自愿行为的关键要素。

---

① 参阅［荷兰］罗林：《推广学：农业发展中的信息系统》，王德海、朗大禹译，北京：北京农业大学出版社，1991 年，第 25 页。

技术传输理论强调技术在传输中的地位和作用，认为推广工作者与目标用户之间的关系是简单的技术传输关系，忽视了目标用户在技术传输中的地位和作用，将目标用户看作技术的被动接受者，忽略了他们在技术决策、应用和扩散中的主体地位。

技术传输理论有一定的合理性。技术作为一种资源是诱导社会变革的重要因素，唯有技术的进步，才能推动社会的发展。综观农业发展史，先进的农业科学技术是农业发展的核心要素。

然而，技术传输理论与传播学早期的"靶子论"有着同样的不足。早期的传播研究把媒介的信息看作神奇的"魔弹"，把受众视为应声而倒的"靶子"，受众在强大的传播势头面前除了束手就范，别无选择。技术传输理论与靶子论都把受众当成被动的客体，视为物而不是人，完全忽略了人的主观能动性，这是它们共同的缺陷。

二、"双向沟通"推广理论

大众传播领域内固执受众的发现，早期公众舆论工作的启发，使得在了解期望受众知识的基础上利用沟通干预手段的必要性得到认识。早期农业推广中的"技术传输"模式，采用的是一种自上而下的单向沟通方式，即使目标用户相信自己会从创新中获益，他们仍然拒绝变革，因而推广很难达到预期效果。究其原因，是因为推广的新技术与方法不适合选定的目标用户的需要。为此，推广实践提出：推广过程应该同时是一个自上而下和自下而上的双向沟通过程，需要解决变革行为者和目标用户双方的问题。

大约在 20 世纪 70 年代，推广学中早期的单向技术传输理论向双向沟通阶段发展，并形成了双向沟通模式，如图 2-2 所示[①]：

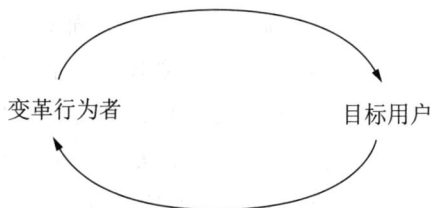

图 2-2　双向沟通模式

① 参阅［荷兰］罗林：《推广学：农业发展中的信息系统》，王德海、朗大禹译，北京：北京农业大学出版社，1991 年，第 28 页。

该模式是双向沟通理论的核心。其基本观点有[①]：

1. 双向沟通中的推广内容（信息）与推广方法（沟通）是推广过程中的两大要素，两者缺一不可，它们共同决定着推广工作的成效。

2. 通常情况下，"沟通"比"信息"更重要。这是由于信息（技术、方法、经验等）是一种客观存在，但不同用户对信息的感受、理解、态度、接受则有不同，受多种主客观因素影响，具有很大的主观能动性。

3. 沟通是一个双向互动的过程。在这个过程中，推广者要将信息通过渠道推广给接受者，同时接受者也要将他所理解的信息反馈给推广者，而且这一过程是可以反复循环的，并非互动一次即停止。

双向沟通理论既应用于人际沟通和大众传播上，也应用于发展推广内容和创造推广内容的技术研究过程中。

三、"创新扩散"推广理论

创新即创造、革新，创立新事物，标新立异。新事物可以指新产品、新设备、新技术、新方法，也指新观念、新思想。创新扩散是指一种新事物在社会系统中推广或扩散的过程，它与人际传播和大众传播密不可分，扩散的过程其实就是传播的过程。因此，"创新扩散"理论又称"革新传播"理论。

在创新扩散的研究中，最有成就的当数罗杰斯与休梅克。1971年，他俩在合著的《创新的传播》一书中，提出了一个有名的创新扩散模式，如图2-3所示[②]：

这一模式把整个创新扩散过程分为前提（创新的准备）、过程（创新的扩散）、后果（创新的结局）三个部分。

前提部分包括两个方面，一是个人因素即"接受者变数"，二是社会因素即"社会系统变数"。一个新事物能否扩散，一方面要受制于个人，另一方面也取决于特定的社会环境，即新事物的扩散必须以个人与社会两方面的开明及进步为前提。在这两方面中，起决定性作用的是社会环境因素，即社会系统变数中所包括的社会系统规范（指社会的法令规章制度）、对偏离的容忍度（指一个社会对背离传统、违反习惯的东西所具有的宽容程度）、传播完整度（指一个社会的传播系统的先进程度）等项目，这些都是制约一种创新、一次

---

① 参阅李燕凌：《农村科技服务与管理》，北京：高等教育出版社，2011年，第39页。

② 李彬：《传播学引论（增补版）》，北京：新华出版社，2003年，第154—159页。

（前提）　　　　　　　　（过程）　　　　　　（后果）

接受者变数

1.个人特征（如对变革的态度）
2.社会特征（如世界主义）
3.意识到的创新需要
4.其他

传播信源

| 了解 I | 了解 II | 了解 III | 了解 IV |

采纳 → 继续采纳
采纳 → 中断
1.取代
2.不再着迷

社会系统变数

1.社会系统规范
2.对偏离的容忍度
3.传播完整度
4.其他

意识到的创新特征

1.相对优越性
2.相容性
3.复杂性
4.可试性
5.可观察性

拒绝 → 以后采纳
拒绝 → 继续拒绝

时间 →

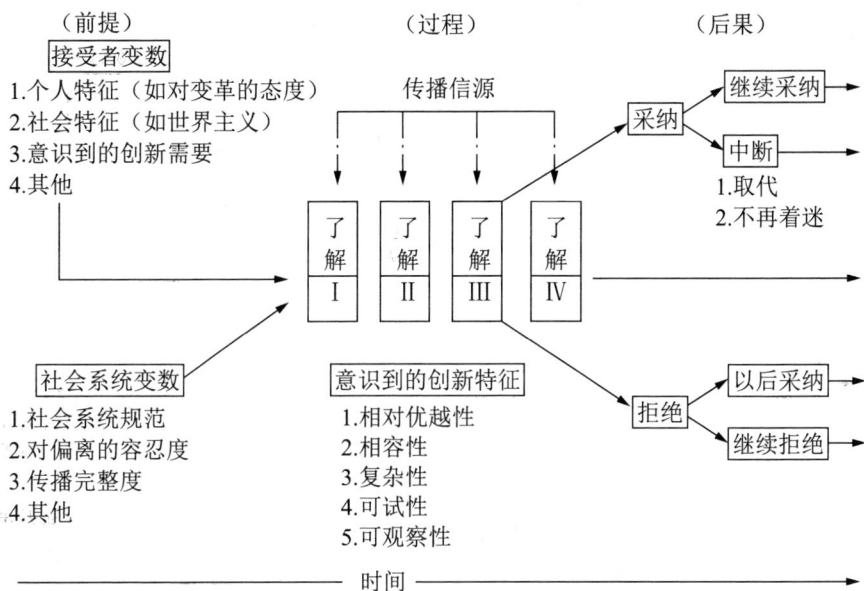

图 2-3　罗杰斯-休梅克的创新扩散模式

变革之扩散，决定新事物、新时尚之流行的关键环节。

过程部分是这一模式的核心，分为了解、劝服、决策、证实四个步骤。第一步是了解，即认识新事物。在了解过程中，大众传播能够发挥最大的效力，因为大众传播的长处正在于告知，它能迅速而广泛地把有关新事物的信息传播到千家万户。这便是产品广告在大众媒介中盛行的主要原因。

第二步劝服，是指人们在了解新事物及意义价值后对它所进行的评估。在此阶段，人际传播的作用最大，因为人际传播的长处正在于劝服。制约劝服的五项因素分别是相对优越性（新事物同它所取代的旧事物相比所具有的优越程度）、相容性（新、旧事物的相容程度）、复杂性（新事物被理解、运用的相对难度）、可试性（新事物可以被试验的程度）、可观察性（新事物可以被他人显而易见的程度），这五项因素同时也是衡量新事物的五种尺度。

经过了解和评估后，人们对一种新事物便形成肯定或否定的态度，接着便进入第三步决策。决策有两种可能：一是肯定性决策，即采纳，二是否定性决策，即拒绝。这两种决策又各分两种可能。拒绝的两种可能一是眼前反对不想采纳，以后可能会采纳；二是固守成规，对新事物始终不感兴趣，即继续拒绝。采纳的两种可能一是乐此不疲，始终对新事物抱有热情，即继续采纳；二是半途而废，即中断。中断的可能原因一是被更新的东西吸引，以之取代正在采纳中的新事物；二是对新事物的热情锐减，不再着迷。

不论是继续采纳或中断，还是以后采纳或继续拒绝，这些都属于创新扩散的结局。一种新观念、新发明、新风尚、新做派传入一个社会群体，为人们所了解后，最终要么被拒绝，要么被采纳，二者必居其一。这就是罗杰斯-休梅克创新扩散模式第三部分即后果的含义。在第二部分"过程"中的证实步骤，是指人们在做出肯定或否定的决策之后，还要设法寻求信息资料以证实自己的决策正确。这是为寻求自我安慰、达到心理平衡而对已经做出的决策的维护。

根据罗杰斯-休梅克的创新扩散理论，推广要做的工作就是选择优越性好、相容度高、复杂度合适、具有可行性的新事物，根据不同用户的个人特征和不同区域的外部环境，采用科学合理的方式和手段在了解和劝服的步骤中发挥最大的效能，以促使用户决策朝着采纳的方向发展。

四、"目标团体"推广理论

创新扩散理论的提出是基于这样一种假定，即"采用者群体"是同质性的，也就是说某项创新被假定为与这一群体中的所有成员相关性均等，需求一致。可事实上，目标群体中的个体在心理特征、年龄组合、小组行为规范、获得资源与信息的能力等方面都存在着差别，并非"同质"，而是异质性的。即推广人员所推广的新事物只对目标群体中的一部分成员适合，而对另一部分成员则不一定适合。因此，目标团体理论认为：

推广应该将似乎是同一群体中的人根据各种因素分成有着不同特征的不同群体，而在每一个相对较小的群体中，人们之间是相同或相似的，将这些不同的小群体作为不同的"目标团体"，由此而提出"用户导向"型推广模式，如图2-4所示[①]：

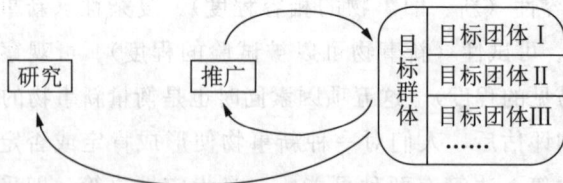

图 2-4 "用户导向"型推广模式

图 2-4 强调：推广人员在确定推广目标时要面向那些在资源、生产目的及

① 参阅〔荷兰〕罗林：《推广学：农业发展中的信息系统》，王德海、朗大禹译，北京：北京农业大学出版社，1991年，第33页（引用时略有改动）。

机会等方面相同的用户，不仅方法、信息要适应目标团体，而且还包括产生这些新事物的研究活动，都要建立在为适应目标团体条件的基础上。这就要求研究者要有计划、有目的地认真设计他们的科技成果来适应所指定的目标团体。

五、"知识与信息系统"推广理论

目标团体理论注重用户与推广、研究之间的信息沟通，诸如怎样将用户划分成各种目标团体，如何设计适当的通讯，怎样组织推广服务等问题。除此之外，推广科学还需要研究使用信息源加工信息（创新）、评价推广的影响以及一些其他问题。因此，需要将推广看作知识与信息系统的一个部分，知识与信息系统理论便应运而生。该理论认为：

在推广工作中，研究、推广和目标团体应被视为一个知识与信息系统内的连锁因素，形成研究、推广、用户三个亚系统，它们之间通过信息沟通相互作用、相互联系。推广是知识与信息系统的一个部分。如果说研究是构建信息和知识的话，那么推广就是应用信息和知识的过程。研究、推广、用户三个亚系统之间的关系如图 2-5 所示[①]：

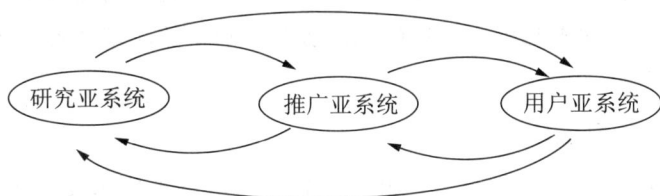

图 2-5　研究、推广、用户系统关系图

图 2-5 说明了知识与信息的创造、传播、实践的过程，也是研究、推广、应用的过程。研究机构创造的知识信息一部分能直接应用于生产，一部分却需要推广机构在试验、示范的基础上通过各种交流手段传播给用户；用户应用这些研究成果，取得一定的效益，然后把应用的情况和要求解决的问题反馈给推广机构和研究机构，推广机构也可以将推广过程中遇到的问题以及收集到的用户信息反馈给研究机构，从而增强推广与研究的针对性与实效性。

除了上述公认的推广理论外，还有其他一些常用的推广理论，如混合体理论、推广框架理论、成果转化理论、行为改变理论等，由于篇幅关系，在

---

① 参阅［荷兰］罗林：《推广学：农业发展中的信息系统》，王德海、朗大禹译，北京：北京农业大学出版社，1991 年，第 38 页（引用时略有改动）。

此不再一一论述。

人们常说理论来源于实践，又指导着实践。这就要求现代推广人员必须对当前的推广方式、工作经验、推广成果等进行总结提炼，上升到理性认识，实现理论创新；同时又要用创新的推广理论指导推广实践，以提高工作效率，扩大推广效益，从而形成良性循环，促进推广事业不断向前发展。

第四节　推广的类型与方法

一、推广的类型

以"营利性目的"在推广中所占的比重为划分标准，可以将推广划分为商务型推广和服务型推广两大类。商务型推广是指推广主体因自身利益驱动，经营销售生产资料、生活资料以及新技术、新成果等实物载体，按照市场化方式运作，运用经济手段将这些商品、技术、商务平台等传播、推销、普及出去的活动。服务型推广是指推广主体不以满足自我需要或营利为目的，而是以增进社会福利为旨归，为推广对象无偿或低价提供所需要的产品、技术和信息的活动，如志愿机构开展的推广服务，国家的政策性推广等都属于服务型推广的范畴。

（一）商务型推广

随着市场经济的不断深化，很多产品已经从供不应求变成了供大于求，因此，企业必须利用推广行为来达到继续启发需求的目的，即开发市场，亦称市场推广。商务型推广主要以新产品推广、新技术推广、新平台推广为代表类型。

1. 新产品推广

新产品推广是指企业把开发出来的新产品，通过包装策划、媒体等推广工具把新产品的利益传达给消费者，使消费者接受所传递的产品信息，并且产生购买行为的过程。新产品推广时，需要先对新产品进行有效的包装，让该产品的利益点和消费者的需求点达成统一，即对产品进行商业企划；然后再合理地利用媒体将经过企划的产品信息有效集中地传播给消费者，从而对目标市场产生作用。由此可以看出，新产品的推广过程实际就是一个对新产品进行包装和做广告的过程。其目的是让消费者了解产品或品牌，使消费者发觉自己的利益需要，并产生需求和欲望，最终达成购买产品的行为。尽管这个推广过程并不产生多少经济利益，但是产生这一行为的动机是为了实现经济利益。广告告知、公关活动、人员推销、促销活动、末端展示是新产品推广常用的方式。因此，推广行为的每一个步骤可能都存在着促销，甚至人员激励也可以促进销售。然而，产品的销量并不是推广的直接目的，而只是推广带来的间接利益结果。推广要做的是把企业已经定下的目标和理念、企业的产品利益和概念让消费者了解，品牌认知和市场拓展才是产品推广的直接目的，也是所有商务型推广的直接目的。

2. 新技术推广

推广最初产生于农业领域，技术是推广的首要内容，其目的是提高农业生产效率，以解决人们的食品短缺问题，带有浓厚的社会公益属性，并形成了由政府主导的农业技术推广体系。直到现在，农业技术推广依然是一项需要公共财政支持的公益性事业。商务型的新技术推广大多发生在工业领域，是一种对已实现工业化应用的新技术进行扩散和转移的推广。一项成熟的新技术一旦在某个部门首次应用，往往由于技术发展获得新的诱发力而引起相关部门的采用。可是这种诱发力（即使用新技术带来的好处）不会自动传播，因而需要技术主体进行推广，像新产品一样，让新技术的好处契合目标用户的需求，利用合适的推广原理和方法将技术信息传播出去，让目标用户知晓、了解该技术产品，并产生购买行为。新技术推广的过程既是一个新技术在各个技术部门和生产部门中的采用过程，也是一个新技术取代现有技术的过程。新技术推广的方式和媒介大体有三种：一是以作为技术知识、技术诀窍的"人"来传播技术，二是以作为技术硬件的"设备"（即产品）来传播技术，三是以作为技术软件的"信息"，如技术专利、专有技术、技术规范等来传播技术。[①] 以设备为媒的技术推广经济效果好，但耗资较大；以信息为媒的技术推广耗资较小，但要求目标用户有相当的技术吸收能力，以人为媒的技术推广历史最悠久，推广效果也最好。实践中，往往以其中一种为主体，与其他两种方式结合使用。

3. 新平台推广

所谓平台，是指人们必须路经的渠道或场所，平台拥有者通过垄断这一渠道或场所来获得巨额利润，平台使用者则通过这一渠道或场所来满足自我的需求。例如微软是软件的平台，谷歌是互联网的平台，亚马逊是电子商务的平台，脸谱网站是社会网络的平台，苹果更是一切最新、最酷产品的平台。

---

① 姜振寰：《技术学辞典》，辽宁：辽宁科学技术出版社，1990年，第472—474页。

在日常生活中，人们常见的各种门店、超市、市场等是购物的平台，学校是教育的平台，医院是看病的平台，银行是货币中转的平台……诸如此类，平台无处不在。打造一个平台是所有商人的梦想。"平台如同高速路上的收费站，只要有人经过，拥有平台的人就可以获得可观的收益。"[①] 因此，每当一个新平台推出时，平台所有者会通过电视、报纸、广播等渠道发布平台信息，或者通过条幅、招贴、海报甚至现场表演等方式进行开业宣传。平台推广的内容既不像产品推广一样是有形的商品，也不像技术推广一样是知识信息或设备技术，而是一个能够满足人们需求的场所或渠道。例如手机销售时的返现优惠往往需要在新购买的手机上安装一款软件，通过该软件将优惠款返还到消费者的账户上。该软件实际就是一个在线购物平台，平台上有着各类货物的链接，用户既可在线购买商品，也可通过分享商品的方式获取利润。由于该软件尚未形成市场认知，于是，利用手机在线购物的便利性，与手机制造商联手，以返现优惠的方式进行新平台推广。

（二）服务型推广[②]

人类社会的一切工作都在某种程度上具有服务属性。广义地说，任何类型的推广都可以理解为服务型推广，因为它都涉及为推广对象提供服务，诸如提供信息、技术、产品、政策指令、教育培训等。基于研究需要，这里所讲的服务型推广属于狭义范畴，是指不以营利为目的或者营利成分很小的具有浓厚公益性的推广。服务型推广以行政型推广、教育型推广、文化型推广最常见。

1. 行政型推广

行政型推广是指采用行政管理的方式或手段开展推广工作，以行政部门或政府设置的推广机构为主导，自上而下地按计划进行的推广活动。长期以来，我国的知识产权保护意识淡薄，科技成果的扩散应用基本采用行政型推广，即由大专院校、科研院所产生的信息，通过一定的渠道到达推广部门，经过行政机关的过滤与编码制作，以政府组织的各种文件、会议、培训为主，传达到技术推广员，然后结合大众传播、人际交流等方式，最终传递给用户，因而又称"传递服务模式"推广。

行政型推广的主要特征是政府导向，主要表现在三个方面：一是推广服

---

① 王旸：《平台战争》，北京：中国纺织出版社，2013 年，第 2 页。

② 参阅刘恩财、谢立勇：《农业推广学》，北京：高等教育出版社，2014 年，第 295—313 页。

务主体是政府行政机构的组成部分，不仅目标群体必须无条件执行行政部门的政策制度与法律法规，而且推广项目、生产规划、培训计划等也要听从上级部门的安排布置；二是推广内容大多来自大专院校、科研院所研制的公共性成果；三是推广方式偏向于技术创新的单向传递。

行政型推广主要存在于发展中国家和地区，具有明显的公益性。但因其忽视了目标群体在技术决策和应用中的主体地位，单向传递的服务模式又难以准确把握用户需求，即使是好的推广项目也会受到应用者群体的抵制，强制推广往往会带来好心办坏事的后果。

2. 教育型推广

推广工作的终极目的是促进目标群体行为的改变。根据行为科学理论，影响及改变人的行为的方法多种多样，如行为强制、行为操纵、咨询建议、提供物资条件、教育培训等。然而要想从根本上解决问题，还是应该从目标群体的自身因素入手，因为内因是变化的根据，外因只是变化的条件。教育培训是公开或直接影响目标群体知识水平、观念态度、技术技能的根本方法，因此，唯有教育培训才能解决目标群体的根源问题。

与任何推广工作都在一定程度上具有服务属性一样，任何形式的推广活动也都带有一定的教育成分。狭义的教育型推广是由教育型推广组织开展的，通常以大专院校或科研院所设置的推广机构为主体，以开发目标群体知识、转变观念态度、提高技术技能为目的的推广类型。发端于剑桥大学和牛津大学的"大学推广"系统从事的推广工作就属于教育型推广的范畴。据此有人甚至提出推广的实质就是一种非正式的用户教育，应该根据行为改变原理，遵从用户行为改变的过程与层次，有组织、有计划、有目的、因地制宜地开展不同形式、不同目标的推广教育活动，循序渐进地改变用户行为。

3. 文化型推广

文化型推广是一种以满足目标群体精神方面的需求为目的，以图书、音乐、戏剧、书画等文化类产品为内容的推广。现代社会，文化正朝着产业化方向发展。被誉为"大众文化"家园的美国以好莱坞电影、美剧、iPad及音乐等为武器进行美国文化的推广和扩张。近年来，我国文化体制改革也在寻求契机将中国文化传播出去。"孔子学院"是我国面向世界进行中华传统文化推广的一个平台，"农家书屋"是我国面向乡村和广大农民进行文化推广的项目，近年来兴起的送戏下乡、文化中国行、文化巡展等活动则是面向社会公众进行文化推广的典型案例。阅读推广更是文化型推广的一种重要类型。例如湖北武汉首创的"书香地铁"、北京三联韬奋书店推出的"书香巷"、天津市启动的"津城书吧"、张家港市推行的"书香街区"等都是面向广大城市居民进行阅读推广的文化基础设施建设项目，是书香社会建设中的硬件部分；而公共图书馆开展的三湘读书月、深圳读书月、阅读宣传周、图书漂流、图书银行、图书馆讲坛以及各种送书活动等，高校图书馆开展的主题书展、学术讲座、阅读征文、书目推荐、真人图书馆活动等，以及电视媒介推出的《书香中国》《中国汉字听写大会》《中国成语大会》《中国诗词大会》《中国戏曲大会》《朗读者》《汉字英雄》《中华好诗词》等创意节目，全都以培养民众的阅读兴趣和阅读习惯、提高民众的阅读质量和阅读能力为目的，属于典型的文化型推广，是书香社会建设中的软件部分。先进便利的硬件设施结合优质丰富的软件内容，营造人人爱阅读、人人会阅读的社会文化氛围，进而提高全民族的文化素质和国家的文化软实力，这是文化型推广的终极目标。

二、推广的方法①

推广方法是指推广部门和推广人员为达到推广目标对推广对象所采取的不同形式的组织措施、教育和服务手段。推广的直接目的在于传递知识、信息和技术，根据知识、信息和技术的传递方式，可以将推广的方法分为三大类：个别指导法、集体辅导法、媒体传播法。

（一）个别指导法

个别指导法是指推广人员和个别用户接触，讨论共同关心或感兴趣的问题，向用户提供信息和建议的推广方法。用户因受教育程度、年龄层次、经济和环境条件的不同，对创新的接受和渠道反应也各异。个别指导法有利于推广人员根据不同的要求，采取不同的方式，有针对性地解决个别问题。由于推广人员与个别用户直接接触，平等充分地交流看法，两者容易建立相互信任的感情，实现有效的双向沟通。推广人员能够从双向交流中获取大量真实的反馈信息，从而促进推广工作更加有的放矢。对于条件较差的用户，个别指导法在开发其智力、改善其条件、改变其行为方面优势明显。由于个别指导法的效果是个别而分散的，单位时间内信息发送量有限，因而具有服务范围窄、占用人力多、服务成本高等缺陷。

常用的个别指导法有用户访问法和咨询法两种。用户访问是指推广人

① 张坤朋、马雪梅、张进忠：《农业推广学》，郑州：郑州大学出版社，2012年，第158—168页。

员通过逐一走访，与用户进行个别接触，最大限度地了解用户需求，向用户提供科技信息和帮助的推广方法。此方法对解决个别用户的特殊问题尤为有效。

咨询法主要包括定点咨询、信函咨询、电话咨询、网络咨询等形式。定点咨询是指推广人员在固定地点接受用户的访问，为用户答疑解惑或提供信息资料。它与用户访问有着同样的好处。两者的不同之处在于用户访问是推广人员主动访问用户，访问地点为用户家中或用户工作地点；而定点咨询是用户主动访问推广人员，访问地点为推广人员办公室或定点的推广场所。在物流、通信、网络高度发达的国家和地区，通过信函、电话、互联网进行咨询的方式也十分受欢迎。

（二）集体辅导法

集体辅导法是指推广人员同群体用户接触，把用户集中起来传播创新的方法。集中起来的用户可能来自同一个群体，也可能来自不同群体。较之个别指导法，集体辅导法具有指导范围大、省时省力的优势。在时间有限或推广人员较少时，常用集体辅导法开展推广工作。其缺陷是短时间内难以满足个人的特殊要求。

集体辅导法主要有集体讨论、集会演讲、组班培训三种形式。

集体讨论是指推广人员与用户、用户与用户之间就某一特定的主题进行深入讨论或辩论，澄清对某些技术信息的模糊认识和片面理解。特别是不同的见解，通过互相交流讨论，最后达成共识，形成建设性意见，并及时付诸实践，以增强推广工作的时效性和实际性。

集会演讲是指将众多有接受创新意愿的用户集中在开阔场所，以准备推广或正在推广的项目为主题，以增加认识、采纳创新为目的，以演讲的方式宣传创新的优越性、技术要点、示范经验等情况的推广方法。由于演讲具有较强的感染力，因此，采用集体演讲法进行推广能够给目标用户起到坚定信心、激励行动的作用。

组班培训是指集中一段时间，把与推广项目有关的人员组织起来，采用讲授、示范、现场参观等教学方式就项目推广过程中的相关问题进行集中培训的方法。该方法有利于用户系统地理解知识，掌握技能，是教育型推广常采用的方法。

（三）媒体传播法

媒体传播法也叫大众传播法，是推广者将技术和信息经过选择、加工、整理，通过大众传播媒体传播给广大用户的推广方法。该方法具有信息传播权威性高、数量大、速度快、成本低、范围广等优点；其缺点是信息的单向传递方式，使得信息发送者与接收者无法面对面地双向沟通，更无法传播实用技术、技能和进行现场咨询。根据大众传播媒体的特点，大众传播法可以分为印刷品媒体传播、视听媒体传播、静态物像媒体传播三种形式。

印刷品媒体传播是指依靠由文字和图画组成的报纸、书刊和活页资料等印刷品进行信息传播的方法。由于印刷品不受时间限制，可供用户随时阅读和学习；也可根据推广需要提前散发，能够及时、大量、经常地传播各种知识信息，是老年人和经济欠发达地区的人们接收信息的主要渠道。

视听媒体传播是指用声、光、电等设备，如广播、电视、录音录像、电影、网络等传播科技信息的方法。由于视听媒体传播信息速度快、影响面大、容量丰富、不易受接收者文化知识水平限制而被广泛使用。相比单纯的语言、文字、图画宣传，视听媒体传播具有明显的优越性。

静态物像媒体传播是指以静态物像的方式与用户沟通，以简要明确的主题展现在人们能见到的场所，从而影响推广对象的方法，如广告、标语、科技展览陈列等。

以上各种推广方法都有各自的优缺点，使用范围也不尽相同。推广主体应该针对不同地区、不同用户及生产的不同阶段，综合考虑具体的推广内容、推广人员的数量和质量、推广对象的文化素质和接受能力、推广经费的多少、活动时间的长短等因素，选择几种不同的推广方法合理匹配，灵活运用，发挥互补效应，以提高推广效益。

第五节　推广的经济学与传播学意义

一、推广的经济学意义

西方经济学鼻祖亚当·斯密认为：作为经济决策的主体都是充满理智的，他们既不会感情用事，也不会盲从；人只要做"理性经济人"就可以了，这样一个人为求私利而"无意识"对社会做出的贡献远比"有意图"做出的贡献大。作为推广对象的目标群体，无论多么贫穷落后、愚昧无知，只要是正常人，面对一个新事物，采纳与否都有他自己的理性考量，因此，目标用户的采纳行为是一种理性经济行为。同样，推广主体的推广行为既要考虑经济效益，又要兼顾社会效益与生态效益，因而也是一种理性经济行为。换句话说，推广行为具有经济学意义，且主要表现在以下几个方面：

（一）"推广"能够促进生产力发展

大力发展社会生产力是任何一个国家和政府的一项根本任务。社会生产力包括劳动对象、劳动资料、劳动者三种实体性要素以及科学技术、教育、信息、管理等非实体性要素。推广行为最先起源于农业生产领域，技术传输是最早的推广内容，其目的就是要促进农业生产，提高生产效率。直到现在，技术推广仍然是推广的一项主要内容。事实上，科学技术作为社会生产力中的智能性要素，它的发明和创造会引起生产工具、劳动对象和劳动者的重大变化。在农业领域，科学技术的发展推动着传统农业向现代农业发展；在工业领域，科学技术的进步引发了工业革命；现代制造业的发展更是离不开科学技术的研发、推广和应用。于是，有了科学技术是第一生产力，有了创新发展，有了"以经济建设为中心，走有中国特色的发展之路"的基本国策。围绕科技成果转化、技术创新扩散开展的推广工作，其在促进社会生产力发展中的作用也就不言而喻。

（二）"推广"有利于开发智力资源

推广即教育，教育是为培养人服务的，人是一切经济活动的主体，更是利用自然、改造自然、保护自然的决定性因素。推广的目的在于通过宣传、技术培训、试验示范等方法，使用户理解、接受和采用新技术，提高用户的生存技能和经营管理水平，改变用户行为，从而合理利用和开发自然资源，保护生态环境，改革产业技术，发展生产，提高经济效益，最终改善人们的生活。因此，推广是一项集自然资源开发与智力资源开发的系统工程，包括物质形态的物化技术推广与非物质形态的科学知识推广两个层面。物化技术推广是指向用户提供新品种、新成果、新工具等，即向用户提供"物"的支援。科学知识推广即对用户进行智力开发，授之以科学知识，使其能运用这些知识解决实际问题；教之以先进的方法和技能，使其能利用这些方法和技能提高工作效率，实现经济效益。

虽然智力开发不像"物"的推广那样容易见到效果，但智力是一种潜在生产力，它可以促使物质环境改变，激发用户潜能，产生新的活力和动力，因而越来越受到推广工作者的重视。

（三）"推广"促进信息共享、增进公平

"知识与信息系统"理论告诉我们，推广是知识与信息系统的一个有机组成部分，推广要解决的是让目标用户对推广者所要传播的有形产品或者无形事物达成广泛的认知，唤醒他们的利益需要，并产生行为变革的欲望。因此，

推广过程是一个知识和信息相互学习和促进、共享和利用的过程。推广科学也需要研究信息产生、转化、传播、贮存、回收、综合、扩散和使用等问题。现实观察发现，推广的目标群体中总是存在着精英人群与普通人群。精英人群占少数，他们具有较强的信息获取能力和自我决策判断能力，能够很容易从外部获得有效的信息和各种物质技术支持，他们往往是创新推广的先驱采纳者，其行为对大多数普通人群起着示范推广的作用，因而具有对推广资金和技术的优先使用权，普通人群只有学习先驱采纳者的行为，才能享受推广的优惠政策。创新采用从"先驱者"到"早期采用者"到"早期多数"再到"后期采纳者"和"落后者"的发展过程，其实质就是一个知识、信息、技术共享的过程，也是一个推广服务和资金补贴公平传播的过程。

（四）"推广"能降低成本、增加效益

在营销活动中，一般把推广称为拉力，把销售称为推力。拉力也称为"市场力"，推力也称为"销售力"，也就是说要先有市场才能有销售。① 因此，推广在商务活动中起着主体作用，对产品的初步了解，对产品利益的认知，都需要通过推广的方式来达成。企业在管理上也往往把推广工作安排给市场部来完成。企业之所以需要市场推广，是因为企业生产的产品只有投入市场，并被市场快速认知和接受，才有可能推动销售，实现规模化生产，从而降低生产成本，增加生产效益。尽管在这一过程中，推广带来的直接经济效益并不明显，甚至还需要花费不少的推广成本，然而从长远来看，其间接经济效益十分可观。大众传媒广告作为一种推广方式，能让产品品牌在很短的时间内家喻户晓、迅速走红，由此而带来的品牌效益要远远高于广告成本，这便是企业不惜花费重金大做广告的原因。

二、推广的传播学意义

推广与传播的关系密不可分。让我们先来看看"推广"与"传播"两个词在《现代汉语词典》（2002 增补本）中的释义：

推广：扩大事物使用的范围或起作用的范围，如推广普通话/推广先进经验。

传播：广泛散布，如传播花粉/传播消息/传播先进经验。

如果把花粉、消息、普通话、先进经验等都当成事物的话，那么扩大它们的使用范围或起作用的范围，就相当于把这些事物进行广范围散布。尤其是作为知识、信息、技术混合物的先进经验，其推广与传播几乎同义。

---

① 刘永炬：《推广》，北京：中国工人出版社，2003 年，第 5 页。

事实上，人类的推广行为就是一种传播行为，推广过程就是一个知识、信息、技术的传播过程。传播学的许多概念和理论如大众传播、组织传播、媒介、信息传播、传播策略、双向沟通、创新扩散等在推广学里得到了广泛而直接的应用。因此，推广具有传播学意义，且主要表现在以下几个方面：

（一）推广加速知识信息的应用

一般来说，大专院校和科研院所是先进知识和前沿信息的生产者和拥有者，普通大众是知识信息的贫乏者和需求者，两者之间存在着知识、信息的不对称，这种不对称不会自动平衡，需要外力来推动平衡。这种外力就是推广，推动平衡的过程就是知识信息流动的过程，产生的直接作用就是帮助用户掌握利用这些知识信息和技术，提高他们的科学文化素质。其次，新事物的推广应用能够加速各种信息的传播。例如近年来被许多村庄采纳的"四荒地"（荒山、荒沟、荒丘、荒滩）的流转承包让土地所有权、使用权、受益权、转让权等法律知识在封闭落后的农村得到了有效传播，让《物权法》等国家新兴法律通过具体事件迅速普及，让学法懂法不再是一种形式和过场，而是一件与普通大众自身利益密切相关的事情。再次，推广的最终目的是促进人的行为变革，而人的行为变革需要经历一个从知识改变、态度改变到行为改变的过程，且后一层次的改变是在前一层次的基础上发生的，即一个人的行为改变是从知识改变开始的。因此，推广的根本途径是接受教育。这便是推广具有教育属性、教育型推广是一种主要的推广类型、开展教育培训活动是一种重要的推广方法这三者的共同逻辑起点。

（二）推广促进思想情感的交流

人是群居动物，群居的首要目的就是交往，也就是信息的传播。没有交往，没有传播，群居共同体就无法存在，更无法运行。正如联合国教科文组织探讨国际传播的著名报告《多种声音，一个世界》中所写：

这种个人与个人之间的交流时刻发生，延续不断，其重要性是无与伦比的，在一个小小的社会单位内尤其如此。在过去，这种交流无疑有助于加强互相之间的友爱合作关系，以抗衡由于受制于外来势力而形成的分散局面。不管怎样，它总是起着一种社会化的作用：鼓励人们工作、协调群体生活、团结一致来和大自然作斗争，并促进做出集体性的决定，它今天仍然是人类交流中无以取代的一个方面。①

---

① 联合国教科文组织国际交流问题研究委员会：《多种声音，一个世界》，北京：中国对外翻译出版公司，1981年，第6页。

推广的沟通性与双向沟通理论告诉我们：信息与方法是推广过程中的两大要素，并且方法比信息更重要。双方知己知彼，供需明晰，推广才能取得成效。要想做到知己知彼，既需要知识信息的交流，也需要思想情感的交流。思想交流能使人思路拓展、思维敏捷、视野宽广；情感交流能使人转变态度、相互信任、和睦相处。这既是传播在社会生活中的重要作用，也是推广工作能够顺利开展的一个关键因素。

（三）推广有利于现代文明的传播

创新能否被用户采纳，其中一个重要的衡量指标是与旧事物相比，能否以更小的投入产出更多的收益。因此，新事物的推广应用带来的直接好处就是经济收入的增加。收入的增加又会带来用户生活习惯和生活方式的改变。

百姓手中有了钱，他们首先想到的就是改善居住条件，建房买房，购买彩电、冰箱、洗衣机、空调等大宗现代家用电器与摩托车、小汽车等现代交通工具，物质文明得到有力地传播。随着居住条件的改善，人们开始讲究卫生，注意饮食健康，自觉防疫疾病，重视子女教育，关注自我形象，有力地促进了精神文明建设，藏富于民的好处全面彰显。近年来，政府主导推广的厕所改造、人畜分离、能源净化、垃圾处理等公益性项目，不但提高了普通百姓的生活质量，也使他们养成了健康的生活观念，更加注重环境保护，注重人与自然的和谐相处，生态文明理念得到了广泛传播。

推广人员学习有关经济学与传播学方面的基本理论和知识，掌握一些经济活动规律与现代传播技术，将会给推广工作带来极大的便利与意想不到的成功。

第三章

阅读推广理论概说

阅读推广，作为人类特有的社会活动与行为，属于社会科学的学科范畴，是由阅读学与推广学的领域交叉而成的边缘性新兴学科。从其推广的目的性而言，则属于非营利性的"服务型推广"与"教育型推广"相融的理论范畴。从其推广的内容与对象而言，包括语言、文字、符号、图像等所负载的知识、技术、情报、信息、数据以及人类所有文化艺术的总和。本章将论述阅读推广的基本概念、阅读推广的目的与功能、阅读推广的类型与特点以及阅读推广的现代理念。

第一节　阅读推广的基本概念

一、什么是阅读推广

"阅读推广"一词译自英文"Reading Promotion"，"Promotion"除可译为"推广"外，还有"促进、提升"的意思，所以也有人将"Reading Promotion"翻译为"阅读促进"。

自联合国教科文组织于 1995 年确定每年的 4 月 23 日为"世界图书与版权日"以来，"Reading Promotion"一词频频出现在联合国教科文组织、美国国会图书馆、国际图书馆协会联合会、美国国家艺术基金会的"大阅读"项目等倡导全民阅读的组织、机构的网站和工作报告中。1997 年后，"阅读推广"逐渐成为国内图书馆界、出版界的一个常用词和高频词。然而，无论是国内还是国外，关于阅读推广，都没有特别明确的定义。如国内学者李超平的专著《公共图书馆宣传推广与阅读促进》中没有定义，南非夸祖鲁纳尔教育部的《阅读推广手册》中也没有阐释。究其原因，也许是因为阅读推广的字面意思很简单清楚，就是对阅读进行推广或促进，因而无须再做具体的定义。可是往往越简单的东西越复杂。近年来，学界开始关注阅读推广的定义，并试图给出周全的答案。如张怀涛综合各家观点，给阅读推广做出定义：

"'阅读推广'顾名思义就是推广阅读。简言之就是社会组织或个人为促进人们阅读而开展的相关活动，也就是将有益于个人和社会的阅读活动推而广之；详言之就是社会组织和个人，为促进阅读这一人类独有的活动，采用相应的途径和方式，扩展阅读的作用范围，增强阅读的影响力度，使人们更有意愿、更有条件参与阅读的文化活动和事业。"①

王波从国家战略的高度给"阅读推广"做了一个国际化的定义：

"阅读推广，就是为了推动人人阅读，以提高人类文化素质、提升各民族软实力、加快各国富强和民族振兴的进程和战略目标，而由各国的机构和个人开展的旨在培养民众的阅读兴趣、阅读习惯，提高民众的阅读质量、阅读能力、阅读效果的活动。"②

以上两个具有代表性的相对全面的"阅读推广"定义，其共通之处在于，两者都认为"阅读推广"是一种关于阅读的文化活动，并且可以作反向理解，即"推广阅读"。

既然"阅读推广"可以理解成"推广阅读"，那么，"阅读"就成了推广的内容，它就与技术推广、产品推广、成果推广、经验推广一样，都属于推广学的范畴。于是，我们就可以从推广学的视角给阅读推广下定义：

根据"推广"的定义"推广是一种由机构部署的职业性的有组织的沟通干预活动，以引导具有变革行为者（推广者）所认为的公共或集体效用的自愿行为的改变"，我们认为，

"阅读推广是一种由机构部署的职业性的有组织的文化型沟通干预活动，以引导具有变革行为者所认为的阅读效用的自愿行为的改变。""文化性"是阅读推广区别于技术推广、产品推广等商务型推广的标志属性。

对于这个全新的定义，乍一看，似乎有点有悖常识，其悖论点聚焦于"机构部署"与"职业性"两个关键词。我们必须回答这样两个具体而常见的问题：

---

① 张怀涛：《阅读推广的概念与实施》，载《河南图书馆学刊》，2015年，第1期，第2页。

② 王波：《图书馆时尚阅读推广》，北京：朝华出版社，2015年，第2页。

（1）如果阅读推广是一种由机构部署的活动，那么"个人将自己阅读过的好书向他人推荐，并鼓励其阅读"算不算阅读推广？

（2）如果阅读推广是一种职业性的行为，那么"医生向抑郁症患者推荐其阅读《生命的重建》（露易丝·海著）、《人性的优点》（卡内基著）、《生之礼赞》（朗费罗著）等书籍以辅助治疗抑郁症"算不算阅读推广？

下面，就让我们来仔细分析：

第一个问题：个人向他人推荐阅读好书，毫无疑问是一种阅读推广行为，但却是一种零星的、散落的、偶发的阅读推广行为，其推广力度几乎可以忽略不计，特别是在"阅读"尚需推广的国家和社会。也许有人会说，星星之火，可以燎原！可是，点点星火必须在同一时间段内同时点燃才有可能酿成燎原之势；即使是"明星"也必须聚集"粉丝"的力量才有可能发生明星效应。因此，只有当许多个体聚在一起组成团体，并建立组织机构时，团体推广阅读的行为才有力度可言，才可以上升到"推广学"的概念范畴。

第二个问题：医生的职责是治病救人，当其用推荐阅读的方式辅助治疗疾病时，其行为具有职业性，但却属于医生职业的范畴，而不属于推广职业的范畴，其推荐阅读的目的是为了治病而不是推广阅读。只有当医院承担阅读推广的责任和义务（如美国医疗领域实施的"触手可读"项目）时，医生推荐阅读的行为才有可能是出于培养阅读兴趣和习惯、提高阅读质量和能力的目的，才属于推广职业的范畴。

据此，我们可以认为，个体无意识的偶发的零星的非职业性的推广阅读的行为，其力度还够不上推广学的概念范畴；如果从国家战略的高度看，阅读推广一定具有机构部署性，因为只有机构部署，阅读推广经费才有保障，阅读推广行为才能持续，阅读推广活动才有规模，才有可能谈及阅读推广效益。如此，从推广学角度给阅读推广下的定义便具有了合理性。

二、阅读推广的特征

根据推广学视角的"阅读推广"定义，阅读推广除了具有干预性、沟通性、自愿性、公益性、机构部署性等"推广"属性外，还具有推广主体的多元性、推广客体的丰富性、推广对象的明确性、推广服务的活动性、推广效果的滞后性等特有属性。

（一）阅读推广主体的多元性

阅读的重要性决定了阅读推广的重要性，阅读推广的重要性决定了阅读推广主体的多元性。阅读推广主体是特定阅读推广项目的策划者、组织者、实施者和管理者。[①] 凡是负有提高国民素质的机构、企业、团体都有开展阅读推广活动的责任。近年来，从国际组织到各国政府、图书馆界、出版界、非营利机构、教育机构、医疗机构、大众传媒机构等均推出了相应的阅读推广项目，因而都是阅读推广主体。其中阅读推广的国际组织主要有联合国教科文组织、国际图书馆联合会、国际阅读协会、国际儿童读物联盟等；阅读推广的非营利机构包括基金会（如韬奋基金会）、志愿团体（如网络公益小书房）、民间组织（如万木草堂读书会）、行业协会（如中国图书馆学会）等。不同阅读推广主体对个体阅读引导的效果也会不同。当前全民阅读推广工作的长期性、艰巨性决定了多元阅读推广主体之间长期共存、合作共赢的关系格局。

（二）阅读推广客体的丰富性

阅读推广客体指阅读推广的内容，主要包括阅读读物、阅读能力和阅读兴趣三个部分。图书、报纸、期刊等文献资源是阅读推广的基础。从全球范围看，阅读推广的读物不只限于纸质资源等传统出版物，电影、音乐、游戏、网页等都属于推广的范畴。提升阅读能力是阅读推广的主要目标，可通过识字能力、内容理解能力、阐释能力、批判分析能力和创新能力等多个方面体现，较容易通过量化的指标和方式进行评估和测试。阅读兴趣则是一种持续的阅读意愿和欲望，增强阅读意愿是阅读推广较难达到的目标。[②] 阅读读物的海量性、阅读能力的参差性、阅读兴趣的内隐性成就了阅读推广客体的丰富性。

（三）阅读推广对象的明确性

阅读推广对象是指阅读推广项目的目标群体。在阅读中，人是主体；而在阅读推广中，全体国民是社会阅读推广的对象。从微观个体的阅读推广项目看，都有一个共同的特点，那就是目标群体明确。比如在英国，"阅读之星"项目面向的是不爱阅读却喜欢足球的5－6年级小学生和7－8年级初中生，"夏季阅读挑战"项目鼓励4－12岁的儿童在暑假期间到图书馆阅读6本书，而其"阅读六本图书"项目则主要针对不爱读书或者阅读方面不自信的成年人，"信箱俱乐部"面向7－13岁的家庭寄养儿童邮寄装有书籍、数学游

---

① 赵俊玲、郭腊梅、杨绍志：《阅读推广：理念·方法·案例》，北京：国家图书馆出版社，2013年，第3页。

② 曹树金、王志红：《中美城市公共图书馆战略规划中阅读推广策略比较研究》，载《图书情报研究》，2016年，第1期，第14—15页。

戏以及其他一些学习材料的包裹，"Book Up"项目面向所有 7 年级学生发放免费图书；美国的"触手可读"项目面向 6 个月至 5 岁的儿童进行阅读推广，"力量午餐"项目通过志愿者利用午餐时间到附近的小学给来自低收入家庭的小学生进行一个小时的志愿阅读；挪威推出了面向 13－16 岁孩子的 Aksjon tXt 项目、面向 16－19 岁高中生的阅读推广项目以及面向运动员的"运动和阅读"项目；新加坡的"读吧，新加坡"每年都有明确的推广对象，如出租车、美容师等。总体来看，各国都十分注重以未成年人为对象的阅读推广；此外，低收入人群、进城务工人员、老年人、残疾人等弱势群体也是重点关注的阅读推广对象。

（四）阅读推广服务的活动性

阅读推广是一种关于阅读的文化活动。阅读推广服务通常是以活动的形式提供的。每一个阅读推广项目都离不开阅读活动的开展，且项目规模越大，活动就越丰富多彩。例如 2012 年澳大利亚国家阅读年项目邀请了 43 位宣传大使，与 20 多家企业合作，开展了 4000 多项活动，分布在从首都到中部山区的广大区域，面向各种不同的年龄段，其中包括"我们的故事""我们到了吗""什么时候开始读都不晚""读这本""描写工作中的人""保存土著文化""加入图书馆""读书时间"等大型活动；① 美国的"一城一书"阅读推广项目以一本书作为活动的基点，发展相关活动如读书讨论会、学术研讨会、作者访谈、作者见面会、作品展览、电影放映、演讲、游览、作者演唱会等，以贴近生活的形式，促进人们之间的交流。我国的全民阅读活动，形式更多样，如"源远流长的中华典籍"大型广场活动、"书香中国"电视特别节目、图书馆阅读服务宣传周、高校图书馆的读书月，以及图书银行、送书活动、读书知识竞赛、微书评、读图、真人图书馆等常用阅读推广形式。因此，与图书外借阅览等传统服务相比，阅读推广是一种活动化的服务，而且是一种受益读者相对较少、服务成本相对较高的活动化服务。②

（五）阅读推广效果的滞后性

阅读推广效果是指开展阅读推广产生的影响和结果。阅读推广主体开展阅读推广活动，不能只满足于完成计划，阅读推广的质量如何更为重要。阅

---

① 赵俊玲、郭腊梅、杨绍志：《阅读推广：理念·方法·案例》，北京：国家图书馆出版社，2013 年，第 122—129 页。

② 范并思：《阅读推广与图书馆学：基础理论问题分析》，载《中国图书馆学报》，2014 年，第 5 期，第 7—10 页。

读推广的效果通过阅读推广对象的变化体现出来，这些变化主要表现在个体的知觉、态度、行为、习惯等方面。张怀涛认为：阅读推广的知觉效果是指通过阅读推广是否使人们对"阅读"有了初步认知和感觉，是否增加了有关"阅读"的知识量，这是一种浅层效果；阅读推广的态度效果是指阅读推广是否激发了人们对于"阅读"的热情，是否产生了热爱阅读的主动态度，这是一种中层效果；阅读推广的行为效果是指阅读推广是否使人们在行动上有所实施，是否能够理性地将一定精力和时间投入到阅读之中，使自己的阅读能力和文化素养不断提高，这属于深层效果；阅读推广的习惯效果是指阅读推广是否让人们养成了良好的阅读习惯，使阅读生活化，常态化，这属于最佳效果。① 由于个体的知觉、态度、行为变化的渐进性与内隐性，以及习惯养成的长期性，使得阅读推广效果具有了滞后性，且难以观测和量化。

第二节　阅读推广的目的与功能

一、阅读推广的目的

阅读推广目的是指开展阅读推广所期冀的各种教育作用和社会价值。

一种事物的作用和价值实际上是人们对这种事物的情感赋予，因而凡是"目的"都具有引导性和主观性。阅读推广目的也不例外，它会因阅读推广主体的不同而不同。比如联合国教科文组织、国际图书馆联合会、国际阅读协会、国际儿童读物联盟等国际组织开展阅读推广的目的旨在提高全人类的文化素质与阅读水平；国家政府倡导阅读推广的目的是为了提升国家的文化软实力，加快国家富强和民族振兴的进程，很多国家甚至将阅读推广作为国家战略和国家工程来开展；出版机构和书店开展阅读推广的主要目的是为了提高图书的销售量；图书馆开展阅读推广活动的目的则是为了提高馆藏资源的利用率。

由此可见，不同的阅读推广主体因其社会职能、专门对象、资源拥有情况的不同，其阅读推广目的也会有微观和宏观之分。出版机构、书店、图书馆开展阅读推广的目的属于微观目的，也是直接目的，国际组织、国家政府开展阅读推广的目的则属于宏观目的。对于具体的阅读推广项目来说，宏观目的只能作为间接目的和长远目的，它需要通过一系列的直接目的才能实现。

---

① 张怀涛：《阅读推广的要素分析》，载《晋图学刊》，2015年，第2期，第7页。

无论是宏观目的还是微观目的，都有培养读者阅读兴趣与阅读习惯，提高读者阅读质量、阅读能力、阅读效果的作用。

从推广学的视角看，推广的最终目的是引导人们的行为自愿变革，因此，阅读推广的最终目的是要引导人们的阅读行为自愿变革。对于"引导人们阅读行为自愿变革"的理解，可以用范并思简洁而富有感染力的表述来阐释："通过阅读提升公民素养，使不爱阅读的人爱上阅读；使不会阅读的人学会阅读；使阅读有困难的人跨越阅读的障碍"①，这是开展阅读推广的终极目标。

从阅读与推广的双重视角观察，其目的无外乎：传播科学知识、培育人文精神；指导阅读路径、掌握阅读方法；激发兴趣、养成习惯、发展阅读能力；扩大阅读交往，加强社会协作等方面。

二、阅读推广的功能

功能，即功用和效能。阅读推广的功能来源于阅读的功能。人类阅读带来的积极影响涵盖政治、经济、文化、社会等各个方面。对个体而言，阅读的基础功能是增进知识、提升智慧、愉悦身心、修养品行、成就事业，即古人所说的致知、诚意、正心、修身。人作为社会的成员，个体的进步最终必然促进社会整体的发展，其表现出来的功用和效能就是传承文化、教化民众、促进创新、助力生产。阅读推广作为机构部署的一种推广阅读的文化活动，其功能也主要表现在传承文化、教化民众、促进创新、助力生产四个方面。

（一）传承文化

阅读是传承文化的唯一手段。书籍作为人类文化的主要承载物，无论其保存在个体还是群体手中，如果没有阅读，书都是"死"的书，文化也不会自动传承。正如阿尔贝托·曼古埃尔在其著作《夜晚的书斋》中所言：

保存在图书馆里的各种各样的图书，无论稀有或者普通，古书或者新书，它们的性质和品质都没有它们的在场和流通重要。现代的读者阅读过去的书，书在阅读的过程中就变成了新的。每一个读者都使某一本书获得了一定程度的不朽。在这个意义上，阅读就是使书籍复生的仪式。

对于曼古埃尔的观点，领悟最早也最为深刻的恐怕要数古代国王托勒密了。他不仅建立了当时世界上藏书量最大的古亚历山大图书馆，而且为了提高藏书的利用率，托勒密还想出了一个妙招：邀请当时许多国家的名流学者

---

① 范并思：《阅读推广与图书馆学：基础理论问题分析》，载《中国图书馆学报》，2014年，第5期，第11—12页。

（如欧几里得、阿基米德等人），请他们住在亚历山大里亚，付给他们可观的费用，只要他们好好使用图书馆的藏书就行。这一创举的直接结果就是新的图书和注解的不断诞生，古亚历山大图书馆因此而成为全世界智慧和学问的储藏室，引领风骚长达 700 年。无独有偶，20 世纪二三十年代，曾任江苏省立国学图书馆馆长的柳诒徵先生开创了"住馆读书"制度。在他主持制定的图书馆章程中，列有"住馆读书规程"：凡有志研究国学之士，经学术家之介绍，视本馆空屋容额，由馆长主任认可者，得住馆读书。[1] 如今，在一个众人谈论房价、比拼颜值、追逐明星的社会中，阅读变成了一件奢侈的事情，变成了一件需要推广的事情。因此，阅读之传承文化的功能也就顺其自然地植入到了阅读推广中。

（二）教化民众

书是用来读的。从古至今，图书的最大功能莫过于它的教化功能了，而这种教化功能却只有通过读者的阅读才能实现。古代先哲、伟大的科学家和教育家亚里士多德曾经希望无论是官府藏书还是私家藏书，都能用于教学，并对其弟子们开放。我国近代思想家、改革家、教育家梁启超先生在图书馆这一新生事物还未传入中国之时，就与康有为等维新派人士于 1895 年在北京成立了"强学会"，其目的是"群中外之图书器艺，群南北之通仁志士，讲习其间，推行于直省"，并建立了新型的图书机构——强学会书藏，采取对广大民众开放之姿态，以普及新学、启迪民智为己任。但由于当时的国民还不懂得利用图书馆，强学会成员便四处求人来看书。《梁任公先生年谱长编》中记载：强学会书藏成立后，"备置图书仪器，邀人来观，冀输入世界之智识于我国民。该书藏中有一世界地图，会中同人视如拱璧，日出求人来观。偶得一人来观，即欣喜无量。"这种传输知识、开发民智的热忱，令人感动。强学会诸公之行为，与今日之阅读推广无异，阅读推广之教化民众的功能由此可见一斑。

（三）保进创新

创新是推动人类进步和社会发展的不竭动力，阅读则是创新的摇篮。所谓"站在巨人的肩膀上前进"，指的就是人类的创新需要基础，这个基础就是前人的知识和智慧；只有先继承前人成果，并在此基础上发展和提高，创新才可能实现；那种无源之水、无本之木、凭空捏造的创新是不存在的。此外，创新成果的推广也离不开阅读。"任何一种思想、理论、方法、技术、发现、

---

[1] 徐昕：《柳诒徵与国学图书馆》，载《中国典籍与文化》，1998 年，第 4 期，第 33—37 页。

创造等，问世后若被禁闭于其发明人、发明地，那么，它的作用几乎可以忽略不计。只有记录于载体，推广于社会，其价值才能得以实现。"①

正如有识之士所言："阅读习惯和阅读能力的欠缺将极大地损害人们的想象力和创造力，而想象力和创造力是一个国家一个民族永葆活力的源泉。有一个严峻的事实我们不得不面对：当代世界的知识创新、科技创新、文化创新乃至生活方式创新的源头大多不在中国，我们更多的是扮演了一个学习者和追赶者的角色。在此背景下，全民阅读的重要性怎么强调都不过分。"② 按此逻辑，在"大众创业，万众创新"的时代背景下，阅读推广之促进创新的功能也就不言自明了。

（四）助力生产

知识经济时代，科学技术是第一生产力，而且是先进生产力的集中体现和主要标志。科学的本质是创新，创新的关键在人才，人才的成长靠教育，而教育离不开阅读。因此，阅读对生产的促进作用主要体现在通过阅读文献来获取先进的技术、提高劳动者的素质上。曾任国家新闻出版总署署长的柳斌杰先生指出："只有通过广泛的阅读，才能在继承前人经验和了解最新科学技术资料的基础上有所创造、有所前进。只有站在巨人的肩膀上，才能够以更加高远的立意，找到改革和创新的途径，掌握改革和创新的能力或技术，解放和发展生产力。发展经济的关键是生产力，而作为生产力最核心要素的人必须是有知识有能力的人。这就决定了阅读直接关系到生产力的发展水平和人的素质的高低。"③ 可以这么说，"一国国民的阅读能力强，则科学技术普及程度高，则生产力强；一国国民的阅读能力差，则科学技术普及程度低，则生产力弱。"④

英国女王曾经说过："宁愿失去 10 个印度（曾经是英殖民地），也不愿意失去一个莎士比亚。"可见，优秀作品的力量有多大！然而，书籍的力量要通过阅读的力量才能体现。因此，个体可以通过阅读优秀作品走向卓越，国家可以通过阅读推广倡导国民阅读优秀作品来间接提升国力。"阅读能力作为一种被忽视已久的特殊'生产力'，需要我们高度重视，积极养成。"⑤

---

① 张怀涛：《阅读的多重价值》，载《华北水利水电学院学报》，2013 年，第 3 期，第 103 页。

② 张贺：《涵养一个书香中国》，载《人民日报》，2009 年 4 月 22 日。

③ 见朱永新：《我的阅读观》，北京：中国人民大学出版社，2012 年，第 78 页。

④ 朱永新：《我的阅读观》，北京：中国人民大学出版社，2012 年，第 98 页。

⑤ 朱永新：《我的阅读观》，北京：中国人民大学出版社，2012 年，第 99 页。

（二）参与自愿性

推广必须遵循自愿性原则，阅读推广也不例外。尽管阅读推广具有一定成分的干预性，但都必须以读者的自愿参与为前提，"自愿参与"的理论支撑可以追溯至《世界人权宣言》。该宣言第一条写道："人人生而自由，在尊严和权利上一律平等"，第三条写道："人人有权享有生命、自由和人身安全"。国际图联宣称，"利用各种表达的知识、创造性思维和智力活动，以及公开表达观点，是人类的基本权利"，并声称"对知识自由的承诺是图书馆和信息职业的核心职责"[①]。由此可见，人类的基本价值在图书馆领域的具体体现就是自由平等地利用信息资源，就是知识自由，就是图书馆权利。具体到阅读领域，阅读还是不阅读，读什么，怎么读都应该由读者说了算，任何人不得干预和强迫。任何主体举办的任何阅读推广活动，参与还是不参与，也应该由读者自行决定，他人无权过问和干涉。即使是"阅读推广需要介入式服务"[②]的专家观点也主要是针对特殊人群而言，对大多数普通读者来说，阅读推广主体应该尊重他们阅读时对宁静与隐私的需求，更多地设计服务型而非干扰型的阅读推广项目。这就要求阅读推广活动的组织者必须遵循"以人为本"的理念，精确了解用户需求，依靠新颖的形式、感兴趣的内容、多渠道的宣传以及优良的空间和氛围来吸引读者自愿参与，而不是命令和强迫。

（三）服务专业性

阅读推广是近年来兴起的一种新型图书馆服务，它既需要专业理论的支撑，也需要专业人员来付诸实践。首先，在理论层面，以往的图书馆学理论对这一服务的关注与研究不多，难以形成对阅读推广的理论支撑。"在经典图书馆学理论框架中，我们很难找到阅读推广的理论位置"[③]。这就要求从事图书馆学教育的专家学者对阅读推广的基础理论问题、实践操作问题给予高度关注和研究。其次，在实践层面，由于阅读推广服务大都是以活动的形式提供的，而每一个活动项目的推出都包含着前期调研、内容策划、项目宣传、组织实施、效益评估等步骤，每一步的科学推进都需要有专业技能的人员才能完成。如前期调研时要求阅读推广人掌握调查方法、问卷制作、数据统计

---

① 程焕文、张靖：《图书馆权利与道德》（上），桂林：广西师范大学出版社，2007年，第32页。

② 范并思：《阅读推广与图书馆学：基础理论问题分析》，载《中国图书馆学报》，2014年，第5期，第10—11页。

③ 吴晞：《图书馆阅读推广基础理论》，北京：朝华出版社，2015年，第167页。

等基本技能，项目宣传时要求知晓宣传品的制作以及宣传渠道等常识，组织实施时涉及团队组建、任务分解、进度安排、过程控制等专业技能，效益评估则需要具备资料收集整理、数据挖掘分析等专业能力。正如学者所言："一位优秀的阅读推广人至少应该具备三方面的素质：一是工作的主动性，二是创新能力，三是具有调动社会资源的能力。"① 通常来说，工作主动性是每一个具有职业精神的人都应该具备的，创新能力和调动社会资源的能力可不是一般人都具有的。因此，针对阅读推广服务的专业性，管理者们需要更加关注阅读推广人的培养、选派、评估与激励，通过组建具有创造力和执行力的阅读推广团队来促进阅读推广服务。中国图书馆学会发起的"阅读推广人培育"行动也正好说明阅读推广服务是一项专业性很强的服务。

（四）人文价值性

"人文"即人性文化，"以人为本"就是以人性为本，阅读推广的人文价值性是指任何阅读推广主体开展的任何阅读推广活动都必须尊重以人性为本的价值理念。人的阅读主体性决定了阅读推广的一切工作都必须围绕着人的需求展开。"阅读推广要以人为本，以导为主"②。实践中，并非所有被称为阅读推广的活动都符合现代社会的人文价值性。例如"有图书馆的阅读推广材料中包括'郭巨埋儿'的二十四孝故事，完全忽视这类故事与现代社会核心价值的冲突；有些图书馆设计的阅读项目朝优势人群倾斜，如参加者需要支付较大置装费用的儿童阅读剧表演，低收入人群的孩子很难有条件参与。对这些违背图书馆核心价值的阅读推广项目，不论其效果看上去有多么好，都不是图书馆人应追求的。"③ 因此，我们认为，阅读推广的人文价值性主要表现在三个方面：第一，关注人，要培养人人爱阅读的习惯。纵观世界各国，凡是崇尚读书的民族，大多崇尚人文精神，且生命力顽强。全世界最爱阅读的民族当首推犹太民族，平均每人每年读书 64 本。对书籍的酷爱培养了犹太民族积极向上不断进取的民族精神，从而使得犹太亡国两千年之后，又能重新复国，复国之后，又能迅速建成一个现代化国家。第二，发展人，要培养人人会阅读的能力。信息时代的阅读面临着三大挑战：一是无限的读物对有

---

① 范并思：《阅读推广的管理自觉》，载《图书馆论坛》，2015 年，第 10 期，第 13 页。

② 解慧：《阅读推广要以人为本，以导为主》，载《中国出版传媒商报》，2015 年，5 月 19 日。

③ 范并思：《阅读推广的管理自觉》，载《图书馆论坛》，2015 年，第 10 期，第 8—14 页。

限的阅读时间的挑战，二是激增的知识信息对人们原有低微阅读能力的挑战，三是大量新知识对人们传统观念及策略的挑战。为此，全民阅读推广活动需要进行分众阅读推广和分类读物推荐。儿童时期多读古今文学佳作，青壮年时期多读中外人物传记，构建以文学作品阅读，尤其是经典名著和好书佳作阅读为基础的读物结构。第三，尊重人，要保障特殊人群的阅读权益。《公共图书馆宣言》明文规定："公共图书馆的服务以平等利用为基础，不分年龄、种族、性别、宗教、国籍、语言或社会地位，为所有人提供。公共图书馆须为那些因任何原因不能利用常规服务和资料的用户，如小语种民族、残障人士、住院人员或被监禁人员，提供特殊服务和资料"。[1] 具有干预性的阅读推广服务正是对普遍均等服务的一种有益补充，是对特殊用户平等利用特殊服务的基本权利的一种保障。鉴于此，传播人道主义精神，培养终身读书乐学的人文习惯是全民阅读推广活动必须秉持的价值理性。

三、阅读推广的特型分析

（一）儿童阅读推广及其特点

随着全民阅读理念的深入人心，儿童阅读越来越受到政府、社会及家庭的重视，儿童阅读推广活动在全国各地如火如荼地展开，儿童阅读推广研究日益成为学界热点。可是，关于儿童阅读推广概念的界定在许多高被引频次的论文中都未涉及，如《少儿图书馆在儿童阅读推广中的使命与担当》[2]、《图书馆儿童阅读推广活动评估指标体系构建研究》[3] 等文章均未见儿童阅读推广定义。仅在《基于绘本的公共图书馆儿童阅读推广研究》[4] 硕士论文中，陈蔚将儿童阅读推广简要描述成"缓解儿童阅读危机、培养儿童阅读习惯的活动"；陆晓红在其博士论文《我国公共图书馆儿童阅读推广模式研究》[5] 中提

① 程焕文、张靖：《图书馆权利与道德》（上），桂林：广西师范大学出版社，2007年，第37页。

② 杨卫东：《少儿图书馆在儿童阅读推广中的使命与担当》，载《新世纪图书馆》，2010年，第4期，第92—94页。

③ 王素芳：《图书馆儿童阅读推广活动评估指标体系构建研究》，载《中国图书馆学报》，2013年，第6期，第41—52页。

④ 陈蔚：《基于绘本的公共图书馆儿童阅读推广研究》（硕士论文），南京：南京大学，2012年，第4页。

⑤ 陆晓红：《我国公共图书馆儿童阅读推广模式研究》（博士论文），天津：南开大学，2014年，第19—20页。

出"儿童阅读推广是指推广主体为达到普及儿童对阅读的认知、激发儿童阅读兴趣、培养儿童阅读习惯、提高儿童阅读能力的目的，以儿童及其阅读活动相关人为对象，采取的提供阅读资源、创造阅读环境、推荐阅读服务、传播阅读理念、开展阅读指导、鼓励阅读交流等一切活动和工作的总和。"朱淑华在《儿童阅读推广概述》①中给儿童阅读推广做了相对全面的概念界定：

所谓儿童阅读推广，是指基于阅读对儿童所产生的巨大影响，在儿童阅读的正确理念和科学规律指导下，通过各种方法向儿童和有引导能力的成年人介绍优秀阅读素材、阅读指导方法和阅读理念，带动儿童阅读，逐步引导儿童爱上阅读，提升儿童的阅读能力，帮助儿童成为自觉的、独立的、热诚的终身阅读者，并同时改善儿童阅读环境的过程。

我们认为，儿童阅读推广是阅读推广的类型之一，其突出强调的是阅读推广的对象为儿童及其阅读活动相关人，因此，同样可以从推广学视角给儿童阅读推广下定义：

儿童阅读推广是一种由阅读推广机构部署的、以儿童及其阅读活动相关人为推广对象的职业性的有组织的沟通干预活动，以引导具有阅读推广者所认为的儿童阅读效用的自愿行为的改变。

由于推广对象明确指向"儿童及其阅读活动相关人"，因此，儿童阅读推广具有了自己独有的特点：

1. 注重保护儿童的阅读兴趣

兴趣是最好的老师。儿童如果对阅读产生了深厚的兴趣，就为他一生的幸福奠定了基础。可是，儿童并不是天生就具备自主阅读能力的，也很少有孩子会主动喜欢上阅读。因此，儿童的阅读兴趣需要成人的培养。这个道理但凡有点文化的家长都懂。不少家庭在孩子很小的时候就教其识字、看书、画画，不厌其烦地讲故事给孩子听，可一旦孩子成了学龄儿童，掌握了基本的阅读技巧，形成了自己的阅读趣味的时候，受传统应试教育的影响，在家长眼中，孩子读闲书成了不务正业，许多家规应运而生，如必须先完成老师、家长布置的作业才能看课外书，买书只能买家长认为好的书，孩子喜欢的书若没被家长相中是断然不会买的，自然也就不许看了。随着课业负担的加重，这些家规实施的严苛程度也会加码。如此一来，孩子的阅读自由权被剥夺，刚刚培养的阅读兴趣也被生生扼杀。基于此，现代儿童阅读推广运动在强调

① 朱淑华：《儿童阅读推广概述》，见李俊国、汪茜：《图书馆儿童阅读推广》，北京：朝华出版社，2015年，第2—3页。

培养儿童阅读兴趣的同时，特别注重保护儿童的阅读兴趣；认为儿童阅读不应该带有功利性，也不应该站在成人社会需求的立场上为孩子设立标准和框架，应该尽可能地为他们提供阅读机会，并尊重他们的选择。简言之，让孩子爱上阅读比读了什么、怎么读更为重要。

2. 强调亲子阅读和早期阅读

所谓早期阅读，并非传统意义上的读书、写字，而主要是指家庭通过提供与视觉刺激有关的材料，如故事书、图片、录像、符号、电视、碟片等，让幼儿在观察、思维、想象等基础上倾听父母亲讲述或进行语言表达，发表自己的观点、见解等。[①] 据研究，人脑的信息约八成是通过视觉刺激获得的。美国"人类智力发展研究所"脑科专家格伦·多曼博士认为，把正常孩子培养成天才的奥秘就是对其大脑频繁、持久地施加刺激。早期阅读作为一种积极的视觉刺激，能够促进儿童的大脑发育，发展儿童的语言能力，拓展儿童的知识空间，进而推进儿童智力与思维的发展。美国心理学家陶森博士（Dodson, Dr. F.）也曾指出："爱书和爱读书的基础，是在生命的头五年中奠定的。"因此，现代儿童阅读推广理论认为：随着幼儿感觉、知觉、语言、记忆的发展，0-3岁的孩子完全有能力、有条件进行早期阅读；家长也应该摒弃"孩子还小，一切慢慢来"的传统固有观念，尽早为孩子进行早期阅读，并扮演好孩子第一任阅读老师的角色。

在此理念指引下，以家庭为单位、以图书为媒介、以阅读为纽带的亲子阅读成了儿童阅读推广的一项重要内容，也是儿童图书馆与公共图书馆的一项主要业务工作。

3. 提倡儿童阅读指导的日常化与平民化

英国图书馆学会"法吉恩奖"获得者、知名儿童阅读专家艾登·钱伯斯提出了"阅读循环圈理论"[②]，认为阅读活动具有"选书——阅读——回应——再选书——再阅读……"的循环结构，"有协助能力的大人"处于循环圈的中心，与选书、阅读、回应三个环节息息相关。即有经验的成人是儿童阅读过程的引导者和推动者，可以通过环境与活动的整合，帮助儿童亲近图书，进而鼓励儿童自主而愉快地阅读；也可以通过设计、组织阅读讨论活动，帮助儿童领会一本书各个层面的含义，进行更加广泛而深入地阅读。

---

① 黄娟娟：《0-3岁幼儿阅读发展与培养》，上海：上海科学技术出版社，2005年，第39页。

② 艾登·钱伯斯：《打造儿童阅读环境》，许慧贞译，海口：海南出版社公司，2007年，第4页。

然而，"传统儿童阅读认为引导孩子阅读是阅读专家们的事情，至少也是经过专业训练的教师们的事情。[①]"现代儿童阅读推广提倡儿童阅读指导的日常化和平民化，认为任何一位稍有文化的家长都可以使用一些简单的方法帮助孩子爱上阅读，如经常陪孩子逛书店和图书馆，用购买和借阅的方式保证孩子拥有唾手可得的身边书；每天与孩子一起大声朗读，在家中设立阅读时间和阅读角；经常在孩子面前阅读，与孩子一起聊书；让孩子远离打牌、上网、看电视、玩游戏的家庭环境，让孩子能够心无旁骛、专注地融入书本；……所谓言教不如身教，每一对父母只要能够以身作则，是能够成为一个"有协助能力的大人"的；也只有这样，儿童阅读指导的日常化与平民化才能落到实处。

4. 发挥同龄人的"阅读带头人"作用

过去，人们通常认为儿童心智发育尚不成熟，自然应该成为阅读推广的重点对象。现代阅读推广理念认为，青少年是具有一定行为能力的个体，且可塑性极强，容易接受新生事物，如果引导得法，是能够成为阅读推广者的。因此，一些阅读推广机构常常通过赋予青少年一些任务，来发挥同龄人的"阅读带头人"作用。如英国阅读社推出的 HeadSpace 项目，就是在图书馆里留出一块区域，让青少年自己设计、自己选择书籍、自己推出相关活动；新西兰的公共图书馆经常会将一面墙留给青少年，让他们自己刷墙，在墙上绘画装饰；德国的"阅读童子军"项目与英国的"阅读带头人"项目更是充分运用同龄互染的优势，对一些酷爱阅读的学生进行培训，然后依靠这些同龄人来激发和传递青少年对于阅读的热爱。这些活动都取得了良好的效果，因为与其他人相比，同龄人具有更强的说服力和感染力，不仅"阅读带头人"本身对阅读变得更积极，而且极大地改善了其他学生对阅读的态度。

（二）数字阅读推广及其特点

数字阅读推广即推广数字阅读，是一种由阅读推广机构部署的，以数字化的阅读对象或者数字化的阅读方式为推广内容，抑或通过数字化的推广媒介进行的职业性的有组织的沟通干预活动，以引导具有阅读推广者所认为的数字阅读效用的自愿行为的改变。

数字阅读推广的特别之处在于"数字"，它不仅要将各具特色的数字化阅读内容进行推荐，还涉及阅读方法的数字化与推广渠道的数字化，这也是数

---

① 朱淑华：《儿童阅读推广概述》，见李俊国、汪茜：《图书馆儿童阅读推广》，北京：朝华出版社，2015年，第13页。

字阅读推广的突出特点。

1. 推广内容的数字化

推广内容的数字化是由数字阅读的特征决定的。数字阅读有两层含义：一是阅读对象的数字化，一是阅读方式的数字化。因此，推广内容的数字化主要表现在两个方面：一是推广数字化的阅读对象，二是推广数字化的阅读方式。推广数字化的阅读对象是指向目标群体推荐阅读以数字化方式呈现的读物，如电子书、网络小说、电子地图、数码照片、博客网页等；推广数字化的阅读方式则是指向目标群体推荐使用带屏幕显示的电子仪器作为阅读设备，如 Pad/MP3/MP4、电脑、手机、阅读器等。数字化的阅读内容必须借助数字化的阅读设备才能阅读，而数字化的阅读设备则只能读取数字化的阅读内容，两者相辅相成，缺一不可。

2. 推广渠道的数字化

推广渠道的数字化是指以数字化新媒体开展阅读推广活动，具有多媒体与超文本、海量性与共享性、交互性与即时性、个性化与社群化等特点，深受年轻读者的喜爱。[1] 如通过博客、微博、微信、短信、数字杂志、触摸媒体、OA 办公系统等渠道引导用户使用数字资源，吸引用户关注阅读活动，从而达到提升数字阅读影响力与扩大数字阅读服务群的目的。2013 年由国家图书馆主办、全国各地公共图书馆承办的"网络书香·全国数字阅读推广"活动不仅开通了"网络书香"加 V 的新浪微博，还将微博页面嵌入到活动主页中进行展示，各参与馆可以个人或者官方名义关注微博，开展互动以及信息分享；中原工学院图书馆利用 OA 办公系统面向全校教职工开展"每周一书"推送活动；广西科技大学图书馆利用手机微信举办"微书评活动"。这些活动借助数字化的推广渠道，操作更简便，覆盖面更广，推广起来也更加容易。

3. 推广主体的合作化

图书馆是开展数字阅读推广的重要主体。可由于图书馆员从业资格认证制度的缺失，导致图书馆员职业进入门槛过低，馆员素质参差不齐，高层次人才缺乏，特别是数字阅读推广专业人才短缺。在人员培训不能快速发挥效用的情况下，推广主体间合作开展数字阅读推广活动日益受到人们的重视。例如，由东莞图书馆主办、东莞市各镇（街）图书馆协办的"e 读 e 学 e 生活——数字阅读从图书馆开始"大型展示体验活动邀请了新东方、玉屋粟、

---

① 张怀涛：《阅读推广方式的维度观察》，载《大学图书馆学报》，2015 年，第 6 期，第 61 页。

MyET、中国电信东莞分公司、库客、超星、方正 7 家有合作关系的数字资源内容提供商，将最新研发的数字阅读硬件产品向公众集中展示并体验，借此带动图书馆的数字阅读潮流；一些文化传播公司常与图书馆界合作举办英语口说大赛活动，以展示图书馆数字化、网络化的服务特性；与数据库商合作开展数字资源利用讲座更是各图书馆进行数字阅读推广的常规活动。推广主体间的这种合作机制既解决了数字阅读推广的专业人才问题，又解决了推广经费问题。因此，"阅读推广者需要巧用各种'利器'，让每个人都能在数字阅读的海洋中获得指引，了解获取阅读的途径及各种阅读资源。"①

(三) 经典阅读推广及其特点

经典阅读推广即推广经典阅读，是一种由阅读推广机构部署的、为促进人们阅读经典图书而开展的职业性的有组织的沟通干预活动，以引导具有阅读推广者所认为的经典阅读效用的自愿行为的改变。相较于其他阅读推广活动，经典阅读推广更突出推广内容的经典性。其特点主要表现在以下几个方面：

1. 注重激发读者阅读经典的意愿

在阅读日益功利化、快餐化、碎片化、娱乐化的当下，经典名著日益淡出大众的视野，被读者自觉或不自觉地规避。原因主要有二：一是经典名著存在着人物太多、描写抽象、缺乏故事情节、厚如转头、晦涩难读等自身缺陷；二是阅读经典文本，读者需要进入宁静与专注的内心状态，才能领悟文本的意义世界，而长时间的宁静与专注未免让人感到孤独和疲倦。因此，"一个人战斗"的经典文本阅读需要读者具有强大的自我执行力才能完成。激发读者阅读经典的意愿自然地成了当下经典阅读推广关注的重点问题。为此，阅读推广机构在开展经典阅读推广活动时更加注重读者的主观能动性。例如由湖南省教育厅主办、湖南省高校图工委组织实施、全省 50 余所大专院校协同开展的"一校一书——经典、精读、经世"阅读推广活动，每年提供的参考书目来源于全国几十家主流媒体发布的年度好书榜，根据入榜频次选取前 30—40 种优秀图书，涵盖政治、经济、文学、历史、传记、哲学等多个类别，在大大降低选书种类繁杂度的同时，又特别强调将精读图书的产生权交由读者，每年开展活动时，各高校图书馆都开通了手机短信、QQ、微信、电子信箱、读者荐书箱等投票通道，甚至还有高校将参考书目附上图书简介制作成

---

① 银晶：《数字阅读推广活动组织与策划》，见李东来：《图书馆数字阅读推广》，北京：朝华出版社，2015 年，第 181 页。

"精读图书推荐表"发放到各个班级,要求每个学生选出自己感兴趣的3种图书,根据投票统计结果、综合教授及馆长建议,产生每年的精读图书。如此操作,既充分尊重了读者的阅读选择权,又确保了精读图书的深度和厚度,同时又激发了读者的阅读意愿。

2. 强调提升读者阅读经典的能力

阅读的第一步是要有适合自己的读物,因此,选择文献的能力是阅读能力的基础,提高读者甄别经典与精品图书的能力是经典阅读推广要做的一项重要工作。所谓"凡读书最切要者,目录之学也。目录明,方可读书。不明,则终是乱读"(王鸣盛《十七史商榷》),长久以来,编制经典阅读书目是有识之士常躬亲的事情。例如梁启超曾经编撰出版了《西学书目表》《国学入门书要目及其读法》;章太炎曾发表过《中学国文书目》;顾颉刚开列过"有志研究中国史的青年可备用闲览书目";钱穆开列过《文史书目举要》;朱永新为小学生、中学生、大学生、教师分别编制了"阅读推荐书目100种";王余光、徐雁更是合作主编了《中国读书大辞典》。此外,为了提高读者的经典品鉴能力,中西方国家都非常重视在学校教育中推广经典阅读教育。据统计,"目前在美国大约超过40所大学和学院设有各种形式的名著课程或教育项目,其中圣约翰学院和托马斯·阿奎那学院等四所学院提供本科四年的全名著课程。"① 中国的学校教育也越来越重视经典阅读教育。武汉大学历史学教授郭齐勇要求所带的博士生必须过经典关,并且把"四书"及《老子》《庄子》《史记》《汉书》《诗经》《楚辞》等列为武汉大学人文学本科生的必修课。② 复旦大学在2005年成立复旦学院专门做通识教育,开设文史经典、哲学智慧、文明对话、科学精神、生命与生态以及艺术创作与审美等70余门课程。③ 公共图书馆作为公民社会教育和终身教育的重要场所,其开设的"图书馆讲坛"项目既是经典阅读推广活动的主要载体,又是城市公共文化活动的重要组成部分。

3. 重视经典阅读环境建设

阅读总是在一定环境下进行的,无论是物理环境还是虚拟环境,都在某

---

① 王晨:《西方经典教育的历史、模式与经验:以美国为中心的考察》,载《教育学报》,2012年,第1期,第22页。

② 化月凡:《对大学人文教育中经典阅读的理论审视》(硕士论文),武汉:华中科技大学,2007年,第13页。

③ 何官峰:《经典阅读推广概述》,见李西宁、张岩:《图书馆经典阅读推广》,北京:朝华出版社,2015年,第12页。

种程度上决定着经典离读者的距离是越来越近还是越来越远。尽管阅读是私人的事情，可阅读推广却是全社会的事情。不止图书馆，学校、医院、社区、企业等组织，都要充分利用各种资源、技术力量，让读者与经典充分接触。余英时曾建议：中国旅馆的每个房间都应该放一部"四书"，就像日本人放佛经、西方人放圣经一样。他还说："摆一本'四书'总有人会翻两句，得一句有一句的好处"。① 不独旅馆，商场、车站、地铁、高铁、飞机、公交车等但凡能让人稍作停留的地方，都应该让经典作品唾手可得。在图书馆设立经典阅览室更是一个绝佳的办法，既可免去读者寻找经典之苦，又能提供安静优雅的阅读环境。深圳图书馆的"南书房"就是经典阅览室建设的一个成功范例，它不仅提供古今经典中外文阅览，而且定期开展丰富多彩的阅读活动，并培育了"南书房家庭经典阅读书目"系列活动和"深圳学人·南书房夜话"学术沙龙两大品牌活动板块，在实现有限资源高效利用的同时，又营造出浓厚的经典阅读氛围。

　　4. 采用立体化的阅读推广方式

　　"立体"是相对于"平面"而言的，平面是构成立体的基本元素，一个立体由多个平面组成。人们生活在立体环境中，可以上下、左右、前后观察周围的事物，也可以进行仰视、俯视、左右环视。因此，立体化阅读推广方式是从面的视角，将听、说、读、写四大阅读基本功有机结合，融书目推荐、名著阅读、影视欣赏、读书沙龙、主题征文等活动形式于一体的综合性推广方法。例如，南京图书馆打造的品牌经典阅读推广活动——"南图读书节"②，采用主题学术研讨会、作品吟诵、主题论坛、主题讲座、图书展示、影视赏析、书法绘画、知识竞赛、作品展览等形式进行名著导读；武汉大学图书馆的"珞珈阅读广场"③ 设有珞珈开卷、影像阅读、戏剧之门、音乐空间 4 个分项，分别由真趣书社、自强网站毛线电影、莎士比亚英文戏剧社、爱乐社 4 个学生社团负责运营，目前该活动已开展 147 期，堪称业界立体阅读推广项目的典范。湖南人文科技学院图书馆充分利用经典文本的馆藏资源优势，将电影欣赏、名著阅读、文学写作三者有机结合，开展"文学名著电影欣赏节"

---

① 栾雪梅：《经典阅读推广的误区及对策研究》，载《图书情报工作》，2015 年，第 2 期，第 54 页。

② 秦志华：《弘扬经典亲近阅读：南京图书馆经典阅读推广活动探析》，载《新世纪图书馆》，2014 年，第 1 期，第 23—26 页。

③ 武汉大学图书馆：《珞珈阅读广场》，http：//www. lib. whu. edu. cn/news/default. asp。

活动，通过名著电影这种无意识的广告，吸引观众寻觅经典文本，并运用影视力量对文本进行诠释，寓"读典之难"于"观影之乐"中，让"难以下咽"的经典变为"甘之如饴"的经典，可谓经典阅读推广的一种理想模式。

（四）时尚阅读推广及其特点

在"大众创业、万众创新"的时代背景下，"创新"已成为一种时尚，阅读推广也不例外。中国图书馆学会在组织编写"阅读推广人"系列教材时，单列《图书馆时尚阅读推广》分册，由王波任主编，遴选出近年来在阅读推广领域中出现的创新案例，以讲章的形式结集出版，具有很强的示范性、指导性和实战性，深受阅读推广人的欢迎。我们非常赞同王波老师对"时尚"二字及"时尚阅读推广"的理解："时"即时新，"尚"即推崇；"时尚阅读推广"不是指推广含有服饰、珠宝、化妆、汽车、家具、休闲、旅游、体育、明星、艺术、烟酒、名表、数码产品等内容的书籍，而是指阅读推广形式的时尚性，也可以说是创新性。[1] 因此，我们将时尚阅读推广作为阅读推广的一种类型，并对其特点进行分析。

1. 时尚阅读推广是一种开放性推广

"开放性"是相对于封闭性而言的。事物的开放性主要指的是事物结构的不固定性。时尚阅读推广具有开放性主要是指阅读推广的形式不拘一格，既要以开放的理念看待活动中的各种资源，又要以开放的眼光注重新技术在阅读推广中的应用。一直以来，人们根深蒂固地认为，安静的外部环境是进行阅读的必要条件之一，因此，一说起阅读推广活动，人们首先想到的便是书目推荐与图书展览等静态展示活动。的确，书目推荐与图书展览因目标明确、效果直观、适用范围广、复杂度不高等优点而得到了广泛应用。可是随着时代的发展，展览、书单等被动等待读者目光的推广形式因缺乏互动性和参与感而门庭冷落，跟随用户潮流打造阅读推广活动便顺理成章地成为一种发展方向。例如北京大学图书馆就曾将风靡网络的"密室逃生"游戏与图书馆的资源服务推广进行无缝对接，利用流行的时尚游戏元素拉近图书馆与读者的距离，从而使得图书馆的学术信息推送和阅读推荐工作更具效果；郑州大学图书馆打造的"读书达人秀"推广品牌，将T台秀引入图书馆，融入时尚、竞赛、娱乐等诸多元素，把"读、记、悟、行"有机结合起来，以创新的方

---

[1] 王波：《图书馆时尚阅读推广》，北京：朝华出版社，2015年，第8—9页。

式诠释读书的快乐，让枯燥单一的读书活动变得生动活泼。①

所谓"三个臭皮匠，抵个诸葛亮"，开放性的阅读推广需要集思广益，阅读推广主体要充分发挥推广对象的主观能动性，让他们参与阅读活动的策划和实施，从而使得活动形式更贴近用户心理，更接"地气"。

2. 时尚阅读推广是一种创新型推广

时尚具有流动性和易变性，这就决定了时尚阅读推广必须不断注入新的创意，也要求阅读推广人必须具有创造时尚的意识，时刻保持高度的创新敏感性。创意来自生活，只要我们处处留心，无论是逛街、逛书店、逛图书馆、光顾商场、餐厅、咖啡馆、家具城，看电视、看剧场演出等，都能及时发现生活中到处可见的广告创意、包装创意、节目创意、橱窗创意、装饰创意，并发散思维，举一反三，将这些创意移植到阅读推广工作中，就能创造出新的时尚的推广方式。② 例如北京大学图书馆开展的"书目摄影展"③ 活动就是在"大学生模仿名画拍毕业照"这一行为的启发下，迸发出"精选书目＋阅读摄影模仿秀"的活动创意，通过书画结合的方式，引领读者进入精彩的阅读世界；南阳师范学院图书馆的"书模表演"④ 活动，其创意来源于时装发布会的服装模特表演，把"书香模特"嵌入图书展览、经典诵读等传统活动中，让阅读走出单一的白纸黑字，以更为时尚、活泼的方式走进读者生活。"阅读推广活动不存在一劳永逸，要'以人为本'，不断研讨如何'转型升级'。"⑤

3. 时尚阅读推广是一种趣味性推广

兴趣以需要为基础。人们若对某项活动感到需要，就会热心于接触、观察并从事这项活动。阅读推广活动要想激发读者的参与兴趣，就必须以读者需求为中心，并注重活动本身的趣味性。时尚阅读推广的趣味性主要表现在两个方面：一是重视读者的积极体验。颇受爱书人士喜欢的读书会，借助新媒体平台，利用微信的便捷与高效，经常推出风格各异的活动。如一个名为"悦读会之友"的微信群，群友毛遂自荐分享关于阅读的所思所想以及工作中的趣事佳话，并且约定每人每周提交一篇读后感，以此激活成员们交流的欲

---

① 王波：《图书馆时尚阅读推广》，北京：朝华出版社，2015 年，第 15—31、129—144 页。

② 王波：《图书馆时尚阅读推广》，北京：朝华出版社，2015 年，第 9 页。

③ 王波：《图书馆时尚阅读推广》，北京：朝华出版社，2015 年，第 87—99 页。

④ 王波：《图书馆时尚阅读推广》，北京：朝华出版社，2015 年，第 169—182 页。

⑤ 张怀涛：《文雅不必繁，书香却要浓——以〈阅读的人文与人文的阅读〉为中心》，载《图书馆杂志》，2015 年，第 10 期，第 39 页。

望。中国好文字"诵读会"常常邀请演播艺术家现场为读者朗诵名篇佳作，在满足读者听觉需求的同时，还可实现请嘉宾签名、合影等时尚需求。知名微信公众号"为你读诗"将文本内容进行声音化改造，为读者带来不一样的阅读体验。自媒体阅读视频的出现，让个性化的读书资源得到释放。书店利用自己的平台优势，在售书的同时为公众打造贴心的阅读服务和增值服务。这些民间阅读推广活动因其具有很强的体验性而受到越来越多的人士喜爱。二是融入时尚元素。如北京大学图书馆开展的"密室逃生"及"书脸"活动、南阳师范学院图书馆开展的"书模表演"活动以及颇受大众喜欢的"手作书籍"活动等，都是将人们喜爱的一些时尚元素如游戏、摄影、模特表演、手工制作等融入阅读推广中，既满足了人们追求时尚的需求，又贴近生活，从而让阅读的种子在玩中得以轻松传播。

第四节　阅读推广的现代理念

什么是"理念"？《辞海》认为"理念"即"观念"：一是看法、思想，思维活动的结果。二译自希腊语 idea，通常指思想，有时亦指表象或客观事物在人脑中留下的概括的形象。[①] 有学者对"理念"的学术含义进行了多层次分析：

综合地说，理念应是一个具有能反映一类事物中每个个体或一类现象中每种个别现象共性之能力的普遍概念，是诸理性认识及成果的集大成。其中既包含了认识、思想、价值观、信念、意识、理论、理性、理智，又涵盖了上述思维产品的表现物，如目的、目标、宗旨、原则、规范、追求等，而后者使理念这一抽象的概念具有了直观的形象。具体地讲，"理念"是一个精神、意识层面上的综合性结构的哲学概念，是主观见之于客观的科学反映，是人们经过长期的理性思考及实践所形成的思想观念、精神向往、理想追求和哲学观点的抽象概括，是理论化、系统化了的，具有相对稳定性、延续性和指向性的认识、理想的观念体系。简言之，"理念"是指人们对某一事物或现象的理性认识、理想追求及其所形成的观念体系。[②]

---

① 辞海编辑委员会：《辞海》，上海：上海辞书出版社，1999 年，第 3275、1353 页。
② 郭大方、李明辉：《中国共产党六十年执政理念的探索与实践》，北京：国防工业出版社，2010 年，第 3 页。

基于上述对于"理念"内涵的认知，我们认为，阅读推广的现代理念可以概括为5个关键词：全民、服务、自由、权利、创新。

一、阅读推广的"全民"理念

1995年，联合国教科文组织宣布4月23日为"世界图书与版权日"（简称"世界读书日"），希望通过"读书日"的设立，期待"散居在世界各地的人，无论你是年老还是年轻，无论你是贫穷还是富裕，无论你是患病还是健康，都能享受阅读的乐趣，都能尊重和感谢为人类文明做出过巨大贡献的文学、文化、科学、思想大师们，都能保护知识产权。"① 细心的读者应该都能从这一"期待"中解读出"全民"的含义，"全民阅读"一词由此也迅速传播开来并被各国政府所接受。在我国，早在20世纪二三十年代，留美归来的图书馆学家李小缘先生就曾发出"人皆有资格为读者""使全国民众，无论男女老幼，皆有识字读书之机会""能使公开群众……皆能识字读书，享受图书馆之利益，则方可谓图书馆之真正革命，之真正彻底改造，之真正彻底建设者也"的呼吁。李先生的呐喊也充分体现出"阅读，一个也不能少"的全民理念。从阅读推广所具有的"社会公益性"来看，尽管某一个具体的阅读项目都有明确的阅读推广对象，不可能涉及"全民"，可综合整体的阅读推广工作，则应该要让所有的公民都能享受到阅读推广的"益"处。21世纪初叶以来，"全民"阅读理念更是深入之心。恰如学者所言："'全民阅读推广'这个概念，首先意味着要倡导'全员阅读'的学风，其次意味着'终身阅读'，再次，对于图书馆和书店来说，还意味着一种'全品种的读物推广'。"② 现代阅读推广的"全民理念"由此可见一斑。

二、阅读推广的"服务"理念

范并思教授提出"阅读推广是一种服务"，无论是编制导读书目还是组织读书活动，其目的都是为读者的阅读和学习提供服务。尽管"推广"是一种沟通干预活动，但是阅读推广干预的目的是帮助读者喜欢阅读、学会阅读，

---

① 搜狗百科：《世界图书和版权日》，http://baike.sogou.com/v369687.htm?from Tide＝世界读书日。

② 徐雁：《一个书香盈邑的现代化都市人文愿景》，见赵俊玲、郭腊梅、杨绍志：《阅读推广：理念·方法·案例》，北京：国家图书馆出版社，2013年，第1—2页。

而不是对读者进行价值观与品行方面的教育。尽管"推广"还具有教育属性，许多人也认为阅读推广应该对读者的阅读内容、阅读形式甚至阅读习惯进行教育。然而，这种教育多半是针对不爱阅读、不会阅读以及阅读有障碍的人群而进行的，对于大多数普通读者而言，只需提供中立的、非干扰的服务型推广即可。同时，阅读推广作为一种公共文化服务，其公共产品的公益性与非排他性还要求阅读推广需要保持服务的公平性，不得将具有党派教义的"教育"掺杂其中。即使是在具有教育职能的图书馆，也强调"图书馆员仅仅承担传递文献或咨询服务，不介入读者挑选文献的过程，不指导读者阅读，将知识与信息的选择权完全交给读者，甚至保守读者秘密，不让他人知道读者阅读的内容"[①]；图书馆也因其保持服务价值的中立性而受人赞美，认为它的存在是社会民主制度的一种安排。当下，阅读推广服务已成为图书馆的一种主流服务，尽管这种服务具有活动化和介入式的特征，却丝毫也不影响其平等、包容、专业的优质服务理念，阅读推广人的行为也应该遵循图书馆的核心价值体系："开放、平等、包容、隐私、服务、阅读、管理、合作。"[②]

三、阅读推广的"自由"理念

"自由"一词，既是一个法学名词、哲学名词，又是一个日常用语。《现代汉语词典》（商务印书馆，2002版）给"自由"提供了三个释义：（1）在法律规定的范围内，随自己意志活动的权利，如自由平等；（2）哲学上把人认识了事物发展的规律性，自觉地运用到实践中去，叫作自由；（3）不受拘束，不受限制，如自由参加，自由发表意见。阅读推广秉持的自由理念既不是哲学意义上的"自由"，也不是日常用语中的"自由"，应该属于法律层面的"自由"，主要包括阅读自由、藏书自由、信息自由三个方面。其中阅读自由是整个现代社会文明尤其是图书馆应该奉行的宗旨圭臬。奥巴马曾在以"隐私与自由"为主题的演讲中将图书馆员誉为"保障我们自由思考和接受外界信息权利的全职捍卫者，应该受到全国人民最深切地感激"[③]。程焕文明确提

---

① 范并思：《阅读推广与图书馆学：基础理论问题分析》，载《中国图书馆学报》，2014年，第5期，第8—9页。

② 范并思：《构建中国图书馆核心价值体系之思考》，载《图书与情报》，2015年，第3期，第50—55页。

③ 奥利弗：《通向白宫之路：奥巴马赢得大选的20场演讲》，刘琳红译，北京：中国青年出版社，2009年，第63页。

出"图书馆在藏书建设和服务上必须保持客观中立，不受任何思想意识和社会势力的干扰和影响，不越俎代庖地替任何意识形态、团体和个人判断藏书的优劣好坏或者收藏与剔除。"① 许多学者也坚定地认为："藏书自由是阅读自由的资源保障，能在市场采购到的书刊已经是审查筛选过的，图书馆不能也不应该再进行主观的审查式的选择；图书馆员无法逾越出版制度的藩篱，但对于'有关部门和有关领导'的过度关心和柔性干预，要秉持职业操守和道义予以抵制；即便是需要成人进行阅读指导的儿童，无论怎么强调他们的'自主阅读'都不为过。"② 信息自由包括信息获取自由和信息表达自由。《国际图联因特网宣言》规定："知识自由是每个人享有的持有和表达意见以及寻求和接收信息的权利；知识自由是民主的基石；知识自由是图书馆服务的核心。不论何种媒体、无远弗界地信息利用自由是图书馆和信息职业的主要职责。图书馆和信息服务机构提供不受阻碍的因特网入口，以支持社区及个人的自由、繁荣和发展。"③ 阅读作为知识习得的方式，要想实现知识自由，首先要实现阅读自由。只有实现真正的阅读自由，才会有阅读之后的自由之国与自由之民。

四、阅读推广的"权利"理念

通常意义上的"权利"是指权力和利益，与"义务"相对。

阅读是一种权利，这是现代公民社会应该遵守的一条铁律。阅读推广遵循"权利"理念是指任何阅读推广主体开展任何阅读推广活动时都应该保护公民的阅读权。所谓"阅读权"是指每个人依法享有的阅读权力与利益；它以阅读的自尊、自主、自由为主要内容，以体现读者的个性为特征，突出反映了"天赋人权""天赋价值"的人本主义精神。④ "公民阅读权利的概念是从文化权利、信息权利、图书馆权利、受教育权利、读者权利等相关概念

---

① 见吴晞：《三个故事 一条宗旨——阅读自由随笔》，载《图书馆建设》，2013年，第9期，第5—6页。

② 刘洪辉：《图书馆阅读自由谈》，载《图书馆建设》，2013年，第9期，第12—13页。

③ 程焕文、张靖：《图书馆权利与道德》（上），桂林：广西师范大学出版社，2007年，第24页。

④ 黄俊贵：《关于读者阅读权益问题的思考》，载《图书馆》2003年，第2期，第1—5页。

演化而来，利益、主张或要求、资格、力量、自由是公民阅读权利的五要素。"① 具体来说，每个公民都拥有利用图书资源和阅读空间的权利、参与组织阅读的权利、开展创作和创造的权利以及阅读成果受到保护和推广的权利等。

为了保障公民的上述阅读权利，2013 年以来，全民阅读立法进入国家立法工作计划，深圳、江苏、湖北、辽宁、四川等省市相继出台了地方性的阅读法规。设立全民阅读组织或机构、规范基金经费、指导公共服务、关照特殊群体、细化新闻出版方面的职责，是各地立法中的高频词汇；从组织架构到基金经费，从公共服务到部门职责，这些关于全民阅读推广的"主干"和"枝节"，在 5 部地方性阅读法规中都有明确表述。② 由此可见，阅读立法既保障了社会立场上的公民阅读权利，又保障了机构立场上的推广主体的职业权利，体现的是一个国家的文化梦想与追求。

五、阅读推广的"创新"理念

阅读本质上是一种个性化与私密性的体验活动，阅读推广秉持的全民理念、服务理念、自由理念、权利理念，都必须遵循推广的逻辑前提——自愿行为的改变；即使是阅读立法，其出发点也仅仅只是为阅读权利的实现创造更好的法律制度环境，而不是对公民的阅读行为进行限制或者强制。这就要求阅读推广的方式只能是"吸引"，不能是"强迫"。如何"吸引"呢？让我们先来看一串有关"新旧"的成语：

除旧布新、革旧鼎新、舍旧谋新、辞旧迎新、破旧立新、忘旧恋新、吐故纳新、涤故更新、弃故揽新、温故知新、推陈出新、耳目一新……

从中可以看出："旧"乃"新"生的土壤，新事物总比旧事物更有吸引力，喜新厌旧乃人之常情，阅读推广也不例外。现代阅读推广尤其要秉持"创新"理念，在温故知新的基础上实现推陈出新。开展阅读推广活动更是成为图书馆这个实体空间中最能吸引读者、与图书馆使命最为贴切的工作。近年来，围绕阅读推广，重新设计图书馆服务空间、添置设备、进行服务场所改造的话题日益成为图书馆学界和业界关注的焦点。此外，阅读推广人作为

---

① 张春春：《公民阅读权利的概念演变、协同与发展》，载《图书馆》，2016 年，第6 期，第 9—13 页。

② 洪玉华：《地方立法保障了哪些阅读权利》，载《中国新闻出版广电报》，2016 年 8月 19 日。

阅读推广服务的具体提供者，其服务创意和服务能力也被提到了空前的高度。"一位优秀的阅读推广人至少应该具备三方面的素质：一是工作的主动性，二是创新能力，三是具有调动社会资源的能力。"① 然而，一个未经培训的阅读推广人是不太可能全面具备这些素质的，但一群阅读推广人或者说一个阅读推广团队使得具备所有这些素质的可能性大大提高。因此，开展阅读推广人培训、设立阅读推广组织机构已成为社会共识且正在付诸实践，也使得阅读推广"创新"理念的执行有了切实保障。

---

① 范并思：《阅读推广的管理自觉》，载《图书馆论坛》，2015 年，第 10 期，第 13 页。

第四章
高校图书馆的功能定位

高校图书馆乃高等学校图书馆的简称，指隶属于特定高等教育机构，为该机构的教师、学生、科研人员及其他相关人员服务的图书馆。高等教育机构一般指高中水平以上的教育机构。[①] 过去，人们说的高校图书馆基本指的是普通本科院校图书馆。如今，随着民办高校的兴起以及国家对职业教育的重视，民办本科院校图书馆、高职高专院校图书馆也被纳入高校图书馆的范畴。

第一节 《普通高等学校图书馆规程》解读

《普通高等学校图书馆规程》（以下简称《规程》）是一个具有一定法律效力的行政规范性文件，在图书馆业界和学界具有高度的权威性、专业性、普适性和指导性。作为高校图书馆的行动指南，《规程》的前身为 1956 年高等教育部颁布的《中华人民共和国高等学校图书馆试行条例（草案）》（为方便比较研究，以下简称《规程》1956 版），之后历经 4 次规模较大的修订，又形成了 4 个不同的版本，分别是 1981 年颁布的《中华人民共和国高等学校图书馆工作条例》（简称《规程》1981 版）、1987 年制定的《普通高等学校图书馆规程》（简称《规程》1987 版）、2002 年修订实施的《普通高等学校图书馆规程（修订）》（简称《规程》2002 版）以及 2015 年再次修订实施的《普通高等学校图书馆规程》（简称《规程》2015 版）。下面，我们将从高校图书馆的本

---

① 于良芝：《图书馆学导论》，北京：科学出版社，2003 年，第 104 页。

质属性、主要任务、体制机构、人员素质、馆舍经费、资源建设、服务管理
七个方面对《规程》进行比照解读。

一、高校图书馆的本质属性

1956 年，中共中央发出了"向科学进军"的号召，高校作为高水平人才
培养基地和科学研究阵地，隶属于高校的图书馆自然要为这两个目标服务。
因此，《规程》1956 版第一条写道："高等学校图书馆是为教学和科学研究服
务的学术性机构"，将高校图书馆定位为一个学术性和服务性并存的机构，
"学术性"和"服务性"是它的本质属性。此《规程》颁布后不久，我国便经
历了三年全国性大饥荒和十年"文化大革命"，致使《规程》基本处于闲置状
态。直到 1977 年恢复高考，高校发展迎来了新的机遇，图书馆的建设和管理
也亟须调整改进。为此，教育部在颁发的《规程》1981 版中明确规定："高等
学校图书馆是学校的图书情报资料中心，是为教学和科学研究服务的学术性
机构，它的工作是教学和科学研究工作的重要组成部分。"不仅重申了高校图
书馆的本质属性是学术性和服务性，而且还把其工作纳入高校教学和科研工
作的范畴，以突出图书馆工作的重要性。针对当时高校图书馆、情报室、资
料室并存的格局，三者之间分头领导、各自为政、重复建设的弊端，高校亟
须一个"中心"，统一协调全校的图书情报工作。由于高校图书馆集中了全校
主要的文献资料，是一个独立的业务部门，服务对象是全校的师生员工，最
具有广泛性；与情报室、资料室相比，只有图书馆能够担负起"中心"的任
务①。因此，高校图书馆是学校的"图书情报资料中心"被写入《规程》1981
版，从文件层面给予规范。

随着社会经济的发展，国内外文献资料连续涨价，猛烈地冲击着一直以
来自给自足、小农经济式的藏书建设和文献收集思想，我国的文献资源建设
面临严峻形势。在教育经费不足、购书经费削减、书刊价格涨幅递增的多重
压力下，各高校图书馆的应对措施如出一辙：保证常用资料的搜集，大幅度
削减不常用资料。这样一来，价格高昂的原版外文书刊等不常用资料无人订
购，使得本就贫乏的我国文献资源雪上加霜。要想解决此问题，只有整体规
划，从国家层面建设文献资源保障系统。于是，"建设高等学校学科文献情报
中心"的构想付诸实践，并形成共识："学科文献情报中心"应由学校图书馆

---

① 刘兹恒：《正确理解高校图书情报资料中心的涵义》，载《图书馆界》，1983 年，第
4 期，第 41—42 页。

统一规划管理，以原有文献积累为基础，利用原有的馆舍和设备条件；希望通过 10 年左右的建设和发展，到 20 世纪末，形成与高校教学研究发展相适应的、以学科文献情报中心为骨干的多功能、多层次、高效率的综合性学术情报系统。① 如此，在《规程》1987 版中，将原来的"图书情报资料中心"修订为"文献情报中心"，"高校图书馆是为教学和科学研究服务的学术性机构"的属性定位保持不变。

进入 21 世纪，信息技术革命汹涌而来，"虚拟图书馆"应运而生。"情报"一词从内涵到外延都无法涵盖互联网上传播的海量信息，高等学校图书馆是学校的"文献情报中心"的提法已经不合时宜。因此，《规程》2002 版将其修订为"文献信息中心"，可谓顺应了"信息化"这一时代潮流。此时的高校图书馆，不仅是为教学和科学研究服务的学术性机构，而且是学校信息化和社会信息化的重要基地；并且强调高校图书馆的建设和发展应与学校的建设和发展相适应，其水平是学校总体水平的重要标志。在此精神指引下，为了与高校的合并和扩招相适应，高校图书馆迎来了大规模的新建和扩建，选址正对学校大门，新建馆舍都成了高校的标志性建筑，从外在层面印证了"图书馆是大学的心脏"这句名言。

随着我国改革开放的深入推进以及信息化、网络化技术环境的快速发展，图书馆的信息服务环境发生了巨大变化。在《高等教育法》《国家中长期教育改革和发展规划纲要》等法规和政策框架下，再次修订的《规程》于 2015 年颁布实施，并将高校图书馆定位为学校的"文献信息资源中心"，相比 2002版，添加了"资源"一词，意味着图书馆除文献、信息外，馆舍、空间也是一种可供利用且独具特色的服务资源。为了强调图书馆在高校人才培养中的作用，《规程》2015 版将之前版本中沿用的"为教学和科学研究服务"表述成"为人才培养和科学研究服务"，将 2002 版中"社会信息化基地"的提法更改为"是校园文化和社会文化建设的重要基地"，说明高校图书馆在我国社会信息化普及中的使命基本完成，在文化强国战略中，时代又赋予了它"社会文化建设基地"的重任。

综上所述，在《规程》的五个版本中，尽管高校图书馆的"中心"定位经历了从"无中心"到"有中心"、从"图书资料情报中心"到"文献情报中心"到"文献信息中心"再到"文献信息资源中心"的演变，其肩负的使命

---

① 肖自力、李晓明：《再论我国文献资源建设和高校图书馆的使命——兼论高校学科文献情报中心的建设》，载《大学图书馆通讯》，1988 年，第 6 期，第 1—8 页。

也具有鲜明的时代特征；然而，《规程》自始至终都将高校图书馆的性质表述为"为……服务的学术性机构"，由此说明，"学术性"和"服务性"乃高校图书馆的两大本质属性，二者互相渗透，相互统一，紧密联系，不可分割。

二、高校图书馆的主要任务

五版《规程》都对高校图书馆的主要任务列出了条款，从前往后依次为 4 款、9 款、7 款、5 款和 4 款。从数目上看，《规程》对高校图书馆的主要任务描述经历了一个从简单到详细再到简化的过程；从内容上看，却不尽然。《规程》1956 版对高校图书馆主要任务的说明可以概括为搜集资料、管理利用、宣传政策、培养干部 4 个关键词；《规程》1981 版除了以上关键词外，还添加了服务、辅导、统筹协调、馆际协作等关键词，条款也增至 9 项，这是"文革"后高等教育复兴对图书馆提出的时代要求；《规程》1987 版更是出现了文献情报保障、利用技能、开发资源、整体化建设、资源共享、学术交流等新词，暗示此版《规程》是在我国文献资源贫乏、购书经费紧张、重复建设严重、对外交流稀缺的环境中诞生的。此外，还有一个可喜的进步：《规程》1987 版删除了 1981 版中"配合学校思想政治教育工作，宣传马列主义、毛泽东思想及党和政府的政策法令"条款，使得图书馆为党派服务的意识从此开始弱化。

20 世纪 90 年代后期，计算机网络的飞速发展、"科教兴国"战略的实施、社会对科学文化知识的需求、图书馆的文献资源环境和工作手段的变化，催生出《规程》2002 版。在描述图书馆的主要任务时，此版本使用了网络虚拟资源、资源传送、信息素质、优化配置、体系建设、资源共建、共知、共享等具有时代气息的词汇，任务款项浓缩至 5 项，视野却更加开阔，蕴含的责任也更大。

十三年后，《规程》2015 版诞生，对高校图书馆主要任务的确定也有了新的变化：一是摘掉了 2002 版"高等学校图书馆应积极采用现代技术，实行科学管理，不断提高业务工作质量和服务水平，最大限度地满足读者的需要，为学校的教学和科学研究提供切实有效的文献信息保障"这项帽子，因为此时的这项帽子已人尽皆知，无须再戴；二是任务款项继续精简，由 5 项变为 4 项，表述的概括性更强，涵盖的内容也更宽更深。其中，"文献信息资源体系""文献信息服务体系""人才培养""校园文化建设""共建共享""社会服务"这几个关键点特别引人注目。

三、高校图书馆的体制和机构

除《规程》1956 版外，其余四版《规程》都指出：馆长负责制是高校图书馆的领导体制，馆长接受分管校长的领导，参与有关图书馆工作重大事项的决策；所不同的是，《规程》2015 版将馆长的任职条件和职责从之前沿用的"领导体制和组织机构"一章中移入"工作人员"一章，这意味着馆长也是图书馆的工作人员，同样应该恪守图书馆的职业道德，遵守行业规范，认真履行岗位职责。

在机构设置方面，《规程》1956 版、1981 版都明确规定：高校图书馆一般应设办公室、采访部、编目部、阅览部、期刊部、流通保管部、特藏部等内部机构；从 1987 版起，图书馆的机构设置权由各馆根据实际情况自行决定。从此，高校图书馆的组织结构有了多样性和灵活性。

在分馆和院系资料室建设方面，《规程》1981、1987、2002 三个版本都是采用两个条目分开表述，说明在此期的工作实际中，分馆和院系资料室是分头建设的，具有一定的独立性和封闭性；2015 版将其合并为一条："高等学校可根据学校校区分布或学科分布设立相应的总图书馆、校区分馆、学科分馆和院（系、所）分馆（资料室），分馆（资料室）受总图书馆领导或业务指导，面向全校开放。"这无疑更有利于学校的文献信息保障工作。

对于图书馆委员会的设置，《规程》1956 版尤为重视，将其单列一章以作强调。此后四个版本的《规程》，都将图书馆委员会的设置列入"体制和机构"一章中的最后一个条目，其成员组成由"馆长和系主任推荐，校长聘请"到"以教师为主，吸收学生参加"再到"由学校相关职能部门负责人、教师和学生代表组成"，这一过程折射出图书馆工作的民主化进程。图书馆的文献信息工作必须充分听取教师和学生的意见和要求，以用户需求为中心是高校图书馆未来发展必须秉持的核心理念。

四、高校图书馆的人员素质要求

人员是图书馆任务的执行主体，是图书馆职能发挥的主动因素。五个版本的《规程》都对图书馆的工作人员从职业道德、结构编制、学历素养、职务待遇等方面提出了具体详细的要求。

在职业道德要求上，前三版《规程》具有浓厚的政治色彩，后两版《规程》淡化政治意识，强调行业规范和岗位职责。

在人员的结构编制上，《规程》1956 版将图书馆人员分为干部和技术工人两类，1981 版则细分为党政工作人员、专业人员、技术人员、技术工人、公勤人员五类，要求根据读者人数、藏书册数和年平均进书量按比例确定人员编制；1987 版将人员结构调整为专业技术人员、党政工作人员、技术工人、公勤人员四类，在人员定编时，还要求考虑开馆时长；2002 版对图书馆的工作人员没有进行明确的分类，只要求根据读者人数、资源数量、服务项目与时间、设备设施维护、馆舍分布等因素配备相应的工作人员；这从一个侧面反映此期在图书馆员职业准入制度缺失的情况下，高校图书馆普遍存在着人员杂乱的现象，以至于无法将其进行准确科学的分类。如果任由此种现象漫延，那么图书馆将成为高校繁杂人员的收容所，其专业性将会荡然无存。因此，《规程》2015 版将图书馆馆员划分为专业馆员和辅助馆员两类，并且规定专业馆员的数量应不低于馆员总数的 50％，以确保图书馆人员准入的专业性。尽管其对"何为专业馆员""何为辅助馆员"没有从理论上加以界定，但人们通常认为："专业馆员承担文献采选、编目、信息咨询、学科文献服务、数字图书馆建设、信息素质教育教学等专业工作，是需要经过图书馆学专业教育或系统培训方能胜任的工作；辅助馆员承担文献加工、书库管理、解答一般咨询、安全值守等经过短期培训即能上岗的工作。"[1]可见，认定馆员最能胜任的工作是区分专业馆员和辅助馆员的一般途径。

在学历素养上，《规程》1956 版没有提出明确的要求，《规程》1981 版、1987 版要求专业馆员应具有中专（高中）毕业以上文化程度，大专以上文化程度的应逐步达到 60％以上；2002 版要求专业人员应具有大专以上学历，其中本科以上学历者应逐步达到 60％以上；2015 版要求"专业馆员一般应具有硕士研究生及以上层次学历或高级专业技术职务，并经过图书馆学专业教育或系统培训。辅助馆员一般应具有高等教育专科及以上层次学历，具体聘用条件根据工作岗位的要求和学校的人事管理制度确定。"由此可以看出，一方面，为了与高等教育的发展相适应，高校图书馆员的学历要求在逐步提高；另一方面，为了保障高校图书馆在学校人才培养中的作用，其职业门槛也在不断提高，图书馆员职业准入制度的实施指日可待。

在职务待遇上，五版《规程》都要求实行专业技术职务聘任制，按职务享受相应待遇，这从根本上调动了高校图书馆员从事科学研究的积极性，也

---

① 雷震：《〈普通高等学校图书馆规程〉修订前后之比较》，载《大学图书馆学报》，2016 年，第 2 期，第 16—17 页。

让图书馆留住人才有了制度保证。《规程》2015 版还提出："高等学校应根据图书馆工作特点，制定考核办法，定期对工作人员进行考核，考核结果作为调整工作人员岗位、工资以及续订聘用合同等依据。"这无疑有利于减少高校图书馆员的职业倦怠。为了推动"馆员学者化"，《规程》2015 版甚至要求高校"应将图书馆专业馆员培养纳入学校的人才培养计划，重视培养高层次的专家和学术带头人；鼓励图书馆工作人员通过在职学习和进修，提高知识水平和业务技能"，此点与高校图书馆的本质属性——"学术性"和"服务性"一脉相承。

五、高校图书馆的经费、馆舍、设备保障

高校图书馆的发展不仅受到学校发展的限制，还受到社会经济的制约。中华人民共和国成立后至改革开放初期，我国的社会生产力水平不高，经济发展不足，在此大背景下，《规程》1956 版、1981 版、1987 版都提出"应贯彻勤俭办馆、厉行节约的原则"；虽然规定了图书馆的文献资料购置费约占全校教育事业费的 5%，可现实中全国却没有几所高校馆达到过 5%。为了改变这种局面，《规程》1987 版开始提倡社会各界、国内外个人或团体对高校图书馆提供捐赠和资助，即使是在经济大发展的当下和未来很长一段时期，捐赠和资助也将是图书馆经费来源的一个重要渠道。因此，《规程》2015 版仍然明文鼓励社会组织和个人依法向图书馆进行捐赠和资助，这与国外大学图书馆的做法是相通的。当然，学校预算是图书馆经费的主要来源。当经费有了稳定的保障，项目开支自然必须做出相应的规范。《规程》2002 版在明确图书馆经费列入学校预算的同时，也指出其开支项目包括运行费和专项经费，运行费主要包括文献信息资源购置费、设备设施维护费、办公费等；《规程》2015 版对经费开支项目进行了调整：图书馆的经费包括文献信息资源购置费、运行费和专项建设费，运行费主要包括设备设施维护费、办公费等。不仅将"文献信息资源购置费"拿出来与"运行费""专项建设费"并列置于首位以强调它的重要性，而且还要求馆藏文献信息资源总量和纸质文献信息资源的年购置量应不低于国家有关规定。

在馆舍要求上，从《规程》1981 版始，明确提出高校应建造独立专用的图书馆馆舍，以解决"改革开放前，图书馆寄居教学楼中"的问题。由于 20 世纪七八十年代的《一般高等学校校舍规划面积定额》已经过时，标准太低，其后的《普通高等学校建筑面积指标》没有正式颁文，不宜作为执行依据，

因此，即使是 2015 版《规程》，对馆舍也只做了"满足图书馆的功能需求，节能环保""馆舍建筑面积和馆内各类用房面积须达到国家规定的校舍规划面积定额标准"等原则性要求。

在设备要求上，从《规程》1981 版的"为图书馆添置复印、缩微、视听等设备和家具"到 1987 版的"添置复印、缩微、声像、文献保护、计算机等设备和家具"再到 2002 版和 2015 版中的"配备服务和办公所需的各种家具、设备和用品，重视自动化、网络化、数字化等现代信息基础设施建设"，这一过程体现了图书馆的现代化进程，同时也可看出，自动化、网络化和数字化是图书馆未来硬件设施建设的方向。

六、高校图书馆的文献信息资源建设

在中国的传统文化中，文献是"载道"的，其使命是"为天地立心，为生民立命，为往圣继绝学，为万世开太平"。文献、藏书一直以来都是图书馆业务工作的核心和图书馆学学科研究的核心，无论是传承文明还是服务社会，其前提和基础都是馆藏文献。在数字文献飞速发展、数字阅读成为潮流的今天，馆藏资源建设更是成为图书馆生存和发展的根本大计。因此，《规程》2002 版、2015 版，都将之前三版的"业务工作"一章分列成"资源建设""服务""管理"三章，将"资源建设"置于其首。《规程》2002 版强调：文献采集"应兼顾纸质文献、电子文献和其他载体文献，兼顾文献载体和使用权的购买"，"保持重要文献和特色资源的完整性和连续性"，"开展特色数字资源建设和网络虚拟资源建设"，以"形成具有本校特色的馆藏体系"。可见，多种载体文献并重、实体与虚拟馆藏兼顾是高校图书馆向数字化、集成化、商品化发展的现实要求。《规程》2015 版更加强调纸质资源的重要性，专门提出高校图书馆"应合理组织馆藏纸质资源，便于用户获取和利用；应加强文献保护与修复，保证文献资源的长期使用"；数字资源建设不再使用"目录体系建设""全校书目数据中心"等提法，而是改用"建设数字信息资源管理和服务系统""建立数字信息资源的长期保存机制，保障信息安全""参与学校学术资源的数字化工作"等提法。此外，新增的"图书馆应积极参与国内外文献信息资源建设的馆际协作，实现资源共建共享"条款，也与 2015 年十月召开的十八届五中全会提出的"创新、协调、绿色、开放、共享"的发展理念相契合。

七、高校图书馆的服务和管理

新的信息环境下，图书馆的发展模式由资源驱动、规模驱动、技术驱动逐渐转为人才驱动、服务驱动、管理驱动。《规程》2002 版、2015 版将"服务""管理"单列成章便是一个有力佐证。

在服务方面，《规程》1981 版、1987 版写道：高校图书馆应"加强读者服务工作"；2002 版首次提出应以"读者第一、服务育人"为宗旨，做好服务工作；2015 版要求坚持"以人为本"的服务理念，保护用户合法、平等地利用图书馆的权利。从"加强读者服务工作"到"读者第一"到"以人为本"，这不仅仅是办馆理念上的创新，更是图书馆服务本质所在。图书馆的一切业务活动和管理工作，都是围绕着"服务"这一主题展开的，因此，《规程》2015 版对图书馆的开放时间大幅延长，由原来持续要求的"每周应达 70 小时以上"提高到"每周应不低于 90 小时"；服务方式的表述将 2002 版使用的列举法如"积极推广纸质文献开架借阅、电子资源上网服务""通过编制推荐书目、导读书目、举办书刊展评等多种方式进行阅读辅导""积极开展参考咨询、文献信息定期检索、课题成果查新、信息编译和分析研究、最新文献报道等信息服务工作"更改为概括法，用"积极拓展信息服务领域，提供数字信息服务，嵌入教学和科研过程，开展学科化服务"来涵盖，并且提出"改进服务方式，优化服务空间，注重用户体验，提高馆藏利用率和服务效率"的具体要求；服务内容有了新的扩展，"图书馆应全面参与学校人才培养工作"，"图书馆应积极参与校园文化建设，开展阅读推广等文化活动"，"图书馆应为学生提供社会实践的条件，设置学生参与图书馆管理与服务的岗位"，足见教育部对高校图书馆全面参与人才培养工作的重视与支持。此外，《规程》2015 版在为残障人士等特殊人群服务方面，特别强调无障碍环境建设；共享服务除了同质性馆际协作外，还应重视异质性馆际协作；社会化服务力度更大，由原来的"尽可能向社会读者和社区读者开放"变为"开展面向社会用户的服务"；对用户的违规行为也由原来的"惩罚"变为"引导"，将语句"违反规章制度，损坏、盗窃文献资料或设备者，按照校纪、法规予以处理"柔性化地表述为"引导用户遵守法律法规和公共道德，尊重和保护知识产权，爱护馆藏文献及设施设备，维护网络信息安全"，这一转变充分体现了"以人为本"的服务理念。

在管理方面，《规程》2002 版、2015 版都对业务管理、科研管理、档案管理、评估管理做了具体说明。业务管理要求遵循相关的专业标准，完善业务规范，改进管理办法；科研管理支持学术研究，鼓励申报课题，参与学术交流，加入学术组织；档案管理重视统计工作以及资料的收集、整理和保存；评估管理，2002 版侧重对工作人员的考核，2015 版偏重业务评价和效益评估。另外，《规程》2015 版新增了"资产管理"和"安全管理"条目，资产管理要求"建立完整的资产账目和管理制度"，安全管理要求"采取多种防护措施，制订突发事件应急预案，保护人身安全"，这是图书馆面对当下"国有资产流失严重、公共安全受到威胁"的社会大环境而采取的应对措施。

总体来看，《规程》1956 版简单明了，仅五章 20 条，对图书馆的性质任务、机构职责、编制待遇、经费、图书馆委员会等核心内容进行了具体说明，是一部纲领性文件。只可惜"文化大革命"十年浩劫，使得这部文件并未真正实施。1978 年，我国迎来了改革的春天，解放思想，发展经济，高等教育也面临着发展良机，高校图书馆的各项工作亟须指导和规范。《规程》1981 版与 1987 版都从细处着眼，对高校图书馆的主要任务、领导体制、组织机构、工作人员、经费馆舍设备等方面做了详尽周密的部署，具有极强的可操作性。然而，由于"文化大革命"思想的余孽犹存，这两版《规程》都带有浓厚的党派意识与政治色彩，一个明显的表现就是"思想政治教育"一词在其中反复多次出现，让人感觉高校图书馆似乎沦为了学校"思想政治教育"的工具。

随着改革开放的持续深入推进，21 世纪颁布实施的两版《规程》可谓耳目一新，主要表现在视野更开阔，既有宏观要求，又有微观指导；编写结构更合理，开篇设"总则"，点明《规程》制定的目的和依据，确定图书馆的性质、职能和任务；篇尾设"附则"，指出《规程》的适用范围、生效时间以及负责实施监督、条款解释的职能部门。在体例安排上，《规程》2015 版较2002 版更有策略，按照从硬件到软件的逻辑顺序，将体制和机构、工作人员、经费馆舍设备挺在前面，期望能够得到学校及其上层决策者的足够重视；在此基础上，图书馆应该自觉并全力搞好资源建设，提供优质服务，进行高效管理，以保证图书馆的各项功能都能落到实处。

第二节　高校图书馆的组织构架与功能变迁

一、高校图书馆的组织构架

组织，广义上说，是指由诸多要素按照一定方式相互联系起来的系统；

狭义上说，是指人们为实现一定的目标，互相协作结合而成的集体或团体。在社会管理中，组织的设立是为了达到某些共同和明确的使命与目的。组织结构是组织内部分工协作并保证组织整体运行的基本形式或框架，是组织战略需要和外部环境共同作用的产物，它界定了对工作任务进行正式划分、组合和协调的方式[①]。组织结构一般情况下是相对稳定的，但也并非固定不变，而是会随着内外部环境变化而有所改变。当组织规模很大时，仅靠领导者个人指令或者上级与下级之间的契约是不太可能实现高效率的分工与协作的。这时，需要组织设计一个分工协作的线路图，规定上下级之间的指令传递、管理关系、工作职责、管理权限等基本事宜，这个线路图就是"组织结构"，设计线路图的过程就是组织机构的架设过程，简称为"组织构架"。

（一）高校图书馆组织的传统构架

传统图书馆组织的目的是为了进行图书、期刊等印本文献的收藏、报道和浏览、外借，其中尤其强调"收藏"，其组织机构的架设也是基于这一点考虑，通常按照业务活动进行划分。在 1956 年颁发的《中华人民共和国高等学校图书馆试行条例（草案）》第二章"组织机构及其职责"中，明确写道："高等学校图书馆一般应设立采录部（组）、编目部（组）、流通管理部（组），并可根据本馆具体情况和发展规模增设办公室和采录、编目、参考阅览、流通保管、期刊、方法研究、特藏等部（组），规模较大的图书馆还可设立专业分馆。"因此，这一时期我国高校图书馆的组织结构表现模式如下图：

图 4-1　图书馆"直线式"组织结构模式

从图 4-1 中可以看出，这种"直线制"的组织结构模式，其特点是权力高度集中在图书馆馆长手中，指令沿一根不间断的线条传递到每一个馆员，部门设置以"藏书"为中心，根据规模大小选择"五部一室"或"六部一室"的内部工作机构。

1977 年恢复高考后，高校图书馆迎来了第一轮新馆大建设。在 1981 年颁布的《中华人民共和国高等学校图书馆工作条例》与 1987 年颁布的《普通高

---

① 斯蒂芬·P·罗宾斯：《组织行为学》，孙健敏译，北京：中国人民大学出版社，2012 年，第 14 版，第 705—813 页。

等学校图书馆规程》中，都明确规定："高等学校图书馆实行校（院）长领导下的馆长负责制，设馆长一人，并视需要设副馆长若干人"，"副馆长协助馆长完成各项工作"，副馆长和馆长一起将图书馆建设为"为教学和科学研究服务的学术性机构"。这就要求副馆长分享权力和承担责任。图书馆的组织结构表现模式也做了相应调整，如下图：

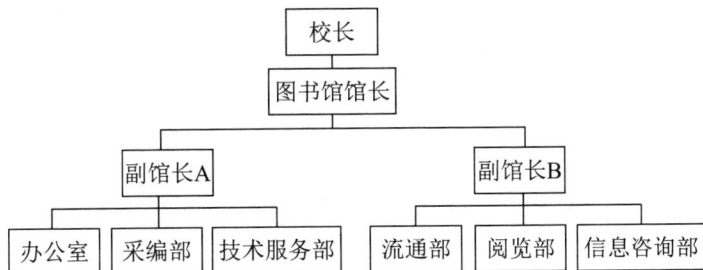

图 4-2　图书馆"职能式"组织结构模式

这种"职能制"的组织结构模式，其特点是在馆长之下，按"藏"与"用"划分为两大职能，由副馆长分别负责，既能减轻馆长的压力，又可实现管理的专业化。这一时期，部门的命名方式大体有：办公室、期刊部、流通部、技术服务部、采访部、编目部、阅览部、情报部、参考咨询部、古籍特藏部、文献检索教研室、流通阅览部、自动化部等。各馆根据各自的具体情况灵活设置部门机构。上图是 20 世纪八九十年代大多数高校图书馆常用的一种组织构架形式，甚至在 21 世纪的高校图书馆中仍然能看到它的身影。

（二）新时期高校图书馆的组织结构重组

进入 21 世纪，由于高校大合并与数字图书馆的出现，图书馆的管理事物更加烦琐与复杂，在组织管理链条上需要处理好分馆与总馆的关系，"藏"与"用"的关系，传统服务与现代信息服务的关系等等，专业化的参谋与协调机构成为各图书馆必不可少的"配置"。[①] 图 4-3 和图 4-4 分别是清华大学图书馆和北京大学图书馆的组织机构图：

---

① 李雯、陈有志、郑章飞：《"互联网＋"时代高校图书馆组织结构变革研究》，载《图书馆》，2016 年，第 11 期，第 108—110 页。

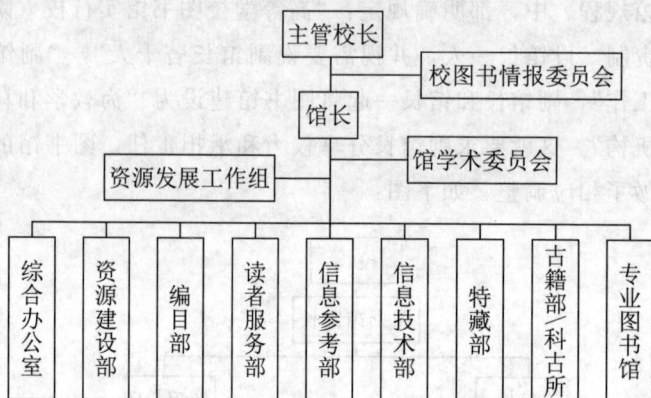

图 4-3　清华大学图书馆 2016 年组织结构图①

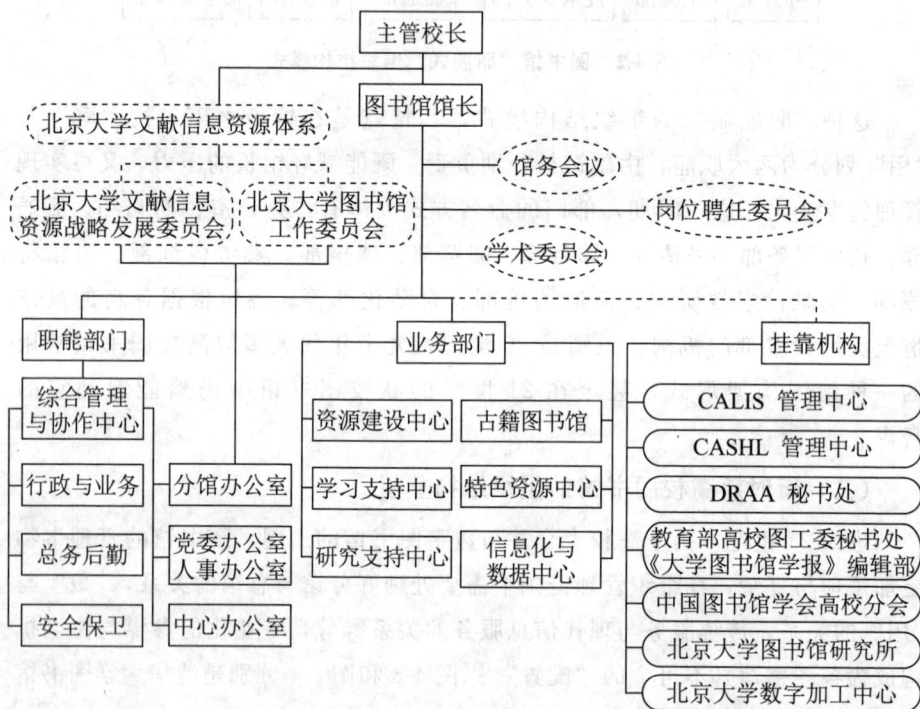

图 4-4　北京大学图书馆组织结构图②

---

① 清华大学图书馆：《组织机构》，http：//lib. tsinghua. edu. cn/about/organization.
html。

② 北京大学图书馆：《组织机构》，http：//www. lib. pku. edu. cn/portal/cn/bggk/
zuzhijigou。

在清华大学图书馆的组织结构模式中，图书馆增设了决策参谋机构"馆学术委员会"和"资源发展工作组"，为馆长决策提供参谋，其中馆学术委员会主要提供科研与学术支持，资源发展工作组主要提供业务支持；而校图书情报委员会则是校长为学校文献信息资源建设及图书馆发展战略决策的智囊团。其在部门设置时，既保持传统，又具有时代特征。如传统的办公室、编目部、参考部、技术部、特藏部、古籍部依然保留，原来的采访部更名为资源建设部、增设读者服务部负责阅读推广、研究合作等事务，并根据学校的学科特色设立经管、建筑、法律、美术、金融、人文社科等专业分馆，以提供学科化服务。

北京大学图书馆的组织结构模式国际化程度更高。《普通高等学校图书馆规程》2015版明确提出："图书馆应积极拓展信息服务领域，提供数字信息服务，嵌入教学和科研过程，开展学科化服务，根据需求积极探索开展新服务"。为了贯彻落实这项规定，同时也为了实现新形势下高校图书馆"支撑研究过程、支撑教学过程、实施教学过程、支撑自主学习过程、开展图书馆学研究"[①] 这五大功能，北京大学图书馆的组织构架分成"职能部门"与"业务部门"两大板块，业务部门包括资源建设中心、学习支持中心、研究支持中心、特色资源中心、信息化数据中心，古籍图书馆六大机构，职能部门涵盖综合管理、行政、总务、安保等工作；同时，作为决策"智囊团"的虚拟机构也更多，从图书馆层面设置的虚拟机构有馆务委员会、岗位聘任委员会、学术委员会，成员由图书馆各个部门的资深馆员兼任，以辅助图书馆完成各项临时性任务；从学校层面设置的虚拟机构有北京大学图书馆工作委员会、北京大学文献信息资源战略发展委员会，成员由学校相关职能部门的人员兼任，以加强学校文献资源建设的整体规划并协调处理图书馆与外部的关系。此外，北京大学图书馆作为中国高等教育文献资源共享的重要枢纽、教育部直属高校和百年名校，还挂靠有一系列全国性的联盟与行业机构，如 CALIS 管理中心、CALIS 全国文理中心、CASHL 管理中心、CASHL 全国中心、教育部高校图工委秘书处、中国图书馆学会高校分会秘书处、《大学图书馆学报》编辑部等，积极努力为全国高校图书馆服务。

总体来说，新时期高校图书馆的组织结构重组以"用户"为导向，以"服务"为中心，以"灵活"为原则，向"扁平化"方向发展。在部门设置上，传统的业务部门呈现集成化趋势，如将采访与编目合并成采编部，将流通与阅览合并成借阅部，将文献检索教研室与参考咨询合并成信息部等，期

---

① 于良芝：《图书馆学导论》，北京：科学出版社，2003年，第109页。

刊部从大部分图书馆的机构设置中消失；现代信息服务部门呈现细分趋势，如成立阅读推广部、科技查新站、研究合作部、文献评价中心等，数字化部或者数字图书馆部成为"标准配置"。[①]

（三）高校图书馆的人员配置调整[②]

在数字化信息、无处不在的移动通讯、智能化的信息工具和用户开放获取的复合环境下，新时期的高校图书馆人力资源呈现出多元化需求的倾向。从岗位需求角度看，随着数字化部成为图书馆组织架设中的"标配"，从事网络管理、自动化维护、网站建设、数字资源管理、数字图书馆建设等工作的计算机相关人员的需求量猛增；信息环境中的参考咨询部门建立在传统馆藏资源和新兴电子资源的基础上，利用现代化通信手段和先进的虚拟咨询平台，为用户提供到馆和远程咨询服务，用户培训也是参考咨询部门的重要任务，因此，参考咨询等读者服务部门依然保持非常重要的地位，其人员数量也平稳上升；随着自动化系统的普及，外包的出现，编目效率大大提高，过去很多由专业编目员做的工作现在都可以由兼职编目员完成，编目工作呈现出非专业化趋势，编目人员数量大减；与此同时，很多岗位被重新设计，图书馆对职能性专家、远程教育、知识产权、行政管理支持、公共关系、营销等新岗位产生需求。从人员的构成来看，学历较从前有大幅提高，国内很多高校图书馆拥有一定数量的博士，大多数高校图书馆拥有多名硕士，本科学历成为绝大多数高校图书馆招聘的基本要求；从人员的知识背景看，大学的信息管理（图书馆学情报学）系仍然是图书馆的主要人才来源，但是非图书馆学专业背景的人员数量呈上升趋势。

二、高校图书馆的功能变迁[③]

高校图书馆伴随着高等院校的产生而出现，是高校教育的重要组成部分，是服务于高校必不可少的机构。我国自京师大学堂设立图书馆以来，大学图书馆已经存在一百余年，大学图书馆的变迁与时代主题息息相关，在不同历史时期发挥着不同的功能。高校图书馆的功能随着高等教育的演进和图书馆

---

① 李雯、陈有志、郑章飞：《"互联网＋"时代高校图书馆组织结构变革研究》，载《图书馆》，2016 年，第 11 期，第 109 页。

② 参阅初景利：《复合图书馆理论与方法》，上海：上海交通大学出版社，2009 年，第 139—142 页。

③ 参阅赵静：《高校图书馆的功能演进》，北京：清华大学出版社，2016 年，第 5—21 页。

自身的发展而不断变迁。

（一）京师大学堂时期：启蒙之发端

中日甲午战争的战败标志着清末洋务运动的破产，也让社会有识之士清醒地认识到：西方国家之所以富强，"不在炮械军兵，而在穷理劝学"；中国之所以贫弱，教育不良、人才缺乏是主要原因。以康有为、梁启超为代表领导的维新运动，正是把兴办教育、建立学堂、开启民智作为社会改良的首要内容与维新变法的基础。京师大学堂就是维新变法的产物。它创立于1898年，是我国近代第一所国立大学，也是中国第一所具有现代意义的大学；它把造就掌握西方科学知识的新型人才作为人才培养的宗旨，图书馆作为培养新式人才的重要手段而创建。这一时期，京师大学堂藏书楼（图书馆）添置了大量西方科学书籍，在服务教学的同时，传播西方科学知识，客观上发挥了传播新知，开启民智的功能。辛亥革命后，社会性质骤变，大学的办学方针和培养宗旨也重新定位。京师大学堂更名为北京大学，京师大学堂藏书楼更名为北京大学图书馆。当时的许多进步青年都在北大图书馆里阅读书籍，学习和研究马克思主义，相互交流心得体会，毛泽东就是其中突出的代表。北京大学图书馆也积极利用书籍报刊宣传新思想，传播马克思主义，在深层次上开启了明智，发挥了启蒙功能。

（二）新文化运动时期：启蒙与学术并重

新文化运动是一场由受过西方教育的知识分子发起的以西方文化为武器，批判和反对传统文化的革新运动，在当时的社会政治、思想、文化等领域产生了很大的影响。北京大学是新文化运动的发源地，胡适先生作为新文化运动的主要倡导者，他认为，学术研究不仅是大学之本，而且是造就一国新文化之源，应通过致力于学术研究来推进新文化运动。蔡元培认为，学术研究与图书馆关系异常密切，在他主政北京大学时，按照西方理念对北大进行改革。北大图书馆在他的领导下，抱着"扩充图书供学者研究之用"的宗旨进行了诸多整顿。李大钊认为图书馆是研究学术必不可少的工具，是教育的辅助机构，在他主持北大图书馆期间，制订科学的购书程序，大量采购书刊，设立研究室、咨询室、参考室等专门机构，在制度建设上为学者从事学术研究提供保障。尽管直到1921年我国才建立起第二所国立大学——东南大学①，

---

① 方增泉：《近代中国大学（1898—1937）与社会现代化》，北京：北京师范大学出版社，2006年，第223页。

到 1926 年全国的国立大学也仅有 16 所，然而，北京大学和北京大学图书馆却无一例外地成了这些大学及大学图书馆建设的样本。这一时期，作为服务于大学教育的图书馆，为了满足学校的需要，其功能开始以新的面貌出现：既注重新思想的传播，又为学术研究服务。

（三）南京国民政府时期：学术功能强化

从 1927 年南京国民政府成立至 1937 年抗日战争全面爆发这十年间，政治稳定，经济发展较快，教育事业稳步发展，高等教育发展逐步制度化和规范化。到 1936 年，全国大专以上学校从 1928 年的 74 所增长到 108 所。各大学图书馆经费较充足，收藏也比较丰富，因而在文化学术方面贡献较大。1930 年，蒋梦麟出任北大校长时，他把学术视为高校发展的唯一生命，一切工作围绕学术事业这个核心展开，使得北大迅速成长为全国的学术重镇和国际著名大学。曾经就读于北大的蔡尚思先生回忆说："我名为在北大研究所研究，其实却是在北大图书馆读书。北大老师对我的益处，远远不如北大图书馆对我的益处，所以我说：北大图书馆是学生的老师，也是老师的老师。"[①] 正因为如此，蔡先生将近代图书馆誉为"太上研究院"，视其为比大学和研究院更重要之学术文化机构。北京大学图书馆作为当时大学图书馆发展的风向标，到了 20 世纪 30 年代，全国大学图书馆的建设都回归到为大学学术发展服务上来。

（四）抗战时期：服务教研，抗战救国

1937 年，日本展开了全面的侵华战争。为了保存高等教育实力，保护中华文化遗产，高校开始了内迁之路。抗战期间，我国真正在原地正常教学、未受战事任何影响的高等院校只有新疆学院一所，许多高校都是一迁再迁。[②] 高校图书馆也随高校开始了颠沛流离之路。根据教育部 1938 年底的报告及中央图书馆的估计，抗战以来图书损失至少在一千万册以上。即使是在异常艰难的情况下，大学图书馆仍千方百计为师生提供教学用书，尽量满足师生教学和研究的需要。当时，"抗战救国"这一时代主题受到了大学和知识分子的关怀。大学师生在进行学术研究的同时，还为抗战提供信息以供决策。西南联大与北平图书馆更是合作成立了"征辑中日战事史料委员会"，截至抗战结

---

① 蔡尚思：《蔡尚思文集》，上海：上海人民出版社，2001 年，第 184 页。
② 杨宏雨：《闲顿与求索 20 世纪中国教育变迁的回顾与反思》，上海：学林出版社，2005 年，第 128 页。

束，联大图书馆已征集了很多中日战事资料，为决策层提供了参考；图书馆还利用自己的基础服务为有关抗战的研究提供便利，有关战事的资料在图书馆的索引中占有重要地位，以发挥其抗战救国的功能。

（五）新中国成立到改革开放前期：为教学和科学研究服务，向现代科学进军

1956 年，党中央发出了"向科学进军"的号召，为了使图书馆更好地为教学和科学研究服务，当时的高等教育部于 1956 年 12 月在北京召开了全国高等学校图书馆工作会议，制定并颁发了《中华人民共和国高等学校图书馆试行条例（草案）》，即《普通高等学校图书馆规程》的前身。其中明确了高等学校图书馆的性质是"为教学和科学研究服务的学术性机构"，对其主要任务、组织机构及职责、人员编制及待遇、图书馆经费来源及使用、图书馆委员会的设立做了具体的说明，具有很强的可操作性，给高校图书馆的发展提供了有力保障。北京大学、清华大学、南京大学、复旦大学、中山大学、重庆大学等重点大学图书馆开始清理历年积压的图书，开辟研究室、专业参考室、教师阅览室等，积极为教学和科学研究服务。只可惜，"文化大革命"十年浩劫，高校图书馆的事业受到了空前的损害。据统计，1971 年，全国高校图书馆由 1965 年的 434 所锐减到 328 所。[①] 停止采购、停止开放，馆舍被占用，图书流失，高校图书馆的工作基本处于停滞状态。

（六）改革开放后：实现图书资料管理现代化与功能多元化

1978 年召开的"全国科学大会"，要求高校图书馆加强对科学技术情报的分析，尽快实现科学技术情报工作的现代化，以提高其情报服务功能。高校图书馆的发展迎来了改革的春天。1979 年，中国图书馆学会成立；1981 年 9 月，教育部在北京召开了第二次全国高等学校图书馆工作会议，讨论通过了《中华人民共和国高等学校图书馆工作条例》，并于同年 10 月向各省教育厅和各高等学校颁发。1987 年 6 月，国家教育委员会在北京召开了第三次全国高等学校图书馆工作会，修订了《中华人民共和国高等学校图书馆工作条例》，更名为《普通高等学校图书馆规程》，颁发给各有关部门和学校。全国各高校图书馆根据文件精神，结合自身情况进行了大刀阔斧的探索实践：首先，更新服务观念，变被动服务为主动服务，变静态服务为动态服务；其次，延长

---

① 黄宗忠、徐军：《20 世纪后半期的中国高校图书馆事业》，载《图书与情报》，2000年，第 4 期，第 2 页。

开放时间，每周开馆不低于 70 小时，寒暑假适当开放；再次，改变服务方式，由"允许教学、科研人员入内查找资料"到"逐步实行半开架、开架借阅"，体现出"服务至上，读者第一"的图书馆服务理念。这一时期，书目著录、文献分类、主题标引、书目情报交换、磁带格式等国家标准的制定和实施，促进了文献工作的规范化和自动化；电子计算机、缩微机、阅读机、复印机、录音机、电视机、录像机等先进设备在图书馆的使用，让图书资料的搜集、整理、管理、服务等各个环节走向机械化、现代化，高校图书馆由传统图书馆向现代图书馆迈进。

进入 21 世纪，随着高校的合并和扩招以及信息技术和互联网技术的崛起，高校图书馆工作的内部环境和外部环境都发生了巨大的变化。《普通高等学校图书馆规程》2002 版应运而生，其中指出"高等学校图书馆是学校的文献信息中心，是为教学和科学研究服务的学术性机构，是学校信息化和社会信息化的重要基地"，使得高校图书馆的功能和责任扩大，信息服务职能得到强化。在此精神指引下，高校图书馆的读者服务工作从数量到质量都上了一个新台阶。不仅进一步加强了传统纸质文献开架借阅、电子资源 24 小时网上服务，还加强了读者的信息素养培育，文献信息定期检索、课题成果查新、最新文献报道、网上预约催还续借、网上馆际互借和文献传递等网络信息服务也全面展开。随着科学技术的高速发展，推送技术、搜索技术、跨库集成检索技术、信息传输技术、自助借还机、智能书车、电子书借阅机、博看网、一卡通等现代化技术和设备全面应用到图书馆的各个领域，图书馆的发展全面进入自动化、网络化、数字化轨道。"文化强国"与"全民阅读"战略的实施，"双一流"大学的建设，《普通高等学校图书馆规程》2015 版的颁布，将使高校图书馆在学校人才培养、科学研究、社会服务、文化传承创新中的功能全面彰显。

第三节　高校图书馆时代使命与功能优化

自习近平总书记于 2012 年 11 月 29 日参观大型展览《复兴之路》并提出"实现中华民族伟大复兴"的中国梦以来，在五年时间里，就可在中国知网中检索到七万余条相关记录，这充分说明了"中国梦"话题的大容量、广参与与强聚力。各行各业、每家每户都有一个奋发图强的梦想，有多少个体梦想得到实现，国家梦想就实现了多少。因此，学者周天勇把"中国梦"具化为数亿民众的新生活梦、安居乐业梦、社会保障梦、公共服务梦、环境优美梦、家庭平安梦、精神生活梦[①]，这无疑是一个接地气、可操作、受欢迎的亿万民众的幸福梦。图书馆能为这个幸福梦的实现做些什么呢？毋庸置疑，图书馆能在"公共服务梦"与"精神生活梦"中大有作为。

一、图书馆现代化建设的现实意义

（一）图书馆是民众教育的助推器

在周天勇的公共服务梦中，教育成才梦是第一内涵。"成才"是一个长期培养的过程，除了需要接受数十年的正规教育外，还要接受"社会"这所大学时时处处的改造与磨炼。图书馆被誉为"没有围墙的大学"，因承袭了书籍的教化功能而使得图书馆的教育功能与生俱来。图书馆提供的社会教育机会，可以贯穿读者人生的每一个驿站。在全球竞争条件下，"就业——失业——再就业"成了每个人生活的常态，为就业和谋一份理想职业不断学习、更新知识技能成了每个人的终身必修课。图书馆是学习这门必修课的理想场所。在大力提倡终身教育的今天，图书馆开发智力资源进行民众教育的功能显得格外重要。

（二）图书馆是能力养成的孵化器

"中国梦"呼唤人才支撑[②]。人才培养的重心是能力养成。知识经济时代，高层次人才必须具备合作交流能力、数字应用能力、信息技术能力、与他人合作能力、自学能力与自我提升能力以及问题解决能力6种核心技能[③]。图书馆营造的知识共享空间，是个体自主学习能力培养的绝佳场所。网络技术和多媒体技术在图书馆的全面应用，使得电子资源与数字资源成了实体图书馆的必备馆藏，也使得图书馆成为公众获取数字应用能力与信息技术能力的中心。图书馆秉承对全社会开放的理念，为不同阶层、不同文化素质的人们提供公正、平等的服务，使得每个独立的个体都有了阅读他人和被他人阅读的机会，个体的合作交流能力以及与他人合作能力也在这种双向阅读中不知不觉得以养成。

[①] 周天勇：《二十一世纪的中国梦》，载《经济参考报》，2011年2月11日。

[②] 孙媛、文明：《"中国梦"呼唤人才支撑》，载《特区经济》，2013年，第7期，第196—198页。

[③] 李晋孺：《基于能力结构的应用型人才培养研究》（硕士论文），大连：大连理工大学教育学院，2011年，第11页。

（三）图书馆是文化繁荣的传播器

人民幸福是"中国梦"之根本①。考量一个人的生活是否幸福，关键是看他的精神生态，精神生态的形成要素之一便是文明阅读。因而有言：一个人阅读的历史就是这个人的精神发育史。图书馆应以其专业性、权威性和独有的丰富资源，着力推动校园阅读，影响家庭阅读，促进全民阅读。通过阅读，书籍得以复生，知识得以传播，文化得到传承。

（四）图书馆是社会和谐的稳定器

人居环境优美，人们安居乐业，人人老有所养、病有所医，家家平安幸福，这样的"中国梦"，无疑是一个社会和谐发展，人人向往的理想家园。图书馆是多元文化的融合器，平等、包容是它的服务立场，培育包容、互信、互助、相互理解的社区关系是公共图书馆的工作使命。英国政府更是把公共图书馆视为解决社会排斥的稳定器。欧洲一些国家也开始关注图书馆在社会包容中的作用。很多调研显示，在数字分化时代，图书馆正在通过其互联网服务克服信息技术带来的新的社会排斥，已经成为弥合数字鸿沟的一种有效途径②。社会和谐作为图书馆存在的理由不断得到政坛和公众的认可。

二、高校图书馆的时代使命

使命就是有责任去完成的任务，是图书馆存在的理由，是应该付出的努力③。所谓图书馆使命，是指图书馆在社会经济发展中所应担当的角色和作用。不同时代、不同区域的图书馆，其使命的侧重点是有所不同的。

（一）国外高校图书馆使命声明

国外大学图书馆的使命声明一般都放在图书馆主页的本馆简介中。芝加哥大学图书馆的使命是提供全面的资源和服务以支持大学社区研究、教学和学习的需要④。爱尔兰科克大学图书馆的使命除了提供优质的信息服务以满足

① 艾四林：《"中国梦"与中国软实力》，载《中国特色社会主义研究》，2013年，第3期，第17—18页。

② 于良芝：《公共图书馆存在的理由：来自图书馆使命的注解》，载《图书与情报》，2007年，第1期，第6—7页。

③ 张波：《面对使命的图书馆人》，载《图书馆》，2007年，第4期，第41—42、45页。

④ The University of Chicago Library. "Library Mission, Vision and Value", http：//www. lib. uchicago. edu/e/about/mvv. html。

大学和区域学术社群的需求外，还支持大学完成其"通过追求教育贡献社会"的学校使命，并积极促进本地区的文化遗产保护①。加州大学洛杉矶分校图书馆在其使命声明中明确提出：图书馆凭借其高技能员工，鼓励创新，利用合适的技术，与周边图书馆建立有效的伙伴关系，并积极促进优化②。乔治城大学图书馆的使命是通过提供卓越的服务、收藏和空间，推动知识创造、文化保护、研究和学习的改变③。多伦多大学图书馆的使命是促进知识搜索，加深大学和更广泛社区之间的理解，努力把图书馆打造成为一所世界范围内的最重要的研究型图书馆④。俄勒冈大学图书馆则把"丰富学生的学习经验，鼓励各级的探索和研究，帮助用户更便利地获取学术资源"作为自己的使命⑤。哈佛大学图书馆更是把"致力于创造、应用、保存和传播知识"作为其在知识经济时代的使命。⑥

（二）国内高校图书馆使命描述

网上访问国内大学图书馆主页，我们发现，绝大多数国内高校图书馆在"本馆概况"栏中均未出现使命声明，获取的大多是关于馆藏布局、开放时间、组织机构、规章制度、历史沿革等信息。尽管目前国内高校图书馆都未明确描述各自的使命，但我们还是能够从一些图书馆发布的《馆长寄语》或《馆长致辞》中明了他们的发展愿景与责任担当。如清华大学图书馆在其馆长致词中陈述"图书馆确立了建设研究型、数字化、开放式的世界一流大学图书馆的奋斗目标"。北京大学图书馆在《馆长寄语》中写道："建设一个世界一流的、资源丰富、设施先进、高水平、现代化的、以数字化网络化为技术基础的北京大学文献资源保障与服务体系，为学校的教学科研提供文献信息保障，为创建世界一流大学服务。"中山大学图书馆在《馆长致辞》中提出

---

① UCC Library："UCC Library Mission Statement"，http：//booleweb. ucc. ie/ index. php？pageID＝311。

② Calstatela University Library： "University Library Mission Vision Values Principles"，http：//web. calstatela. edu/library/mvvp. htm。

③ Georgetown University Library： "Mission Satement"，http：//www. library. georgetown. edu/about/mission。

④ University of Toronto Libraries："Mission Statement"，http：//discover. library. utoronto. ca/general-information/about-the-library/mission-statement。

⑤ UO Libraries："Library Mission Statement"，http：//library. uoregon. edu/our-mission。

⑥ Harvard Library："About Us"，http：//library. harvard. edu/about-us。

"图书馆秉承公平、开放、共享的理念，以'智慧与服务'为馆训，朝着世界一流大学图书馆的建设目标迈进"。天津大学图书馆的馆长致词将"构建与本校学科发展相适应的文献资源保障服务体系和高水准的信息系统平台、促进本校的人才培养、学科建设和科研工作的全面发展"作为图书馆应担当的责任。

（三）"中国梦"语境下的高校图书馆使命定位

在深刻领会"中国梦"内涵的基础上，借鉴国外大学图书馆的使命陈述，我们认为，国内高校图书馆应给自身使命作出如下定位：

高校图书馆不仅要以支撑学校使命为己任，还应具备全球化的开放视野，不再把大学图书馆作为一个封闭的团体，应该加强与大学其他部门之间的合作，与社区之间的交流，与当地、国内甚至国际图书馆之间伙伴关系的培育。文献资源不再是图书馆功能发挥的唯一途径，服务、空间、环境已成为图书馆发挥功能的重要因素。

三、"中国梦"语境下高校图书馆功能优化

在当前全国上下都在为实现"中国梦"努力奋斗的时代背景下，图书馆应该遵循其时代使命，及时调整优化自己的功能。各级各类型图书馆，根据自身与地方情况，从图书馆的功能序列中，选择最有利于推动地方经济建设与文化繁荣的若干功能，作为该馆在全社会实现民族伟大复兴过程中的核心功能，并设计相应的活动来落实这些功能。高校图书馆应努力把自身打造成为自主教育中心、知识服务中心、学术交流中心与阅读推广中心。

（一）自主教育中心

大学教育的开放性充分调动了学生学习的主动性。当下，自主学习已成为大学生活的主旋律。为了在图书馆谋得一个自主学习的座位并高效利用之，大学生们早起晚归，甚至连一日三餐和午休都在图书馆内进行，让图书馆兼具了"餐厅"与"宿舍"的部分功能。图书馆内开设的通宵自习室，为解决图书馆内自习座位紧张而开发的自动排座系统，都充分说明独特的自习文化氛围使得高校图书馆成为大学生的自主教育中心。图书馆应该更新服务理念，尽可能地延长服务时间，开放服务空间，采用人性化的管理模式，提供优质文献以支持大学的教学与学习，辅助学生完成教育计划，提供自主学习场所，培养终身学习习惯，促进个体全面发展。

（二）知识服务中心

知识服务作为读者服务的一个更高层级，要求图书馆员动态集成多方面的资源，有效利用信息分析、情报研究、知识组织等专业知识与专业工具，主动融入用户解决问题的过程之中。知识服务关注的焦点和最后的评价不是"我是否提供了你需要的信息"，而是"是否通过我的服务解决了您的问题"。为此，高校图书馆应该围绕科研人员的课题项目与大学生的各种竞赛项目开展信息调研、文献检索、定题定时跟踪服务；编制专题性题录、索引、文摘等二次文献；进行信息分析与综合，向用户提供综述、述评、可行性报告等三次文献服务；采取各种措施，鼓励员工自觉更新专业知识、提高专业技能，参与学术研究，人人争做"学者型"馆员，为知识服务提供智力支持。

（三）学术交流中心

高校是一个藏龙卧虎的地方，大师云集，科研成果层出不穷。为了提高科研成果的传播速度、扩大辐射范围、增加受益人群，高校组织的学术交流活动日益频繁。学术讲座作为学术交流的一种重要形式，因其耗时短、效率高、成果新而受到各级各类用户的青睐。高校图书馆作为大学的标志性建筑，良好的地理位置、先进的资源设备、宽阔的物理空间、密集的人员流动，为学术交流提供了得天独厚的条件。教授博士论坛、学术年会、真人图书馆活动、科技作品展览等大型活动，都选择在图书馆举行。"空间""环境"在图书馆中发挥着越来越重要的作用，图书馆"学术交流中心"的功能日益彰显。

（四）阅读推广中心

中国阅读学研究会会长徐雁指出，在当前应试教育机制下，大学生的阅读现状令人担忧，存在着严重的缺失——缺失人文阅读，缺失纸本阅读，缺失结构性阅读与目标性阅读，更缺失"苦读"和"悦读"，"深阅读"和"深思考"。针对这一情况，很多高校图书馆每年都举办丰富多彩的阅读推广活动，如一校一书经典精读活动，读书节、读书周、读书月等系列活动，图书漂流、书目推荐、借阅排行等日常性活动，虽然都收到了一定的成效，但与预期还存在较大差距。高校图书馆尚需加大力度，开拓创新，使阅读推广活动的主题更丰富、形式更多样，推广渠道不断拓展，数字阅读环境不断优化，并建立完善的阅读推广合作机制与长效机制，推动校园阅读走入家庭、走向社会，积极扮演好阅读推广"引领者"的角色。

图书馆的作用是有限的，而社会的需求是全方位的。因此，任何一个图书馆都无法满足所有人的所有需求。不同类型、不同性质、不同地域的图书馆，在统筹兼顾自身的纵向发展与横向联系的基础上，确立自己的基本使命，并及时调整优化其功能，以实现资源配置的效率和效益最大化。

第四节 大学创业文化建设中图书馆功能拓展

文化育人。在当前文化大发展大繁荣的背景下，图书馆应在大学创业文化建设领域积极开展服务。图书馆应在大学创业文化建设中扮演好创业信息的搜集者和提供者、创业文化的缔造者和传播者、创业人才的挖掘者和培养者角色。图书馆应该充分发挥自身各种优势，为大学生打好创业知识基础，开展创业指导服务，搭建创业交流平台，开辟创业全新领域，推动校、地两馆联合共建，共同培育地缘创业文化。

创业能力已成为当今大学生的"第三本护照"，创新创业教育作为21世纪教育哲学的核心理念已被越来越多的教育者所接受。所谓文化育人，近年来关于"创新创业文化"的研究已成为学界热点，而图书馆在创业文化构建中的作用却还未被公众所认知。本节拟就图书馆在大学创业文化建设中的角色定位与功能拓展展开研究。

一、大学创业文化的内涵

目前，国内学者关于大学创业文化的研究尚处于起步阶段，可资借鉴的研究成果很少。苏益南认为：大学创业文化是指在高校中形成的关于创业的观念形态、价值标准、道德规范、精神风貌等文化规范的总和，可划分为物质层、制度层与精神层三个层次。[①] 娄东生认为：大学创业文化是一种张扬人的主体性的文化，是一种科技与人文融合的文化，是一种鼓励创新和创业、宽容和理解失败的文化，是一种面向社会开放的文化。[②] 我们认为：大学创业文化既具有创业文化的特征，又打上了大学文化的烙印，因而其内涵除拥有创业文化的共性如张扬人的主体性、鼓励创新与创业、宽容和理解失败外，还应包括以下一些个性特征：

---

① 苏益南、齐鹏、朱永跃：《创业型经济背景下高校创业文化培育》，载《企业经济》，2011年，第9期，第152—155页。

② 娄东生：《试论大学创业文化建设》，载《福州大学学报（哲学社会科学版）》，2009年，第6期，第89—93页。

首先，大学创业文化是一种引导学生形成和谐劳动观的文化。创业是需要付出艰辛劳动的，既有劳"身"的体力劳动，又有劳"心"的脑力劳动。然而，当前大学生普遍不愿意从事体力劳动，大学生就业难与企业用工荒之间的矛盾就是一个有力佐证。他们普遍认为大学生从事体力劳动的职业是一件丢脸的事情，因而在就业市场上挑三拣四，频繁跳槽。几年下来，既没有金钱积累，又没有经验积累，更别说自己创业了。因此，大学创业文化首先就要引导学生形成和谐劳动观：一是劳动不分贵贱，劳动面前人人平等；二是劳动有分工，职业无好坏，薪酬高低是由劳动者付出的劳动所创造的价值（包括有形价值与无形价值）决定的；三是劳动促进人的全面发展，劳动是实现个体幸福的根本途径。

其次，大学创业文化是一种培育学生全面财富观的文化。创业的根本目的是创造财富。财富包括物质财富与精神财富。毫无疑问，物质财富的多寡在很大程度上决定着一个人社会地位的高低。也正因为如此，人们往往只注重物质财富的积累与继承，却忽略了精神财富的提炼与传承，而这种精神财富正是创业文化的核心内涵。因此，大学创业文化应该培育大学生的全面财富观：金钱不是唯一财富，人的发展才是根本；君子爱财，取之有道；倡导"生存消费保证、享受消费适度、发展消费引导"的财富消费观①。

再次，大学创业文化是一种提高学生社会责任感的文化。财富取之于民，个人拥有的财富越多，其承担的社会责任也就越大。大学生是未来社会先进生产力与先进文化的代表群体，承担着比普通民众更多的社会责任。然而，当前大学生的社会责任意识日趋淡化，他们更加注重眼前的现实与功利、实惠与实用、金钱与享乐，逐渐丧失了他们作为未来知识分子的标签意义。因此，大学创业文化应该倡导大学生在满足个体生存需要的基础上致力于人生价值、民生幸福、民族复兴、国家强大等宏远目标的实现，提高他们服务国家服务人民的社会责任感。

最后，大学创业文化是一种树立学生合作精神的文化。当代大学生以90后、00后为主体，他们中很大一部分是独生子女，"唯我独尊"的自我中心主义使他们从小就缺乏合作意识，而创业是需要合作的。因此，大学创业文化理应是一种合作文化，应该着力培养大学生拥有平等相处、团结协作的合作观念，具备与他人一起为共同目标而奋斗的合作能力，树立一种客观公正、公平竞争、互利共赢的合作精神。

---

① 余源培：《构建以人为本的财富观》，载《文汇报》，2011年2月9日。

二、图书馆在大学创业文化建设中的角色扮演

（一）创业信息的搜集者和提供者

信息经济时代，"信息"即财富。一个人信息的获得与筛选、情报的收集、市场的嗅觉等方面的能力在很大程度上决定着他创业的成功与否。[①] 而各种专业技术的检索与应用，商业圈内合作伙伴信息的收集，市场需求信息的获得，新兴行业、产品的信息获得，新产品区域代理招寻信息的获得、政府相关政策信息的获得等都需要花费大量的人力、物力和时间成本，且需要创业者及时准确把握，以便正确决策。图书馆拥有丰富的文献信息资源与网络信息资源，开设有信息检索、数据库利用等培训课程，是高校名副其实的信息情报中心。图书馆的从业人员个个都具有娴熟的文献检索技能，且拥有网络信息搜索的专门人才，满足用户的信息需求是他们的工作任务。因此，图书馆在大学创业文化建设中首先应扮演好创业信息的搜集者和提供者角色。

（二）创业文化的建设者和传播者

根据美国学者安纳利·萨克森宁对美国硅谷与128公路两个典型创业集群区的比较研究结果，发现美国硅谷之所以能够从小到大，成为全世界创业学习和模仿的样板，归根到底，还是源于其所特有的文化，这种文化远比技术、资本和人才重要，是植根于社会土壤中的难以模仿的具有强大竞争力的"社会资本"。[②] 许多理论和实践也证明，文化已成为创业的一个重要动力源。当前，我国也已把文化的发展繁荣置于战略的高度，并成为国家竞争力的重要因素与经济社会发展的重要支撑。图书馆由文化浇铸而成，日积月累中已形成特有的图书馆文化，其温馨宁静、进取向上的图书馆自习文化引导着大学校园的莘莘学子奋发图强。在创业经济日渐繁荣的今天，图书馆应像营造和传播自习文化一样成为大学创业文化的建设者和传播者，让每一个来到图书馆的大学生浸泡其中，并在他们日后创业的过程中不断地将这种文化向社会扩散。

（三）创业人才的挖掘者和培养者

创业是需要天赋的。长期以来，中学教育的封闭性使得许多学生隐藏了

---

① 吴江：《大学生利用网络搜集创业信息的能力培养》，载《情报探索》，2011年，第3期，第81—83页。

② 安纳利·萨克森宁：《地区优势——硅谷和128公路地区的文化和竞争》，上海：上海远东出版社，1999年，第12—105页。

自己的兴趣爱好,对大学专业的不了解使得许多大学生就读的并不是自己的优势项目。因此大学教育的一个重要任务就是挖掘每一个学生的"天赋"。记得一位从事教师教育的大学教授说过这样一句话:不扼杀学生天赋的老师就是一位好老师,能够挖掘学生天赋且着力培养并促成其成就一番事业的老师就是一位"伯乐"。创业人才也是需要培养的。图书馆作为高校人才培养的第二课堂,应当积极开展创业教育,宣传创业政策,主办创业讲座,开展创业思维培训,组织创业实践活动,做好创业团队的需求调查,就如"伯乐"一样,让"千里马"在形式多样的创业活动中脱颖而出,为他们的创业之行提供全面的前期准备服务。

三、图书馆在大学创业文化建设中的功能拓展

(一) 发挥信息资源优势,打好创业知识基础

在竞争日益激烈的今天,单凭热情、勇气、经验或只有单一专业知识,要想成功创业是很困难的。创业者要进行创造性思维,要作出正确的决策,必须掌握广博的知识,具有一专多能的知识结构。正如大学生 CEO 张露所言:"创业真的不容易,至少要了解法律、管理、计算机、会计、营销等多方面的知识,光靠自己的专业和课堂上的那点东西是远远不够的,还好有图书馆这所没有边界的大学。"[①] 毋庸讳言,对于想创业的大学生来说,图书馆是他们创业知识累积的最佳场所。图书馆里不仅有内容丰富、学科门类齐全的文献信息资源,而且有形式多样、种类繁多的电子出版物,更有容量大、系统实用、获取快捷方便的数据库资源。只要善于学习,每一个处于创业修炼期的大学生都能从中获取创业信息、寻找创业灵感、积累创业知识,以满足他们创业处于"现在进行时"时之所需。

(二) 发挥人力资源优势,开展创业指导服务

高校图书馆是为高校的教学和科研服务的,既是服务机构,又是科研阵地,对馆员的综合素质要求也更高。相比公共图书馆而言,高校图书馆拥有一支学科多样、结构合理的图书管理队伍。他们大多经过专门训练,具有对广博而庞杂的各类信息进行甄别和提炼的能力。有着专业背景的学科馆员能够为创业人员提供各种课程知识服务。科研能力已成为图书馆员晋升职称必

---

① 刘伟彬:《图书馆里走出的大学生 CEO》,载《今日科技》,2008 年,第 5 期,第 27—28 页。

备的能力，从事科学研究在高校图书馆里蔚然成风，这也直接造就了一批具有科技查新、跟踪学术发展前沿与开展定题服务的高水平的人才队伍，能够为各种创业团队提供政策咨询、信息收集、项目查新、运营策划等方面的创业指导服务。

（三）发挥馆舍资源优势，搭建创业交流平台

一份关于大学生创业的调查显示，有56％的大学生认为当前校园还缺乏创业的环境氛围，校方缺少诸如政策、培训教育、培训场所、具体指导以及跨学科的交流等实质性举措。[①] 高校图书馆作为大学的标志性建筑，正好能担当此任。其正对校门的地理位置优势吸引着来校各界人士的目光，集中于图书馆的各种大、中、小型会议室以及多媒体报告厅为想创业人员、正在创业人员以及创业成功人士的交流提供了理想场所。对于办学历史悠久的高校，校友资源已成为他们得天独厚的潜在资源，开发利用得好，将为学校的改革发展提供巨大动力。每年都有许多参加毕业周年聚会的学子回归母校参观访问。图书馆应充分发挥馆舍的地理位置优势与设备场所优势，吸引校友来馆参观，为创业成功的校友主办报告会，为优秀学子编写创业风采录，为想创业的团队联系创业实践基地、争取资金援助，为校内创业人员与校外创业人员搭建起创业交流的平台。

（四）发挥馆员性别优势，开辟创业全新领域

随着妇女地位的不断提高，女大学生数量日渐增长，在语言、人文类院系女大学生的数量普遍超过一半。然而想创业的大学生却以男性居多，创业成功者也大多为男性。究其原因，其中一个重要的因素是创业需要技术支撑，而技术大都集中在以男性居多的理工领域。这是否说明女性就无创业用武之地了呢？答案自然是否定的。事实上，第三产业已成为发展中国家与发达国家经济增长的重要来源，女性在服务业中的优势日益凸显。因此，一些有识之士提出：高校应成为家庭服务业发展的助推器[②]。图书馆员绝大部分为女性，她们集家庭主妇与知识女性于一身，拥有丰富的育儿经验、熟练的烹饪技术，编织、刺绣、护理、家教更是她们的长项，不仅能为女大学生在家庭服务业方面的创业发展提供经验指导与技能培训，更有可能成为她们创业团

---

① 陈丽华、王前新：《高校培育创业文化的价值取向审视》，载《沙洋师范高等专科学校学报》，2008年，第3期，第77—80、83页。

② 易银珍、胡艺华：《高校应成为家庭服务业发展的助推器》，载《光明日报》，2012年2月5日。

队中的成员，为女大学生创业开辟一个全新的领域。

（五）推动校、地两馆联合共建，培育地缘创业文化

"十二五"开局之年，公共图书馆的免费开放已从理论走入实践。然而公共图书馆特别是地、县级公共图书馆普遍存在着资金短缺、人才缺乏、设备落后、管理不善等短板，使得它们的公共文化服务能力日益萎缩。相比之下，高校图书馆在馆藏、规模、人员、设备、资金、技术等方面具有相对优势，具备向社会公众开放的条件。特别是对处于同一城市的地方高校馆与地市级公共图书馆来说，如能携手联合共建，不仅能够从根本上扭转长期以来图书馆界"重藏轻用"的局面，大大提高两馆文献资源的利用率，而且高校馆的技术支持与人力援助也将大大促进地市馆的自动化建设、网络化建设，使地市馆的发展迈上一个新台阶。同时也为地方市民打造一个具有"连锁超市"功能的学习场所，大大提高图书馆系统的公共文化服务能力，共同为地缘创业文化的培育服务，为地方的经济建设服务。

第五章
高校图书馆阅读推广与探索

　　阅读推广与指导乃现代高校图书馆的基本功能。阅读作为一种权利，阅读的重要性，来自于书籍的力量。阅读推广与指导的必要性与重要性，取决于阅读的重要性。现代图书馆特别是大学图书馆，有责任和条件开展阅读指导服务——阅读兴趣与习惯诱导；阅读理念与策略指导；阅读需求与内容疏导；阅读方法与技巧引导；阅读个性与选择传导。

　　高校图书馆阅读推广因为视角的不同，其问题凸显的表象就大为不同。在学生社团视角下，高校图书馆的阅读推广工作存在着阅读推广领导小组流于形式，未能精准把握读者阅读需求，活动形式单一、复合度不高，传统活动宣传方式边缘化，活动效果评估单向肤浅等问题。高校图书馆可以采取吸纳社团干部加入阅读推广领导团队，分项目采用学生社团责任制，提升社团活动品质，注重社团业绩评估，加强社团自身建设等策略来推进阅读推广工作。

　　高校图书馆阅读推广工作的难点在于创新。"创新扩散理论"为高校借鉴电视节目运作形式开展阅读推广活动提供科学依据。高校图书馆可以将《开讲啦》《佳片有约》《中国成语大会》等电视节目运作形式应用于真人图书馆、文学名著电影欣赏节、校园成语大赛等阅读推广活动，以探索一条创新阅读推广的新思路。

　　我们用解剖麻雀的方式，以湖南省普通高校图书馆"一校一书"阅读活动为例，通过活动概述、活动正向思考、活动反向思考，探讨协同背景下的阅读推广体系建设策略，以促进区域性阅读推广活动持续深入健康发展。

第一节　绎论大学生阅读的推广与指导

一、大学生阅读推广与指导的必要性与重要性

阅读的重要性，来自于阅读的力量。阅读推广与指导的必要性与重要性，取决于阅读的重要性。

关于阅读的重要性，人们总是会做出最乐观的估计，"一个人的精神发育史就是他的阅读史"，"一个没有阅读的学校永远不可能有真正的教育"，"一个书香充盈的城市必然是一座美丽的城市"，"一个民族的精神境界取决于这个民族的阅读水平"[①]，这些论断无疑是不能反驳的。但是，这都只能说明对阅读的正向判断，然而，阅读的正向评价也远不止这些——没有阅读就没有知识文化；没有阅读就没有精神思想；没有阅读就没有写作与对话；没有阅读就没有传承与创造……没有阅读，严格来说没有人类。至于阅读的负面判断，就取决于评价者的立场与目的了。

"改变，从阅读开始。"[②] 这才是最深刻的命题。阅读不仅能改变人的知识视野，阅读还能改变人的心灵与心智；阅读不但能改变人的生活方式，阅读还能改变人的骨相与气质；阅读不但能改变情怀与品位，阅读还能改变人的世界观与价值观；阅读不但能改变人生的厚度，阅读还能改变生命的长度；阅读不但能改变个体的命运，阅读还能改变群体的智能、民族的性格与国家的强弱……

然而这种"改变"，并不总是正向的与乐观的。

福楼拜笔下的包法利夫人是一个酷爱阅读的成人读者，我们的当代大学生可以说还是一个个心智并不成熟的成人读者，所以，加强阅读的推广与指导并不是可有可无的。"我们都是包法利夫人"。[③] 畸变的阅读行为、过分单一的阅读偏好、缺乏理性思辨的阅读方式，这种"爱玛式的阅读"警示人们：危险不只藏在书籍中，更多的是藏在阅读中，藏在自己的阅读偏好中。十九世纪中期的法国，书籍数量和种类已然相当丰富，酷爱阅读的爱玛，书籍唾

---

① 朱永新：《我的阅读观》，北京：中国人民大学出版社，2012 年，第 25、137、255、73 页。

② 朱永新：《我的阅读观》，北京：中国人民大学出版社，2012 年，第 27 页。

③ 言子：《我们都是包法利夫人》，载《散文百家》，2008 年，第 4 期，第 26—28 页。

不读西厢、女不读红楼"之类的阅读"警示",当然,其中也不乏封建专制文化的思想钳制与愚民政治的糟粕。的确,在 20 世纪八九十年代,港台大陆也流行一句"琼瑶公害"之类的话;特别是在某些电视台疯狂展播琼瑶、金庸作品的时候,商业化的趋利与短视,使得"男莫看金庸女莫看琼瑶"成了长辈们时刻提醒娃娃们的隐忧。

实际上,世间是不存在——什么书——不能读的。然而,为什么存在"禁书"与"警示"呢? 成为禁书的原因,有两个:一是有人不愿意或害怕你读这样的书;一是你还不够读这些书的资格,因为认知水平欠缺与心理的不成熟。《水浒传》曾是禁书,《红楼梦》曾是禁书,《包法利夫人》曾是禁书,《共产党宣言》曾是禁书;《金瓶梅》依然是禁书,《我的奋斗》依然是禁书,还有很多被查被禁被封杀的各色各样的书……但我们也要强调一点,凡是被禁的书,往往都是有分量的能打动人心有摧毁力的书,而且都是一部真正意义上的书,所以,历史上凡是被禁的书,必然会出现一个特定时期与区域的大流行。能读"禁书",恰恰确证了一个人的辨识力与阅读水平。

河豚虽毒,其味鲜美;烹饪得法,不妨食之。读书亦是如此——只有不会读,没有不能读。

阅读无正解。这也应该是开放性的阅读理念。古人云,读书不求甚解。书,是需要一辈子去消化与体悟的,书总是从不会读、读不懂到会读与读懂。书,总是在读不懂时才体现它的价值。所以,我们也大可不必担心阅读会诱导读者走弯路。然而,谁又能是天生的精神导师呢!

阅读最忌无思。学而不思则罔,思而不学则殆。培养思考的阅读习惯,既是阅读的基本理念,也是最重要的策略。只有全心思考,阅读才会真正实现人的自我发现、自我构建与自我升华。

可是,现代人独立思考的习惯已经普遍式微:打开电视,我们把思考的权利交给图像与声光;翻开报纸,我们把思考的权利交给政府与记者;走进书店,我们又把思考的权利交给排行榜与应考目标;逛进商店,我们再度将思考的权利交给橱窗宣传和时尚流行。[1] 生活起居尚且如此,更别说对抽象问题的纯粹思考了。

没有独立思考的阅读,的确,"是在用自己的大脑为作者跑马"。

以人为本,以我为主,才是阅读的本质意义所在。书,始终只是我们的

---

① 麦思:《知讯力——大读书家的阅读策略》,北京:中国对外翻译出版公司,1999 年,第 93—94 页。

工具、朋友和导师；我们绝不能成为书的工具、蠹虫与奴隶。

我们必须指导学生处理好学习模仿性阅读、功利实用性阅读、文化审美性阅读与消遣娱乐性阅读四种阅读之间的关系。

（三）阅读需求与内容梳导

人的需求决定了我的需求，我的需求决定了阅读的需求，阅读的需求决定了阅读内容与阅读取向。阅读内容取向无非有二：一是专业性阅读；二是补偿性阅读。

所谓专业性阅读，就是有明确的功利目标，为寻求特定学科专业与能力发展的阅读。也就是主修人文学科的学生多读人文类经典，主修社会学科的学生多读社会类经典，主修科技的学生，多读自然科学与技术类经典。这是一种正向阅读选择，以求得人在某一学科专业与职业领域的最大发展。

所谓补偿性阅读，即缺什么补什么，缺什么读什么，是人类获得均衡与全面发展的必由之途。这是一种反向阅读选择，也就是说，主修人文学科的学生兼读一些社会类科学类书籍，主修科学技术的学生兼读一些人文社会类的书籍，主修社会学科的学生兼读一些人文与科技类的书籍，以求得知识结构的优化与人格精神的完善。

在读图读网泛滥的当下，承担阅读推广使命的图书馆，一方面应该大力提倡经典阅读。"精英和典籍"作为人类文化的精粹，从来就被赋予了"教化民众、开启心智"的重任。图书馆可调整布局，把分散存放于各个书库的典籍与精品图书整合起来，集中存放于同一地点，设置"经典"书库或"经典"阅览室，使"经典"之门畅通，让读者触手可得，免受寻找之苦。另一方面，大学图书馆可以协调各专业系部，为学生配备"阅读指南"，并根据阅读指南展开有效地流通与借阅。像《阅读指南》之类的导航书，在书目的敲定上，要综合考虑专业学科、人格精神、时代环境、终生发展等方面的问题，可以从三个层面精选书目：一是通识类必读书目；二是专业类必读书目；三是课外参阅书目。而且要确定阅读时机，以备课程教学之所需。

（四）阅读方法与技巧引导

阅读首先是学习模仿性阅读。阅读产生读者，阅读培养读者，阅读掌握阅读方法，阅读摸索阅读技巧，阅读提高阅读能力。

无论是课堂阅读还是课外阅读，我们都应该对读者加强阅读方法与阅读技巧的指导。在"拯救"教师阅读的同时，充分关注孩子们的精神家园的建立与美化。不但是"中国的大学教育亟须一场阅读革命"①，中国的所有教育都亟须一场阅读革命，整个中华民族都亟须一场阅读革命，以解决每年超过30万种图书出版而户平均消费图书只有1.75本的现状与尴尬。这显然还是一个乐观的估计。

大学生不读书，大学生不去图书馆借书，在当下已经是一种普遍现象。当然，我们也可以将罪过归咎于手机、网络、电脑、电视、电影与图像，但是，大学生不会读书，不爱读书，不能读书，又归咎于谁呢？满足于教科书学习的中国学生，应付考试成了他们的最高目标，实际上，只要能应付考试，学生连教科书都是不太愿意去翻的。可以这么说，教科书不但没有告诉学生如何阅读，倒是教科书成就了学生厌学厌书的开始。为什么呢？"营养餐式"的教科书一开始就以其严肃的面孔摆在了学生面前，学生是很恐惧也是很厌恶的；再说语文课的阅读指导，特别是传统的僵化无味的阅读教学模式——"分段、概括段落大意、提炼中心思想、归纳写作特点"，使得语文教学大大地背离其本体地位。

阅读的方法与技巧，实际上就在阅读之中。浏览、粗读、细读、精读、摘读、跳读、朗读、默读……一切的一切，都应该是愉快的轻松自如的自然而然的。我们一开始就应该将阅读的权力交给学生。到了大学，如果我们还不把阅读的权力与能力交还给大学生，那么我们就得深刻反思了！"一个没有阅读的学校永远不可能有真正的教育"，何况是21世纪的大学呢。

阅读的方法，无非是要"进得去，出得来"。图书馆首先应该指导学生寻找好书。但凡能够伴随、指引我们人生之路的好书，也往往是不太好懂的书。而难懂的书在未读之前是很难引起读者兴趣的，甚至还有点想规避的感觉。所以，读者不应当把阅读的范围始终局限在自己的兴趣与能力程度以内，而应不断提升自己，克服困难，迎难而上，多读与自己意见不合的书，以培练心智，让心灵获得成长。其次要指导学生自由出入书本，人不能做书本的奴隶，要带着批判与反思去阅读，有"自己"的存在，不为书所困。读者既要能沉下心钻进书本吸取精华，更要能放开眼界跳出书本察觉偏见而去其糟粕。文学作品的阅读尤其如此。第三，图书馆要开展多样化的阅读活动，搭建读者沟通平台，如主办各种学术论坛、读书会，专题讲座、主题征文、书评经典等活动，共同分享阅读成果，使每一个阅读个体不仅可以从自己的阅读中获取智慧，还可以从他人的阅读中吸收灵光，思考的习惯也在这丰富多彩的

① 朱永新：《我的阅读观》，北京：中国人民大学出版社，2012年，第245页。

阅读交流活动中逐渐养成。

(五) 阅读个性与选择传导

所有的阅读指导，在形式上都是普适的，而在本质上都是个体的与个性化的。因为世界上没有两个完全相同的人。"因才施读"，提供个性化导读服务，让学生有完全自主的阅读选择，这是现代高校图书馆的终极使命。

图书馆要提供个性化的阅读指导服务，首先要做好阅读倾向调查。根据调查结果再进行文献资源建设与图书推荐。荐书即荐心，图书推荐既要有共性，更要有个性。如可在图书馆内设置优秀读者荐书栏、教授博士荐书栏，开通网络荐书平台，还可采用"择要推荐、依出版社推荐、依作家推荐、热点主题推荐、对比推荐"[①] 等图书推荐方法，真正做到好书人人读，人人有好书读。其次，根据不同的读者群体特征采取不同的导读策略。专业性阅读与补偿性阅读相配合，人文社科阅读与自然科技阅读相统一，弘扬人文精神与培育科技理性相补充，男性阅读与女性阅读相调和，知识阅读与心灵滋养相契合……刚者柔之，阴者阳之，惰者勤之，懵者醒之，简者繁之，粗者细之，愚者智之……图书馆员应该加强自身学术修养，提高科研能力，指导读者选择文献，启示阅读方法，培育阅读风尚。

"阅读"，作为一种知识与能力习得的方式，的确神通广大。然而，一个"沉迷嗜好，毫无头脑"的人读了大量不该读的书，问题不但没解决，而"危险"又产生了。"包法利夫人"就是这样一个"从迷失阅读到阅读迷失"的人物。她的可悲之处在于她是一个"完全接受"型读者，她的阅读既不能识别书之良莠，又缺乏批判的眼光和反思的能力。

现代图书馆作为书籍的藏身之所，阅读的主阵地，有责任和义务提供合理的阅读指导服务。"使不爱阅读的人爱上阅读，使不会阅读的人学会阅读，使阅读有困难的人跨越阅读障碍"[②]，这是现代图书馆进行阅读推广服务的终极目标。

---

① 胡清海：《主动做好图书推荐工作的若干方法》，载《图书馆建设》，2001年，第 S1 期，第 154—155 页。

② 范并思：《阅读推广与图书馆学：基础理论问题分析》，载《中国图书馆学报》，2014年，第 5 期，第 4—13 页。

第二节　高校图书馆阅读推广的
存在问题及应对策略

自 2004 年国家图书馆于世界读书日首倡全民阅读活动以来，从政府到社会、从顶层到基层、从领导到公众，全民阅读逐渐深入人心，开展阅读推广活动也在图书馆界形成高度共识。公共图书馆的阅读推广尤其引人注目，呈现出阅读推广活动日常化、开展阅读推广的地区差距缩小、图书馆阅读推广部门边界消失、信息技术广泛应用于阅读推广等特点。① 相比之下，高校图书馆虽然也开展读书征文、图书推介、名家讲座、图书捐赠、知识竞赛、图书漂流、图书展览、视频展播、箴言征集、影视欣赏、馆徽设计、优秀读者评选以及朗诵、辩论等丰富多彩的阅读推广活动②，却存在着推广主体机构缺失、推广活动单调、数字资源阅读推广不足、推广周期过长、推广媒介单一③、缺乏系统的整体规划、用户体验不足、深层次交流欠缺④等诸多问题。细心观察发现，以上问题除用户体验不足、深层次交流欠缺外，其他大都是从图书馆或图书馆员的视角来考量的。那么，在读者眼中，以上问题是否都是主流呢？比如数字资源的推广问题，随着社会信息化程度的不断提高，大部分高校图书馆都增加了数字资源的采购经费，甚至还有高校图书馆取消了纸本期刊的订购，用购买各种期刊库资源来替代。许多高校都开设了文献检索课程，还经常举办数字资源利用讲座、编制数字资源利用手册、播放数据库利用视频等多种方式传授利用技能，可为什么一到写毕业论文，学生还是觉得自己缺乏专业数据库的检索技能，只好使用检索方法相对简单的网络搜索引擎来搜集毕业论文材料呢？究其实质更多的不是推广不足，而是推广方

---

① 范并思：《公共图书馆阅读推广的发展趋势》，载《图书馆杂志》，2015 年，第 4 期，第 11—15 页。

② 张建静：《高校图书馆阅读推广研究综述》，载《图书情报工作》，2014 年，第 S2 期，第 123 页。

③ 吴高、韦楠华：《我国高校图书馆阅读推广所存在的问题与对策研究》，载《图书情报工作》，2013 年，第 3 期，第 48—49 页。

④ 苏海燕：《大学图书馆阅读推广模式研究》，载《山东图书馆学刊》，2012 年，第 2 期，第 52—55 页。

法出了问题，未能遵循针对性、实用性、及时性与持续性原则[①]，根据学科特点分对象进行培训，在读者眼中就是未能按需定制培训课程。学生社团是由有着共同兴趣爱好的学生读者组成的自助团体，具有种类繁多、参与成员众多、开展活动积极等特点。本节拟从学生社团的视角分析当前高校图书馆阅读推广过程中存在的问题，并提出改进的策略。

一、高校图书馆阅读推广存在的问题梳理

（一）阅读推广领导小组流于形式

为了使阅读推广工作常态化，学界关于在高校成立阅读推广委员会的呼声很高，甚至还有学者提出"在学校层面成立阅读推广专家委员会，在高校图书馆内设立秘书处并进一步成立阅读推广指导机构，设置阅读推广岗位，同时在各二级学院成立阅读推广工作组"[②]的详细构建框架。设想虽美好，可在实际操作中，由于阅读推广并非各二级学院的主要工作，因此，大多数高校成立的是由校领导、团委、宣传部、学工处、教务处、图书馆等相关负责人组成的简易阅读推广领导小组。在实践过程中，特别是在学生社团眼中，这样的领导团队说得多、做得少，对活动创意层层审查，大有束缚手脚之感。图书馆也只是迫于获奖证书认可、读者参与活动请假等事务才与校内其他部门产生合作关系，读者也只有在活动开、闭幕仪式上才能见到领导，在活动策划、宣传、执行等方面相关部门并未起到实质性作用，使得阅读推广领导小组仅仅停留在文字层面，流于形式。长沙理工大学图书馆倡导同时成立阅读推广领导小组和阅读推广工作小组的做法[③]就从一个侧面印证了以上事实。

（二）未能精准把握读者的阅读需求

以需求为导向的活动才有可能成为读者满意的活动。图书馆可以通过问卷调查、座谈、电话、邮件等多种形式来了解读者的兴趣点和需求点。其中，问卷调查是能精准把握读者需求的一种方法，但因耗时耗力，被图书馆采用的频率并不高。如曾经三次被中国图书馆学会评为全民阅读先进单位并被授

① 蔡筱青、黄海：《高校图书馆对用户进行数字资源利用能力教育的探讨》，载《图书馆理论与实践》，2009年，第7期，第91—94页。
② 吴高、韦楠华：《我国高校图书馆阅读推广所存在的问题与对策研究》，载《图书情报工作》，2013年，第3期，第49页。
③ 许建兰、成松柳：《高校图书馆阅读推广活动的整体策划与落实》，载《高校图书馆工作》，2014年，第2期，第13页。

予全民阅读示范基地的北京师范大学图书馆，在2007—2014年开展的阅读推广活动中，图书推介与专题书展年年开展，专家讲座也连续开展了7年，而阅读问卷调查与读书座谈会仅开展了3次和2次。① 许多图书馆连续多年未开展问卷调查也是不争的事实。通过电话、邮件来了解读者需求的方式也不常用，即使有，在读者中的覆盖面也十分有限。正是因为未能精准把握读者的阅读需求，所以出现了被图书馆看好且连年举办的专家讲座受到了读者的冷落。如被沈阳理工大学图书馆寄予厚望的系列讲座，读者主动参与的状况却不是很理想。② 北京师范大学图书馆举办的专家讲座，读者参与人次也从2007年的700人下降到2014年的280人，其中2011年仅150人次参加。③ 湖南人文科技学院图书馆举办的讲座活动也遭遇了类似尴尬的局面，该馆一心想做成品牌的"教授博士名家讲坛"一度难以为继，直呼"专家易请，听众难求"。此种状况很大程度上与"专家由图书馆定、主题由专家定"的讲座模式相关，这种不契合读者阅读需求的讲座自然会遭到读者摒弃。

（三）活动形式单一，复合度不高

业界学人对116家"211工程"高校图书馆网站主页就阅读推广实践活动信息调查后发现，使用频率较高的前三种活动项目分别是书展、讲座和征文。④ 可是，在读者眼中，这三种活动都在某种程度上存在着形式单一、复合度不高的缺陷。高校图书馆举办的图书展览通常都是针对某一主题选取相关图书在有限的时间内集中向读者展示，如中文新书展、外文新书展、精品图书展、污损图书展等，读者要做的只是观书、借书或购书，除此以外再无相关活动可参加，展览也仅起到图书推荐或警示教育的作用；常年举办的讲座活动也因正襟危坐的课堂灌输模式而未受到大学生读者的青睐。许多图书馆开展的主题征文如北京师范大学的"我和书的故事"、南京农业大学的"假如我是馆员"、石河子大学的"我心目中的图书馆"等，皆是单一型活动，读者要做的就是写文章，图书馆要做的就是评选，复合度极低，只能吸引擅长写

---

① 雷菊霞：《新环境下图书馆阅读推广工作探析——北京师范大学阅读推广实践与思考》，载《大学图书馆学报》，2014年，第5期，第87页。

② 关绍伟：《高校图书阅读活动建设探索——沈阳理工大学图书馆读书月活动回探》，载《图书馆理论与实践》，2011年，第5期，第79页。

③ 雷菊霞：《新环境下图书馆阅读推广工作探析——北京师范大学阅读推广实践与思考》，载《大学图书馆学报》，2014年，第5期，第88页。

④ 郑伟青：《高校图书馆阅读推广实践现状调查与分析——以"211工程"高校图书馆为例》，载《图书馆工作与研究》，2012年，第8期，第110页。

作的读者参加，收到的征文篇数也相当有限。如北京师范大学图书馆在 2008
－2013 年连续举行的 6 次征文活动中，收到的读者征文最多的 100 篇，最少
的仅 40 篇。[①] 相反，有了复合度的征文活动却大受欢迎。湖南人文科技学院
图书馆由 Crazy 电影协会、读者俱乐部、青笛文学社、紫鸢文学社、碧洲文
学社、浅草文学社共同承办的"文学名著电影欣赏节"活动，将名著阅读、
电影欣赏与影评书评有奖征文活动有效复合，2015 年该活动收到读者征文
333 篇，参与人次 2000 余次，校内反响良好。

（四）传统活动宣传方式边缘化

每一项活动的推出，宣传是第一步。互联网条件下，网页、电子屏、微
信、微博、QQ 群等新媒体宣传方式因传播迅速、操作简便、零成本等优势而
备受推崇。传统的海报、宣传单、摆点宣传、下系宣传等方式因成本高、人
力多而逐渐被边缘化。特别是摆点宣传、下系宣传、发放宣传单等方式日益
淡出图书馆人的视野，却仍然是学生社团主要的活动宣传方式。湖南人文科
技学院图书馆和学生社团大学生科技创新协会共同主办的"真人图书馆"活
动在反馈问卷调查中，就"您是通过何种途径了解真人图书馆活动信息"这
一问题连续 3 次现场调查，调查结果惊人地一致：排在前 3 位的获取信息方
式分别是听同学说、宣传单和宣传海报，共计约占被调查人数的 70%，而通
过网站、电子屏、QQ 群、微信平台等获取信息的比率仅占约 30%。事实上，
"真人图书馆"的每期活动都会提前一周通过新媒体发布信息，而听同学说、
发放宣传单却只在活动前 2－3 天通过下系宣传、摆点宣传进行，宣传海报也
仅张贴在大型教学楼、图书馆、餐厅等有限几个地方，这些传统的宣传方式
反而取得了良好的宣传效果，这也从一个侧面反映尽管智能手机、个人电脑
在大学生中相当普及、低头族随处可见，但这些先进的信息工具并未成为大
学生获取信息的主要渠道。对北京师范大学本科三年级学生的阅读情况进行
调查时也发现，85.13% 的同学依然将纸质材料列为阅读首选方式，其次才是
手机、PAD 设备、电脑终端等。[②] 研究显示，在纷繁复杂的信息活动中，极
少有读者会对图书馆的每一个活动都一一进行详细了解，他们更倾向于老师、
室友、社团成员及朋友等熟人的推荐，通过人际传播途径传播的信息指向性

---

① 雷菊霞：《新环境下图书馆阅读推广工作探析——北京师范大学阅读推广实践与思
考》，载《大学图书馆学报》，2014 年，第 5 期，第 88 页。

② 张建静：《高校图书馆阅读推广研究综述》，载《图书情报工作》，2014 年，第 S2
期，第 122 页。

更高，能够产生连带效应。① 这些都从某种角度反映了传统宣传方式的不可替代性。

（五）活动效果评估单向肤浅

对活动进行评估总结是积累经验、提高阅读推广水平的有效手段。国外开展的许多阅读推广项目都十分注重活动效益评估。如美国的"一城一书"活动明确规定活动评估是活动的最后一个步骤，英国的 Book Up 阅读活动聘请专门的评估机构和评估人员进行全面评估②。国内尽管有不少阅读推广活动，但是用实证方法来评估和重新设计阅读推广活动的研究几乎没有③，CNKI 检索也发现关于阅读推广评估的论文很少。实践中，高校图书馆无论是自己评估还是接受上级评估，常用的方式就是撰写活动总结，呈现的也只是图书馆投入的时间、人力、财力、物力、合作部门等看得见的浅层次数据，读者方面仅涉及读者参与人数，对于需要使用问卷调查、访谈等方式才能收集的深层次读者指标如读书兴趣是否增加、读书时间是否增加、读书数量是否增加、是否增加了新知识等④基本没有；评估仅从图书馆角度思考投入问题，漠视读者的阅读变化及产出的评价，这种单向肤浅的评估方式显然不利于活动的改进和提高。

二、高校图书馆阅读推广行动的策略优化

有学者以东南大学、上海交通大学、清华大学、郑州大学、沈阳大学等 9 家高校图书馆的阅读推广活动为样本，就阅读推广主题、活动形式、宣传渠道及影响等方面进行分析后，建议采用多元化的阅读推广策略，注意协调，互相取长补短。⑤ 也有人从图书馆的视角提出高校图书馆阅读推广需要健全组织机构、丰富活动内容、拓展推广渠道、优化推广环境、完善合作机制等 5

---

① 曾小娟：《通过议程设置视角解读高校"读者服务月"传播效果》，载《图书馆论坛》，2012 年，第 1 期，第 149—151 页。

② 赵俊玲、郭腊梅、杨绍志：《阅读推广：理念·方法·案例》，北京：国家图书馆出版社，2013 年，第 243、183 页。

③ 王波：《图书馆阅读推广亟待研究的若干问题》，载《图书与情报》，2011 年，第 5 期，第 32—35 页。

④ 岳修志：《基于问卷调查的高校阅读推广活动评价》，载《大学图书馆学报》，2012 年，第 5 期，第 102 页。

⑤ 郭文玲：《高校图书馆阅读推广策略分析与研究》，载《图书馆论坛》，2012 年，第 6 期，第 53—56 页。

项策略。[①] 我们认为，针对学生社团视角下的高校图书馆阅读推广问题，可以采取以下策略来推进高校图书馆的阅读推广工作。

（一）吸纳社团干部加入阅读推广领导团队

健全阅读推广组织机构是高校图书馆阅读推广推进的基本前提。为了促进各项阅读推广活动能够落到实处，并保证活动的连续性传承，高校图书馆在合理利用学校各类资源、调动相关部门积极性的基础上，应该有选择地吸纳社团干部加入阅读推广领导团队，参与高校阅读推广活动的整体策划与部署。其好处有三：一是能让学校及部门领导直接听到读者声音，及时采纳合理意见；二是能够广渠道收集活动反馈资料，为图书馆提供大量的研究数据，从而为整个高校阅读推广工作的方针制定提供真实有效的参考依据；三是能够畅通学生社团建言献策的渠道，激发其致力于图书馆阅读推广的热情，并能使各项活动以学生喜欢的方式落地生根，也使得阅读推广领导团队既具有领导力，又富有执行力。

（二）分项目采用学生社团责任制开展阅读推广活动

与学生社团合作开展阅读推广活动能够有效弥补图书馆人力不足的缺陷。许多高校图书馆为此成立了自己的社团组织，如南京理工大学图书馆成立读者协会，共同开展图书漂流、读者沙龙等活动[②]；天津大学图书馆成立知学读书会，举办读书知识竞赛、读书征文、名人访谈等活动。[③] 实践中，形式多样的阅读活动单靠一个社团的力量显得有点力不从心。因此，高校图书馆应该分项目采用学生社团责任制开展阅读推广活动，将每一个活动作为一个项目，委托合适的学生社团负责全面运转，并将其作为社团的特色活动进行传承，以免受社团负责人换届影响；还可采用多社团联合责任制开展高复合度的大型活动项目；图书馆承担活动指导、资源保障、场地与资金支持以及社团之间的沟通协调等工作。如讲座类项目委托研究会、创新社等学术性社团负责运转；书签设计、阅读摄影大赛、书画比赛等项目交由广告协会、摄影协会、书画协会等艺术类社团负责组织；演讲、辩论、百科知识竞赛、真人图书馆

---

① 吴高、韦楠华：《我国高校图书馆阅读推广所存在的问题与对策研究》，载《图书情报工作》，2013年，第3期，第49—51页。

② 段梅：《南京理工大学图书馆的阅读推广创新》，载《大学图书馆学报》，2011年，第4期，第85—90页。

③ 天津大学图书馆：《知学读书》，http://www.lib.tju.edu.cn/n17397/n17950/19970.html。

等活动由社会实践类社团承办；以征文为核心复合名著阅读、电影欣赏的名著鉴赏活动可以交由文学类社团与电影类社团联合运营。

由于社团成员来自学校各院系，十分清楚不同专业读者在不同时间段内的阅读需求，分项目的学生社团责任制能够充分发挥大学生的创造力，打破陈规旧习，优化决策，提高活动的复合度、参与度与指向性，从而使得讲座、征文、展览、竞赛等传统活动焕发出新的生机，实现可持续发展。

（三）提升改造社团活动，打造阅读推广品牌

大学校园内不仅社团林立，社团活动也精彩纷呈。一年一度的社团会员招新、社团联谊会、新年游乐会、优秀社团评选等活动充分调动了学生社团之间的竞争力，推动着社团工作的高效有序运转。一些高校甚至明确规定了优秀社团每年开展常规活动与特色活动的次数，还有不少社团主动向图书馆推荐自己的特色活动，希望获得提升改造的机会和力量。高校图书馆应该以此为契机，因势利导，在社团活动中适时加入"图书馆"元素，为其提供活动场地，给予经费支持，提出活动改进意见，拓展活动对象，扩大活动规模，既提升社团活动的品位，又丰富高校图书馆阅读推广的内容与形式，达到双赢的效果。如可与大学生心理协会合作开展阅读治疗实验、与演讲与口才协会共同举办演讲、辩论、主持等赛事，与爱心社合作开展支农、支教、扫盲活动，与环境保护协会合作举办环保达人行为艺术展等。只要参与得当，指导得力，高校图书馆的阅读推广工作就能依托社团活动推陈出新，走出校园，走向社会，持续开展，很有可能发展成为区域阅读推广品牌。

（四）注重社团业绩评估，建立阅读推广激励机制

吸纳学生社团参与读书月活动逐渐成为高校图书馆的共识。如湖南师范大学图书馆挑选了 14 个学生社团主办或协办读书月系列活动[1]，浙江工业大学图书馆选择了 8 个学生社团参与图书馆的各项阅读推广活动[2]。俗话说，人多好办事，人多也易坏事。承办活动的社团多了，对社团业绩进行评估、建立阅读推广激励机制就显得格外重要。业绩评估应该包括两个方面：一方面，在图书馆的指导下，要求学生社团分阶段对活动本身进行全程评估。如反查活动前期是否采用书面调查、走访、咨询等方式全面征求读者意见、了解读

① 李艳萍、鄢朝晖：《以学生社团建设为推手构建校园阅读文化》，载《高校图书馆工作》，2014 年，第 2 期，第 12 页。

② 蒋一平：《高校图书馆阅读推广创新实践与思考》，载《图书馆学研究》，2014 年，第 20 期，第 84—87 页。

者需求、活动宣传是否到位、宣传方式是否有效等问题；活动中期考察时间安排是否合理、活动过程是否有序、活动内容是否充实、活动设施是否齐全、活动场地是否适宜等事项；活动后期侧重成本－效益评估。成本评估体现在活动开支是否控制得当、是否符合活动预算、人均活动成本是否合理，是否还有可以节省的费用等方面；效益评估可以采用问卷调查的方式，通过对活动实施前后的收益比较，就读书兴趣、读书时间、读书数量、到馆时间、知识增长、能力培养等深层次读者指标对活动进行定量分析，通过访谈、留言簿等形式收集读者评价，对活动进行定性分析。另一方面，图书馆对承办活动的社团进行工作绩效评估。考核材料包括活动策划书、宣传资料、活动次数与参与人数、活动现场照片、反馈问卷调查、新闻报道质量等多个层面。为了保证评估结果的客观公正，每场活动应该安排至少一名图书馆老师全程参与。每年从承办活动的众多社团中，评选出 3－5 个社团，授予阅读推广突出贡献奖，颁发奖金和校级荣誉证书，参与校级优秀社团评选加分。这样既能保证图书馆阅读推广的效果，又能促进社团的发展和壮大。

（五）加强社团自身建设，培育阅读推广主体

社团自身建设是社团持续繁荣的基石。运行良好的社团应该拥有清晰的团队目标、健全的规章制度、反应灵敏的内部网络组织与多样化的会员结构。作为一个生存于大学校园内的学生社团，其近期发展目标应该是跻身校级优秀社团行列，远期发展目标是向省级、国家级优秀社团进军。目标明确后，全体社团成员围绕着共同的目标协同开展工作。为了避免工作的随意性、增加工作的规范性，应该建立健全社团规章制度，包括考勤制度、会议制度、财务制度、奖罚制度等。在社团内部构建网络型组织，根据工作需要将社团成员按兴趣特长划分为活动策划部、网络信息部、对外联络部、创业实践部、秘书部等部门；实行扁平化管理，即各部门在分工合作的基础上，允许社团成员身兼二职，如活动策划部成员可以根据自己的能力在其他任何一个部门兼职，或者为了完成某一特定任务由各部门抽调人员临时组成一个项目小组。适当的岗位交叉与融合，可以避免因岗位与任务的单一产生工作疲劳和厌倦，保证社团的稳定性。[①] 为了保持社团开拓创新的活力，人才队伍建设是关键。为此，社团干部应该做好三方面的工作，一是社团招新时，要深入到学校各个院系，有意识地招募一些有专业特长的学生，以保证社团成员的多样性；

---

① 李文、杨安生：《高校图书馆学生社团多角色分析与启示》，载《图书馆建设》，2015 年，第 5 期，第 77 页。

二是加强会员培训，要让每一个新会员知晓社团的各项规章制度，了解社团的常规活动和特色活动，清楚社团的奋斗目标并愿意为达到目标付出自己的最大努力；三是积极寻求外援，提高活动质量。如与校内其他社团合作开展大型活动，邀请专业老师担任活动指导，通过活动锤炼会员的社会实践能力，提高社团的影响力与知名度。全民阅读环境下，高校学生社团尤其要争取图书馆的支持，主动承办与社团性质相符的读书活动；拓展思维，与图书馆协同进行技术创新，如一同开发学风指数系统、服务质量评价系统、自习室信息管理系统等，充当图书馆的智囊团，自觉承担读者与图书馆沟通的桥梁。图书馆也要加强对社团的指导和帮助，为更广泛的学生提供更多的工作岗位和实践机会，有意识地把学生社团培育成为大学校园内一个不可或缺的阅读推广主体，使其获得发展的动力和空间。

在阅读推广日益成为图书馆主流服务的当下，要想提供多样化、个性化、创新性的品牌阅读服务，仅靠图书馆员的力量显然捉襟见肘，采用合作方式开展阅读活动是一种经济又理想的方案。实践中，无论是馆际合作、馆社（社会组织）合作、馆院（二级学院）合作还是馆部（学校相关部门）合作，活动中都离不开学生社团的身影，他们在活动策划、宣传、过程控制、读者调研、活动评估等具体事务上都发挥着重要作用。尽管当前高校图书馆开展了一系列丰富多彩的阅读推广实践活动，也取得了许多成绩，但其中也存在诸多问题。在学生社团眼中，这些问题会有不一样的解读。找准问题，并采取相应的策略来推进高校图书馆的阅读推广工作，将会收到不一样的推广效果。

第三节　电视媒体创意在阅读推广中的尝试应用

记得有哲人言：人类的一切创造发明对人类自身带来的影响，都是利弊各半。电视的发明也不例外。一方面，电视以远距离传送图像和声音的方式极大地延伸了人类的视听能力，并以即时、迅速、纪实、直观、互动等传播优势而成为影响力最为广泛的大众传播媒介，也使得"看电视"成为现代人的一种生活方式。另一方面，电视中充斥的色情、暴力等负面信息严重污染了儿童与青少年的精神世界；而其剥夺人们自由时间的负面影响更是显而易见，传播学之父施拉姆甚至将媒介比喻成"时间窃贼"[1]。如果从阅读的角度

---

① 李彬：《传播学引论（增补版）》，北京：新华出版社，2003年，第193页。

考察，电视的出现，不仅侵占了人们的阅读时间，而且还改变了人们的阅读方式。美国电视业内有识之士曾说："我担心我的行业会使这个时代充满遗忘症患者。我们美国人似乎知道过去二十四小时里发生的任何事情，但对过去六十个世纪或六十年里发生的事情却知之甚少。"我国倡导全民阅读的朱永新先生也说，电视应该为阅读"赎罪"，并且提出电视人应该以高度的文化自觉来改造我们的电视节目。[1]

正是基于这样的认识，近年来，电视屏幕上涌现出了许多富有创意的节目，如《开讲啦》《佳片有约》《中国成语大会》等。作为这些节目的粉丝，我们在留心观读节目的同时，将这些节目的创意移植到了高校的阅读推广活动中，收到了良好的效果。

一、"创新扩散理论"架起对接应用的桥梁

（一）创新扩散理论的主要内容

美国传播学者罗杰斯通过研究传播媒介、农业推广和新药传播三种不同的途径，从宏观的社会层面提出了创新——扩散模式，并于1962年出版了《创新的扩散》一书。他认为，创新就是"被采用的个人或团体视为全新的一个方法，或者一次实践，或者一个物体"；从扩散的角度看，创新发明具有五个主要特征：第一，相对优势，与旧事物相比，新事物表现出多方面的优越性，可用经济因素、社会声望、便利性、满意度来评价；第二，相容性，即新事物与接受者的价值观、以往的经验和现实需要相符合的程度；第三，复杂性，即新事物被理解和使用时的难易程度；第四，可试验性，即新事物被实验的可能性；第五，可观察性，即新事物的效果应能被观察。[2] 这五种特征也就是影响创新扩散的五个主要因素。如果接受者认为某种新事物具有很大的相对优势，相容性好，可试性高，并不复杂，可以观察，那么这种新事物扩散的速度将比其他创新要快。

（二）高校阅读推广领域接受创新扩散的影响因素分析

根据创新扩散理论，我们将《开讲啦》《佳片有约》《中国成语大会》三档精品电视节目的运作形式视为新事物，将高校的阅读推广领域作为创新的

---

[1] 朱永新：《我的阅读观》，北京：中国人民大学出版社，2012年，第339—341页。

[2] 埃弗雷特·M·罗杰斯：《创新的扩散》，辛欣译，北京：中央编译出版社，2002年，第11、31页。

扩散领域，将高校图书馆及阅读推广馆员作为创新扩散的接受者，以便对精品电视节目与高校阅读推广活动的关联性进行分析。

表 5-1　精品电视节目运作形式在高校阅读推广中的创新扩散影响因素分析

节目名称	运作特征	相对优势	相容性	复杂性	可试验性	可观察性
《开讲啦》（相比真人图书馆）	邀请知名人士讲述自己对于生活和生命的感悟，分成嘉宾演讲与提问互动两个环节进行。	1. 演讲嘉宾为名人； 2. 现场观众为优秀大学生； 3. 主持人为"名嘴"。	1. 都是分享嘉宾的人生故事； 2. 都有讲述与提问环节； 3. 都以传播正能量为目的。	低	可试验	可观察
《佳片有约》（相比名著电影欣赏）	以介绍和传播世界优秀电影文化为宗旨，由佳片导视、佳片剧场、佳片漫谈三部分组成。	1. 电影明星担任佳片导视员； 2. 剧场资源优质丰富； 3. 漫谈嘉宾为知名影评人。	1. 都是播放经典电影； 2. 都以传播优秀电影文化与提高观众欣赏水平为目的。	低	可试验	可观察
《中国成语大会》（相比校园成语大赛）	以成语为考题，以猜词比赛的方式传播成语文化。	1. 决赛选手层层选拔； 2. 评论嘉宾为重量级文化名人； 3. 主持人专业素养高，文化功底深厚； 4. 采用制播分离模式，由专业公司量身打造。	1. 都是以比赛的方式进行； 2. 都以弘扬民族优秀传统文化为目的。	中等	可试用	可观察

从表 5-1 可以看出，《开讲啦》《佳片有约》《中国成语大会》三档节目依托电视传播媒介，在广告收益的支撑下，可以调动全国的优质资源，运用发

达的视听技术与专业的传播策略来吸引公众观读，而这一点却是任何一所大学的任何一项阅读推广活动都无法企及的。因此，这三档节目与高校的真人图书馆、名著电影欣赏、校园成语大赛等阅读推广活动相比，具有明显的相对优势。同时，这三档节目以高度的社会责任试图引导广大受众走出当下浮躁、浅薄、低俗的节目污染，为青少年与青年的成长发展提供智力支持与精神动力，从而与图书馆的阅读推广活动具有了良好的相容性，也使得两者在理论层面走向了殊途同归。此外，观众通过收看节目了解其运作形式，通过调查收视率知晓其传播效果，让这三档节目在高校阅读推广领域具备了创新扩散的可试验性与可观察性，也大大降低了效仿的复杂性，因而容易被阅读推广馆员采纳实践。

二、精品电视节目形式在阅读推广中的应用实践

（一）《开讲啦》节目运作形式应用于"真人图书馆"

《开讲啦》节目由中央电视台综合频道和上海唯众影视传播有限公司联合制作，于 2012 年 8 月 27 日推出首期节目，至今已播出 200 余期。节目以青年为目标受众，通过分享演讲嘉宾的人生经验与生活感悟，向受众传递积极向上、健康乐观、勇于拼搏、敢于挑战的生活正能量，恰与国内真人图书馆的活动理念不谋而合。在图书馆人的眼中，《开讲啦》的每一期节目就是一场真人图书馆活动。尽管制作方在制作此节目时是否有此灵感我们不得而知，然而一位因撰写硕士论文而全程收看此节目的学子感言同样印证了这一点："节目开场后，同学们安静坐好，像极了大学校园里准备洗耳恭听学术报告会的场景。"[①] 因此，"真人图书馆"可以在以下两个方面向《开讲啦》节目学习。

1. 分环节控制时间

《开讲啦》每期节目时长约为 45 分钟，分成嘉宾主题演讲、观众提问交流两个环节进行，两环节时长之比约为 20：25，微偏重于互动交流环节。而当前的高校真人图书馆大致可以分为"精英版"与"普通版"两种类型。"精英版"的真人图书馆邀请的真人书大都是鼎鼎有名的"大家"，为了凸显"大家"的威望与身份，活动多沦为"成功学讲座"与"名人堂"[②]；"普通版"的

① 李亚：《电视节目〈开讲啦〉的创新研究》（硕士论文），郑州：郑州大学新闻传播学院，2014 年，第 21 页。
② 王培林：《真人图书馆隐性知识转移的元认知模式》，载《图书馆论坛》，2016 年，第 4 期，第 20 页。

真人图书馆基本以具有独特经历的普通小人物作为真人书，为了尽可能地满足读者需求，活动很容易滑向"有问必答、有求必应"的"参考咨询"。为了避免"一讲到底"与"一问到底"的活动模式，真人图书馆可以采用《开讲啦》节目"分环节控制时间"的方式开展活动。无论是精英版还是普通版的真人图书馆，活动前都可与真人图书达成共识：主题讲述没有必要面面俱到，互动问答同样可以传播信息；讲述毕竟不是照本宣科，讲述时间越长，语言重复度就越高，可听性就会下降，也就越容易引起读者疲劳。湖南人文科技学院的真人图书馆规定：真人图书必须根据主题精选内容进行讲述，经历丰富的真人书每期只邀请 1 本，经历欠丰富的真人书每期可以邀请多本，活动总时长一般为 60－90 分钟，总体讲述时长与互动交流时长之比约为 1：1，主题讲述时间到，主持人会提醒真人图书尽快结束个人讲述。目前，该活动已开展 15 期，在校内已具有一定的知名度，活动形式及理念得到了参与读者的广泛认可，先后荣获 2016 年中国高校图书馆发展论坛优秀案例二等奖，2016年湖南省普通高校阅读推广活动"创新案例奖"，走上了可持续的品牌化发展轨道。

2. 编辑嘉宾语录

《开讲啦》节目以"嘉宾演讲、共同分享"的形式，将课堂与电视、演讲与传播、享受与思考有机结合起来，并敏锐捕捉演讲嘉宾的思想之花，用字幕的形式适时出现在 LED 显示屏上，就像是课堂中的重点、归纳与总结。360 百科在编辑"开讲啦"词条时更是将节目中出现的字幕汇编成了"嘉宾语录"[①]。如"你聪明，我多干点，咱俩可能也能扯平，但是到最后，是不是你真的比我聪明，那倒不一定了（邓亚萍语）""没有痛苦就没有喜悦，其实痛苦反倒是一种养分，活着是一个动力（斯琴高娃语）""我觉得做一个人必须要有原则，也必须要保留自己的个性，保持真的我（范徐丽泰语）""苦难是一种财富，年轻是用来试错的，有痛苦是因为有追求（黄怒波语）"等。这些由名人阅历所带来的营养和思考，引领着当下的年轻人走出困境，走上通往梦想的道路；也使得《开讲啦》节目荣获了 2012 年中国电视榜"年度最佳人文节目"奖，被赞为"心灵好声音"。

可是，这样的好声音不一定非得出自名家之口，在高校的真人图书馆中，同样有着智慧的火花在闪耀。湖南人文科技学院邀请的真人图书大都是名不见经传的学生与年轻老师，尽管他们的人生经历与社会阅历还欠丰富，然而

---

① 360 百科：《开讲啦》，http：//baike.so.com/5387868-5624415.html。

他们都用自己的亲身体验诠释了许多看似简单的道理，并用朴素的语言娓娓道来，丝毫也不亚于名人语录。如："我无法选择自己的出身，但只要我现在比别人努力一点，将来我就有可能比别人过得好一点""即使没有任何收获的指望，也要心平气和地耕种，我一直觉得好事能让人感到幸福，但坏事能使人变得强大，因此，我们要做一个智者，遇好事坏事都能提高自己""无论生活多么艰苦，人都要保持一颗高贵的灵魂，坚持做自己，做最好的自己""越是条件好的时候，吃苦越有价值，遇到困难，多想想事情美好的一面，保持一颗积极向上的心才最重要"。如此熠熠生辉的思想与智慧，因为缺少隐性知识的转移记录而局限在真人图书馆活动现场的一次性分享。为此，真人图书馆可以向《开讲啦》节目学习，编辑"真人图书馆语录"。首先，将活动现场全程录音，活动后对录音材料进行二次加工，将真人图书智慧、双向互动撞击出的思想火花提炼成文字材料，附于新闻报道后，供更多不在场的读者阅读。其次，当活动积累到一定期数，便可编辑成"真人图书馆语录"，装订成册甚至出版成书，从而实现隐性知识的共享与重复利用。

（二）《佳片有约》运作形式应用于"文学名著电影欣赏节"

《佳片有约》[①] 是一个集文学、声像于一体的电影综合类栏目，由央视电影频道于1998年正式播出，旨在通过对经典影片的包装、宣传和赏析，为观众提供多层次、多方位的电影文化和观看体验。尽管电影欣赏活动在当下高校已十分常见，却仅仅停留于纯娱乐阶段，缺少有组织的互动交流，观众真正的收获并不大。因此，高校图书馆可以吸收《佳片有约》节目创意，开展"文学名著电影欣赏节"活动。

1. 将电影欣赏与名著阅读相结合

"阅读名著，就是向大师学习"，此道理大学生人人都懂。然而，名著却因人物太多、描写抽象、缺乏故事情节、厚如砖头等自身缺陷而被大学生读者自觉或不自觉地规避。相反，由文学名著改编的电影却受到了大学生的青睐，如《钢铁是怎样炼成的》《安娜·卡列尼娜》《红与黑》《巴黎圣母院》《基督山伯爵》《雾都孤儿》等耳熟能详的名著影片大学生大都看过，也都在《佳片有约》栏目播放过。因此，文学名著完全可以借助电影的先天传播优势来增加自身被人阅读的机会。正是基于这样的理念，武汉大学图书馆开展的"珞珈阅读广场"活动特设"影像阅读"子活动，试图通过"阅读电影"来推

---

① 360百科：《佳片有约》，http：//baike. so. com/411672-436035. html。

动"名著阅读"。湖南人文科技学院图书馆举办的"文学名著电影欣赏节"，活动期间，精选 4 部文学名著电影，集中于两周内的周五、周六晚上播出，并学习《佳片有约》节目构架，每场电影设立活动主持人，邀请教授文学与影视欣赏课程的老师担任点评嘉宾，点评老师与主持人共同组织观影前的导视与观影后的讨论。观众还可参与现场抽奖，赢取图书馆提供的电影同名小说，也可现场办理名著借阅手续。此活动已连续举办两届，在提高观众名著品鉴能力的同时，有力地促进了馆藏资源的利用。

2. 将电影欣赏与文学写作相结合

《佳片有约》影评版常常邀请知名的影评人与媒体人作为嘉宾，与现场的几十位观众一起解读影片主题带来的思考。"文学名著电影欣赏节"除了在电影播放现场组织讨论外，还可将《佳片有约》的"电影评说"以"影评书评有奖征文"的形式付诸实践。读者可以围绕观看的电影、阅读的名著撰写读书心得，参与活动。尽管当下征文是高校图书馆常常开展的活动，却因形式单一，读者参与的积极性并不高。如北京师范大学图书馆在 2008－2013 年连续举办的 6 次征文活动中，收到的读者征文最多时 100 篇，最少时仅 40 篇。[①]相比而言，若能将读名著、观电影、写心得三者有机结合，在提高活动复合度的同时，又能扩大活动的参与面。如湖南人文科技学院开展的文学名著电影欣赏节活动，每年参与观影的读者达 2000 余人次，2015 年与 2016 年收到的影评书评征文分别为 333 篇与 289 篇，远高于单一的主题征文篇数。

（三）《中国成语大会》运作形式应用于"校园成语大赛"

《中国成语大会》作为一档文化益智类节目，用"猜词比赛"的方式，让以往严肃正经的成语学习变得趣味十足，也让家长和孩子们心甘情愿地蹲守在电视机前，自觉接受传统文化的熏陶。[②]虽然该节目形态被使用时的复杂性较高，但是，因其具备可观察性与良好的相容性而易被高校图书馆借鉴应用。

1. 采用团队运作机制

《中国成语大会》节目采用团队运作机制，由专业公司为中央电视台量身定制。校园成语大赛麻雀虽小，却也五脏俱全，同样需要组建综合素质较高的运作团队。实践中，采用合作方式开展活动是一种经济又理想的方案。如

---

① 雷菊霞：《新环境下图书馆阅读推广工作探析——北京师范大学阅读推广实践与思考》，载《大学图书馆学报》，2014 年，第 5 期，第 88 页。

② 黄晓雅：《〈中国成语大会〉总决赛那晚 收视爬上全国第一时，制作团队都哭了》，载《南方都市报》，2016 年 2 月 4 日。

衢州学院的成语大赛由校团委主办、校学生会承办①，闽江学院的成语大赛由图书馆与学工部联合主办、自律会与读者协会共同承办②，湖南人文科技学院的成语大赛由图书馆与读者俱乐部联合举办。图书馆提供场地与经费，邀请点评嘉宾，进行活动指导与协调；学生社团负责活动宣传、监考、阅卷、场地布置、主持人选拔、摄像、新闻报道、问卷调查等具体事务；并成立了由副馆长、馆员及 3 位社团干部组成的 5 人运作团队。在活动准备阶段，以《中国成语大会》第二季为范本，团队成员共同观看节目，并做了详细的观读记录，商讨活动的整体框架，抓住"出题"与"主持"两个关键环节，在社团内部临时成立了两个与之相应的小组。

2. 效仿节目制作形态

《中国成语大会》将中国文化的传统精髓与民间流行的猜词竞技有机融合，节目的制作形态可以概括为限时、描述、猜词和点评四个关键词。"限时"制造紧张刺激，"描述"产生情境画面，"猜词"带来趣味和悬疑，"点评"明确来龙去脉，使得《中国成语大会》节目犹如探案一样扣人心弦。校园成语大赛可以效仿《中国成语大会》设立目标计时猜词、双音节同题猜词、单词限猜、限时竞猜等环节，以营造特定的比赛氛围；也可邀请校内教学经验丰富、口碑良好、学养深厚的专业老师担任点评嘉宾，以呈现比赛的专业性和学术性。此外，校园成语大赛在接受创新扩散的同时，还可以根据各自的校情和馆情进行合理创新。如南开大学的成语大赛在初赛中设计了成语作文题，让参赛者谈谈对俗语"得饶人处且饶人"和"纵虎归山，后患无穷"③的看法，以考察选手综合运用成语知识的能力；重庆文理学院的成语大赛在决赛中设计了"成语演讲"④ 环节，以成语为素材，以演讲的方式传播成语文化；湖南人文科技学院的成语大赛初赛不仅采用成语重点字填空、成语运用正确判断、根据释义写成语、成语接龙等常规题型，还创造性地设计了补充八字成语的前半句或后半句，写出给定成语的反义成语等题型，以全面考查

---

① 共青团衢州委员会：《我校第七届读书节举行成语大赛》，http：//www. qzu. zj. cn/tw/info-1233. aspx。

② 文献借阅与推广部：《成竹在胸，语秒天下——图书馆第四届读书文化节百科知识竞赛之成语英雄成功举办》，http//lib. mju. edu. cn/sub-news/article. asp？id=642。

③ 南开新闻网：《南开大学成语大赛决赛举行》，http：//news. nankai. edu. cn/qqxy/system/2014/04/29/000179114. shtml。

④ 图书馆《大学生文化协会成功举办成语大赛》，http：//lib. cqwu. net/ xwgg/85827. jhtml。

选手的成语书写能力、运用能力以及成语掌握的广度和深度，进而凸显校园成语大赛的知识性和趣味性。

三、创意节目在阅读推广应用中的多维启示

（一）收集电视节目创意，创新阅读推广活动

电子传播时代，媒介竞争日趋激烈。为了在竞争中立于不败之地，近年来，电视人更新观念，大胆探索，推出了许多全新的电视节目。全民阅读时代，好的阅读推广活动同样需要阅读推广人构思好的创意。因此，高校阅读推广馆员可以从丰富多彩的电视节目中吸收灵感，除了将《开讲啦》《佳片有约》《中国成语大会》的创意应用于高校的真人图书馆、名著电影欣赏与校园成语大赛外，还可将相容性好、相对优势明显的节目运作形式扩散到高校的阅读推广活动中。如可将《我是演说家》"有效的说、积极的听、适度的演"的节目样态引入校园演讲比赛中，一改以往"表演＋说教"的演讲模式，将演讲舞台打造成为一个"多功能的表达平台"①，让所有有故事、有经历、能说话的人都能体验到演讲的乐趣；也可学习《一站到底》"守擂、攻擂"的答题模式，开展校园知识竞赛活动，以满足大学生的竞争心理与交友需求。在每一个人都是电视观众的当下，阅读推广馆员若能保持高度的创新敏感性，从观众满意的电视节目中收集创意并植入高校的阅读推广活动，就能有效解决诸如推广活动单调、用户体验不足、缺乏创新与整体规划②等问题，进而开辟高校图书馆阅读推广新局面。

（二）导入项目合作机制，打造校园阅读品牌

美国项目管理专业资质认证委员会主席 Paul Grace 曾说："在当今社会中，一切都是项目，一切也将成为项目"③。每一档电视节目都可以视为一个项目，如《开讲啦》《中国成语大会》《我是演说家》《一站到底》等节目都是采用与专业公司合作的项目机制，通过创新节目样态、彰显节目个性来满足受众需求，从而成就其"精品"的特性。同样，高校图书馆可以将每一个阅

---

① 王素芳：《〈我是演说家〉：表达和表演的双重魅力》，载《写作》，2016 年，第 2 期，第 59 页。

② 苏海燕：《大学图书馆阅读推广模式研究》，载《山东图书馆学刊》，2012 年，第 2 期，第 52—55 页。

③ 冯留燕：《全民阅读推广活动中的阅读推广项目运作策略研究》（硕士论文），昆明：云南大学公共管理学院，2011 年，第 19 页。

读推广活动视为一个阅读推广项目，并采用与学生社团合作的方式，构建项目组织，实行项目管理，以弥补图书馆人力不足的缺陷。如上海交通大学图书馆首创的"鲜悦 Living Library"[①] 项目，实行图书馆指导下的学生社团责任制，由图书馆学生管理委员会全面负责项目运营，使得"鲜悦"获得了很好的传承，已发展成为国内真人图书馆的一面旗帜。湖南师范大学图书馆主办的读书月活动，将各项子活动单列，以"竞标"的方式让各社团分头或联合承办，使得"读书月"[②] 已成为该馆的一大活动品牌，并被其他高校图书馆学习推广，产生了良好的社会效应。湖南人文科技学院图书馆也为一些大型阅读推广活动组建了项目运作团队，如真人图书馆项目由大学生科技协会全面运营，文学名著电影欣赏节由电影协会与四大文学社团共同管理，"一校一书"共读活动由读者俱乐部负责实施，使得这三个阅读项目逐渐发展成为该校的三个阅读品牌。

（三）重视活动主持，确保项目水准

主持人不仅活跃在电视荧屏上，在图书馆组织的各种仪式、讲座、竞赛类活动中也能看到主持人的身影。他们在特定的节目与活动情景中，以直接平等的交流方式主导并推动着节目和活动进程，体现节目和活动的意图。[③] 为此，主持人的风格气质必须与节目的定位相吻合。如定位为青年电视公开课的《开讲啦》节目以外形帅气、睿智幽默的青年才俊撒贝宁为主持人，《中国成语大会》以知识传播为使命，其节目主持人则选择知识储备全面、文化功底深厚的张腾岳担任，使得这两档节目都收到了"人托节目、节目托人"[④] 的良好效果。高校图书馆的阅读推广活动如真人图书馆、文学名著电影欣赏节、校园成语大赛、经典阅读知识竞赛等，也都需要出色的活动主持人。实践中，由于这些活动大都与学生社团共同举办，本着鼓励引导、大胆放手、锻炼社团的原则，主持人选拔基本局限在社团内部，阅读推广馆员并未介入主持人选拔过程，使得推选出的主持人只具备了外在形象良好、普通话标准、喜爱主持等基本条件，忽略了对专业技能与知识素养的考量，进而影响了活动现

---

① 徐炜、徐璟：《鲜悦 Living Library 在上海交通大学图书馆的实践与拓展》，见陈进：《大学图书馆文化体系建设》，上海：上海交通大学出版社，2013年，第146—155页。

② 李艳萍、鄢朝晖：《以学生社团建设为推手构建校园阅读文化》，载《高校图书馆工作》，2014年，第2期，第11—12页。

③ 应天常：《节目主持人通论》，武汉：武汉大学出版社，2007年，第33页。

④ 应天常：《节目主持人通论》，武汉：武汉大学出版社，2007年，第44页。

场的运行质量。因此，在面向全校举行的大型阅读推广活动中，主持人的选拔可以跳出社团范围，采用招募或邀请的方式，尽可能聘用主持经验丰富的学生担任，以确保活动的高水准。

（四）强化用户体验，提高活动黏性

在信息传播过程中，受众兼具信息接收者、媒介使用参与者和信息反馈者三重身份，他们的权利和作用也越来越得到媒介的重视和满足。[①] 电视媒介更是坚持受众本位的传播模式，融入互动传播理念，无论是节目形态构成，还是表现手段选择，都在努力营造参与的情境。如《开讲啦》节目特设的青年代表提问互动环节，《佳片有约》栏目设立的"佳片导视"和"佳片漫谈"版块，《中国成语大会》首创的"题面半公开"方式等，都是为了增强节目与观众的互动，突出受众的主体地位。高校图书馆开展的阅读推广活动，虽然在人力、物力、财力和技术上都没法与电视节目相提并论，却仍然可以使用一些传统手段来强化用户体验。如在真人图书馆中，将嘉宾座位设置在听众中间，让真人图书与读者平起平坐，以营造平等、亲切、友好的交流氛围；在文学名著电影欣赏节中，不仅可以邀请专业老师与现场观众共谈观影感受，还可让读者以写作征文的方式参与互动；在校园成语大赛现场，设置幸运观众奖，将参赛选手未答对的题目交给观众回答，并给答对者赠送礼品，也可邀请观众对选手表现发表意见。通过观众提问、观众答题、观众点评、观众获奖等方式，让观众获得深度体验，从而提高活动的看点和黏性。

（五）注重活动评估，提升阅读推广水平

对电视节目进行评估的最好方式莫过于收视率的调查。为了提高收视率、占领受众市场，节目制作方大都会进行广泛的需求调查。如《开讲啦》节目在制作过程中，导演团队走访了近百所大专院校，与数千名大学生开展了细致深入的座谈和问卷调查。[②]《佳片有约》栏目也对受众的年龄、学历、经济收入、消费能力进行了精准定位，使得该节目连续 18 年来始终保持着旺盛的生命力。因此，高校图书馆开展的阅读推广活动，应该分阶段进行内部评估和外部评估。内部评估是指图书馆成立专门的评价人员或小组，对推广活动的需求、过程和影响进行评估。如在活动开始前采用书面调查、专业咨询和

---

① 张晓锋：《解构电视：电视传播学新论》，北京：中国广播电视出版社，2006 年，第 32 页。

② 杨晖、唐剑聪：《中国电视人文价值的构建——以央视综合频道〈开讲啦〉节目为例》，载《电视研究》，2013 年，第 4 期，第 58—61 页。

同行对照等方法了解用户需求，以明确图书馆服务和读者期望之间的差距；活动实施后，对活动方案、实施过程、活动成本进行有针对性的评估，以检查活动是否达到了预定的目标和期望的效果；活动结束一段时间后，总结评估活动对图书馆资源利用、服务促进、馆员工作量所产生的影响，以确定该活动是否能够持续开展。外部评估是指以读者或专家组织为主体对阅读推广活动进行评价。外部专家可以通过亲自考察和核实评估材料的方式来发现活动的优势和不足之处；读者可以通过现场发言、参与讨论、留言、网上评价等方式对活动感受进行直观评价，图书馆也可采用访谈、设立留言簿、问卷调查等方法收集读者评价，从而达到吸取经验、找出差距、改进工作的目的。这种全方位多角度的活动评估，既能提高图书馆的阅读推广水平，又能促进社团业务素质的发展。

在电视传媒业高度发达的当下，一些人文气息浓厚的精品电视节目为高校图书馆的阅读推广工作带来了许多有益启示。高校阅读推广人在关注这些人气节目的同时，拓展思维，将一些相容性好，相对优势明显、复杂性适当的节目运作形式扩散到高校的阅读推广领域，并结合各自的校情和馆情，创造性地开展阅读推广活动，从而为高校图书馆的服务创新探索一条新路径。

第四节　基于协同阅读推广体系的双向思考

当前，"全民阅读"得到了图书馆界、出版界、企业和民间组织的一致响应。公共图书馆作为全民阅读的重要推动者，打造了一系列阅读推广活动品牌，如深圳读书月、三湘读书月、东莞读书节、上图讲坛、真人图书阅读等活动，因公众参与面广、定期持续举行而收到了良好的社会效益。相比之下，高校图书馆的阅读推广活动缺乏系统性和常规性，在声势、规模、影响、效果等方面远不及一些省市公共图书馆。鉴于此，湖南省高校图工委于2013年开始组织全省高校图书馆开展协同背景下的"一校一书——经典、精读、经世"阅读推广活动。本节将就这种协同背景下的阅读推广体系作出正反两方面的思考，并提出改进的策略，以求扬长避短之功效。

一、"一校一书"阅读推广活动之概述

湖南省普通高校图书馆"一校一书——经典、精读、经世"阅读活动由湖南省教育厅高等教育处和中国图书馆学会阅读推广委员会指导，湖南省高

等学校图书情报工作委员会组织，活动覆盖全省 37 所普通高等学校近 70 万师生，计划每年开展一次，试图打造具有持续影响力的区域性高校图书馆阅读推广品牌，与以湖南公共图书馆为主推力的"三湘读书月"活动遥相呼应，共同弘扬湖湘文化、促进"书香湖南"建设。活动分四个阶段进行：（1）好书推荐与精读图书产生阶段。每年 4 月，湖南省高校图工委给各高校下发"一校一书"阅读推广活动通知，各高校根据通知要求制订本校的阅读推广活动方案；采用读者投票、馆长推荐、教授推荐等方式，产生一种图书作为全校师生本年度的精读图书。（2）精读与互动阶段。每年 5 月至 9 月，各高校围绕精读图书酌情开展系列活动，如图书宣传、学术演讲、作者访谈、读书讨论会、读书心得有奖征文等。（3）读书心得网上评选阶段。为了鼓励读者精细阅读指定图书，各高校图书馆都开展读书心得有奖征文活动。9 月下旬，各高校将评选出的优秀读书心得按比例送交高校图工委参与全省网上交流评价。高校图工委将读书心得编号挂网，于 10 月初开通网上投票系统，投票时间于 11 月 30 日截止，届时投票系统关闭。① （4）统计与表彰阶段。12 月上旬各校撰写活动总结，将有关材料报湖南省高校图工委秘书处并申报相关奖项，秘书处统计投票结果，组织专家进行申报奖项评选，在馆长年会上颁发奖励。

二、"一校一书"阅读推广活动的正向思考

（一）"一校一书"阅读活动是共同阅读的一种有效组织形式

根据在阅读一本书过程中参与的人数多少，可以把阅读分为个别阅读和共同阅读。② 长期以来，传统的应试教育着重培养了学生个别阅读的习惯，学生无形中认为读书是个人的事，与别人无关，也就不会主动与同学交流分享自己的阅读心得，常常是一个人在战斗，走入社会，自然就缺乏与人合作的意识和能力。然而，尽管现代社会物质高度丰富、科技不断进步，可人与人之间的关系不仅没有靠拢，反而更加疏远了，而人们的情感需求在钢筋、水泥、手机、电脑的映衬下显得更加迫切。共同阅读正好顺应了这种时代发展的要求，已逐渐成为当代生活的一种主要方式。"一校一书"阅读活动正是共同阅读的一种有效组织形式，大家同阅一本书，读者不仅可以从个人的阅读

---

① 陈有志、赵研科：《协同背景下的阅读推广体系实证研究》，载《高校图书馆工作》，2014 年，第 2 期，第 6—8 页。

② 朱永新：《我的阅读观》，北京：中国人民大学出版社，2012 年，第 14—15 页。

中汲取营养，还可以从他人的阅读中吸收灵光，从而使得群体的精神生活空间更加丰盈。

（二）"一校一书"阅读活动是经典阅读的一个良好契机

阅读经典就是向"大师"学习，此道理对于具有一定知识素养的大学生来说，几乎人人都懂。可是，据复旦大学的调查，经常阅读人文社会科学典籍和学术类著作、期刊的大学生不足三成。[①] 那么，为什么大学生在阅读过程中会自觉或不自觉地规避经典呢？究其原因，除了经典本身因人物太多、人名太长、描写抽象、缺乏故事情节、厚如砖头等自身原因而给读者造成晦涩难读以外，在传播技术失控的时代，"快节奏、碎片化的生活方式使得人们很难静下心来读书"恐怕是另一重要主观因素，也就不难理解《红楼梦》《三国演义》《水浒传》《西游记》中国四大古典名著，《百年孤独》《尤利西斯》《瓦尔登湖》等外国名著会被 90 后列为"死活也读不下去的书"了。尽管不少阅读爱好者推荐了"睡前强迫法""慢读法"等阅读经典的"良方"，但这都是"一个人在战斗"，需要每一位读者具有强大的自我执行力才能完成。而"一校一书"阅读活动刚好弥补了这种"独学而无友，则孤陋而寡闻"的个别阅读缺陷。大家同读一本经典，相互询问阅读进度、交流阅读感受、克服阅读困难，阅读就在这种相互勉励中持续进行，变"难以下咽"的经典为"甘之如饴"的经典。

（三）"一校一书"阅读活动是深层阅读的一个重要推力

当下，大学生"一人一手机、一人一电脑"已成现实。手机、电脑等网络终端的普及在开阔人们视野的同时，也使得以快餐式、跳跃性、碎片化为特征的浅层阅读正在迅速取代深层阅读。校园里随处可见的"低头族"，让人们十分忧心这种流于浅表、走马观花式的阅读，如果长此以往，很难说不会对大学生造成视力低下、性格孤僻、思维退化等身体与心理障碍。在此背景下开展的"一校一书"阅读活动，以撰写"读书心得"为任务，所谓"压力就是动力"，这种带着明确任务的稍具强迫性的阅读活动，有力地推动着大学生自觉进行深层阅读。如有读者坦言：曾三次想读《谁的青春不迷茫》一书，第一次是在读书网站的编辑推荐下买下了此书，却只大概地翻了一下，就丢在一旁。第二次听说该书作者刘同要来所读大学演讲，想拿起书好好温习一

---

① 彭艳、屈南、李建秀：《试论大学图书馆的经典阅读推广》，载《大学图书馆学报》，2012年，第 2 期，第 91 页。

下，可终究刘同的名气敌不过自己的懒气，演讲没去，书也没看全。第三次是在"一校一书"阅读活动的推动下，不仅深入阅读了全书，还写出优秀的读书心得在全省传阅。正如一位同学在获奖感言中所说："'一校一书'阅读活动最重要的好处是培养了我们静下心来耐着性子读完一本书的习惯"。

（四）"一校一书"阅读活动是协同推广阅读的一种有益尝试

随着阅读推广工作的持续深入开展，高校图书馆已经意识到单靠图书馆的力量来进行阅读推广不仅费时费力，而且收效十分有限。要想取得好的效果，必须建立多方位、多层次、多形式的阅读推广体系。因此，高校图书馆纷纷与校内各部门合作，共同开展阅读活动。如与各教学系部合作，将阅读教育纳入到系部课程设置与教学评价体系中；[①] 与学生社团合作，有选择地吸收并培育学生社团致力于图书馆的阅读推广活动。[②] 无论是馆系合作还是馆社（指学生社团）合作，都囿于学校内部，同区域高校之间协同推广阅读的案例还不多见。"一校一书"阅读活动是在省级高校图工委的统一领导下，同一时间、同一形式、同一评价机制、不同地点开展的共同阅读活动，在活动规模、活动影响、活动收益上成效显著，是区域性图书馆协同推广阅读的一种有益尝试。

三、"一校一书"阅读推广活动的反向思考

（一）"一校一书"阅读活动限制了读者的阅读选择权

对阅读的介入是阅读推广的前提。权威又强势的阅读推广一定伴随着过度干预的成分。"一校一书"，这种"万人共读一本书"的活动首要的缺陷是限制了读者的阅读选择权。尽管精读图书是在读者投票、馆长推荐与教授推荐下产生的，但是最终的取舍原则要么是"少数服从多数"，要么是"多数服从少数"。无论遵循哪一条原则，都有相当一部分读者的阅读选择权被剥夺。也许有人会说，你可以选择不参与。可是阅读推广的目的不就是要吸引读者广泛参与吗？况且在"撰写读书心得"这项作业的支配下，许多学生只好被迫服从，但他们的不满之意在读后感中表露无遗。如有位读者借书中人物的

---

① 苏海燕：《大学图书馆阅读推广模式研究》，载《山东图书馆学刊》，2012 年，第 2 期，第 52—55 页。

② 李艳萍、鄢朝晖：《以学生社团建设为推手构建校园阅读文化》，载《高校图书馆工作》，2014 年，第 2 期，第 10—12 页。

话直言："看个书还要写读后感是不是话多，在幺舅看来一定蠢呀……很蠢……"另有读者真实地描述了自己为了撰写读书心得而阅读的感受："发现当自己为了得到某些感触而去读书时，往往适得其反，因为想要写出文章，埋头苦读，在阅读过程中的着急，让我更深刻地体会到急于求成行不通，却又不敢让自己慢下来去读，总感觉时光走得太快，于是越着急越慢，以至于什么都做不好。"更有读者介绍了撰写评论的"快马加鞭"法："在电子文本中点开目录，随便翻一下，就开始在网上看评论，然后动笔写评论。"这些有违活动初衷的实言，都从一个侧面反映出"一校一书"阅读活动对读者阅读造成了干扰。

（二）"唯得票数"是论的评价机制导致评奖结果失真

截至 2017 年，"一校一书"阅读活动已开展了四届。前两届活动设立了四个奖项：优秀组织奖、阅读推广奖、优秀创意奖和优秀心得奖。除优秀组织奖与优秀创意奖自由申报评比外，优秀心得奖与阅读推广奖均以得票数为唯一依据。以第二届活动为例，进入网评的读书心得共计 647 篇，文章长的多达三千字，短的也有近千字。以平均每篇文章 1000 字记，647 篇征文共计64.7 万字，约合 20 万字的著作 3 部，如此巨大的阅读量，读者是很难在短时间内完成的。因此读者投票大多局限在"给本校文章投票或好友文章投票"上，跨校阅读并投票的人次十分有限。我们在网上对每所学校得票数多的与得票数少的文章进行了对比阅读，发现许多文章得票很少，却不失为值得传阅的好文章。如一学子文章《握阑夜听风吹雨》以文言为文，发表感慨："时代巨轮日更月新，而我本分，尽余之责，是为严己笃实……凭阑而握，不见华夏盛世，更见肩上之责……楚材当奋志安壤，不坠青云之志，不陷世俗河底。"另一学子文章《致胡适先生》以书信形式与伟大灵魂商讨自由之精神，提出"好校长并非不做事，而是不折腾。校长的职责，就是守护好大学的自由"的观点。以上两文充分体现了当代大学生的社会责任担当与独立人格意志，让人们看到了未来中国强盛的力量。如此值得一阅的佳作，可它们的得票数分别只有 15 票和 2 票，其时得票数高的已突破 2000 票。因此，这种"唯得票数是论"的评价机制导致了评奖结果的严重失真。

（三）单一的交流渠道降低了阅读活动的社会效益

交流是阅读推广活动的关键一环。对活动成果与推广经验进行全方位的深入交流，不仅可以扩大阅读推广活动宣传力度，也可以增加阅读推广活动的广度和深度，提升阅读推广活动的整体形象和影响力。读书心得作为"一校一书"阅读活动的直接成果,除在本校读者之间交流以外,更应在馆际之间广泛传播。可是,各校选送的优秀征文只有网上交流一条渠道,而且还只在规定的时间内才能点击阅览,过期系统自动关闭。推广经验交流也局限在馆长年会上的一次性分享。这种过分单一的交流渠道使得协同推广阅读的活动效益大打折扣。

(四) 高度统一的活动模式加大了推广的难度

"一校一书",这种"步调一致、整齐划一"的阅读推广模式,要求馆际之间必须达成高度共识,才有可能持续开展。而这种"一盘棋"式的阅读推广,显然束缚了读者阅读个性的自由发展,也加大了推广的难度。我们对"一校一书"阅读活动 2013 年与 2014 年全程参与学校名单进行了对比研究,如表 5-2 所示:

表 5-2　湖南省"一校一书"阅读活动学校参与情况分析

第一届	参与学校数		22		
(2013 年)	未参与学校数		15		
第二届 (2014 年)	参与学校数	26	持续参与数	18	持续参与率	18/22＝81.8％
			新增参与数	8	新增参与率	8/15＝53.3％
	未参与学校数	11	第一届参与第二届放弃	4	放弃率	4/22＝18.1％
			两届都未参与	7	完全拒绝率	7/37＝18.9％

从表 5-2 中的数据可以看出:在全程参与第一届阅读活动的 22 所高校中,有 18 所继续参与了第二届阅读活动,持续参与率达 81.8％,说明认可此项活动的学校认为"一校一书"阅读活动对学校阅读风尚的倡导发挥了正面积极的作用。在未参与第一届阅读活动的 15 所高校中,有 8 所高校全程参与了第二届活动,新增参与率达 53.3％。说明"一校一书"阅读活动对未体验过的高校还是很有吸引力的。但是,也不要低估 18.1％的放弃率和 18.9％的拒绝率。我们认为,选择放弃或拒绝参与的高校,一定有他们放弃或拒绝的理由。正如一位高校图书馆馆长所言:"我校认真组织开展了第一届'一校一书'阅读活动,不仅活动收益不明显,反而在一定程度上抑制了大学生读书的积极性,所以第二届活动我们选择放弃参与。"此观点从另一些高校选送的参评文章中也得到了印证。如有些读者就自选图书而非学校指定图书撰写读后感,另有一些读者提交的是自命题文章,更有学校选送的参评文章数量远远低于省高校图工委规定的比例要求。透过这些现象,可以看出"一校一书"阅读

活动在推广过程中确实存在一定难度。

四、协同背景下的阅读推广体系建设策略

(一) 构建多维评价机制

对图书馆的阅读推广活动进行"成本——效益"评估，意义重大。通过评估，可以及时发现问题、总结经验，更好地指导以后的相关活动。为了避免因为评价主体的单一而导致的评价结果偏颇，构建多维评价机制至关重要。多维评价机制应包括上级单位评价、图书馆自身评价和读者评价三个层面。从读者层面对活动进行的效益评价可以量化成读者参与广度、读者参与深度与读者满意度三个一级指标，这三个一级指标又可细化成读者参与数量、读书兴趣是否增加、到馆时间是否增加、知识能力是否增强、读书数量是否增长、读书时间是否增加、是否增加了新知识、读者是否满意等 8 个二级指标，这些二级指标可以采用数据统计和问卷调查的方式获得。图书馆自身对活动进行的成本评价可以量化成投入的时间、人力、财力、物力、是否需要与本单位其他部门合作、是否需要与外单位合作 6 个一级指标，这些指标具有易收集统计的特点，操作性强，各高校可以照此付诸实践。[①] 上级单位对活动进行的评价则可以落实到宣传力度和成果质量 2 个一级指标上。如湖南省高校图工委作为各高校图书馆的上级主管单位，对各校开展的"一校一书"阅读活动进行评价，可以从各高校图书馆主页上发布的活动信息中考量活动的宣传力度；从活动总结材料中考量读者的认可度和图书馆的重视程度；从提交的征文中考量成果质量。为了提高读者投票的精准度和覆盖面，每校只需选送最有代表性的 3—5 篇文章参与网评，以大幅度降低投票人的阅读量，从而使得文章的得票数能够基本反映文章的优劣。

(二) 多渠道进行阅读成果交流与推广经验分享

不管是哪类机构开展阅读推广活动，只有充分展示活动成果，才能让大众看到阅读推广的成效，进而扩大活动影响力，保证阅读推广活动的持续开展。读书心得作为"一校一书"阅读活动的直接成果，仅仅通过网上交流一种渠道显然是不够的。各高校可以把本校的优秀征文编印成集，除发到本校图书馆的阅览室、自习室、系部图书资料室等库室进行校内传阅外，还应赠

---

① 岳修志：《基于问卷调查的高校阅读推广活动评价》，载《大学图书馆学报》，2012年，第 5 期，第 101—105 页。

送到全省其他高校，进行校外纸本传阅，以弥补网上定期交流的不足。活动总结是对推广经验的一种全面盘点，只在馆长年会上交流介绍未免太显单一，况且年会时间有限，几十所高校很难做到一一宣讲。因此，各高校将"一校一书"活动总结发布于本校图书馆主页上，让全省的每一个馆员都有机会学习其他馆的做法，做到"知己知彼，年办年新"。此外，高校图书馆还可将活动盛况制作成视频文件提交给省高校图工委，图工委进行编辑加工后挂网上传播，让全省的大学生读者都能全方位多渠道分享活动成果。

（三）创设"一校多书"阅读推广活动

基于对读者阅读选择权的尊重，"一校一书"在一定程度上干扰了读者的阅读取向，导致读者参与度不高，活动推广难度加大。知难而求变，可变"一校一书"为"一系一书"、"一班一书"甚至"一人一书"。学校提供的书目推荐单不要只局限于各大媒体的年度好书榜。尽管好书榜上的图书相对较新，却没有经过时间的检验，许多高校经读者推荐确定的精读图书只是符合读者口味的心灵鸡汤类的励志读物。如第二届"一校一书"阅读活动就有 9 所高校推荐《谁的青春不迷茫》，占参与学校总数的 34.6%，7 所高校推荐《看见》，占参与学校总数的 26.9%；这些书籍只能给读者带来一时的激励，难以在读者的心智成长中发挥长期的功效。正如一位馆长所言："因为当下的大学生群体太浮躁、太急功近利，容易在畅销型励志读物中找到共鸣，才有这么多高校推荐此类图书。说实话，对此结果我是有些许失望的。"鉴于此，各高校图书馆可以自制书目推荐单，如可根据主题、出版社、作者、国别、年代分类推荐古今中外的经典名著与精品图书。还可变单纯的撰写读书心得为"读书演讲比赛""读书故事会""读书有奖知识竞赛""读书辩论赛"等形式多样的阅读活动，吸引读者和高校积极参与，从而使得协同背景下的区域性阅读推广活动能够持续深入健康发展。

作为协同阅读推广体系的一种尝试，"一校一书"阅读推广活动创办时，借鉴了美国"一城一书"活动和新加坡国民阅读活动的成功经验，然而，在本土化的过程中，还是出现了以上的诸多缺陷。可喜的是，随着活动的持续深入推进，2015 年以后开展的"一校一书"推广活动有了许多改进，突出表现在活动的评价机制上。首先将优秀读书心得的评选权下放到了各高校，根据学生人数每所高校选出 3—5 篇文章送省高校图工委进行复评；优秀组织奖的评选，考核更全面，要求提交活动总结、活动绩效考核表、不少于 15 个页面的活动 PPT 以及 10 张活动照片；优秀创意奖更名为"创新案例奖"，参与评选的案例必须持续开展 1 年以上，同样需提交案例总结材料、PPT 以及活动照片；增设了"优秀阅读推广人"奖等。更值得称道的是该活动从 2016 年起上升为湖南省教育厅主办，湖南省高校图工委组织实施，具有了行政型推广属性，使得全省高校图书馆开展活动的积极性进一步提高，活动逐步走上了科学合理的人性化发展轨道。

第六章

高校图书馆管理的服务方式创新

创新驱动发展，创新改变管理，创新改善服务。所以，高校图书馆管理工作的服务方式创新，是保证和提高高校图书馆工作质量的生命线。数字环境下，用户的信息需求、信息获取方式以及对服务的期望都在发生变化。高校图书馆必须适时地进行策略调整，对服务进行根本性变革，以跟上时代的步伐，更好地为学生与用户服务。

然而，在现实的高校图书馆管理中，却存在着诸多问题，如传统的新生入馆教育方式具有的"三固"特征，这在一定程度上制约着入馆教育作用的发挥；图书馆里忽视报纸管理的现象普遍存在；实行轮班制的库室管理中不时发出一些不和谐的声音；大学生"自习难"的问题屡见不鲜；高校图书馆还未主动开展社会化服务等，这些问题都是值得当下图书馆人思考和研究的。本章将从高校图书馆新生入馆教育创新、报刊管理创新、阅览室管理创新、学生自习管理创新以及高校图书馆校地共建等方面展开具体的分析与探索。

第一节 高校图书馆新生入馆教育创新

一、高校开展个性化新生入馆教育的必要性

当前，对大学新生进行入馆教育已经成为各个高校图书馆的一项常规性工作。通过入馆教育，新生不仅可以全面地了解图书馆，熟悉图书馆各类信息资源和设施，还有利于提高图书馆的管理效率和服务水平，入馆教育的方式也因互联网技术的飞速发展而不断创新。清华大学图书馆的网上"新生专

栏"就是一个创新典型。通过新生专栏，学生可以阅读专栏里的电子图书《读者指南》，学习"利用图书馆初步"网络教程，观看介绍图书馆基本概况的视频节目"走进图书馆"，学习图书馆馆藏资源检索和借阅方法及规则，查看新生"常见问题"，并通过"自测题"了解自己对图书馆资源及各项规则的掌握程度。[①] 这无疑是新生入馆教育网络化的一个典范。但是无论是电子图书、网络教程，还是视频节目、在线自测，都离不开网络终端——计算机。然而，大部分地方高校处于二、三线城市，不仅拥有的经济实力、人力资源与发展空间无法与地处一线城市的"985""211"大学相比，而且学生大都来自县乡镇中学，素质参差不齐，图书馆认知水平也有显著差异。[②] 再加上城乡贫富差距，使得地方高校拥有个人计算机的新生寥寥无几，致使网上入馆教育推行困难。因此，如何针对生源特点开展个性化的新生入馆教育是值得每所地方高校思考的一个问题。

二、高校新生入馆教育的传统做法

尽管各所高校都意识到了新生入馆教育的重要性，但由于受时间、场地、资金、人才等因素限制，入馆教育内容陈旧、方法单一，效果也不理想。我们通过访问高校图书馆网站，结合文献调研与现实观察，发现现行的新生入馆教育具有"三固"特征：

第一，时间固定。每年一度的新生入馆教育，大都安排在九、十月份，与新生军训、环境熟悉及其他的入学教育掺杂在一起，课程密集，图书馆只好见缝插针地抢夺学生时间与授课场地。

第二，内容固定。军训期间，学生时间安排紧张，加上授课场地不足，使得入馆教育每次课的授时固定为 90 分钟。在有限的时间内，授课老师只能就学生急于想了解的"馆藏布局、书目查询、借阅流程、规章制度"等固定内容进行讲解，对图书分类与排架、数据库检索与利用、科技查新与文献传递等专业内容往往是蜻蜓点水、一笔带过，更别说对大学生进行学习方法的指导与学习兴趣的激扬了。

---

① 王苗：《网络环境下的新生入馆教育》，载《晋图学刊》，2009 年，第 6 期，第 21 页。

② 根据湖南人文科技学院图书馆组织的 2010 级大一新生"图书馆认知"现状调查结果，该校 72.4% 的大一新生来自县乡镇中学，其中只有 62.2% 的学生利用过所读高中的图书资料室，来自省级以上城市中学的大一新生则全部利用过高中的图书资料室。

第三，方法固定。现行的入馆教育，大都采用"集中上课＋实地参观"的方式进行。各馆根据自身特点，事先制作好课件，选拔好资深图书馆员担任主讲人，在固定的时间就固定的内容进行宣讲；讲课完毕，再带领学生实地参观。只要图书馆的各项工作没有大的变动，图书馆员没有流动，课件与主讲人便是年复一年的循环，来年的入馆教育只是往年的简单重复，毫无新意与特色可言。

三、如何实现新生入馆教育的系统创新

新生入馆教育是一件非常烦琐的事情，要想使入馆教育工作达到理想的效果，就不能将其定位在一两周内完成的简介式教育层面上，而应是一个正规化、系列化的阶段性教育，其教育时间应延续至新生入学后的半年。[①] 除了放宽入馆教育的时间期限，还应在入馆教育内容、方法、管理等方面进行创新，才能保证入馆教育的质量与效果。

（一）入馆教育内容创新

传统的入馆教育内容包括"常识性知识"与"专业性知识"两个方面。馆藏布局、书目查询、借阅流程、规章制度等就属于常识性知识，此类知识没有多少深奥道理，稍加介绍就能懂。专业性知识则需要一定的学科背景，须经过专门的讲授学习才能掌握，如图书分类与排架、数据库利用、文献检索与传递、科技查新与定题服务等就属于此类。我们认为，除了这些常识性知识与专业性知识以外，对于肩负教育职责的高校图书馆来说，帮助刚入大学校门的新生尽快实现由"中学生"到"大学生"角色的转换，"学习方法的指导"与"学习兴趣的激扬"也应该成为入馆教育的主旋律。我们在近年的入馆教育实践中，以一些具体实例代替呆板的说教，从而激发学生利用图书馆的热情，收到了良好的效果。

实例 1 我校 2005 级数学与应用数学专业的一位学生，在 2009 年全日制硕士研究生入学考试中，考出了该专业湖南省第一名的好成绩，被中南大学优先录取。当老师同学问起他的学习秘诀时，他这样说："大学学得好不好，关键是看你有没有经过图书馆长时间的浸泡。大学四年，我所有的业余时间都是在图书馆里度过的。"

---

① 马桂艳：《高校图书馆新生入馆教育模式研究》，载《唐山师范学院学报》，2009年，第 2 期，第 145 页。

实例2 我校2006级外语系的一位学生，毕业时考取了汉语言文学的全日制硕士研究生。她坦言："我的中文功底来自两个途径，一是到中文系旁听相关课程，二是到图书馆索取相关知识。"

有了这两个实例作铺垫，再加上适时的点拨：中学学习的封闭性使得许多学生隐藏了自己的兴趣爱好，对大学专业的不了解使得不少学生所读的并不是自己的优势项目。因此，大学学习的一个重要任务就是要"发现自己的长处"，并充分利用大学开放的教学资源和图书馆温馨宁静的学习环境及丰富的馆藏文献，在"长处"上不断挖掘深入，持之以恒，就能成就一个出类拔萃的"自我"。在接下来的课程讲解中，同学们的学习热情高涨，丝毫没有了往昔的"消极怠工"与"被动应付"。在课后进行的"入馆教育满意度"调查中，学生对承担入馆教育课的老师的讲课满意度权值达到4.2分（非常满意＝5分，满意＝4分，基本满意＝3分，不太满意＝2分，很不满意＝1分）。

由此可见，学习方法的指导与学习兴趣的激扬，不仅提升了入馆教育课的质量，还将在大学生未来四年的学习生活中起到抛砖引玉的作用。

（二）入馆教育方法创新

在有限的时间内要同时完成学习方法指导、常识问题解答、专业知识讲授三项内容，没有方法的创新是不可能实现的。传统的入馆教育方法如集中授课、发放读者手册、实地参观、迎新美化等，让新生读者在最短的时间内掌握图书馆的初步利用技能，树立图书馆的美好形象，无疑有着立竿见影的效果。但是作为大学"信息中心"和"学习研究中心"的图书馆，更应关注学生的长远发展：信息素质的培养与学习方法的指导。

西南大学的陈靖、郑宏曾提出"入校前入馆教育法"[①]，建议把入馆教育内容做成光盘，与录取通知书一起邮寄给学生；或者把入馆教育内容系统地做好之后，挂在图书馆主页上醒目位置，由图书馆发出信函，告知新生进入图书馆主页进行入馆学习。显然，对有条件的高校和学生来说，该方法不失为一个良策。但是，对于条件不成熟的高校特别是地方本科院校来讲，我们不妨来算一笔经济账：目前市场上的空白光盘价格为3元/张，加上制作成本，估计最低也得5元/张。地处三线城市的本科院校，每年招收大学新生大约4千人，合计每年就发放光碟一项，成本将达2万元，而且招生人数越多，成本越高。在当前许多高校负债运行的情况下，此方法不具有可行性。若把

---

① 陈靖、郑宏：《普通高校新生入馆教育方法新探》，载《图书情报工作》，2009年，第23期，第98页。

它挂在图书馆主页上，发函告知新生自学倒是经济实惠，只是地方高校的生源大部分来自农村乡镇，网络传输体系还未解决"最后一公里问题"。因此，"入校前入馆教育法"无论是从学校还是学生来看，都不具有可操作性。倒是提醒我们思考：既然传统的入馆教育内容包括"常识性知识"与"专业性知识"两个大块，那么我们就可以区别待之。

一方面，把"图书馆机构设置、馆藏布局、书目查询、借阅流程、规章制度"等一看就懂的常识性内容的讲解录制成光碟，分发给新生班级（每班一套），以班为单位灵活选时（军训期间，尽早为好），利用多媒体教室组织学生观看，看完后光盘回收，来年循环利用。这样一来，光盘成本大大降低，利用效率成倍提高，"小班制"组织方式保证了学习效果，既经济环保又优质高效。

另一方面，对于"图书分类与排架、数据库利用与文献检索、科技成果查新与定题服务"等需要面授的专业性知识，如能把它们设置成公共必修课程在各高校院系开设，自是上策。但现实的情况是许多高校尤其是处于三线城市或偏远地区的地方高校，因认识不到位、专业人才缺乏、领导不重视等诸多因素影响，尚未开设与图书馆信息资源利用的相关课程。因此，图书馆集中人力与财力，举办专题知识讲座也不失为一个弥补的良策。讲座集中在大一上学期进行，不必局限于军训期间，给主讲人充分的准备时间，以保证讲座的质量。新生则根据已有知识结构自由选择聆听主题，取长补短。同时把"讲座"做成光盘，供读者借阅。

（三）入馆教育管理创新

当下，绝大多数地方高校都新建或扩建了图书馆，也使得图书馆的管理与服务上了一个新台阶。门禁系统被广泛安装在各高校图书馆的大厅入口处，学生必须凭借阅证刷卡入馆，并派有专门的保安监督。而新生必须等到入馆教育结束后才能拿到借阅证，因此，入馆教育前的那段时间，新生是没办法利用图书馆的。为了弥补以上缺陷，入馆教育可以在管理上进行创新：

首先，可为新生开辟绿色通道。从入学第一天起，新生可以在代理班主任、迎新志愿者、学长（多为老乡）的带领下参观图书馆，既可以班级为单位集体参观，也可以个人自由参观。在大开放的存取环境下，未办理借阅证的新生只要出示能证明本校学生身份的有效证件如身份证、校园卡、餐卡等，就能进入图书馆，现场自由阅览图书、报纸、期刊等文献资料，随意利用自习室看书学习。一句话，除了必须要用借阅证登记的服务外，如图书外借等，其他一切服务与库室,新生都可以享受与出入。这样做虽然加大了图书馆员的工作量,但是现场观摩使新生获得了对图书馆的美好感知,再结合光碟的观看,图书馆的初步利用技能便已形成。

其次,借阅证发放后的1－2个月内,设置"新生借书日",派专人专"机"(指计算机)为新生读者服务。同时,每周举办一次专题讲座,供读者聆听。高效、优质的授课加上馆内工作人员周到的参考咨询与实践指导,使得许多专业问题迎刃而解,学生的图书馆利用技能也在不知不觉中得到深化提高。

总之,各高校图书馆应该根据本校的生源情况、经济实力、人才特点,选择富有自身特色的入馆教育方法;大学生学习方法指导与学习兴趣激扬应该成为入馆教育的新内容;管理方式的创新是提高入馆教育质量的有力保障。特别是处于三线城市的地方高校,简单方便、经济实用而富有个性的入馆教育新模式将成为他们的首要选择。

第二节　高校图书馆报纸管理创新

一、高校图书馆报纸管理的重要性

当前,图书馆界重视期刊、图书管理研究,忽视报纸管理研究的做法是有目共睹的。原因主要有二:一是期刊的利用率要大大高于报纸。据学者对由中国科学院文献情报中心主办的四级核心期刊《图书情报工作》在2003年全年每期每篇论文引用的文献来源进行统计的结果,发现"引文中引用书的数量为655篇,引用期刊的数量为1514篇,引用报纸的数量仅为46篇"[1]。二是期刊的管理要比报纸管理复杂。报纸管理只需要经过签收、上架、下架、装订等几个环节,期刊管理除上述环节外,还需利用图书集成管理系统进行编目、记到、装订处理。尽管如此,报纸仍以它记录性好、易于保存、报道及时快速详尽[2]等优点,使读者在休闲娱乐的同时,能够获得知识、了解政策、开阔视野、获取信息,因而拥有固定的读者群,也成为图书馆尤其是高

---

① 黄磊:《网络环境下高校图书馆读者利用文献的调查分析》,载《现代情报》,2009年,第8期,第86页。

② 李颖新:《论报纸在大学图书馆中的功能与作用》,载《河北大学成人教育学院学报》,2009年,第3期,第119页。

校图书馆必备的纸质文献。为了快速地实现报纸"日日更新",我们创新了一套有别于传统报纸管理的方法,这就是:使用"架层类别法"给报纸排架,运用"差异要求阅览法"规范读者的阅报行为,采用"一一对应法"快速实现报纸"日日更新"。

二、报纸管理的排架方法创新

不同的报纸有着不同的报名、国内统一刊号、邮发代号和刊期。根据每种报纸的这些独有特征,基本的报纸排架方法有:按报名首字母排架、按国内统一刊号排架、按邮发代号排架、按刊期排架 4 种。在实践中,这些排架方法各有利弊。如按国内统一刊号排架与按邮发代号排架,都有利于将同一地区出版的报纸放在一起;按刊期排架有助于将刊期相同的报纸放在一块,使报纸更新有规律可循;按报名首字母排架,则因首字母顺序浅显易懂,一目了然,使每日收到的新报只经粗略分类甚至不用分类就可直接上架而被许多高校图书馆广泛采用。但是,以上 4 种排架方法无一例外都有一些共同的缺点:一是报纸分不出主次。如各高校图书馆必备的主打报纸,《人民日报》《中国日报(英文版)》《光明日报》《解放军报》《参考消息》等将被分散放置于不同的报架。二是不利于读者阅览。不同的读者有着不同的阅读喜好,如喜欢阅读电子信息类报纸的读者将要从不同的报架去寻找《网络世界》《中国网友报》《电脑商情报》《市场信息报》《通信信息报》等报种,既耗时又费力。因此,不少报纸管理人员摸索出了用多种单一方法进行合理组配的复合排架法,如广东茂名学院图书馆的李彩云提出了"字数笔画+邮发代号"的报纸排架法[①],青岛农业大学图书馆的潘艳霞提出了"明码+暗字"的报纸排架方法[②],且这些方法都解决了各自图书馆报纸管理中存在的突出问题。但是,从普遍意义上看,科学的报纸排架方法应符合三个特征:第一,应符合读者的阅览兴趣;第二,应便于读者阅报后的正确归位;第三,应有利于报纸管理人员的报纸更新与整架工作。综合考虑以上三个特征,我们创造了一种新的报纸排架方法——架层类别排架法。顾名思义,架层类别排架法就是指用"架层号+类别名"来给报纸进行排架的方法。其具体操作步骤如下:

---

① 李彩云:《字数笔画与邮发代号相结合——一种简便合理的中文报纸排架排序法》,载《现代情报》,2005 年,第 8 期,第 196—197 页。

② 潘艳霞:《高校图书馆报纸阅览室乱架问题研究》,载《图书馆建设》,2010 年,第 7 期,第 81—83 页。

首先，把各自图书馆订购的所有报种根据主题按照《中国图书馆分类法》的 22 个大类进行分类，或者根据中国邮政报刊简明目录中的报纸分类目录分类。如湖南人文科技学院图书馆订购的 104 种报纸按中国邮政报刊简明目录中的报纸分类目录分成 13 个类别，即时政新闻类，妇女、青年类，劳动、人事类，法制类，经济类，科技类，教育、教学类，商业、信息类，体育、艺术类，卫生、保健类，文学、文摘类，都市类和电视、娱乐类，倘若报纸订阅种类更多，类别则可分得更细。同一类别里的不同报种，则按邮发代号排序。

其次，在按类别排架法排好的每一种报名前加上该报的存放地点——架层号。如《人民日报》按类别排架法归属于时政新闻类，排放在第一架的第 1 层，于是便在《人民日报》的报夹正上方中央记录上"一（1）人民日报"，"一"代表第一架，"（1）"代表第 1 层，从而形成"架层号＋类别名"的复合排架方法，其中的"架层号"能够有效指引读者给报纸正确归位和工作人员整架，"类别名"则起着"导读"的作用。

三、报纸乱架问题解决方法创新

因传统的"报纸排架方法不利于读者掌握、排架标签不能直观显示报纸位置以及读者的就近放置习惯与报纸存放位置忘记"[①] 等原因，导致"乱架"问题成为报纸管理的一个突出问题。常见的报纸乱架情况有三种：一是放乱报柜（指小型柜式报纸架），即读者往往把属于 A 柜的报纸放入 B 柜。二是放乱报层，普通报柜从高到低依次可以存放 8 个报夹，形成"阶梯式"排放效果。读者往往把同一报柜里的报夹放乱层数，如往往把一架 1 层报放入一架 2 层。三是放乱日期和版面。此种情况常发生在当月过期报纸架上，报纸更新时，通常的做法是上夹时不清点版面顺序，下夹时再清点版面顺序。因此，更换下来的每份过期报，先按版面排序，再按日期由远到近叠放在报纸平放架上。读者在阅览过期报时，往往把日期和版面顺序放乱。针对以上三种不同的乱架情况，我们对当日报、当月过期报、过月过期报提出了不同的管理要求，并运用"差异要求阅览法"来规范读者的阅报行为，有效解决了报纸乱架问题。

---

① 潘艳霞：《高校图书馆报纸阅览室乱架问题研究》，载《图书馆建设》，2010 年，第 7 期，第 82 页。

（一）当日报随意阅览，报纸更新时顺便整架

当日报因为信息新而受到读者的青睐，因此，对于存放在报柜上的当日报，读者可以随意阅览。既可以一次取走一份报阅览，也可以一次取走多份报阅览。阅览时只需要求把报夹和报纸一同取走，因每一个报夹上都标明了"架层号"和"报纸名"，所以不必担心读者会把报纸放错报夹的事情发生。又因每一个报柜上都明确标上了"架号"和"层号"，读者归还报夹时只需"对号入座"即可，因此，"放乱报柜"和"放乱报层"的情况很少发生。即使发生，许多读者也能自觉调整，报纸管理员只需在每日报纸更新时稍作整理，便可井然有序，用时仅需几分钟。

（二）当月过期报附加要求阅览，月满下架（指报纸平放架）时，再次整理

每种报纸的当月过期报少则几份，多则几十份，报纸管理员每天在给下夹报纸清理版面时，对版面较多的"散页报"用回形针或订书针装订成份，再按日期顺序日日累积叠放到报纸平放架上。因此，对要求阅览当月过期报的读者的阅览行为提出附加要求：

第一，阅览时需把该报种的当月过期报全部取走，以防止因多人同阅同种过期报而导致放乱日期的情况发生。

第二，要求读者阅后确保版面和日期顺序正确。除了对读者严格要求外，报纸管理员平日要做好监督指导工作。月满下架时，要对每种报纸的当月过期报做日期和版面顺序的再次清查，既为报纸装订做好准备，也对缺期报纸做到心中有数，方便向邮局追查。

（三）过月过期报限制阅览

大多数报纸因信息过时而失去其利用价值，如各种晨报、晚报、电视娱乐报等，所以，过月过期报不满足读者的盲目浏览要求，只满足有明确阅读目的的读者要求。如需阅读某月某日某种报，或需寻找有关某个主题的资料，报纸管理员根据读者的这些具体要求亲自办理索取、借阅和归还手续。

四、柜、夹报纸轮换更新方法创新

更新周期短是报纸文献的一个重要特点，也正因为报纸的更新周期短，所以报纸的生命是以"日"为单位计算的。因此，如何快速实现报纸"日日更新"应是报纸管理的核心问题。因大部分高校图书馆的报纸管理使用"按报名首字母排架"的方法，以致传统的报纸更新使用"随到随换"的方法，看似省去了"分类"的步骤，实则花费了更多的时间。为了快速实现报纸"日日更新"，在现实工作中，我们探索出了一种行之有效的方法：一一对应法。

（一）报柜与报夹一一对应

湖南人文科技学院图书馆共订购报纸 104 种，有报柜 13 个，每个报柜可放报夹 8 个。为了固定每种报纸的存放地点，首先把报柜与报夹一一对应起来。即在每一个报柜上张贴该报柜的架号、存放的报纸类别及目录，并在报柜左边边脊上用书标写上"层号"贴上（因边脊窄，用书标写层号更醒目），在相应的 8 个报夹上用油性颜料笔写上每个报夹存放的"架层号"，并用书标写好"报纸名"贴在相应的报夹正上方中央（用书标写报名，更有利于来年报纸种类调整），形成如下效果：

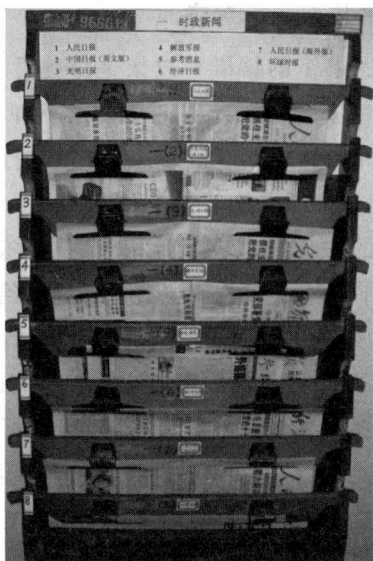

图 6-1　报柜示意图

这样做有三个好处：第一，每个报柜上张贴的类别名与报纸目录起到了一个"图标导读"① 的作用。第二，每个报夹上张贴的报纸名，便于读者寻找报纸和工作人员更新报纸。第三，报夹上的架层号和报柜上的架层号一一对应起来，便于读者阅报后正确归位和工作人员整架。

---

① 覃汉谋：《浅谈报刊管理工作的新理念与举措》，载《广西师范学院学报（哲学社会科学版）》，2008 年，第 S1 期，第 259 页。

（二）报柜与分报桌一一对应

把每一个报柜上张贴的架号、报纸类别和目录一式两份，除贴在报柜上的一份外，另一份张贴在分报桌上，使报柜与分报桌一一对应起来。一张1.5m＊1m的阅览桌能够分放4个报柜的报纸，13个报柜只需准备4张阅览桌作为分报用即可。每日收到报纸，首先按照分报桌上张贴的报纸存放目录分类，只需把同一报柜的报纸放在一起，而不需要按层号排序。因为给报纸上夹时，只要看报夹上张贴的报名而不需要看层号。按这样的方法，给50份报纸分类大约需要5分钟，平均每份报纸用时0.1分钟；再把分好的报纸按报柜顺序依次上架，利用书车可以同时更换1－6架报纸而不会乱序，这样，更新50份报纸大约需要10分钟，平均每份报纸用时0.2分钟。

（三）报柜与报纸平放架一一对应

湖南人文科技学院图书馆的报纸平放架是由普通书架改装而成。按照每个报柜上的报纸存放顺序安排每种当月过期报在报纸平放架上的存放顺序，并在相应位置张贴上该种报的架层号和报名（先整体打印在A4纸上，再裁成条状张贴），使每个报柜与报纸平放架一一对应。由于更新报纸是按报柜顺序进行的，所以更换下来的往日报也应保持相应的顺序，并按版面、日期清理好顺序，然后放到报纸平放架上的相应位置。这样，给更换下来的50份报纸整序再上架（指报纸平放架）大约需要35分钟，合计起来，每日更新50份报纸共用时约50分钟，平均每份报纸用时1分钟。而以往按报名首字母排架时使用大致分类法随机更新报纸，平均每份报纸用时约2分钟，每日更新报纸的时间约1.5小时。因邮局双休日不送报，每到星期一则需要更新整理3日的报纸，耗时也就更长，往往是上午忙不完，下午接着做，若是送报晚点，更新工作则需持续到晚上，既耽误了读者阅览的时间，也降低了报纸的利用率。

实践证明，"架层类别排架法"既符合读者的阅览兴趣，又有利于读者阅报后的正确归位和报纸管理员的更新与整架工作；"差异要求阅览法"有效解决了报纸乱架问题；"一一对应法"大大节省了报纸更新的时间成本。特别是在大多数高校实行报纸与现刊或过刊合并设置阅览室进行共同管理的当下，以上报纸管理方法的创新，使得图书馆员有更多的时间投入到期刊管理上。

第三节　"责任原理"在过刊阅览室管理中的妙用

期刊、图书、报纸被称为图书馆的三大黄金纸本文献。期刊更以其品种多、内容丰富、报道快捷、出版周期短等特点而深受广大读者的喜爱，成为图书馆尤其是高校图书馆文献信息资源建设的主体，对期刊的管理和利用也成为图书馆工作的一个重要内容。综观当前的高校期刊管理，通常分为现刊管理与过刊管理两大类。大多数高校都把当年期刊存放于现刊阅览室进行管理，把当年以外装订成册并分编入库的期刊纳入过刊管理范畴。根据期刊文献利用特点，受存储空间约束，一般把最近 5 年装订成册的期刊放入过刊阅览室供读者开架阅览，少则万余册，多则数万册。年代久远的过刊则放入密集书库供读者闭架阅览。装订成册的期刊厚而重、乱架容易整架费力、磨损破旧严重等是过刊管理的特点，也是过刊阅览室工作的难点。如果是简装，问题则更加突出。这就需要过刊管理人员及时整理修补，日日巡"架"，才能使过刊更好地被读者利用。现实工作中，由于受个体能力、性格、态度等因素影响，使得当前过刊阅览室的工作不尽如人意。因此，我们提倡：应用"责任原理"，实现过刊阅览室管理创新。

一、管理学之"责任原理"概述

责任原理、系统原理、人本原理和效益原理一起合称为管理学的四大基本原理。现代管理学界一致认为[①]：管理是追求效率和效益的过程。在这个过程中，要挖掘人的潜能，就必须在合理分工的基础上明确规定这些部门和个人必须完成的工作任务和必须承担的与此相应的责任。这也是责任原理的本质内涵，其中包括以下几个重要观点：

第一，每个人的职责要明确。认为"明确分工"是"明确职责"的基础，职责不是抽象的概念，而是在数量、质量、时间、效益等方面有严格规定的行为规范。

第二，职位设计和权限委授要合理。认为"一定的人对所管的一定的工作能否做到完全负责，取决于权限、利益与能力三个因素"。

---

① 陈英武、李孟军：《现代管理学基础》，长沙：国防科技大学出版社，2007 年，第 15—17 页。

第三，奖惩要分明、公正而及时。认为"对每个人的工作表现及其绩效给予公正而及时的奖惩，有助于提高人的积极性，挖掘每个人的潜力，从而不断提高管理成效"。

北京农学院图书馆的缪小燕把"责任原理"引入图书馆领域，认为[①]：图书馆管理的责任原理，是以弘扬图书馆所有成员的责任感为核心，以"人本管理"为基本出发点，建立严谨的内部约束机制。图书馆依靠赋予全体成员不同的职责，来维持图书馆正常的工作秩序。

我们认为，在"责任原理"含义中，有三个关键词需引起注意：合理分工、明确任务、承担责任。"合理分工"是责任原理应用的首要前提，如果分工不合理，轻重悬殊，人人都会选择避重就轻，致使分工无法进行。"明确任务"是责任原理发挥作用的必要条件，"分工"就是"分任务"，只有每个人具备确定的工作任务，才能调动每个个体的工作积极性，唤起他们的责任感。"承担责任"是责任原理应用的归宿，明确任务的目的就是要使"每人有责任要承担，每份责任有人承担"。

二、过刊阅览室管理问题与现状

根据现实观察与网上访问，当前，阅览室是各高校图书馆中开放时间最长、人气最旺的一个部门。一般从早上 8：00 连续开放到晚上 10：00 左右，合计每天开放大约 14 小时，周开放 100 小时左右。长时间的连续开放使得阅览室的工作人员不得不实行倒班制。以湖南人文科技学院图书馆为例，每个阅览室配备工作人员 3 名，实行早（上午 8：00－12：00）、中（中午 12：00－下午 6：00）、晚（下午 6：00－晚上 10：00）三班轮换制。为了高效利用时间，图书馆为阅览室工作人员制定了科学合理的轮班方法，以下是过刊阅览室的值班日志表（甲、乙、丙分别代表 3 名工作人员）。

表 6-1　过刊阅览室值班日志

日期	星期	早班	中班	晚班	休息
1	一	甲	乙	甲	丙
2	二	甲	乙	甲	丙
3	三	丙	甲	丙	乙

---

① 熊丽：《数字时代的图书馆管理》，北京：北京图书馆出版社，2006 年，第 25 页。

续表

日期	星期	早班	中班	晚班	休息
4	四	丙	甲	丙	乙
5	五	乙	丙	乙	甲
6	六	乙	丙	乙	甲
7	日	甲	乙	甲	丙
8	一	甲	乙	甲	丙
……	……	……	……	……	……

从表 6-1 中可以看出，阅览室工作人员的工作规律以 6 天为一循环周期，在每一个周期里，早、晚班捆绑，每人上 2 个早、晚班，2 个中班，随后休息两天，如此循环往复。这样的轮班制度给阅览室的每个工作人员留下了整体的休息时间，便于处理家庭中的重要事情。尽管如此，但因为阅览室的上班制度有别于正常的上班制度，不仅"双休日"不固定，而且要上晚班，连正常的就餐时间也会受到影响。因此，阅览室的工作岗位仍然是图书馆员工不太喜欢的。同时，我们也看到，阅览室每天的工作任务由两位工作人员轮换承担，虽然图书馆明确了每个阅览室的工作职责，但却是由 3 个工作人员整体承担，无法落实责任到每个个体。因个体自身性格、态度、认识等方面的差异，导致在阅览室的工作中出现了一些不和谐的声音。过刊阅览室因所藏期刊"近""多""全"而成为了读者经常光顾的场所，工作强度更高，难度更大，出现的问题也更多，具体表现在以下几个方面：

（一）过刊乱架、破损严重

尽管目前图书馆界普遍反映过刊的利用率低，但因过刊的信息量大、学术性强、保存连续完整①等特征，仍然成为众多读者特别是需要撰写论文、研究课题的读者的首要选择。因此，过刊的乱架与破损成为过刊阅览室管理的一个突出问题。例如，湖南人文科技学院图书馆过刊阅览室目前存放着 2012－2016 五个年度的过刊，这些过刊先按年份分成 5 个系列，每个系列按《中国图书馆分类法》分 22 个大类从 A－Z 排列，在每个大类里再按索取号顺序依次排架，免去同种过刊按期数顺序排架的步骤。读者阅览过刊，要求使用代书板。在现实的工作中，因读者自律不严、使用方法不当等原因，造成过

---

① 李艳明：《高校过刊的管理现状及价值利用》，载《硅谷》，2009 年，第 10 期，第 181 页。

刊乱架严重。乱架情况有三种：一是放乱年份。如往往把 2016 年过刊放入
2015 年或其他年度的过刊里。二是放乱类别。如往往把 D 类过刊放入 C 类
过刊里。三是放乱索取号。即在同一大类里，未按索取号顺序放回过刊。如果
过刊阅览室工作人员整架不及时，甚至熟视无睹、置若罔闻，不要多久，过
刊的排列就会显得杂乱无章，无序可循，给读者阅览造成不便。

其次，受经费约束，目前各高校图书馆的期刊装订大都采用简装。简装
的过刊在一次次的取放中，容易破损。一是装上去的牛皮纸外壳残缺、脱落，
二是书标磨损、掉落，再加上部分期刊在未装订前的现刊阅览室里就已有不
同程度的磨损，若得不到及时有效的修补，书架上的过刊就会显得破旧不堪，
年代越远，破损越严重。

（二）对读者的阅览行为缺乏持之以恒的引导

虽然对大学新生进行入馆教育已成为各个高校图书馆的一项常规性工作，
但是由于入馆教育内容陈旧、方法单一、时间紧急、学生学习态度不端等原
因，使得入馆教育效果并不理想。这就要求图书馆员在日常的工作中对读者
的借阅行为与图书馆利用技能进行持之以恒的监督与引导。如果过刊阅览室
的工作人员思想不统一，认识不一致，就会给过刊阅览室的管理带来麻烦。
就拿代书板的使用来说，甲认为"使用代书板会减少过刊乱架"，因此甲工作
时及时提醒学生要使用代书板，并不厌其烦地解释其使用方法与好处。乙认
为"不用代书板，过刊会乱架，用代书板，过刊也会乱架，因此，用不用都
无所谓"。所以，乙工作时睁一只眼闭一只眼。这样一来，读者也不清楚代书
板到底是用还是不用？这种模棱两可的行为规范既导致过刊阅览室管理混乱，
也不利于读者良好习惯的养成。

（三）对阅览环境缺少有效的监管

温馨宁静的阅览环境能够激发读者的学习热情、提高学习效率，促进研
究进程。[①] 良好的阅览环境必须做到室内布局合理、整齐清洁，馆员与读者关
系和谐融洽。这既需要读者具备良好的社会公德，也需要阅览室工作人员辛
勤的劳动与有效的监管。以卫生工作为例，专职清洁工的缺乏使得许多高校
图书馆规定：各个库、室的室内卫生由各库室的工作人员自己负责，每个库
室必须保持清洁，每周进行一次大扫除，大扫除的时间大都定在每周五下午

---

① 颜艳萍：《浅谈图书馆阅览室人文环境建设》，载《科技资讯》，2009 年，第 33 期，
第 250 页。

的 5：00－6：00。过刊阅览室每日座无虚席，虽明确规定读者不准带零食入内，但仍有少数学生不遵守规定，再加上读者只注重个人卫生的讲究，忽略对公共卫生的保持，致使过刊阅览室的卫生工作也成了一件令人头疼的事情。大扫除还好办，周五的中班轮到谁上就归谁搞，平时的卫生保持可就成了问题。每天两人轮流值班，因个人卫生习惯差异，甲看到桌子上的一点灰尘、地板上的一根头发，都要把它搞得干干净净，对学生的卫生行为监管也很严。乙认为灰尘和头发算什么，只要过得去就行，对学生的卫生行为监管自然也不力。于是，讲卫生的人就天天打扫卫生、宣传卫生，不太讲究的人就坐享其成。一日两日尚可，长此以往，嘴上不说，心里怨言却不少，最终结果是过刊阅览室的平时卫生无人负责，人际关系紧张，阅览环境恶化。

三、"责任原理"在过刊阅览室管理中的妙用

"责任原理"要求在事务管理中，不仅要明确每个部门的整体责任，还要求把整体责任细分到每一个具体的个人，使每一件事都有人管，每一份责任都有人承担。这也是"问责制"能够顺利实施的首要前提。根据责任原理，我们可以对过刊阅览室的管理采取以下对策：

（一）过刊阅览室工作人员要统一认识，共同承担起"培养读者良好习惯"的责任

良好习惯的养成，并非一朝一夕之功，既需要读者的主观努力，又需要每个图书馆员的督促引导。过刊阅览室工作人员作为一个整体，共同承担培养读者良好习惯的责任，这就必须对读者的阅览行为作出一致的规范。例如"使用代书板有助于减少乱架现象的发生"这是不容置疑的事实，既然利大于弊，过刊阅览室的每个工作人员就要自始至终坚持执行，不能三天打鱼，两天晒网。虽然开始麻烦点，但是良好习惯一旦养成，将会起到事半功倍的作用。

（二）过刊按"年份"责任到人，使每一本过刊都有人管理

"合理分工"是责任原理发挥作用的基础。不同年份过刊的乱架与破损情况具有不同的特点：年份越近，利用率越高，乱架情况越严重；年份越远，利用率降低，但破损更严重。根据这些特征，我们可以将存放 5 年的过刊合理搭配，如 2012 年与 2014 年过刊搭配成组，2013 年与 2015 年过刊搭配成组，2016 年过刊独自成组，分给过刊阅览室三个工作人员具体负责。这样一来，每位工作人员有了指定的工作任务，每本过刊有了特定的管理者，乱架

与破损情况将会明显好转。对于存放年份更多的过刊阅览室，此方法同样有效。

（三）过刊阅览室卫生以"周"为单位责任到人，使每日卫生都有人监管

"轮班制"使得周五的大扫除也是由过刊阅览室的三个工作人员轮换承担。因此，预计本周五的大扫除归谁搞，那么从上周六到本周五每日的室内卫生都归该员工负责。在该员工休息的两天里，可以把此责任托付给这两天里上早晚班的同伴担当。也许有人会问："为什么不把每日的'过刊管理'与'卫生保持'责任直接划归给每日上早晚班的员工承担？"在现实工作中，我们也曾尝试过此种方法，但因员工态度与认识水准的不同，一人"失职"后的工作任务将由接下来的另一人全部承担，不仅工作任务重，而且还须消耗大量的体力。碍于面子，又不好直说，只好把它藏在心里。久而久之，情绪与怨言也在日益累积，最后结果是"该方法无法继续使用"。采用新的"责任分工"后，不但每人应该承担的任务无人替代，而且就连"休息日转托他人承担的责任"有没有尽职也一目了然。因此，每个员工都自觉地、毫无怨言地做好本职工作，且受人之托，也都尽职尽责地完成，过刊阅览室的管理成效随之大为改观。

（四）馆领导应加强对各库室的巡查，对每个员工工作给予及时监管公正评价

"责任原理"第三个观点认为："对每个人的工作表现及其绩效应该给予公正而及时的奖惩"。虽说工作和学习一样，首先强调的是"自觉"，也说领导在安排工作岗位时应充分考虑每个员工的个人意愿和能力，但是，再周全的"考虑"也很难做到100%的满意，更何况"尺有所短，寸有所长"，关键是要有科学合理的评价机制。图书馆领导要想给每个员工做出公正而及时的奖惩，平时就应加强对各库室的巡查，以每周不定日期地巡查一次为宜，不仅做到"干好干坏领导心中有数"，而且对工作中的漏洞也应该及时指出、改进。奖励并不是非得要"物质"，语言的肯定更能持久；惩罚也并不是一定要"采取行动"，婉转地"点到为止"更能收到实效。总之，无论是"好"的评价还是"坏"的评价，无论是"表扬"还是"批评"，都比"听之任之""得过且过"更能调动积极性，更能提高管理绩效。

俗话说："亲兄弟，明算账"。过刊阅览室的管理责任如此落实到"每人"与"每日"，也许有人会说是"小题大做"，也许有人会说是该馆员工"境界不高"，其实不然。根据中国当前深具影响力的经济学家茅于轼的观点："每个人都有追求自己利益的正当性，允许人做对自己有利的事不但不会使社会乱套，反而会使社会的财富以过去难以达到的速度增长，关键是要注意每个人在追求自己利益的同时不能妨碍他人追求利益的自由。如果侵犯别人的自由，会使朋友变成敌人，亲人变成仇人"[①]。因此，"责任明晰"不仅能唤起每个员工的工作责任感与积极性，而且更有利于创建和谐的工作环境。当然，"责任原理"应用的目的并不是要寻找"惩罚"的对象，也不是要倡导凡事锱铢必较，毕竟过刊阅览室的工作是一个整体，工作没做好，影响的是整个图书馆的形象。但是，责任含糊、表面和谐、背后埋怨的工作倒不如责任明确、里外和谐、毫无怨言的工作来得轻松愉快。"责任原理"也同样适合于"多人共同承担同一责任"的其他库室的管理。

第四节 大学生"自习难"的原因及对策

一、大学生"自习难"的存在现象

看罢《大学时代》2004 年第 9 期上刊登的文章《开学了，我们去哪自习？》[②]，不禁掩卷沉思：文中引用某科技院校学生处长的观点"由于'高校扩招导致学生数量与可用教室数量之间出现反差'与'部分学生不文明的上自习行为破坏了教育资源的公平利用'两个原因，造成了上自习本应是一件再平常不过的学生行为现在却成了'奢侈品'"。于是乎，"排队占座"成了大学生日常生活中的一项重要内容。在学校周边的小社会里，许多"收费自习室"也应运而生。无独有偶，在《人大的"耶路撒冷"和北大的"通宵自习室"》[③]一文中也提到：北京城隍庙的许多小吃店成了北大学生专有的"通宵自习室"；中国人民大学的旧图书馆，被人大学子誉为人大的"耶路撒冷"，取义为"一块充满希望与理想、又遍布残酷竞争的圣地"，为了在这块圣地里抢占一个学习座位，学子们不惜早上 6 点就来排队，其情形就像物质紧缺年代人

---

① 茅于轼：《通向富裕和公平之路：茅于轼精选集》，北京：中国市场出版社，2008年，第 103—104 页。

② 荷洁、逸江南：《开学了，我们去哪自习？》，载《大学时代》，2004 年，第 9 期，第 18—19 页。

③ 张枫霞：《人大的"耶路撒冷"和北大的"通宵自习室"》，载《书摘》，2007 年，第 1 期，第 82—85 页。

们排队购买副食品一样。"图书馆自动排座系统"① 的设计开发与应用更是当下大学自习座位紧张的又一力证。可是，时至今日，"高校扩招"已有十余年的历史，各高校在"本科教学水平评估"工作的推动下，办学条件得到改善，校舍面积不断扩大，教学基础设施日趋完备。在此情况下，是否仍然能够把"大学生自习难"的原因归罪于"高校扩招"与"学生占座"？本节将对"大学生自习难"形成的原因进行再思考，并提出相应的解决对策。

二、大学生"自习难"的原因分析

在"高校扩招"政策出台的前几年，许多大学办学条件跟不上，学生数量骤增与可用教室不足之间的矛盾确实成了当时大学生自习难的直接原因。然而，经过十余年的发展，绝大部分高校的办学条件大为改观，部分"985""211"工程大学，其办学硬件设施可以称得上先进，有些甚至能够与国外一流大学媲美，如果此时仍然把大学生自习难的首因归罪于"高校扩招惹的祸"似为不妥。至于"占座"现象由来已久，也随处可见。如公共汽车上，候车室里，超市内的休息区，凡是免费提供座位的地方，一旦供不应求，占座现象就会发生，更别说是人员相对集中的高校教室与图书馆。何况根据北大法学院张利鑫从经济学角度对"占座"行为的分析，认为"'占座'是所有理性人的最佳选择，'占座'本身并不涉及道德问题②"，这与中央财经大学图书馆丁永玲的研究结果《大学生占座心理调查与分析》"83.49％的学生认为'占座并不代表学生道德素质低下'③"基本吻合。因而简单地把大学生自习难归因于"学生占座"等不文明行为自然也缺乏说服力。那么，大学生自习难形成的原因究竟是什么呢？根据现实观察与文献研读，我们认为主要存在以下三方面的原因。

（一）院系教室配置不均

一般来说，学生自习习惯于到自己院系的教室内，似乎只有这样才能找到归属感。但在多校区办学模式下，因专业要求与年级段课程设置差异，往

---

① 范红月：《图书馆自习室自动排座系统》，载《图书馆杂志》，2008年，第9期，第48—49、61页。

② 荷洁、逸江南：《开学了，我们去哪自习?》，载《大学时代》，2004年，第9期，第18—19页。

③ 丁永玲：《高校图书馆占座自习现象分析》，载《科技情报开发与经济》，2010年，第14期，第6页。

往出现 A 校区自习座位严重不足而 B 校区自习教室空无一人的情况，即使是在同一校区内，因院系教室配置调整速度滞后于院系专业、班级调整速度，导致某些院系教室供应紧张，另一些院系则有部分教室空置。这种院系教室配置不均是造成大学生自习难的一个客观原因。

（二）教室自习环境恶劣

在大开放的教育环境下，脱离"父母"与"班主任"双重管制的大学生，其学习完全靠自我掌控。教室自习呈现出的学习姿态也是精彩纷呈：有"两耳不闻窗外事，一心只读手中书"的从一而终型自习者，有"两天打鱼，三天晒网"的随心所欲型自习者，也有醉翁之意不在"学"的心猿意马型自习者。正如华东交通大学大四学生王仕婕所说："我虽时常也能找到座位学习，却实在不能忍受身边同学的'小动作'，如手机铃声，吃东西发出的声音，窃窃私语的声音，高跟鞋发出的嗒嗒声等，使我不得不放弃在教室里的自习。"这种鱼龙混杂犹如街头闹市般的自习环境，使得许多从一而终型的自习者不得不选择逃离。时下风靡网络的"大学生自习曲"更是当前大学自习环境恶劣的一个侧面写照。严峻的形势逼得许多学生不惜千方百计，哪怕是排队、占座、甚至"挨批"，也要在安静、舒适的图书馆里占有一席之地，这就直接造成了高校图书馆里自习座位紧张的局面。

（三）自习管理缺乏

当前，大部分高校对大学生的自习缺乏有序、有效的系统管理，从而导致教室里自习环境恶劣、图书馆里自习座位紧张的线性后果。许多高校从学校到院系到图书馆，没有文字形式的自习管理规定，也没有明确自习管理人员的工作职责，有些甚至连自习管理员一职也是空缺，对自习纪律的维持、桌椅设备的维修也是一片空白，更别说对学生的自习需求进行调查、分析与满足了。有限的管理仅仅停留在开门、关门，断电、送电等粗放型浅层工作上。似乎只要延长图书馆的开放时间，天一黑，把所有宿舍、可用教室的灯都点亮，就能解决大学生自习难的问题。殊不知，宿舍作为大学生安居乐业的小窝，是大学生个性绽放、情绪发泄、隐私保护的主要场所，自然不是"自习"的首选之地；白天用于教学、晚上用于自习的教室因无人管理、自习环境差而被许多学生摒弃；自习环境相对优越的图书馆也因座位有限而把许多学生拒之门外。于是，大学生发出"我们去哪自习"的慨叹也就不足为怪了。

三、大学生"自习难"的解决对策与管理创新

（一）针对不同年级学生的自习特点，实行人员分流

随着"研究型大学"建设的不断深入，许多高校都能给研究生提供良好的住宿条件，一般为 2 人间，也有单人间和 4 人间的，再加上研究生年龄较大，受大学教育年限较长而有着明确的学习目的，对自己的未来也有着清晰的职场规划，使得研究生自习难的问题在高校基本不存在。相对而言，本科生因年龄较小，步入大学时间不长而在学习上存在一定的盲目性，对自己的未来发展也缺乏明确的方向，再加上学校提供的住宿条件相对较差，一般为 8 人间，也有 4 人间、6 人间甚至 10 人间的，使得本科生在宿舍自习基本不可能。如果再在各院系实行大混合式的公共自习室策略，部分自控力与自主性缺乏的学生势必会对勤奋学生的学习造成干扰，以至其无法安心学习而选择逃离，这也就是当前大学公共自习室形同虚设的原因之一。因此，各高校应针对不同年级学生的自习特点，实行人员分流。

大一学生大都刚刚成年甚至还有少数学生未成年，还沉浸在高考胜利的喜悦之中，许多学生都有"放开手脚玩一把"的想法，每天不知道自己要干什么，学习仅仅停留在被动地完成老师作业层面上，沉迷于网络者不在少数，考试"挂科"现象也大多发生在这一时期。因而学校应给大一学生按班级安排固定的教室上早、晚自习，并派专人实施统一管理，以帮助学生和谐实现由"高中生"到"大学生"的角色转换。随着年龄的增长和自我意识的增强，大二、大三学生大都有了明确的努力方向，这时的他们正忙于参加各种"证件"的考试，如计算机等级证、英语等级证、普通话合格证、导游证、会计证、律师证，等等，因此可以给大二、大三学生安排面积较大的公共自习室。对于大四学生来说，"考研"与"考公务员"是此时的核心任务，也是他们大学里度过的最艰苦的时光，不少同学起早贪黑、废寝忘食，为心中的理想而孜孜不倦地奋斗着。针对这一特点，可以给大四学生安排考研与考公务员的专用自习室，并做到寒暑假、节假日全开放。

（二）加强图书馆与各院系之间的合作，实行自习场所分流

当下，绝大部分高校都新建或扩建了图书馆，馆内设施更先进，布局更合理，管理也更人性化，冬暖夏凉、温馨宁静的图书馆自然成了众多学子的必争之地。然而，即便图书馆的座位利用率发挥到极致，与全校万余甚至数万人的学生人数比起来，也是杯水车薪。因此，图书馆应加强与各院系之间

的协调合作，实行自习场所分流。

首先，各院系应为"考研"学生与"考证"学生设立专用"考研自习室"与"考证自习室"，并实行全天候开放而不只是晚上开放，白天挪作他用。其次，图书馆应把自习室从"藏、借、阅、自"一体化的布局中独立出来，分别设置考研自习室、考证自习室和流动自习室。这样做有三个好处：第一，确保自习室不受图书馆员工作时间约束，能够有足够长的开放时间，考试高峰期还可适当提早开门时间与延后关门时间，且能做到节假日照常开放。第二，能够让学生根据自己的学习特点自由选择自习地点，既为志同道合的学习者搭建了交流沟通的桥梁，又能营造良好的学习氛围。第三，方便工作人员对自习室实行分类管理。再次，在全校范围内开辟一个"通宵自习场所"。尽管"熬夜"不是一种科学的养生之道，但是不同学生有着不同的学习习惯，"学习效率最高"的时间段也不尽相同，在开放式大学教育环境下，应允许学生选择最适合于自己的学习方式与学习时间段。因此，在大学内设置"通宵自习室"实为可行，否则也就不会有北大"通宵自习室"长时间的存在空间了。

（三）强化自习室管理，营造和谐自习文化氛围

大学生之所以选择图书馆作为首要自习场所，其中一个重要的原因就是图书馆里形成了一种安静、整洁、文雅、和谐的自习文化。任何人只要走进图书馆，高声说笑停了，电话铃声少了，随地乱扔没了，浓厚的自习文化氛围犹如一种无形的力量，敦促着广大学子做文明自习人。可这一种和谐自习文化氛围并不是与生俱来的，而是一代又一代图书馆人持之以恒科学管理的结果。因此，要想在全校范围内而不仅仅囿于图书馆里营造这种和谐的自习文化氛围，首先就应该强化自习室的管理。一方面，应针对各类型自习室的特点，采取不同的管理办法。如给大二、大三学生安排的公共自习室有时会有他用，对有着固定学习课程的自习者来说，每天背着相同的书籍往返于教室、餐厅与宿舍之间，很是不便，因此，可以在公共自习室里放置自动存包柜，以解除固定自习者的"搬运"之苦。考研自习室座位应最大限度地满足考研者需求，最好能够做到一人一座，并允许自习者在室内四周靠墙处或座位附近存放有关书籍，倘若座位有所不足，则应在考研自习室内张贴明文规定："本室座位以学校的作息时间表为依据，餐后一小时的'空座'（指无人就座的座位）遵循'先到先坐'原则"。这样做，既给考研者以鞭策作用，又使"占座"现象无可乘之机，同时又大大提高了座位的利用率。考证自习室

可采取与考研自习室同样的管理办法。流动自习室因具有"自习人员流动""自习时间流动"的特点而使得自习纪律难以维持,因此,可派专职人员实行监督管理。也可将流动自习室设置在从早到晚连续开放、双休日照常开放的各阅览室内,由各室值班老师对自习者的自习行为实行监管。

另一方面,应在各类型自习室门口张贴标牌及相应的管理规定,并确保各院系各类型自习室的软、硬件设施与图书馆自习室基本相当,以避免因自习条件悬殊而造成图书馆内自习座位紧张、各院系自习室座位空置的不和谐现象发生。

(四)做好宣传、教育、协调工作

和谐自习文化与良好自习习惯的形成并非一朝一夕之功。要想在校园内形成有序、高效的自习环境,宣传教育协调工作必不可少。各院系可利用新生入学教育、班会、团会等各种集会,宣讲学校、图书馆与本院系的自习室布局与自习管理规定,并明确自习管理负责人及其工作职责,以便能及时有效地处理与自习有关的问题。同时向学生说明,大学内的所有资源,每个学生都能平等共享,如若本院系的自习座位紧张,可去相对富余的其他院系自习,任何人无权拒绝。图书馆则可通过新生入馆教育、读者指南、图书馆网页、馆内宣传栏等途径宣传图书馆的自习策略,指导学生根据自己不同阶段的不同学习任务寻找合适的自习场所,并倡导学生养成良好的自习习惯,礼貌友善地处理各种自习矛盾。学校应对各院系因专业调整、班级增减带来的资源配置问题做出快速反应,尽量做到物尽其用。对拥有多校区的大学来说,学校还应想方设法为学生提供方便快捷的交通条件,以实现校内资源共享最大化。

综上所述,各高校应统筹安排大学生自习,在各院系给大一学生按班级安排自习室,给大二、大三学生安排公共自习室,为考研、考证学生安排专用自习室;在图书馆内根据自习者学习目的差异分别设置考研自习室、考证自习室和流动自习室;在全校范围内设立"通宵自习室"以满足不同类型自习者的需求。对不同的自习室采用不同的管理办法,形成一种和谐自习文化氛围,大学生自习难的问题便可以得到有效解决。

第五节　建设校、地图书馆联盟,
提高公共文化服务能力

随着公共图书馆的免费开放从"理论"走入"实践",如何更好地导引读者和服务读者成为公共图书馆亟须解决的新课题。当下我国地处基层、数量巨大的县市级公共图书馆的运营状况不容乐观，若要使广大民众能够免费享受优质高效的个性化服务，公共图书馆该如何快速提升自己的服务能力？在馆藏、规模、人员、技术等方面具有相对优势的地方高校图书馆，又该为当今社会的公共文化服务建设做些什么？本节将从提高公共文化服务能力的理想方案——校、地图书馆联盟建设的现实条件与战略构想两方面展开讨论。借鉴谭寅汉先生的研究思路①，本节所讲的"校图书馆"是指地处省会以外中心城市的地方普通本科院校图书馆（以下简称"地方高校馆"），"地图书馆"是指地市级公共图书馆（以下简称"地市馆"）。

一、公共文化服务与校、地图书馆联盟的时代趋势

公共文化服务是政府主导的、以保障公民基本文化权益、满足公众基本文化需求为目标的基本文化服务，具有公益性、基本性、均等性、便利性的特点。在目前阶段，公共文化服务主要包括保障人民群众读书看报、听广播看电视、进行公共文化鉴赏、参与大众文化活动等内容。②图书馆、博物馆、文化馆、美术馆、少年宫等是提供公共文化服务的主要社会机构，其中公共图书馆的作用尤其令人瞩目，其服务能力的强弱直接影响着社会公众的文化生活。来自国家统计局的年度统计数据，到2009年止，全国共有公共图书馆2850个，其中地市馆约500个，县（区）馆2300余个。如湖南省共有公共图书馆120个，其中省级馆1个，地市馆10个，县（区）馆109个。约占全省公共图书馆数量91%的县级馆因地处基层、联系群众面广而担负着建设和谐社会和建设社会主义新农村公共文化的重任，无论是国家的文化工程，还是地区的文化项目都需要通过县级图书馆贯彻落实到基层群众中去。③然而，地位和作用如此重要的县级图书馆，其运营状况与服务能力令人担忧：不仅办馆的硬件设施落后，而且办馆的软件条件也不尽如人意。究其原因，其中一个重要的因素是省级馆的业务指导辐射面十分有限，地市馆的服务功能与服

---

① 谭寅汉：《对地方本科院校图书馆发展的若干思考》，载《图书馆论坛》，2004年，第3期，第35页。

② 李国新：《公共文化服务体系建设中的图书馆》，载《图书馆研究与工作》，2010年，第3期，第6页。

③ 阚立民：《县级图书馆借助于外力获得发展的途径》，载《现代情报》，2010年，第9期，第115—117页。

务能力日益萎缩，导致对县级馆的业务指导缺失，使得他们的服务水平至今还停留在低浅层。要想改变这种窘境，有效途径之一就是提升地市馆的公共服务能力，以接通县级馆与省级馆交流的纽带，重新发挥其承上启下的作用。图书馆联盟作为信息资源共建共享的一种重要形式，其功能与社会价值已人所共知，自然也就成为地市馆发展的首选之径。地方普通本科院校图书馆无论是在办馆规模、馆藏数量、馆员素质还是资金投入、技术设备上都有着地市馆无可比拟的优势。因此，"校、地图书馆联盟"这种跨系统、异质型图书馆之间的联盟模式可以说是两馆优势互补、取长补短的一种最优方案，同时也是提高地市馆公共文化服务能力的一条快速通道。

二、校、地图书馆联盟构建的现实条件

（一）信息资源共享是联盟形成的基本理念

一方面，地市馆作为一个地区公共文化服务的主导力量，以文献资源收藏和加工整理见长，从传统的文献借阅服务到现代开展的公共文化活动，再到为政府、民众提供准确、及时、有用的信息服务，都要以其丰富的馆藏做后盾。然而，近年来随着书刊价格的持续上涨，用户需求的复杂多样，有限的经费投入，使得依靠单个图书馆的力量远远不能满足一个地区的文献信息需求。所谓"远水解不了近渴"，面临生存困境的地市馆，首先想到的是与处于同一城市且独领风骚的地方高校馆合作。另一方面，在"产、学、研"一体化发展思路指引下，强调地方普通本科院校应为当地经济建设服务。因此，地方特色馆藏成为地方高校馆文献资源建设的重点之一，而地方文献正好是地市馆藏书建设的特色。优势互补、资源共享的理念使得地市馆与地方高校馆达成构建联盟的共识。

（二）相同的地理位置与发达的公共交通系统是建立联盟实体的基本依托

当前，我国关于区域性图书馆联盟的实践十分活跃，由于区域范围广阔，联盟成员要么分散在同一区域的不同城市要么分散在同一大城市的不同辖区，如长三角图书馆联盟、天津市数字化图书馆联盟等。受空间和运行成本约束，此类联盟大都集中在数字资源的共建共享上，很难做到实体资源的共建共享。地方高校馆与地市馆不仅处于同一城市中心，而且城市面积不大，人口也不多，加上发达的公共交通系统，两馆之间的车程少则几分钟，多的也能控制在 1 个小时以内。这种得天独厚的地理位置优势，成了两馆建立联盟实体的基本依托。

（三）降低运营成本是联盟构建的利益动因

从经济学角度看，收益大于成本的预期是人们行为的基本出发点，也是人类社会发展的首要理性原则。一方面，合作藏书有助于减少信息资源建设的重复和遗漏，各自形成各具特色的信息资源体系，以提高整体信息资源系统的保障能力。地方高校馆本着为教学科研服务的宗旨，各种专业学术著作及期刊是其藏书建设的重点。加入联盟后，应花大力气把学术性藏书这一块做全做精，以满足本地区学术科研之需要。地市馆以为社会大众服务为旨归，文学名著、实用技术、儿童读物等方面的文献资料成为其馆藏建设的中心。加入联盟后，应着重把实用技术、儿童读物与休闲文化类藏书做大做强，以满足本市大中小学生与全体市民之所需。另一方面，校、地图书馆联盟的地理位置优势，使得两馆实体馆藏的"通借通还"成为可能，也使得彻底改变"大而全、小而全"的馆藏模式不再是纸上谈兵。这不仅能使有限的经费获取尽可能多的资源，而且能够大大提高馆藏资源的利用率，最大限度地满足用户需求，从而大幅度降低两馆的运营成本。

（四）提高公共文化服务能力是联盟建设的根本目的

作为公共文化服务体系中坚力量之一的公共图书馆，除了各省级馆真正发挥了"文化基础设施"的作用外，各地市馆、县级馆的作用发挥十分有限。如湖南省所辖区域的 14 个地市馆中，纸本藏书量最多的不过 70 余万册，最少的仅有 12 万余册，数字资源如电子图书、数据库、视听资料等更是数量不多。更有 2 个地级市到目前为止尚未设立市级公共图书馆这一文化服务机构，还有 2 个地市馆基本处于瘫痪状态，其余 10 个地市馆对县级基层图书馆的业务指导与实力援助也是力不从心。可以说，地市馆的公共文化服务能力明显不足。相比之下，地处省会以外中心城市的地方普通本科院校，在高校"合并"与"评估"两项工作的大力推动下，不仅纸质资源、数字资源丰富，而且人力资源、技术资源与馆舍资源也具有相对优势。地方高校馆与地市馆的联盟建设，可以有效融合各馆的文化信息资源、减少文化资源的闲置和重复配置，发挥各自优势，形成文化合力，从而提高图书馆为地方经济建设及文化发展服务的能力。

三、校、地图书馆联盟建设的战略构想

（一）坚持政府主导

图书馆事业作为公共文化事业的一个分支，"公益"的本质属性使得图书

馆事业的发展缺乏市场动力，而图书馆联盟建设又是一个系统工程，不是哪一个单位、哪一个部门就能做好的事情。图书馆联盟建设的经验也告诉我们，凡是坚持政府支持、争取政府资金投入的图书馆联盟，就会朝着健康良好的方向发展，如 CALIS，天津市高校数字化图书馆联盟等就是很好的例子。有学者曾对我国各级区域性图书馆联盟典型案例进行研究，认为"政府支持与否是目前国内区域图书馆联盟成败的主要原因"①。因此，异质性校、地图书馆联盟的建设仅仅通过签署一定的合约来实现某一合作项目是远远不够的，必须得到政府的支持与领导。

（二）分流服务对象

不同类型的图书馆有着不同的服务对象。地方高校馆的服务对象是其隶属学校的全体师生，地市馆的服务对象是所在城市的全体社会公民。为了满足各阶层群众的文化信息需求，地市馆不得不集中所有力量打造综合性图书馆。可是，由于资金、设备、人力、技术等的不足，使得地市馆的文献资源不仅品种有限，而且种种储量不多；服务虽面面俱到，但面面都缺乏深度与广度。久而久之，由于其满足力不够而导致用户流失，用户的流失又反转来使得地市馆发展动力缺失。因此，校、地图书馆的联盟建设，应考虑分流服务对象。把为本地科研工作者服务的任务划归地方高校馆，这既符合地方高校馆的服务特色，又能提高馆藏资源的利用率，降低服务成本，同时，也使得地市馆能够集中力量为其他普通群众服好务。

（三）区分用户需求

根据读者使用图书馆的目的，可将用户需求分为自习需求、考试需求、研究创作需求、活动需求、休闲娱乐需求等类型。根据用户所需资源的性质，又可将以上需求统分为学术型需求与大众化需求两大类。联盟建设时，结合地市馆与地方高校馆的已有办馆特点，将学术型用户需求的满足交与地方高校馆来做，地市馆则主要满足大众化用户需求。还可依据这两类需求的特点，将两馆的物理资源进行整合与重组。一方面，地市馆收藏的地方文献具有很强的学术价值与史料价值，利用它的用户也多为科研工作者。地方高校是科研工作者云集的地方，各种年会、学术研讨会也大多在高校举行。因此，可考虑将地方文献的收集、整理、保存与利用开发工作交与地方高校馆承担。

---

① 曾征宇：《我国各级区域性图书馆联盟典型案例研究》，载《情报探索》，2010年，第9期，第52页。

另一方面，地方高校馆为满足广大师生文化休闲需求，购置了相当数量的文学著作与励志修身等大众读物，且复本量皆为 3—5 本。可考虑每种选出 1—2 本放入地市馆保存利用，以满足地方用户的大众化需求。

（四）优化服务功能

信息环境下，图书馆面临严峻的挑战：信息服务商对知识进行的组织和序化，削弱了图书馆的信息整序功能，网络阅读产品及搜索引擎技术的使用分流了图书馆用户，开放式书店提供的综合性服务部分取代了图书馆的传统借阅功能[①]。这种跨界竞争压力使得图书馆亟须优化并拓展其服务功能。

当下，绝大部分地方本科院校都新建或扩建了图书馆，以湖南省为例，地处省会以外中心城市的 16 所地方本科高校全部新建了图书馆，具有多处馆舍。首先，校、地图书馆联盟建设，可腾出高校馆的部分馆舍为社会读者提供一个学习型综合服务空间。其次，集中地市馆与地方高校馆的人才优势，开展网上联合参考咨询，为用户提供知识服务。再次，面向社会开展广泛的用户信息素质教育。信息检索课是高校图书馆面向读者开展的一门利用图书馆的专业教育课。校、地两馆联盟将大大强化地市馆的信息教育功能，提高社会群体的信息获取能力。最后，高校浓厚的学术氛围制约着图书馆消遣娱乐功能的发挥。校、地两馆联盟能够有效弥补高校馆休闲娱乐功能的不足，以丰富大学生的业余文化生活，更好地促进大学生的全面发展。

得天独厚的地理位置优势使得"通借通还"服务能够在校、地图书馆联盟建设中得以实施，也彻底改变了长期以来图书馆界存在的"大而全、小而全"的办馆模式。通过分流服务对象、区分用户需求、整合重组馆藏资源等措施，达到降低服务成本、优化服务功能的目的。可以说校、地图书馆联盟是整合资源、服务社会、切合地情、整体提升图书馆公共文化服务能力的一种理想方案，是"不求所有、只求所用"理念的最好解读。

---

① 罗桂娟：《跨界竞争态势下图书馆服务功能拓展研究》，载《图书馆学研究》，2010 年，第 22 期，第 85—87 页。

第七章

高校图书馆阅读推广案例分析

高校图书馆阅读推广的实务与案例，是图书馆管理工作与服务创新的亮点。诸如"一校一书""真人图书馆""校园成语大赛""文学名著电影欣赏节""阅读清单传递"等，种种成功的阅读推广活动，使得我们原本沉静的图书馆工作有了别开生面的朝气与活力。

湖南于 2013 年起开展由省高校图工委组织发起的"一校一书"阅读活动，经过几年的实践，各校都已摸索出一套行之有效的阅读推广方法。开展"真人图书馆"活动，找准生存空间、组建运营团队、采集合适图书、突出活动特色是关键。借鉴"中国成语大会"运作模式，开展校园成语大赛活动，有利于打造高校阅读推广品牌。将电影欣赏、名著阅读、文学写作三者有机结合起来，开展"文学名著电影欣赏节"活动，能够将"读典之难"融于"观影之乐"中，让"难以下咽"的经典变为"甘之如饴"的经典。"阅读清单传递"活动则是高校图书馆为特定群体的特定需要而量身打造的一项私人定制文化服务，具有低成本、易操作、可持续的特点。

第一节 高校学生社团的"立体化"
阅读推广体系建设

起源于 1998 年美国西雅图公共图书馆、后发展到全美 51 个州、383 个社区都举办的"一城一书"活动[①]，不仅被加拿大、英国和澳大利亚等国家成功

[①] 赵俊玲、郭腊梅、杨绍志：《阅读推广：理念·方法·案例》，北京：国家图书馆出版社，2013 年，第 237—243 页。

复制，还催生了在美国 130 多所高校都开展的"新生共同阅读计划"①。两项阅读推广活动的初衷如出一辙：通过阅读同一本书，为同一地域内的人们提供一个共同的话题，以加强人们之间的沟通和联系，加深共同体意识，建立归属感。近年来，"共同阅读"逐渐受到国内高校图书馆界的重视，呈现出一些颇具影响的案例，如中央民族大学外国语学院从 2009 年起在刚入学的新生中开展"同读一本书"活动②，受到了读者的好评与校方的肯定；湖南于 2013 年起开展了由省高校图工委组织发起的"一校一书"阅读活动，经过几年的实践，各校都已摸索出一套行之有效的推广方法。本节将以湖南人文科技学院开展的"一校一书"阅读活动为例，谈谈如何借助学生社团建立立体化的阅读推广体系。

一、"一校一书"阅读活动的顶层设计

中央民族大学的郭英剑先生说："'顶层'不是一个高不可攀的机构，每一个级别的机构都应有各自的'顶层设计'。就教育系统而言，教育部有'顶层设计'，各教育厅或者教委有'顶层设计'，大学也应有'顶层设计'……教师和父母之于学生和孩子，同样可以有自己的顶层设计。人们不必非要等候上一级的'顶层设计'。"③ 我们所说的"顶层设计"包含省高校图工委的顶层设计与学校的顶层设计两个方面。

湖南省高校图工委于 2013 年起组织全省高校开展"一校一书——经典、精读、经世"阅读推广活动（简称"一校一书"活动），其"顶层设计"的目的有四：第一，提倡共同阅读。全校同读一本书，以大范围、广活动、深剖析的活动形式实现个体阅读与群体阅读的有机结合，培养归属感，形成凝聚力。第二，推动深度阅读。通过精读一本书，使习惯于"浅阅读"的人借助群体性氛围和推动力，不仅从自己的阅读中汲取营养，还可以从他人的阅读中吸收灵光，以培养批判性反思能力。第三，倡导经典阅读。通过阅读文化积淀深厚的精品与经典图书，引导大学生关注人类自身的生存状况，培养"以天下为己任"的经世情怀。第四，尝试建立区域性协同阅读推广体系，构

---

① 赖晓静：《美国高校"共同阅读计划"书籍的选择策略分析及启示》，载《山东图书馆学刊》，2015 年，第 3 期，第 85—88 页。

② 赵俊玲、郭腊梅、杨绍志：《阅读推广：理念·方法·案例》，北京：国家图书馆出版社，2013 年，第 264—271 页。

③ 赵俊玲、郭腊梅、杨绍志：《阅读推广：理念·方法·案例》，北京：国家图书馆出版社，2013 年，第 265 页。

建相配套的阅读环境、激励机制、干预机制和推介机制。

根据省高校图工委下发的"一校一书"阅读活动实施方案,结合校情与馆情,湖南人文科技学院制订了相应的"顶层设计"方案:第一,成立以图书馆牵头的阅读推广领导小组。"一校一书"阅读活动的具体实施单位是各高校图书馆,学校借此机会成立了以馆长任组长、副馆长及读者服务部主任任副组长、主管副校长、团委副书记、学工处副处长、各院系团总支书记、八大学生社团负责人组成的阅读推广领导团队,这种打破常规的领导构架赋予了图书馆更多的行动自主权。第二,吸纳并培育学生社团致力于全校的阅读推广活动,构建全方位、多层次的立体化阅读推广体系。第三,借助省高校图工委的强势推动力,打造能够持续、健康发展的校级阅读推广活动品牌。

二、"一校一书"阅读活动的实践过程

(一)精读图书产生阶段:以读者俱乐部为主力

不管是"一城一书"活动还是"共同阅读计划",举办方不约而同地感觉到,书目的选择既是活动顺利开展的关键,又是一个需要慎重考虑的难题。借鉴美国高校馆和公共馆的做法,湖南省高校图工委于每年4月为"一校一书"活动提供一个参考书目,参考书目来源于全国几十家主流媒体发布的年度好书榜,根据入榜频次选取前30—40种优秀图书,涵盖政治、经济、文学、历史、传记、哲学等多个类别。尽管参考书目能够大大降低选书种类的繁杂度,然而,要从30多种好书中选出既符合读者口味、又能引发思考、切实提高读者素养的好书还需动一番脑筋。在互联网条件下,大部分高校都是通过网站、微信平台、电子显示屏、海报等宣传方式公布推荐书目,开通手机短信、QQ群、微信、电子信箱、读者荐书箱等投票渠道,然后统计投票结果,排在NO.1的即为精读图书。此方法简单易行,但在实践过程中,却发现存在投票数严重不足,选出的精读图书不一定具有思想深度,从而影响后续深层次相关活动的开展等缺陷。因此,从2015年起,在精读图书产生阶段,我们充分利用荣获"湖南省百优社团"称号的读者俱乐部的人力资源,将推荐书目打印成纸质稿,分发到大一每个班级(因有固定教室,且统一晚自习),大二、大三、大四的学生宿舍(无固定教室,不统一晚自习),要求每个学生从书目单中选出个人感兴趣的3种好书。以2015年为例,投票统计排在前三位的图书分别是《你的孤独,虽败犹荣》(1944票),《从你的全世界路过》(1800票),《追风筝的人》(1699票)。在充分考虑书籍思想性、悦读性、作品长度等因素的基础上,确定《追风筝的人》为全校师生共同阅读的

精读图书。当年度的推荐书目共有 30 种图书，累计投票 28425 票，按每人投 3 种计，参与投票人数达 9475 人（28425÷3），当时段全校共有学生 15079 人，参与投票率达 62.8%。照此方法选出的精读图书，既充分体现了学生的阅读意愿，又弥补了学生人生经历与学术视野的局限性，为后续深层次活动的顺利开展奠定了基础。

（二）深度阅读图书阶段：多社团联合开展活动

1. 以文学社团为核心，举办"一校一书"推荐书目展

研究显示，推荐过的图书比未经推荐的图书更容易吸引读者注意，借阅频次也更高。举办图书展览可以在第一时间吸引观者并使之对展览图书产生浓厚的兴趣。尽管"一校一书"阅读活动已举办多届，但产生的精读图书仅几种，而省高校图工委提供的推荐书目累计优秀图书达百余种，这些图书都是从全国几十家主流媒体公布的年度好书榜中按入榜频次精选出来的，应该说具有较高的权威性与可读性。因此，2016 年我们联合青笛文学社、碧州文学社、浅草文学社、紫鸢文学社、读者俱乐部、国学协会等六大学生社团，共同举办"一校一书"推荐书目展。要求参与的每个社团从百余种图书中选出 10 种图书（不重复）制作成展板。展板设计可分为作者生平、作品简介、推荐理由、金句解读、馆藏信息、电子书下载等版块，要求图文并茂，制作精良。展板与图书同在图书馆大厅展出，并设立导览员，提供现场解说、咨询、当场办理借阅手续等服务。由于组织得力，部署周密，推荐书目展受到了读者的好评，大大提高了权威性阅读资源的利用率。

2. 以"周末影院"为依托，由电影协会与文学社团联合开展同名电影欣赏活动

调查发现，展览、讲座与电影欣赏是排在前三位的读者喜爱的活动。[①] 可如今，曾经风靡大学校园的操场电影已销声匿迹，取而代之的是各学生社团自发组织放映的小规模室内电影。虽然放映时间仍然固定在周末，但在影片内容、影场秩序、观众交流等方面都没有精心选择和组织，仅仅停留在纯娱乐层次，缺乏深层次的交流互动。尽管有诸多缺陷，但由于校园电影活动的稀缺，湖南人文科技学院的"周末影院"自开办以来，还是积累了不少人气。事实上，但凡文学名著都有改编的同名电影。因此，我们从 2014 年起，以"周末影院"人气为依托，开始主办"文学名著电影欣赏节"活动，由四大文

① 刘时容：《大四学生图书馆利用状况调查》，载《图书馆界》，2015 年，第 4 期，第 11—16 页。

学社团和 Crazy 电影协会承办。欣赏节持续时间为两周，共放映 4 部名著电影，定于每年 11 月第三、四两个星期的周五、周六晚上。为了让学生能够更好地将文学与电影进行对比阅读，提高名著品鉴能力，还特别组建了一个 6 人主持团队，并聘请文学院教授文学与影视鉴赏课程的老师担任名著名片点评人，主持团队与点评老师合作完成观影前的思考提示与观影后的讨论交流，同时提供名著现场借阅、电子书下载等服务；后续配套"影评书评有奖征文"活动，获奖文章依托《青笛之音》杂志刊发（社团刊物），在全校阅读交流。"一校一书"阅读活动中的精读图书如有同名电影，将会按照"文学名著电影欣赏节"的活动模式，于每年 6 月初组织一场"一校一书"同名电影观赏会。通过阅读名著与观赏电影的有机结合，使读者更加深入地理解作品内涵，从而达到深度阅读的目的。

3. 以"真人图书馆"为平台，由大学生科技协会组织精读图书阅读分享会

朱永新先生说："通过共读共写共同生活，既能使人们生活在共同的空间里，也能使人们生活在共同的精神背景下"。[①] 法国文人让·马里·古勒莫也说："读者在利用阅读净化灵魂提升自己的同时，更应该抬起头来，关注人间疾苦，承担社会责任。那种自私地享受阅读之乐的沉默读者无论什么时候都是不被人尊敬的。"[②] 基于这样的理念，我们以大学生科技协会承办的"真人图书馆"为活动平台，于每年 10 月邀请"一校一书"阅读征文活动获得一等奖的馆员和学生作为"真人图书"，开展阅读分享活动。"真人图书"们分别从不同角度分享各自的阅读感受和收获，读者积极发言提问，最大限度地挖掘和实现精读图书的阅读价值。

（三）阅读征文评选阶段：聘用青笛文学社的优秀人才

"阅读征文"是评价"一校一书"阅读活动效益的一项重要指标。2013—2016 年，我校收到的"一校一书"阅读征文分别为 458 篇、507 篇、560 篇与 1008 篇，文章长的达 4 千字，短的也近 1 千字，以每篇文章 1 千字记，征文总字数达五十万甚至上百万。征文评审分为初审、复审和终审三个环节，持续时间一般为 2 周，评审老师由文学院的 2 位写作专家担任。五十万甚至上百万字的阅读量相当于每人每周要看一本或几本 25 万字的著作，而且还要评出质量等级，其工作难度可想而知。因此，从 2015 年起，阅读征文评选时，

① 朱永新：《我的阅读观》，北京：中国人民大学出版社，2012 年，第 10 页。
② ［法］让·马里·古勒莫：《图书馆之恋》，孙圣英译，上海：华东师范大学出版社，2007 年，第 139—140 页。

我们聘用青笛文学社中的多名写作能手承担初评和原创审查工作，从中选出150篇左右的征文进入复审；再请图书馆2位擅长写作、具有副高职称的馆员进行复审，从中选出80篇文章进入终审，馆员征文直接进入终审；最后请两位评委从80篇学生作品中评出一等奖5篇，二等奖10篇，三等奖15篇，优胜奖20篇；馆员作品中评出一等奖2篇，二等奖3篇，三等奖4篇；根据各院系及社团提交的征文数量和获奖人数，评出优秀组织奖5个。所有获奖作者在获奖名单公布一周内将文稿进行修改校对，再发回指定邮箱。青笛文学社组织人员承担封面设计、再次校对、排版与内文插图等具体工作，图书馆负责将获奖文章上传网站，并联系打印社，装订成《"一校一书"读书征文活动优秀作品集》。一部分赠送给获奖作者，另一部分发到书库、阅览室、自习室、咖啡书吧、院系图书资料室、社团工作室等地，供读者传阅交流。经过青笛文学社精心设计的作品集图文并茂，一改以往严肃、呆板、单调的印象，显得生动活泼而富有朝气，极大地提高了作品集的观赏性和悦读性，获得了读者的一致好评，也进一步拓展了"一校一书"阅读活动的广度和深度。

三、"一校一书"阅读活动的思考与启示

（一）规避共同阅读活动的负面效应

阅读自由、藏书自由、信息自由是图书馆根本的职业价值观，也是整个现代社会文明的宗旨圭臬。[①] 正是基于这样的理念，一些人排斥将阅读作为公共活动开展，也有人担心采用统一阅读共塑价值观这一做法将影响人们的思想自由。事实上，由于人们的兴趣、爱好、信仰等方面的差异，大众阅读活动本身就不被所有的人接受。"一城一书"活动在纽约和芝加哥的两种截然不同的命运就是一个有力佐证。芝加哥的"一城一书"活动始于2001年，主办方不仅制订了周密的活动计划，还开展了丰富多彩的讲座、表演、讨论、展览等系列子活动，吸引了成千上万的市民积极参与，产生了广泛的影响。目前，该活动在芝加哥已走上了可持续健康发展的轨道。纽约于2002年开始筹办"一城一书"活动，不仅受到纽约精英分子的嘲讽，就连主办单位也难达成共识。活动从吵吵嚷嚷中开始，在冷冷清清的进程中，最后只能停办，并

---

① 吴晞：《天下万世共读之：公共图书馆与阅读推广》，上海：上海科学技术文献出版社，2014年，第202—203页。

且以后也从未办过。[①] 有鉴于此，为了规避共同阅读活动的负面效应，湖南省高校图工委组织的"一校一书"阅读活动既提供推荐书目，也允许各高校自制推荐书目，并且强调将选书的初始决定权交还给学生，此举极大地激发了各高校的参与热情。在省高校图工委的统一领导下，各高校都已形成了各自特色的激励机制、干预机制与推荐机制，可持续发展的区域性协同阅读推广体系已基本建成。

（二）注重活动效益评估

对活动进行评估总结是积累经验、提高阅读推广水平的有效手段。我们进行的"一校一书"活动评估包括两个方面，一是按要求提交省高校图工委在"活动表彰奖励实施办法"中明确规定的材料，包括活动方案1份，活动照片10张，不少于15个页面的活动总结PPT一份，还必须如实填写图工委统一制作的阅读推广活动绩效信息表，接受上级评估。二是对学生社团的工作业绩进行评估，考核材料包括活动策划书、宣传资料、活动参与人数、活动现场照片、反馈问卷调查、新闻报道质量等多个层面，每场活动都有图书馆老师全程参与，从而保证评估结果的客观公正性。

（三）培育学生社团，助力阅读推广

学生社团是由有着共同兴趣爱好的学生组成的自助团体，具有种类繁多、参与成员众多、开展活动积极等特点，不仅其本身就是一个层次丰富且具规模的阅读群体，如果培育得当，还能发展成为一个有力的阅读推广团队。可是，近年来，大学校园内社团林立，如湖南人文科技学院的学生社团就达60个之多。如何选择有实力的社团致力于图书馆的各项阅读推广工作，在实践中我们积累了一些经验：一是社团组织结构要完善，且有100人以上会员；二是开展活动要积极，且有持续举行的规模较大的品牌活动；三是社团干事必须具备较强的创新开拓意识与团队合作精神。本着以上三条原则，我们为"一校一书"的系列子活动寻找到了匹配的合作社团，并采取充分信任、大胆放手、合理指导、逐步培育的方针，开展阅读推广活动，取得了可喜的成绩。如由8大社团参与组织的"一校一书"阅读活动连续2年获得省高校图工委颁发的优秀组织奖；2014年创办的"真人图书馆"已开展12期活动，先后有30多本真人图书分享了他们的人生故事，在校内已有一定的知名度，拥有一批固定的读者，形成了较为成熟的活动模式，走上了可持续的品牌化发展轨

---

① 吴彩凤：《美国"一城一书"阅读活动的推广实践及思考》，载《图书馆学研究》，2013年，第3期，第95—98页。

道；联合 5 大学生社团组织开展的"文学名著电影欣赏节"活动，目前已连续举办两届，总计参与人数达四千余人次，校内反响良好，经典、精品与深度阅读已蔚然成风。

（四）打造立体化阅读推广体系

所谓"立体化阅读推广体系"应该包括"立体化阅读"与"立体化阅读推广"两个层面。

"立体化阅读"是一种包括"听、说、读、写"四大基本功在内的既读书、又读人的复合式阅读，也是一种融观展览、听讲座、看电影、读名著、写心得、说故事为一体的深层次阅读。"立体化阅读推广"则是一种日常阅读推广与活动阅读推广相结合、顶层阅读推广与基层阅读推广相补充的全方位、多层次的交互式推广。在"立体化阅读推广体系"下，每一个阅读推广者本身也是一个阅读推广对象，开展的立体化阅读推广活动也绝不是一个独立存在的单一活动，而是一个包含多项子活动的活动系列，且已持续多年，具有品牌效应。目前，湖南人文科技学院已形成了以"海园读书论坛"为统领、包含"一校一书"阅读征文、真人图书馆、文学名著电影欣赏节、教授博士名家讲坛、数字资源利用巡回讲座、新生入馆教育培训等多项子活动在内的立体化阅读推广品牌，融省高校图工委的阅读推广、图书馆的阅读推广、学生社团的阅读推广为一体，大力弘扬中华民族传统文化和热爱读书、崇尚学习的优良传统，尽力延伸图书馆的文化育人功能，成效显著，有力地推进了学习型校园建设。

高校丰富的社团资源为图书馆的阅读推广提供了充足的人力保障。基于学生社团建立起来的立体化阅读推广体系，可以把上级阅读推广、校级阅读推广与社团阅读推广有机结合起来，经过整体策划与周密部署，能够在活动规模、活动效益与活动影响等方面收到事半功倍的作用，既能保证活动的连续性传承，又能在用户中形成固定的影响力，从而实现活动的品牌化发展。

第二节　基于学生社团的"真人图书馆"
设计与实践

在《中国图书馆学会关于开展 2016 年"全民阅读"工作的通知》中，明确提出"宣传图书馆创新阅读案例，推广真人图书馆、阅读疗法等图书馆阅读活动方式"①，可见"以人为书"的真人图书馆活动，作为图书馆的一种服务创新方式，已经被业界认可并有燎原之势。无独有偶，2014 年，我们在仅有的几次"走出去""请进来"的培训学习中，也都与"真人图书馆"不期而遇。一次是在中国图书馆学会高等学校图书馆分会于湖南大学举办的"大学生阅读推广与校园文化建设"培训班上，南京师范大学图书馆的张建平馆长绘声绘色地介绍了南师大开展的"真人图书馆"活动，让人心生向往；另一次是在"全民阅读"年会上，碰巧与黑龙江省图书馆的真人图书馆员王霞老师同处一室，得以详细了解真人图书馆的庐山真面目；还有一次是在湖南人文科技学院图书馆举行的学术讲座上，湖南理工学院图书馆的周森龙馆长更是将真人图书馆的活动经验送上门来，让人备受感染。于是，我们决心把"真人图书馆"付诸实践。在搜集资料、研读文献的过程中，我们发现，当下的高校真人图书馆，有些只是昙花一现，有些已经偃旗息鼓，只有少数得到了良好的持续发展。因此，开展真人图书馆活动绝不是图书馆的一厢情愿，更不能跟风。找准生存空间、组建运营团队、突出活动特色是真人图书馆能够持续存在的关键因素。本节拟从实践者的视角，对基于学生社团的高校真人图书馆项目进行分析。

一、"真人图书馆"项目的设计与实践

（一）找准生存空间

在我国，由于社会习惯及世俗眼光，社会的边缘与弱势群体大都不愿意在大庭广众之下亮相，志愿者基本以某一领域专长者、人生经历传奇者等正面人物为主，致使一些真人图书活动演变成了"成功学讲座"与"名人堂"②，也使得真人图书馆被赋予了与其核心理念不相关的诸多任务，如与参考咨询服务联系起来、与学科馆员服务联系起来③、与讲座服务联系起来等，尤其是高校真人图书馆，要么因不堪重负而扭曲变形，要么因与已有服务重合度高而失去生存空间。如华东师范大学图书馆④的读者服务既丰富又高频率，其讲

---

① 中国图书馆学会：《中国图书馆学会关于开展 2016 年"全民阅读"工作的通知》，http：//www. lsc. org. cn/c/cn/news/2016-03/30/news _ 8784. html。

② 王培林：《真人图书馆隐性知识转移的元认知模式》，载《图书馆论坛》，2016 年，第 4 期，第 20 页。

③ 潘欣：《我国真人图书馆活动本土化实践的理性思考》，载《新世纪图书馆》，2016 年，第 1 期，第 72 页。

④ 华东师范大学图书馆：《新闻》，http：//202.120.82.33/news/? cat＝1。

座培训周周有，闭馆音乐定时更新，"我和馆长有个约会"广开言路，影视艺术欣赏经常举办，还有各种研讨会、阅读沙龙不定时召开，已有的形式多样、内涵丰富的读者活动严重挤压着真人图书馆的生存空间，致使该馆在 2014 年 7 月至 12 月间，尝试开展 5 期活动后，真人图书馆项目不得不停办。因此，湖南人文科技学院图书馆在创办真人图书馆项目时，将已有的阅读推广活动进行了整体规划，给不同的活动项目划出生存空间。为了避免与"教授博士名家讲坛"活动的同质化，邀请的真人图书以学生中的特色人物为主，严格控制活动时间，约定每本真人图书主题讲述时长为 10 分钟，总体讲述时长与互动交流时长之比约为 1：1，以确保活动形式既有别于"讲座"又有别于"参考咨询"，从而达到平等对话、启发思考、答疑解惑的目的。

（二）组建运营团队

务实的运营团队能够充分利用每一个成员的知识和技能，以最少的投入，获取最大的收益。高校丰富的社团资源为图书馆的阅读推广活动提供了充足的人力保障。因此，高校真人图书馆实行图书馆指导下的学生社团责任制可谓一种经济又理想的运作方案。上海交通大学图书馆首创的"鲜悦 Living Library"品牌[①]，就是将图书馆学生管理委员会作为主办方，负责活动选题、拟定"书目"，撰写介绍，前期宣传、会务、后期报道等流程，图书馆负责审核和监督，从而使得"鲜悦"获得了很好的传承，已发展成为国内真人图书馆的一面旗帜。相反，苏州大学的首期真人图书馆活动，由于没有组建运营团队，工作人员从图书馆的读者服务部、查新工作站、信息咨询部、图书馆第四党支部[②]等多个部门临时抽调，再加上活动经验欠缺，导致该馆的真人图书馆在尝试一期活动后即停办。有鉴于此，湖南人文科技学院图书馆经过多方寻找与全面考察，最终与社团成员众多、组织结构合理、拥有品牌社团活动的大学生科技创新协会合作，图书馆作为活动的主办方，负责提供活动场地、活动经费、活动指导等服务，大学生科技创新协会作为承办方，负责活动执行，并将活动事务分解到社团的 6 个部门，每个部门设活动负责人一名，在读者服务部老师的总体协调下，组建一个 7 人运营团队，共同管理真人图书馆项目。

---

① 徐炜、徐璟：《鲜悦 Living Library 在上海交通大学图书馆的实践与拓展》，见陈进：《大学图书馆文化体系建设》，上海：上海交通大学出版社，2013 年，第 149—150 页。

② 苏州大学图书馆：《我馆开展 Living Book 阅读活动》，http：//library. suda. edu. cn/info Detail. action？ id＝557＆type _ id＝1＆c _ page＝5＆from＝more。

(三) 采集合适图书

当前，业界采集"真人图书"的方式通常有三种：推荐、邀请和招募。大连医科大学图书馆①的真人图书大都是通过公开招募的方式采集的；清华大学的"学在清华·真人图书馆"项目②则主动邀请鼎鼎有名的大家、令人敬仰的前辈作为真人图书。湖南人文科技学院图书馆主要通过推荐和邀请的方式采集真人图书。如首期活动中的两本真人书是一对师生，学生得知图书馆正在策划真人图书馆活动，便毛遂自荐，并邀请其教授现代文学的老师一同参加；第二期活动的真人书则是在老师和好友的推荐下，志愿介绍自己的考研心得；针对"首届魅力青年教师"评选这一校园热点事件，真人图书馆员主动出击，邀请其中三位"魅力青师"作为真人图书，策划了第四期活动；第五期的真人图书是我校"一校一书"阅读征文活动一等奖获得者；第七期的真人书是由国际合作与交流处推荐的三位具有出国交流经历的学生；还有许多校园内小有名气的特色人物，在同学的推荐下，真人图书馆员发出邀请，便都爽快答应。实践证明：大学生是一个综合素质较高的群体，只要主动自愿、乐于分享，具备独特的人生感悟和经历，都可以成为真人图书，且个个能说会道，口若悬河。因此，不追求"书"的知名度与影响力，而是聚焦于"书"的独特性、分享性与志愿性，成了湖南人文科技学院真人图书的采集标准。

(四) 突出活动特色

特色是项目持续发展的关键。发展良好的真人图书馆都有着鲜明的特色。如南京师范大学的真人图书馆③每学期策划一季活动，每季推出多本"图书"，并在同一时间同一地点开展"大厅式酒席"活动，每桌 1 本真人书、1 名秘书、10 余名读者，大家围桌而坐，或说或笑，或弹或唱，气氛友好而亲切，且连续四年都以此种方式开展活动，堪称业界典范。湖南人文科技学院的真人图书馆经过 12 期的活动实践，也已形成了自己的特色：第一，采用"多对多"的借阅方式。因采集的"真人图书"以学生为主，受人生经历与个人阅历限制，1 本真人书还够不上一期活动的时长，为了补此不足，每期针对同一主题采用多本图书同场被多人阅读的方式开展活动。第二，分环节进行。为

---

① 大连医科大学图书馆：《Living Library——真人图书馆志愿者招募火热报名！》，http：//www.lib.dmu.edu.cn：8080/was5/web/detail? record＝829&channelid＝10193。
② 清华大学人文社科图书馆：《真人图书馆》，http：//hs.lib.tsinghua.edu.cn/living。
③ 真人图书馆@南师大：《活动报道》，http：//202.119.108.115：81/living/xwdt/。

了避免"一讲到底"或"一问到底",每期活动分成真人图书主题讲述、互动交流、反馈问卷调查三个环节进行。每本图书围绕主题精选故事集中讲述10分钟,次要信息在互动交流环节通过问答的形式进行传播。读者既可指定真人图书发问,也可提出问题,由真人图书们根据自身情况酌情回答。活动尾声,发放调查问卷,收集读者对真人图书及活动的评价,促进活动不断完善。第三,注重营造宽松惬意的阅读环境。真人图书主题讲述时,可以携带PPT、照片、实物等辅助资料,以增加阅读的生动性;并根据真人图书要求,将活动场地布置成圆形、方形、三角形或扇形等样式,以方便真人图书灵活选择演讲姿势。

二、"真人图书馆"项目绩效评估

西方经济学鼻祖亚当·斯密认为:作为经济决策的主体都是充满理智的,他们既不会感情用事,也不会盲从;人只要做"理性经济人"就可以了,这样一个人为求私利而无心对社会做出的贡献远比有益图做出的贡献大。[①] 虽然真人图书馆项目的效益很难用金钱来衡量,但是项目主体也都充满着理性,他们时刻都在关注着真人图书馆的活动效益并想方设法提高效益。湖南人文科技学院的真人图书馆项目绩效可以从以下两个方面进行分析。

(一)活动影响及读者评价

随着活动的持续进行,湖南人文科技学院的真人图书馆已具有了一定的知名度,活动形式及理念得到了参与读者的广泛认可。反馈问卷调查显示:项目在读者中的知晓率及参加多期活动的读者人数分别从第四期的58.1%、7.1%上升到了第九期的83.2%与57.9%;88.4%的读者表示愿意成为真人图书馆的固定读者,并自愿留下联系电话,以方便接收活动信息。围绕"考研那些事儿"进行的活动,4本真人图书被校教育电视台同台采访,他们的故事及活动情况被校报刊载报道,真人图书馆员撰写的文章及案例发表在《图书馆报》上并在2016年"中国高校图书馆发展论坛"论文案例征集中荣获案例类二等奖。以"被嘲笑的梦想"为主题的活动,读者对真人图书的满意率达100%,对活动整体情况的满意率达98.9%。不少读者留言表示:真人图书馆让我们看到了更多不一样的人生,不一样的大学生活,也激发了我们对未来美好生活的憧憬,给了我们奋斗的勇气和力量。

---

① 《理性经济人》,http://baike.so.com/doc/5922127-6135048.html。

（二）真人图书馆智慧集锦

与鼎鼎有名的"大家"相比，湖南人文科技学院采集到的真人图书都是名不见经传的普通人。在 34 本真人图书中，有 9 本是青年教师，1 本是馆员，其余 24 本都是学生。他们的人生经历和社会阅历不见得丰富，然而他们都用自己的亲身体验诠释了许多看似简单的道理，并用朴素的语言娓娓道来，读来真实感人又颇具智慧。现举几例以说明之。

（1）进入大学生活，需要独立面对许多选择。不一样的选择可以给我们不一样的经验，哪怕这个选择不一定对，但它能让我们看到不一样的成长风景。

（2）考研经历让我相信：人生来就是不平等的。我无法选择自己的出身，但只要我现在比别人努力一点，将来我就有可能比别人过得好一点。

（3）本科毕业后觉得自己需要一个更高的发展平台，于是决定考研、读博直至出国留学。现在想来，大学四年是充实自己最好的时光，同学们千万不要把时间浪费在不太重要的事情上，不要等到毕业后才发现自己什么技能也不会，那样将会被社会无情淘汰。

（4）回顾我的大学生涯，发现有些事情短期看来，付出不一定有收获，但从长远的角度看付出是一定有收获的，只是当时你还没有意识到，因为这种收获往往在期望之外。

（5）越是条件好的时候，吃苦越有价值；遇到困难，多想想事情美好的一面，保持一颗积极向上的心才最重要。

（6）暑假外出打工被骗的经历让我学会了脚踏实地，业余尝试的各种兼职给了我接触更多优秀人才的机会，从他们身上汲取营养，慢慢地，我也变得优秀起来。

（7）无论生活多么艰苦，人都要保持一颗高贵的灵魂，坚持做自己，做最好的自己。

（8）即使没有任何收获的指望，也要心平气和地耕种。我一直觉得好事能让人感到幸福，但坏事能使人变得强大。因此，我们要做一个智者，遇好事坏事都能提高自己。

（9）做笔记的好处是让一本书真正属于自己。在我的阅读中，本子和笔同时在场。

（10）良好的亲子关系，父母必须给孩子以引导，孩子必须给父母以信任。身为大学生，需要做与众不同的人，而且要有勇气做特立独行的人。

正所谓一千个读者就有一千个哈姆雷特。从这些平凡的真人图书身上，无论是读书、读人还是读世界，都散发着熠熠生辉的思想与智慧，实乃三人行，必有吾师，也更加坚定了我们的真人图书采集标准：独特、志愿、接地气。

三、"真人图书馆"活动开展的有益启示

（一）以人为书、平等对话、鼓励变体

尽管业界有人诟病国内真人图书馆的组织形式异化为"讲座"或"参考咨询"，真人图书由弱势群体、非主流群体异化为主流群体，其秉承的"鼓励对话、消除偏见"也在很大程度上被抽离[①]，然而，我们认为，只要"以人为书、平等对话、公益免费"的精神未变，真人图书馆活动就有价值；不能因为它首创于"停止暴力组织"而把"反暴力、消除偏见"当成教条死守，因而给侧重于正面人物传播正能量的国内真人图书馆贴上"变味、走形"的标签。正如学者所言："考虑到我国的国情，真人图书馆在不同类型的图书馆需要变体，且要鼓励变体。"[②] 高校图书馆在充分调研师生员工阅读需求的基础上，选取读者感兴趣的主题，有针对性地招募真人图书，从而达成用户需求的满足和对图书馆服务的满意，未尝不是一种可取的真人图书馆形态。

（二）简化"藏"的管理，重视"用"的过程

当前，许多真人图书馆高度重视"藏"的管理，纷纷给真人图书进行分类、编目、上架与剔旧，甚至还有人设计开发"真人图书馆管理模块"[③]，试图将真人图书也像纸质图书一样实施计算机集成管理。我们认为，"真人图书馆"只是一个概念图书馆，其实质就是一个读"人"的平台，其日常管理无须非得按照实体图书馆的管理模式进行，也并不是样样工作都要面面俱到，特别是在高校真人图书馆，由于学生真人书的高流动性，能够重复借阅的概率实在太低。因此，真人图书的编目、上架、典藏、剔旧等工作可适当淡化甚至省略。相反，"用"的过程则要格外重视。图书馆不仅要全程参与读者"用"的过程，还要进行现场记录，并注重收集用户的使用感受及评价。"真人图书馆"这个平等对话的平台搭得好不好，读者满不满意、有没有收获、

① 张真一：《真人图书馆在我国的发展瓶颈与对策》，载《图书与情报》，2014 年，第 4 期，第 133—135 页。

② 任红娟：《真人图书馆在我国的适用性研究》，载《图书馆》，2015 年，第 1 期，第 81—84 页。

③ 刘方方、肖鹏：《基于 FOAF 的 ILS 真人图书馆管理模块设计》，载《图书馆论坛》，2012 年，第 5 期，第 37—41 页。

能否持续存在才是值得图书馆人关注的焦点。真人图书馆作为一种新的文化现象，完全可以不依附于实体图书馆而独立存在，学界也完全没有必要以纯图书馆学的视角去研究和解释，完全可以从社会学、文化学、哲学的视角来另眼相看。[①]

（三）着力隐性知识的显性化

真人图书馆依托"真人"这种活态资源，提供隐性知识的双向流通服务。[②] 正因其流通的知识具有"内隐性"，所以将隐性知识进行显性化就显得尤其重要。隐性知识显性化的方法大致有两种：一是将活动过程拍摄录制成视频文件，在网上传播。此种方法对设备要求、图书要求与技术要求都很高，且后期的剪辑制作耗时量大，又很容易涉及"隐私与权益"问题，导致有些条件较好的真人图书馆虽然录制了视频却仅在图书馆内部保存，有些视频上传网站却又长期处于关闭状态，因而对大多数高校真人图书馆来说，此种方法不太具备可行性。二是用录音笔将活动过程全程录音，活动后对录音材料进行二次加工，将真人图书智慧、双向互动撞击出的思想火花提炼成文字材料，附于新闻报道后，供更多不在场的读者阅读。当活动积累到一定期数，还可编辑成"真人图书馆"语录，装订成册甚至出版成书，从而实现隐性知识的共享与重复利用。此种方法因为传播的大都是正面积极片断的精神思想，不太涉及隐私与权益问题，再加上对设备和图书要求适中，耗时相对较少，因而具备可操作性。本节中的"真人图书馆智慧集锦"便是照此方法实现的。

（四）加强社团指导

"真人图书馆"在国内还是一个新鲜事物，对于学生社团来说，更是第一次接触。因此，从活动策划、宣传、真人图书约谈、读者招募、问卷设计到活动场地布置、主持、新闻报道、资料收集整理等都需要专人指导。湖南人文科技学院的真人图书馆以读者服务部主任作为专业指导人，坚持活动前讨论、活动后总结的"一期两会"制度，做到发现问题，及时改正。在合理指导的同时，大胆放手，充分发挥学生社团的主人翁精神与大学生敢于创新、乐于交际的特长，主动发掘校内外的特色人物，多渠道发布活动信息，积极报道活动事迹，以提高活动的参与度，扩大活动的宣传面，全面提升活动的

① 凌美秀：《真人图书馆，还能走多远》，载《高校图书馆工作》，2013年，第4期，第94—96页。

② 吴汉华、王子舟：《开发读者知识资源的新模式：真人图书馆》，载《图书馆杂志》，2010年，第9期，第21—26页。

影响力。

（五）培育真人图书馆员

尽管当前高校真人图书馆对活动的具体环节进行了积极探索和实践，可相互之间的活动标准和规则却存在较大差异，缺乏统一的真人图书馆规范①与活动过程记录，唯一可参考的活动通知与新闻报道又因专有栏目的缺失，导致信息传播无序，业内同行若想远程学习取经，不仅查找起来费时费力，而且可资借鉴的内容相当匮乏。因此，高校图书馆应该选拔积极上进、善于学习、踏实能干的人才担任真人图书馆员这一要职，并提供更多外出考察培训、参与学术会议的机会，在评先评优、课题申报、职称晋升等方面给予政策倾斜，以调动真人图书馆员的积极性，全面提高自身素质，让个体发展与整体业务得到同步提升。

真人图书馆作为一种全新的阅读模式与知识交流方式，在阅读推广活动纷繁炫目的当下高校图书馆，只有立足实际，准确定位，突出特色，创新方法，才有可能发展成为一档符合自己学校特点的品牌活动。学生社团为此活动的持续开展提供了人力保障与智力支持，读者的真心评价与真人图书的智慧让人看到了这一活动的价值与美好发展前景。

第三节　"成语大会"创意在大学校园的实践探索

2013 年以来，随着《中国汉字听写大会》《中国成语大会》《中国诗词大会》三档传统文化电视节目在央视的热播，全国上下掀起了一股学习传统文化热潮，也引起了学界的高度关注。作为这三档节目的粉丝，我们在认真观读节目的同时，将节目创意移植到了湖南人文科技学院图书馆的阅读推广工作中，并于 2016 年世界读书日来临之际，面向全校大学生策划组织了"成语大赛"活动，积累了一定经验，可供业内同行参考。

一、传统文化节目与阅读推广活动运作特点对比分析

后现代消费时代是一个以读图为主的娱乐化时代，传统的阅读，则是一个以面向抽象书面文字为思考对象的认识活动。在印刷术发明后的漫长历史

---

① 唐野琛：《我国真人图书馆发展现状、问题及对策研究》，载《图书馆建设》，2013年，第 1 期，第 47 页。

中，人们以文字为媒，通过书籍来交流思想和传播信息。大约在百余年前，电视的出现，彻底地影响和改变了人们的生活，它在实现"现时"和"图像"完美结合的同时，也使得其与传统阅读之间的矛盾越来越不可调和。有学者提出，电视应该为阅读"赎罪"，电视人应该以高度的文化自觉来改造我们的电视节目。[1] 基于这样的理念，在娱乐至死的当下，承载着传统文化追求的《中国汉字听写大会》《中国成语大会》《中国诗词大会》一经推出，便璀璨夺目。正如《中国成语大会》总导演关正文先生所说："成语在现代人的生活中渐渐被忽视。作为一种常被使用又被人忽视的语言资源，如果突然想要让它拥有超越自身发展轨迹的地位提升，大家很难响应。"[2] 因此，可以说《中国成语大会》节目被赋予了传统文化以别开生面的"阅读推广"功能，每一场比赛就是一场成语文化的体验活动与阅读推广活动。在广告收益的支撑下，《中国成语大会》还可以调动全国的优质资源，运用发达的视听技术与专业的传播策略来吸引公众观读，而这一点却是任何一所大学的任何一项阅读推广活动都无法企及的。传统文化电视节目与图书馆阅读推广活动在运作特征上也就有了相同和不同。

表 7-1　传统文化电视节目与图书馆阅读推广活动运作特征对比分析

特征	类别	传统文化电视节目 （以《中国成语大会》为例）	图书馆阅读推广活动 （以校园成语大赛为例）
相同点	功能美誉相同	电视主要通过文化教育类节目实现其教化民众的功能，常被誉为"没有围墙的学校"。	图书馆承担着社会教育的功能，被誉为"没有围墙的大学"。而当下图书馆的社会教育功能更多的是通过阅读推广活动实现的。
	目标受众相同	《中国成语大会》等传统文化电视节目以青少年和青年大学生为主要目标受众。	青少年与青年大学生正好是公共图书馆与高校图书馆阅读推广活动的目标人群。
	秉持理念相同	推动阅读、倡导经年累月的持续阅读是《中国成语大会》等传统文化节目传递的核心价值观。	图书馆阅读推广的终极目的就是要让每一个人都养成经年累月持续阅读的习惯。

① 朱永新：《我的阅读观》，北京：中国人民大学出版社，2012 年，第 339—341 页。
② 刘晓伟：《成语大会：引发学习传统文化热潮》，载《神州》，2014 年，第 19 期，第 25—27 页。

续表

特征＼类别		传统文化电视节目 （以《中国成语大会》为例）	图书馆阅读推广活动 （以校园成语大赛为例）
不同点	赛制不同	《中国成语大会》采用海选、复赛与决赛三级赛程，围绕"限时猜词"设计比赛规则。	校园成语大赛可灵活选择一赛、两赛或三赛制，也可围绕"笔试、演讲、猜词"等环节设计多样化的比赛规则。
	题型不同	《中国成语大会》以成语为主要考查内容，以释义猜词的形式出题。	校园成语大赛可设计成语填空、成语作文、成语演讲、成语竞猜、成语知识抢答等丰富多彩的题型。
	运作不同	《中国成语大会》采用制播分离模式，由专业公司为央视量身定制。	校园成语大赛大都以图书馆为主导，联合学校相关部门，选择有实力的学生社团共同开展活动。

众所周知，人的成长过程，都是从自然人向社会人转变的过程。电视媒体凭借其高普及率与广覆盖而占据了主导媒体的地位，成为全体社会成员社会化的一个重要影响源，也使得电视"教化民众"的功能不断凸显。对于儿童与青少年来说，电视更是成为他们增长知识、接受社会主流价值观和行为方式的"第二课堂"。① 基于这样的认识，《中国成语大会》等传统文化电视节目以高度的社会责任试图引导广大受众走出当下浮躁、浅薄、低俗的节目污染，为儿童与青年的成长发展提供智力支持和精神动力，从而在理论层面上与图书馆的阅读推广工作走向了殊途同归。可是，由于高校在时间、人力、物力与财力上都没法与电视媒体相比，因此，在实践操作层面，作为传统文化节目的《中国成语大会》与作为阅读推广活动的校园成语大赛又有了诸多不同之处。正是基于以上相同点，高校借助《中国成语大会》品牌，开展校园成语大赛活动，实现从传统文化电视节目到高校阅读推广活动的有效对接成为可能。传统文化与本土智慧，也就不会因为时代久远而生疏，不会因为现代科学的挤压而遗忘。也是基于以上不同点，我们的研究才具有价值。

---

① 金盛华：《社会心理学》，北京：高等教育出版社，2010年，第76页。

二、校园成语大赛的策划与实施

（一）前期读者调研

当前，大学校园内电脑、智能手机相当普及，传统的课堂笔记已经被手机、平板拍照所取代，作业也用邮件形式传递，大学生手写汉字的机会越来越少，由此造成的直接后果之一便是"提笔忘字"。据《中国青年报》的调查，高达9成的大学生认为自己的汉字书写能力下降了。[1] 但这并不表示青年一代对母语文化不认同，相反，他们还在一定程度上表现出某种"语言忧患"意识与文化自觉。《中国汉字听写大会》《中国成语大会》《中国诗词大会》等传统文化电视节目备受青睐便是有力佐证。湖南人文科技学院图书馆的调查也显示：90%的在校大学生观读过以上三档传统文化节目，83%的同学对此类节目持肯定态度，85%的同学认为自己会在平时的日常用语中使用成语。许多学生社团争相效仿开展文化益智类活动。如吉林大学的白桦林文学社在图书馆的支持下，举办了"白桦杯"[2] 成语竞技赛，让该校无缘参加《中国成语大会》的学子过了一把比赛瘾，也实现了从观读到阅读再到比赛的有效对接。湖南人文科技学院的读者俱乐部自2013年8月《中国汉字听写大会》播出后，就尝试开展了"汉字英雄""答题王知识竞赛"等社团活动，为举办全校性的大型活动积累了经验，也为图书馆举办校园成语大赛提供了条件。

（二）组建运作团队

《中国成语大会》沿袭《中国汉字听写大会》的制播分离模式，由专业公司为中央电视台量身定制。另有外协团队提供专业支持，仅"出题"一项就花了4个多月。由此可见，一档成功的电视节目从创意到搬上荧屏绝非一朝一夕之功，也非一人一己之力。校园成语大赛麻雀虽小，却也五脏俱全，同样需要组建综合素质较高的运作团队。实践中，采用合作方式开展活动是一种经济又理想的方案。如南开大学的成语大赛是由教务处和文学院联合举办的[3]，西北

---

[1] 傅金华：《在校大学生"提笔忘字"现象的考察分析——以华中师大和高雄师大为例》（硕士论文），华中师范大学，2015年，第32页。

[2] 吉林大学图书馆：《图书馆第四届"书礼青春"读书月活动圆满落幕》，http：//lib.jlu.edu.cn/portal/notice/1091.aspx。

[3] 南开新闻网：《南开大学成语大赛决赛举行》，http：//news.nankai.edu.cn/qqxy/system/2014/04/29/000179114.shtml。

农林科技大学的成语大赛由图书馆主办、图书馆学生管理委员会承办[①]。湖南人文科技学院的成语大赛则由图书馆与学社联共同主办，读者俱乐部承办。图书馆提供场地与经费，邀请点评嘉宾，进行活动指导与协调；学生社团负责活动宣传、监考、阅卷、场地布置、主持人选拔、摄像、新闻报道、问卷调查等具体事务；并成立了由副馆长、馆员及 3 位社团干部组成的 5 人运作团队。在活动准备阶段，以《中国成语大会》第二季为范本，团队成员共同观看节目，并做了详细的观读记录，商讨活动的整体框架，抓住"出题"与"主持"两个关键环节，在社团内部临时成立了两个相应小组。

（三）策划活动内容

内容是活动的灵魂。为了提高校园成语大赛的可操作性，加强活动黏性，实现传统文化在校园内的传播效应，运作团队着重从赛制和题型两个方面对活动内容进行策划。

1. 改新赛制

赛制即比赛规程，包含赛程与规则两个主要方面，其中规则是核心要素，决定着节目内容的整体框架。湖南人文科技学院成语大赛采用两级赛程，初赛采用笔试形式，根据选手得分高低选取前 10 名进入决赛，决赛 2 人为一组，分成 120 秒限时猜成语、成语限时抢答、限时拼成语三个环节进行，并将比赛规则调整如下：

"120 秒限时猜成语"环节效仿《中国成语大会》限时计数对抗赛的比赛规则，给定时间 120 秒，每组一人释义，一人猜成语，每猜对一个成语加 10 分，释义时若出现成语中的任何汉字，即为犯规；释义困难的成语可以跳过，每组有一次跳过的机会。因为选手水平与磨合度都无法与《中国成语大会》相比，故将限定时间从 90 秒延长至 120 秒，并对犯规次数未加限制。

"成语限时抢答"环节效仿《中国成语大会》抢答对抗赛规则，选手根据主持人的释义，最先正确写出成语的组获得加分。从主持人释义起，五组开始抢答，至释义完成后一分钟止。每抢对一个成语加 10 分。此环节因为缺少高灵敏度的抢答器，同时也为了考查选手的汉字书写能力，故将《中国成语大会》的"口答成语"转型为"笔写成语"。

"限时拼成语"环节效仿《中国诗词大会》中的识别诗词环节，要求选手在规定的时间内从事先打乱在 25 宫格、20 宫格内的汉字中各识别出 5 个四字

---

① 虞楷锐，陈震磊：《中国智慧自成语境——4.23 世界读书日系列活动·成语大赛顺利举办》，http：//lib. nwsuaf. edu. cn/resu/news/559/01558. html。

成语，并将答案写在题板上，限时 4 分钟，每拼对一个成语加 10 分。因为是五组选手同场同时答题，为了避免相互干扰，也将"口说"转型为"笔答"。

通过将《中国成语大会》的"长时间海选"转型为"笔试海选"，"一猜到底"转型为"猜、写结合"，"每环节分胜负"转型为"积分定胜负"，校园成语大赛初步具备了可操作性。

2. 创新题型

初赛试题不仅采用成语重点字填空、成语运用正确判断、根据释义写成语、成语接龙等常规题型，以考查选手的成语书写能力、运用能力以及成语掌握的广度；还创造性地设计了补充八字成语的前半句或后半句、写出给定成语的反义成语等题型，以考查选手对八字成语的熟悉度和对成语涵义理解的精准度。如写出"言者谆谆"的后半句"听者藐藐"，写出"江河行地"的前半句"日月经天"，写出"矮人看戏"的反义成语"独具只眼"等。还可设计成语作文题，如让参赛者谈谈对俗语"得饶人处且饶人"和"纵虎归山，后患无穷"[1] 的看法，以考察选手综合运用成语知识的能力。也可在决赛中设计"成语演讲"环节[2]，以成语为素材，以演讲的方式传播成语文化；亦可针对观众设计"经典文化知识抢答题"[3]，让观众在深度体验中感受传统文化的魅力，进而实现以活动促阅读的目的。

（四）活动宣传推广

互联网条件下，新媒体宣传方式如网页、电子屏、微信微博、QQ 群等因传播迅速、操作简便、零成本等优势而备受推崇。传统的宣传单、摆点宣传、下系宣传等方式因成本高、人力多而日益淡出图书馆人的视野，却仍然是学生社团主要的活动宣传方式。因此，湖南人文科技学院的校园成语大赛除采用新媒体宣传方式外，还高度重视传统宣传方式。初赛主要采用发放宣传单、摆点宣传与现场报名的方式进行宣传；决赛则采用普通观众下系宣传、目标人群短信通知、领导老师主动邀请的方式传递活动信息。此外，还分别为初赛、决赛撰写了新闻稿，并通过图书馆网站、电子显示屏、微信平台、学校网站、学生论坛发布报道。这种分阶段选择不同宣传方式的做法，有效扩大

---

① 南开新闻网：《南开大学成语大赛决赛举行》，http：//news. nankai. edu. cn/qqxy/system/2014/04/29/000179114. shtml。

② 图书馆：《大学生文化协会成功举办成语大赛》，http：//lib. cqwu. net/ xwgg/85827. jhtml。

③ 虞楷锐，陈震磊：《中国智慧自成语境——4. 23 世界读书日系列活动·成语大赛顺利举办》，http：//lib. nwsuaf. edu. cn/resu/news/559/01558. html。

了活动的参与面与影响力。

（五）活动过程控制

人是活动的主体。因此，校园成语大赛的过程控制始终围绕着"人"进行。初赛着重强调：选手应该用"楷体字"答题，手机、书籍等必须集中起来统一管理，以保证试卷的可判性与比赛的公平性；决赛尤其注重活动的精彩度与观赏性。为了让每组选手都能做到心有灵犀，运作团队尊重选手意愿，放弃抽签组队方式，采用自由组队，以方便选手强化练习，培养默契。主持人在比赛中承担着主考官与活动起、承、转、合的重要任务，运作团队对社团推选出的两位主持人进行了三次细致的指导，内容涉及主持稿撰写、活动环节过渡、活动气氛调节、选手情绪安慰、观众互动、语速安排等诸多方面。在点评嘉宾的选择上，团队听取学生意见，邀请教学经验丰富、口碑良好、具有博士学位并教授现代汉语的老师担任。在技术、经费、人力相对欠缺的情况下，团队决定利用传统手段来吸引观众互动。如为未能进入决赛但初赛成绩优异的选手设置纪念奖，并采取在决赛现场抽奖颁发的形式来吸引初赛选手继续关注决赛；为观看决赛的观众设置幸运观众奖，将决赛选手未抢答对的题目交给观众回答，并给答对者赠送礼品；除了点评嘉宾对选手表现进行点评外，还可邀请观众发表意见。通过观众答题、观众点评、观众获奖等方式，让观众深度卷入比赛而非游离于比赛之外，从而提高活动的看点和黏性。由于充分考虑了人的需求，成语大赛的整个过程井井有条，收到了预期效果。

（六）活动效果评价

湖南人文科技学院成语大赛初赛于 2016 年 3 月 25 日举行，吸引了全校 14 个教学院系的 142 名同学（171 人报名，29 人缺考）参加。决赛于 4 月 8 日举行，200 余名师生共同观看了比赛。调查显示：观众用五级测评法给选手表现、主持人表现、点评老师点评以及活动整体情况打分依次为 4.06 分、3.96 分、4.07 分与 4.02 分，对应的情感体验是"愉快"和"赞扬"。"能在自己学校看到成语大赛让我既惊喜又感动"的观众评价从一个侧面肯定了图书馆的阅读推广工作，"出于对中华传统文化的敬仰与喜爱，我参加了比赛，并将继续用自己的行动，与全校学子一起，扛着传承、开拓的大旗，共创民族文化发展的美好未来"的获奖感言充分彰显了校园成语大赛的价值。统计数据表明：2016 年 3－6 月，H033、H136.3 两种成语类书籍的馆藏外借量（550 册）比 2015 年同期（328 册）增长了 67.7％。在参赛选手的带动下，全宿舍乃至全班同学共同学成语蔚然成风，不少人萌生了报名参加《中国成语大会》第三季的想法。还有同学坦言，成语大赛甚至使他养成了一种思维定式，即使是在日常交流中，也总想用成语来表情达意。尽管活动投入经费1220元，人均活动成本超过3元，与学校下拨的人均年活动经费1元相比，有点偏高，但活动产生了明显的正向溢出效应，取得了较好的阅读推广效能，是一场成功的活动。

三、"成语大赛"活动开展的经验总结

（一）留心收集活动创意

《中国汉字听写大会》《中国成语大会》《中国诗词大会》三档非娱乐节目之所以能在泛娱乐化的当下创下收视新高，主要缘于运作团队将"听写、猜词、背诵等学生学习方法用电视比赛方式呈现"的创意，让观众感到既亲切又怀念。每一个阅读推广馆员都应该保持高度的创新敏感性。一方面，可以从丰富多彩的电视节目中吸收灵感。如可以将《开讲啦》①节目"分环节控制时间"的做法引入"真人图书馆"，以避免该活动滑入"讲座"或"参考咨询"的组织模式；也可学习《佳片有约》②"导视、剧场、漫谈"的栏目结构，开展"文学名著电影欣赏节"活动，并配套影评书评有奖征文子活动，让当下高校纯属娱乐的"周末影院"焕发出新的生机。另一方面，从品牌社团活动中收集创意。如湖南人文科技学院读者俱乐部的"书友茶话会"是一个融"好书推荐、经典演绎、知识抢答、经验分享"于一体，集"书、友、茶"三个高雅元素于一身的品牌社团活动，阅读推广馆员亲身体验后，在保留原有创意的基础上进行了改造提升，不仅将活动对象扩大到了全校学生，还将活动目的定位为丰富校园文化生活与传播传统文化相结合，使得该活动在校园内迅速走红。实践证明，有了好创意的图书推荐、读书征文、名家讲座、知识竞赛、影视欣赏等传统阅读推广活动也能做到常办常新。

（二）广范围选拔活动主持人

主持人不仅活跃在电视荧屏上，在图书馆组织的各种仪式、讲座、竞赛类活动中也能看到主持人的身影。他们在特定的节目与活动情境中，以直接平等的交流方式主导并推动着节目或活动进程，体现活动意图。③高校成语大赛大都以图书馆、团委等职能部门作为主办方，以一个或多个学生社团作为

---

① 360百科：《开讲啦》，http：//baike. so. com/5387868-5624415. html。
② 360百科：《佳片有约》，http：//baike. so. com/411672-436035. html。
③ 应天常：《节目主持人通论》，武汉：武汉大学出版社，2007年，第33页。

承办方。尽管主办方会派出专人进行活动指导，但活动中的具体事务基本由社团承担。本着鼓励引导、大胆放手、锻炼社团的原则，主持人选拔基本局限在社团内部。虽然运作团队意识到了活动主持的重要性，并在社团内部成立了主持组，但由于馆员并未介入主持人选拔过程，使得推选出的主持人只具备了外在形象良好、普通话标准、喜爱主持等基本条件，而忽略了专业技能与知识素养的考量。出于保护学生自尊考虑，没有更换主持人选。尽管后续对其进行了多次细致的培训，但在现场言语生成、体态语运用、说话技巧、控场能力等诸多方面仍然存在明显缺陷，在观众的测评打分中也有所体现。因此，在面向全校举行的大型活动中，主持人的选拔可以跳出社团范围，采用招募或邀请的方式，尽可能聘用主持经验丰富的学生担任，以确保活动的高水准。

（三）多渠道搜集反馈资料

活动反馈资料是活动评估的重要依据。对电视节目进行评估的最好方式莫过于收视率的调查。高校图书馆开展的阅读推广活动，与收视率相对应的指标便是活动参与人数，而仅凭活动参与人数来判断活动的成功与否未免显得片面肤浅。因此，湖南人文科技学院的成语大赛除了收集活动参与人数、经费投入与馆藏外借量等看得见的评价依据外，还就日常成语使用频率、传统文化电视节目收看、网络书写负面影响、活动收获、活动满意度等问题设计调查项目，通过在活动现场发放调查问卷的方式收集数据，对活动进行定量分析；同时安排人员对嘉宾点评、观众评价、获奖感言等环节做好文字记录，活动后馆员主动邀约社团干部与参赛选手，就活动得失、参赛动机、备赛过程、身边同学阅读变化等问题进行面谈，对活动做出定性分析。这种全方位多渠道搜集反馈资料的方法，无疑提高了活动评估的信度和效度。

（四）分社团培育活动项目

学生社团既是大学校园内一个层次丰富且具规模的阅读群体，如果选择得当，又能成为阅读活动的有力组织者。如武汉大学图书馆的"珞珈阅读广场"栏目设有"珞珈开卷、影像阅读、戏剧之门、音乐空间"四个分项，分别由真趣书社、自强网站毛线电影、莎士比亚英文戏剧社、爱乐社四个学生社团负责运营，图书馆负责提供场地、设备与经费。截至 2016 年 9 月 28 日该活动已开展 126 期，堪称业界立体阅读项目的典范。湖南人文科技学院图书馆近年来也有意识地选择学生社团负责各项阅读推广活动，取得了良好成效。如与大学生科技创新协会合作创办的"真人图书馆"项目在读者中的知晓率已从最初的 7.1% 上升到了 83.2%，先后荣获 2016 年"中国高校图书馆发展论坛"案例二等奖、2016 年湖南省普通高校阅读推广活动"创新案例奖";由读者俱乐部与四大文学社团共同承办的"一校一书"阅读征文活动连续两年获得湖南省高校图工委颁发的"优秀组织奖"。校园成语大赛若想做成品牌持续传承,采用"社团＋项目"的管理方式是最佳选择。事实上,随着阅读推广活动的日益丰富,当下高校图书馆仅靠自己的学生组织协助开展活动显然有点力不从心。分社团培育活动项目的做法既能发挥社团的比较优势,又能给社团自身建设提供实践平台,让社团素质与项目发展得到同步提升,从而开创图书馆阅读推广新局面。

（五）自觉开展科学研究

于良芝[①]认为阅读推广是循证图书馆学（EBL）的典型领域,可以将循证医学的思想移植过来,在阅读推广实践中应该遵循"循证"的思想,将研究发现作为优先或唯一实践证据,取代直觉感官、传统和流行做法,从而实现"以研究促实践"。此观点的字里行间无不透露出阅读推广馆员需要具备一定的学术水平与科研自觉。因此,湖南人文科技学院成语大赛策划之初,就将科研目的融入其中。为了研究网络环境下键盘书写给当代大学生母语运用能力带来的负面影响,初赛试题共计考查成语 224 个,以《现代汉语成语规范词典》《汉语成语词典》《中国成语大辞典》为参考书,分成中学常用成语、大学常用成语与语言使用者常用成语三个难度等级,按 4：4：2 的比例分配题量;其中成语填空题考查成语 129 个,填空 208 个汉字,每字 0.25 分,占卷面总分的 52%。为了提高成语填空的指向性,还特意为"纵横（捭）（阖）、纵横（交）（错）"等多选择途径的成语设计了"读拼音写成语"题型。试卷分析显示,选手在词语的错误类型上,主要表现为记忆空白、印象模糊与错字别字。记忆空白表现为一些笔画较为复杂或者较为专业的成语如鲁鱼（亥）（豕）、（鳏）（寡）孤独、（袍）（笏）登场等填空的空白率极高;印象模糊表现为生活中很熟悉的词却只记得该字的大体框架轮廓,而不记得具体笔画构造,如残羹冷饭的"羹"、沆瀣一气的"瀣"、黄发垂髫的"髫"、东施效颦的"颦"等汉字书写的"墨斑率"相当高,而且也是错误发生率最高的一种类型;错字别字主要是由于音近、形近或自行生造而成,如筚路蓝缕的"蓝"写成"篮"、靡靡之音的"靡"写成"糜"、越俎代庖的"庖"写成"疱"等,这些词即使在键盘输入未被普遍使用的过去也是人们经常会写错的词语,造

---

① 于良芝、于斌斌：《图书馆阅读推广——循证图书馆学（EBL）的典型领域》,载《国家图书馆学刊》,2014 年,第 6 期,第 9—16 页。

成此种现象的原因除了汉字本身的笔画和成语使用频率外，一个更重要的原因是成语知识阅读不够广泛和深入，未能真正理解词语的涵义，自然也就不能正确书写汉字了。此问题在"写出给定成语的反义成语"题型中表现更加明显。许多耳熟能详的成语大部分选手都不能准确地找到相对应的反义词，如与"众志成城、唾手可得、充耳不闻"等相对的反义成语本应为"孤掌难鸣、海底捞针、洗耳恭听"，可许多选手却找到"单枪匹马、望尘莫及、耳聪目明"等五花八门的成语来充当反义词，还有不少选手甚至未曾动笔，导致此题成了初赛中失分率最高的一种题型，也使得隐藏在成语背后的"深度阅读"问题凸显出来，给当下的大学生敲响了警钟，也让当下图书馆人深深地意识到传统文化阅读推广的重要性与必要性。

高校图书馆合理借鉴人气电视节目运作形式，并结合各自的校情和馆情付诸实践，能够有效解决"推广活动单调、用户体验不足、缺乏创新与整体规划"[1] 等问题。就校园成语大赛而言，图书馆若能以比赛为契机，编制成语类推荐书目，并且购买成语经典书籍作为奖品颁发，会更有利于成语文化的传播。

第四节　"阅读经典，书影同行"：
文学名著电影欣赏节探析

一、"名著电影节"活动背景与概况

当下，虽然电脑、智能手机的普及为人们收看电影提供了便捷的通道，可是一个人独自观影因缺少了多人共同观影的话题讨论与情感交流而不被一些人士喜爱，由此而为影院生存提供了广阔的市场空间。特别是当大片首映时，许多电影爱好者成群结队来到装修华丽设备先进的影院一睹为快，其场面可谓壮观。尽管每场电影几十甚至上百元的门票消费成了大学生走进影院的门槛，却为校园电影播放活动提供了生存空间。近年来，不少高校纷纷设立多媒体播放室，开展影视欣赏活动。由于专职电影导读馆员与运营团队的缺失，许多高校图书馆的电影放映活动仅仅停留在例行惯事与休闲娱乐层面，缺乏深层次的互动交流与文本推广，活动效益十分有限。基于此，湖南人文

---

[1] 苏海燕：《大学图书馆阅读推广模式研究》，载《山东图书馆学刊》，2012 年，第 2 期，第 52—55 页。

科技学院图书馆在创办"文学名著电影欣赏节"时，确立活动思路：

第一，以青笛文学社、紫鸢文学社、浅草文学社、碧州文学社四大文学社团为主力，联合 Crazy 电影协会共同开展活动；

第二，以读者服务部主任为中心，凝聚 5 个社团的社长，组建一个 6 人运营团队；

第三，图书馆负责提供场地经费、邀请点评嘉宾、购买纸质图书、承担活动指导等事务，学生社团负责活动执行。

目前，该活动已开展两届，并形成了如下活动模式：

文学名著电影欣赏节分为名著电影欣赏、影评书评征文两个版块进行，持续时间共 6 周。其中电影播放持续时间为 2 周，共放映 4 部名著影片，定于每年 11 月相邻两周的周五、周六晚上；每场电影设活动主持人 1 名，点评老师 1 位，分为观影导视、影片播放、点评讨论三个环节进行；4 部影片全部播放完后，读者在两周内提交影评书评征文，后续两周为征文评审时间。获奖文章依托《青笛之音》（社团刊物）杂志刊发，获奖者将被授予奖金和校级荣誉证书，还可参与大学生素质拓展学分加分。

二、"名著电影节"如何办出活动特色

（一）由影至书：将电影欣赏与名著阅读相结合

电影自 19 世纪诞生以来，就与文学结下了不解之缘。一方面，文学源源不断地滋养着电影，成为电影走向艺术殿堂的有力支撑；另一方面，由名著改编的电影，既使得名著文本得以宣传重生，又让文本内容得到了另类艺术方式的解读，使之辐射到的受众面更为广博。因此，文学名著完全可以借助电影的先天传播优势来增加自身被人阅读的机会。正是基于这样的理念，湖南人文科技学院图书馆举办的文学名著电影欣赏节，每届活动前都会选出 8 部文学名著候选电影，通过网站、微信平台、读者意见箱、宣传单等渠道请读者投票，根据投票数选取排名靠前的 4 部电影集中于两周内的周五、周六晚上播出，并学习《佳片有约》节目构架，每场电影设立活动主持人，邀请教授文学与影视欣赏课程的老师担任点评嘉宾，点评老师与主持人共同组织观影前的导视与观影后的讨论；观众还可参与现场抽奖，赢取图书馆提供的电影同名小说，也可现场办理名著借阅手续。在提高观众名著品鉴能力的同时，有力地促进了馆藏资源的利用。

（二）由读至写：将名著阅读与文学写作相结合

《佳片有约》影评版常常邀请知名的影评人与媒体人作为嘉宾，与现场几

十位观众一起解读影片主题带来的思考。"文学名著电影欣赏节"除了在电影播放现场组织讨论外，还将《佳片有约》的电影评说以"影评书评有奖征文"的形式付诸实践。读者可以围绕观看的电影、阅读的名著撰写读书心得，参与活动。为了拓展写作视角，观影现场，点评老师就电影艺术、时代背景、人物形象、叙事策略、文本改编、比照阅读、作家风格等方面进行多维度的解读，读者可就自己关心的问题与老师互动，观众之间也可进行有序的坦诚交流。将书影阅读作为领入写作入口的楔子，引领读者深化感想，从而增加影评书评的厚度，彰显活动的人文价值。

（三）由少至多：将个别阅读与共同阅读相结合

长期以来，传统的应试教育着重培养了学生个别阅读的习惯，致使大多数读者都不会主动交流与分享自己的读书心得，而人们的情感需求在钢筋、水泥、手机、电脑的映衬下却显得更加迫切。共同阅读正好顺应了这种时代发展的要求，日益受到人们的喜爱。文学名著电影欣赏节可谓个别阅读与共同阅读相互融通的一种良好形式。一方面，名著的文本阅读是一种个别阅读。读者把文本借回去，利用课余时间，选择自己喜欢的阅读方式与阅读地点，在教室、宿舍、图书馆、草地上，或快读慢读，或精读略读，或边读边记，高兴了大笑，感动了流泪，疲倦了休息，随心所欲，极具私密性与个性化。另一方面，名著的电影阅读是一种共同阅读。大家在同一时间、同一地点共同欣赏电影，这种时空与内容的同步，容易产生集体阅读效应。理论上，一部影片由多人同时观看，生出的影响力是不可低估的。尤其是以图书馆为主导进行的集体化观影活动，由于参加人员学养构成的差异，容易碰撞出智慧的火花，从而弥补个别阅读的知识盲点与素质盲区，产生明显的社会教化作用。

（四）由浅至深：将乐趣与难度相结合

美国著名文学批评家哈罗德·布鲁姆在《如何读，为什么读》一书中说，深读经典是一种"有难度的乐趣"。那么，如何推广这种有难度的乐趣，既增加阅读经典的乐趣，又降低阅读经典的难度呢？文学名著电影欣赏节是一种寓"难"于"乐"的推广模式。阅读经典文本，读者需要进入宁静与专注的内心状态，才能领悟文本的意义世界。而长时间的宁静与专注未免让人感到孤独和疲倦，因此，"一个人战斗"的经典文本阅读需要读者具有强大的自我执行力才能完成，我们也就不难理解为什么《红楼梦》《水浒传》《三国演义》《西游记》等中国名著与《瓦尔登湖》《尤利西斯》《百年孤独》等外国名著会登上"死活读不下去"排行榜了。相反，由经典文本改编的名著电影，若能以节日的形式，网罗大批电影爱好者，让观众在轻松愉悦的心境与高雅别致的环境中快乐地解读文本，同伴的带动作用可以增强读者的阅读意愿，老师的点评分析能够降低阅读难度，提升阅读能力，共同的阅读氛围可以弥补"独学而无友，则孤陋而寡闻"的个别阅读缺陷，进而让"难以下咽"的经典变为"甘之如饴"的经典。

三、"名著电影节"活动绩效评价

湖南人文科技学院图书馆的"文学名著电影欣赏节"于 2015 年创办，已连续举办 2 届，共播放名著电影 8 部，分别是《雾都孤儿》、《乱世佳人》（原著名《飘》）、《傲慢与偏见》、《活着》（2015 年播放）、《远大前程》、《格列佛游记》、《海蒂与爷爷》（原著名《海蒂》）、《红高粱》（2016 年播放），共计观影人数 4000 余人次；收到征文分别为 333 篇（2015 年）与 289 篇（2016 年），获奖文章编印成集，在全校阅读交流。问卷调查显示：观众用五级测评法给 2016 年活动整体情况打分为 4.3 分，对应的情感体验是愉快和赞扬；虽然有 40.5％的同学是抱着纯粹娱乐消遣或感受时尚潮流的初衷参与活动，却有 49.7％的同学表示看完电影后会去阅读原著，89.2％的同学认为参与文学名著电影欣赏节活动很有收获或有收获；被调查者一致认为，文学名著电影欣赏节是一个很具创意的活动，可以持续举办。馆藏借阅数据也表明：2015 年 11 月 1 日（发出活动通知）－2016 年 1 月 31 日（寒假前）期间，《雾都孤儿》《飘》《傲慢与偏见》《活着》四种书的馆藏外借量（122 册）比 2014 年同期（84 册）增长了 45.2％；2016 年 11 月 1 日－2017 年 1 月 31 日期间，《远大前程》《格列佛游记》《海蒂》《红高粱》四种书的馆藏外借量（41 册）占其全年总外借量（64 册）的 64.1％。尽管这些名著的外借数量都不多，然而通过数据比照，我们还是能够明显地看出文学名著电影欣赏节的图书推荐功能与阅读推广效益。此外，还有不少同学在书评影评征文中对文学名著电影欣赏节的活动意义及功能进行了直接或间接的描述，现举几例以说明之。

（1）电影《红高粱》是张艺谋的一鸣惊人之作，对大家来说早就如雷贯耳。我一直想好好看看这部影片，却总是想看时没时间，有时间了又总忘记。这次借着学校文学名著电影欣赏节的活动机会，我认真观看了一番，领悟甚多。

（2）《格列佛游记》是我童年接触到的第一部国外小说，时隔多年，当我在学生社团的宣传下再次观看由这部经典改编的电影时，我竟会对同一部作品在不同时期关注的重点截然不同，想罢应该是长大后有了一些阅历的缘故。

（3）我没读过《远大前程》这部小说的译本，更没读过外文版的原著，不过是用两个小时的电影时间去体验了一下这部经典的批判现实主义文学名著，的确是一种超值的感受。虽然中间有编剧、导演和演员这好几层隔阂，但仍能感觉到大师的气息扑面而来。

（4）最近，因为文学名著电影欣赏节的活动，我便去图书馆借了书籍，用了差不多两个星期安安静静地看完了余华的《活着》，感触颇深。

……

从这些真实朴素的文字中，我们可以看到：文学名著电影欣赏节活动，通过电影所裹挟的强势宣传力量，既激发了大学生主动阅读经典名著的积极性，提高了名著审美能力；又增加了名著文本的读者数量，引发了经典文本的二次曝光效应，提高了名著的社会关注度；同时借助电影的休闲娱乐优势，让经典名著的社会教化功能得到了广泛传播。

四、"名著电影节"活动开展的注意事项

（一）用心构思活动创意

好的阅读推广活动需要阅读推广人构思好的创意。每一个阅读推广馆员都应该保持高度的创新敏感性。在媒介竞争日趋激烈的当下，电视人更新观念，大胆探索，推出了许多全新的电视节目。高校图书馆员可以从丰富多彩的电视节目中收集创意。如文学名著电影欣赏节的活动框架，其灵感来源于电视节目《佳片有约》。细心的图书馆员还可学习《中国成语大会》《中国汉字听写大会》《中国诗词大会》三档传统文化电视节目运作形式，开展校园成语大赛、趣味汉语知识竞赛等活动；也可将《开讲啦》《朗读者》等节目样态运用于真人图书馆、经典诵读等阅读活动中，让图书推荐、读书征文、名家讲座、知识竞赛、影视欣赏等传统阅读推广活动在好创意的支撑下也能做到常办常新。

（二）导入项目管理机制

"在当今社会中，一切都是项目，一切也将成为项目。"如《开讲啦》《中国成语大会》《我是演说家》《一站到底》等节目都是采用与专业公司合作的项目机制，通过创新节目样态、彰显节目个性来满足受众需求，从而成就其"精品"的特性。同样，高校图书馆可以将每一个阅读推广活动视为一个阅读推广项目，并采用与学生社团合作的方式构建项目组织，实行项目管理。如文学名著电影欣赏节创办之初，即采用项目管理机制，组建运营团队，并对

影片选择、主持人选拔、PPT 制作、点评嘉宾邀请、问卷调查、审稿流程等具体事务制订了相应规范，使得该项目走上了可持续的品牌化发展轨道。

（三）发挥活动复合效应

尽管书展、讲座和征文是图书馆使用频率较高的前 3 种活动，可是在读者眼中，这三种活动都在某种程度上存在着形式单一、复合度不高的缺陷。例如基于馆藏开展的图书展览活动，无论是专题书展、学术书展还是好书选展、推荐书目展等，通常都是针对某一书籍特征选取相关图书在有限的时间内集中向读者展示，读者要做的只是观书、借书或购书，除此以外再无相关活动可参加，展览也仅起到图书推荐或警示教育的作用；常年举办的讲座活动也因"专家由图书馆定，主题由专家定"的讲座模式而门庭冷落；开展的主题征文活动也只能吸引擅长写作的读者参加，收到的征文篇数相当有限。文学名著电影欣赏节将图书推荐、影视欣赏、读书沙龙、主题征文等常用活动形式有效复合，将电影与名著、阅读与写作、个体与群体、难度与乐趣融为一体，让每一位读者都能从中找到符合自己口味的活动内容，既增强了活动的黏性，又提高了活动的美誉度与影响力。

（四）注重活动调查评估

要想提高活动的满意度，必须以读者需求为导向。图书馆可以通过问卷调查、走访、座谈、电话、邮件等方式了解读者的兴趣和需求。文学名著电影欣赏节创办之前，我们在校园内进行了走访调查。尽管 20 世纪八九十年代盛行的校园操场电影早已退出历史舞台，通过手机、电脑收看电影已变得十分方便，然而大学生的共同观影兴趣却并未消减。早在 2014 年，湖南人文科技学院宣传部就与娄底市电影公司合作开展"周末影院"活动，一些社团也自发组织放映小规模室内电影，因校园电影资源的稀缺，这些活动都积聚了不少人气，却也存在着影片选择跟风、影场秩序混乱、互动交流空白等共同缺陷。在经典阅读日益式微的当下，如能将名著以大众喜爱的电影形式推广，既给观众带来高品位的观影体验，又拉近经典与民众的距离，从而增加精英文本的民间生命价值，可谓益处良多。为了收集观众对活动的评价，我们在电影播放现场发放调查问卷，就影片选择、活动主持、老师点评、讨论交流等环节请观众用五分制打分，并就信息接收渠道、电影类型喜好、文本阅读意愿、征文参与意愿等话题收集反馈数据，为活动改进提供方向和依据。

正如学者所言："大家将来一定是通过电影来认识那些伟大的经典文学，而且改编的很大目的就是因为没人再去读原著了，那么就用电影来说故事吧。

所以 BBC 用电视剧把狄更斯拍出来，让英国人知道他们历史上的狄更斯作品。"① 实践证明：通过名著电影这种无意识的广告，吸引观众寻觅阅读文本，让藏在深闺、束之高阁的经典再度曝光；由观到读，由读到写，运用影视力量进行文本内容的诠释，文学名著电影欣赏节可谓经典阅读推广的一种理想模式。

第五节 "阅读清单传递"活动：图书馆的私人定制服务

随着 2013 年冯小刚导演的贺岁片《私人定制》的热播，学界关于"私人定制"的研究日益升温。在生活中，人们常说，个人形象需要私人定制，房子装修需要私人定制，旅行线路需要私人定制，等等。而我们要说，用户的图书馆服务需要私人定制。本节以湖南人文科技学院图书馆开展的"阅读清单传递"活动为例，谈谈图书馆的私人定制服务。

一、"阅读清单传递"活动之概况

（一）活动背景

当前，全民阅读已成为时代潮流。面对纸本图书借阅量不断下降的现状，图书馆创新服务项目，拓展服务功能既是时代提出的要求，也是自身发展的需要。因此，湖南人文科技学院图书馆在沿袭已久的常规活动"图书借阅排行榜"与"借阅之星评比"基础上，特针对即将毕业的大学生开展"阅读清单传递"活动，既方便读者全面盘点大学期间的阅读生活，清晰地了解自己从大一至大四在图书馆里借阅图书的整体情况，给自己的大学生活留下一份美好的记忆，又期盼"阅读"能伴随着毕业生们走上新的征程，成为他们的一种生活方式，同时也鼓励在校的学子多到图书馆来读书，读好书，为自己毕业时的"阅读清单"积累财富。

（二）基本思路

每年的 3 月至 6 月，向全校即将毕业的硕士研究生、本科生、专科生传

---

① 石剑峰、李欧梵：《谈文学经典与电影改编》，见朱琳：《基于文本改编的电影视听文献阅读推广研究》（硕士论文），南京：南京大学信息管理学院，2014 年，第 44 页。

递大学期间在图书馆里借阅图书的详细清单，提供电子版、普通纸质版、纪念保存版三个版本的阅读清单供读者选择。需要清单的毕业生只要把本人的借阅证号、姓名、邮箱、联系电话编辑短信发送至指定号码，收到短信的馆员将在图书馆系统中查询该读者的借阅史，选取借阅日期、读者姓名、馆藏地点、题名、索取号等重要选项输出 Excel 表格，并就馆藏地点做排序处理，就形成了电子版的阅读清单，并附上简短的鼓励祝福语如"让阅读点亮您的人生，愿您在新的征程中：一帆风顺，创造辉煌！"，发送至读者邮箱。普通纸质版即为电子版的打印件，并加盖图书馆的公章，即要即打，免费提供。纪念保存版则请专人设计，需预先申请，制作完成后，也加盖公章，收取工本费。

（三）活动运作情况

为了使此项活动能够顺利开展，我们进行了周密策划与部署。每年 3 月，通过海报、网站、电子显示屏、微信平台等渠道向即将毕业的大学生发出活动通知。为了扩大活动的知晓度，还印制了宣传单发放至毕业生宿舍。针对许多毕业生害怕自己借书不多而不好意思申请清单传递的心理，我们又在图书馆系统里调取了借阅量排名前 200 位的读者名单，进行跟进宣传。以 2015 年为例，我们共传递电子版的阅读清单 132 份，普通纸质版 84 份，纪念保存版 35 份，其中借阅量最多的 354 册，最少的仅 4 册。

二、"阅读清单传递"活动的创意与创新

（一）活动创新缘起

偶然看到"阅读账单"这个词，觉得挺新奇便细读其内容，原来是某公共图书馆将读者年度借阅图书的目录以表单的方式反馈给读者的一项服务。能否将此创意移植到高校图书馆呢？根据现代汉语词典解释："账单"指记载货币货物出入事项的单子，"清单"指详细登记有关项目的单子，再加上心理因素，"账单"让人有"债务缠身"之感，清单则有"一目了然"之意。虽然读者所借之书未必都经过了"精读"和"细读"，但是我们认为无论是翻阅、浏览、粗读、略读、跳读、摘读，都是阅读，只是方式不同而已。因此，读者所借之书，都默认为是阅读过的书，故将活动名称确定为"阅读清单传递"。

（二）活动定位

据查，美国大学生平均每周的阅读量是 500－800 页。[①] 以每本书 250 页

---

① 朱永新：《我的阅读观》，北京：中国人民大学出版社，2012 年，第 246 页。

计，相当于每周读 2－3 本书，一月 8－12 本，一学期（以四个月计）32－48 本，一学年的阅读量应该在 60－100 本之间，4 年累积的阅读量则在 240－400 本之间，数量相当可观。可因为时隔多年，读者以前阅读过哪些书并不见得十分清楚，却又是非常想清楚了解的。因此，我们将"阅读清单"的传递对象定位为即将毕业的大学生，时间定位在每年的 3 月至 6 月，内容定位为大学期间在图书馆里借阅图书的总体目录。

（三）创新之处

第一，"阅读清单传递"活动是一种极具个性化的"阅读清单"私人定制活动。传统的"图书借阅排行榜"与"借阅之星评比"活动，都是由图书馆面向全体读者单向发布信息，读者只是被动接受信息，并未主动参与到活动过程中。而"阅读清单传递"活动则必须是在读者主动申请参加并提供相关个人信息后，再由图书馆面向单个读者量身打造并且反馈私人信息，是一项强调读者主动参与的极具个性化的阅读推广活动，而"主动申请"与"量身打造"正是"私人定制"的本质内涵。

第二，"阅读清单传递"活动具有很强的可操作性、可持续性与可开放性。"阅读清单"在时间的累积下已经保存在图书馆的系统里，读者只需提供相关信息，图书馆员就能准确提取，通过邮箱发送，接收率达 100％。传递一份电子版的阅读清单耗时约 3 分钟，普通纸质版可做到即要即打，纪念保存版只要版式设计完成，便可重复使用。同时，该活动还具有很强的开放性，无论是大一、大二、大三、大四的学生还是老师，亦或者是社会读者，只要有需求，便可满足，而且耗时短，成本低，可谓图书馆为用户提供的一种接地气的私人定制文化服务。

第三，"阅读清单"功能多样。首先，可作为佐证材料附于求职简历中。加盖图书馆公章的纸质清单相当于官方为读者出具了一份大学期间阅读学习情况的佐证材料，附于求职简历中，很有说服力。其次，具有收藏功能。多年后，当每一位学子看到这份纪念保存版的阅读清单，想起那些年曾经读过的书，一定会心生感动。因此，图书馆传递的不仅仅是一份清单，还有对年青一代的关心爱护、期许与祝福。再次，具有教育功能。当大学生读者在为人父母之时，就担当着孩子"阅读点灯人"的角色。曾经为了纪念留下的这份清单，此时却是向孩子进行阅读教育的极好素材。可以这样说，阅读清单的"私人定制"，将有力地推动着"阅读家庭"的建设，书香社会也将在这潜移默化的阅读传承中逐渐形成。

第八章

高校图书馆员素养构成与提升

服务是一门艺术。高校图书馆员的素养构成与提升，不仅成为馆员自我发展的必修课程，而且关系到图书馆管理工作的质量与成败。《普通高等学校图书馆规程》指出，高校图书馆是为教学和科学研究服务的学术性机构，学术性与服务性是高校图书馆的两大本质属性。因此，学术素养与服务素养是高校图书馆员应该具备的两大基本素养。作为管理者、教师与服务员三位一体的高校图书馆工作者，必须时刻牢记自己的职责与使命，不断优化素养构成，提升自我职业"专业化"的服务能力。

本章以具体实例说明，高校图书馆员在践行知识服务的过程中，应该做到多"心"、多"问"、多"荐"、多"研"，讲究"四多艺术"，从而提高图书馆读者服务的深度与广度。信息环境下，图书馆的服务项目不断拓展，图书馆员的服务能力也面临挑战。科研能力作为服务能力的一个重要指标，图书馆员的科研能力亟待提高，对科研能力培养必要性的认识与培养策略创新成为两个不可或缺的课题。创造积极体验、塑造积极人格、构造积极制度是修正图书馆员职业中存在的三大缺陷——现实从业者的自我边缘化、未来从业者的职业背离、社会公众眼中的职业专业化缺失——激发职业活力的三条有效途径。会议是人类社会发展到一定阶段的产物。参加学术会议是了解学术前沿、开阔知识视野、掌握科研方法、提升人生境界的一条重要途径。图书馆员应该积极主动地参与行业学术会议。

第一节 高校图书馆员知识服务中的"四多"艺术

一、高校图书馆开展知识服务是时代之必然

图书馆是社会文化发展的产物，它的发达兴旺反过来又会促进社会文化的发展与繁荣。因而，在当前文化大发展大繁荣的时代背景下，图书馆的责任日益重大，图书馆的功能不断拓展。正如每一种群体责任必须由所有个体共同承担一样，图书馆的社会责任最终会分化到每一个图书馆员的肩上，图书馆具备的所有功能，不管是保存功能、教育功能，还是信息传递功能、休闲娱乐功能，都必须通过每一个图书馆员的服务来实现。知识服务作为现代图书馆发展的必由之路，自20世纪90年代末被引入国内图书馆学领域以来，经过多年的发展，取得了丰富的研究成果。关于"图书馆知识服务"的研究也一直是图书馆界研究的热点。尽管如此，国内图书馆界的"知识服务"研究却存在着"重理论而轻实践"①的现象。因此，我们无意再从理论上对知识服务进行探究，仅从工作实践出发，谈谈高校图书馆员在践行知识服务的过程中，如何发挥自己的情感、语言、行为等艺术，以提高图书馆读者服务的深度与广度。

二、高校图书馆员知识服务中的"四多"艺术

（一）多"心"

高校图书馆作为一种蕴藏着真、善、美的物化形态，其高雅的人文环境对人的行为起着诱导作用。所谓"言教不如身教"，一直以来，"热心、细心、耐心"是图书馆界倡导的主流服务意识，也仍将是当代知识服务馆员必备的基本服务态度。热心是开拓市场的敲门砖，也是高校图书馆吸引读者的磁石。对于刚入校的大一新生来说，图书馆员的热心服务更显重要。一方面，内容丰富、品种多样的期刊、报纸，各种经典名著、教辅资料有力地吸引着他们；另一方面，他们对图书馆的馆藏布局、规章制度又是那样的陌生，每次走进图书馆，是那样的小心翼翼，生怕自己一不小心就会犯下错误。如果我们的

图书馆员在提供服务时冷若冰霜，甚至大声呵斥，无疑是给读者旺盛的求知欲泼冷水，进而失去读者，也就失去了图书馆发展的动力。细心是图书馆各项工作正常运转的基础。编目工作不细心，就会造成同书异号，异书同号，条码漏验、验误，馆藏地点与流通类型不匹配等问题，进而影响到流通环节的上架与借还工作；流通阅览工作不细心则是造成"馆——读"矛盾的直接根源。耐心是留住读者的尚方宝剑。人性证明，始终挑剔的人，甚至最激烈的批评者，常在一个忍耐同情的倾听者面前软化降服。[①] 高校图书馆员面对的是知识素质高同时又血气方刚、容易动怒且多为独生子女的大学生读者，只有耐心倾听读者心声，耐心宣传规章制度，耐心做好需求利用调查与参考咨询工作，才能使图书馆的知识服务不断走向深处与远处。

（二）多"问"

知识服务作为读者服务的一个更高层级，强调以用户为核心，提倡图书馆员融入用户解决问题的过程之中，其关注的焦点和最后的评价不是"我是否提供了你需要的信息"，而是"是否通过我的服务解决了您的问题"。[②] 因此馆员与用户之间的交流互动是解决问题的前提。传统的参考咨询服务多以"用户问、馆员答"的方式进行。由于读者与馆员在图书馆馆藏与利用上存在着信息不对称，因而读者提出的问题大都围绕着馆藏与规章制度展开，往往是读者问题问得浅显，馆员答题答得简单，常常是"有""没有""是""不是"寥寥几字回答问题，对读者并无多大帮助。作为当代知识服务馆员，应该提倡馆员多向读者提问。下面实例足以说明"馆员多向读者提问"的必要性。

实例1 一日，一位大四学生来报纸、过刊阅览室咨询。

生问：老师，请问这里有没有 1995 年的《西南师范大学学报》？

师答：对不起，这里没有。这里只存放着 2008 至 2012 年即最近 5 年的过刊，2008 年以前的过刊存放在一楼的密集书库。由于图书馆人员不够，密集书库暂未开放。如要查找资料，可去 4 楼 411 室找吴馆长开门。

师问：请问你要查找哪方面的资料？

生答：我想要找关于"闵可夫斯基时空"的文章。

---

① 秦剑：《图书馆人性化服务的理念和实践》，载《图书馆论坛》，2004 年，第 5 期，第 48 页。

② 张晓林：《走向知识服务：寻找新世纪图书情报工作的生长点》，载《中国图书馆学报》，2000 年，第 5 期，第 32—37 页。

师问：怎么不到中国知网上找一找？由于年代久远，图书馆不一定能保证您索要的纸本期刊在库。

生答：这一段时间中国知网老登录不上，没法查找。

师答：可以登录啊，我今天才用过。

于是馆员打开电脑，输入网址 http：//10.15.1.207/kns50/，点击中国期刊全文数据库，以"篇名"为检索项，以"闵可夫斯基"为检索词进行检索，该生索要的文章《固有时观测的闵可夫斯基空间——时间图推导》赫然在目，学生欣喜若狂。原来他输入的网址为 http：//www.cnki.net，即登录的是中国知网外网，而馆员进入的是中国知网内网，彼时外网出现故障，正在维修，故而久查无果。

从以上实例馆员与读者的第一轮问答对话中，馆员已为读者制定的问题解决方案指明了方向，即提供了他所需要的信息。许多图书馆员提供的参考咨询服务也往往到此为止。然而通过馆员向读者的进一步提问，为读者问题的解决提供了另一种方案，真正实现了"图书馆员融入用户解决问题的过程之中"，也通过"我的服务解决了读者的问题"。因而在平时的工作中，对于转一圈就走的读者、久查无果的读者，我们常会这样提问："没有找到您想要的资料吗？""请问您要找哪方面的资料？""请问我能帮您忙吗？"以诱导读者说出自己的问题，从而为读者提供帮助。

（三）多"荐"

"荐"即推荐，多"荐"包括三个方面：推荐图书馆、推荐学习方法、推荐图书。首先，高校图书馆是高等教育的"三大支柱"之一，大学生利用好图书馆的资源，既可以弥补课堂教学的不足，又可以提高自身的综合素质。一年一度的新生入馆教育是向大学生推荐利用图书馆的最佳机会。在承担新生入馆教育的工作中，下面这个实例成了我们向读者推荐图书馆的开场白。

实例 2　我校 2005 级数学与应用数学专业的一位学生，在 2009 年全日制硕士研究生入学考试中，考出了该专业湖南省第一名的好成绩，被中南大学优先录取。当老师同学问起他的学习秘诀时，他这样说："大学学得好不好，关键是看你有没有经过图书馆长时间的浸泡。大学四年，我所有的业余时间都是在图书馆里度过的。"

在此基础上，再向学生推荐馆藏，尤其是推荐图书馆的自习室：学校图书馆设有 8 个独立的自习室，可容纳两千余人同时自习。自习室从早上 7：00 连续开放到晚上 10：00，节假日不休息，寒暑假照常开放，酷暑严寒还有中央空调开放，是同学们自觉深造的一个好去处，更是受到考研、考证同学的青睐。因而图书馆的自习室从年头到年尾,日日座无虚席,寒暑假更是吸引了大批回乡度假的大学生前来自习,有些甚至骑车数小时赶到,一学就是一整天。

其次,入馆教育也是向大学生推荐学习方法的黄金时段。我们曾多次与大一新生分享以下事例。

实例3 我校2006级外语系的一位学生,毕业时考取了汉语言文学的全日制硕士研究生。她坦言:"我的中文功底来自两个途径,一是到中文系旁听相关课程,二是到图书馆索取相关知识。"

用此实例作铺垫,再加上适时的点拨:中学学习的封闭性使得许多学生隐藏了自己的兴趣爱好,对大学专业的不了解使得不少学生所读的并不是自己的优势项目。因此,大学学习的一个重要任务就是要"发现自己的长处",并充分利用大学开放的教学资源和图书馆丰富的馆藏文献,在长处上不断挖掘深入,持之以恒,就能成就一个出类拔萃的"自我"。事实证明,对大学生学习兴趣的激扬与学习方法的指导,生动具体的实例比空洞抽象的说教更有说服力。鲜活的榜样加上激情洋溢的解说,不仅使入馆教育收到了良好的效果,还潜移默化地影响着大学生日后的行为。因此,我们常留心收集发生在学生身边的榜样事例,并不遗余力地向其他同学推荐。

第三,推荐图书。根据有关研究者归纳,寻求文献的读者处于三个区域内,A区,知道文献的存在,知道位于何处;B区,知道文献的存在,不知道位于何处;C区,不知道文献的存在,不知道位于何处。[①] 现实观察发现,向图书馆寻求文献的读者以B区读者居多,A区读者较少,同时也不乏许多的C区读者。因此,向读者荐书也十分重要。除了通常利用LED显示屏、图书馆网页向读者推荐新书外,还可在图书馆里设置"经典书库"或"经典阅览室",把分散存放于各个书库的典籍与精品图书整合起来,集中存放于同一地点,使"经典"之门畅通,让读者触手可及,免受"寻找"之苦。另外还需及时做好每学期馆藏图书的利用统计工作,向读者推荐高借阅频次的图书,开展读书报告会、专题讲座、主题征文、书评等活动,加强读者之间的交流,并发动全校师生多向图书馆"荐"书,使好书人人读,人人有好书读。

(四)多"研"

一切科学研究工作,必须"部分地以今人的协作为条件,部分地又以对

---

① 陈宗炎:《关于图书馆读者服务工作的辩证思考》,载《图书情报工作》,2009年,第S2期,第123页。

前人劳动的利用为条件"（马克思语）。从图书馆角度而言，"前人劳动"指的正是凝聚在各种文献中的知识，今人的协作则包括了图书馆员提供的各种知识服务活动。因此，高校图书馆既是服务机构，更是科研重地。知识服务作为图书馆服务发展的方向，要求其服务主体不仅要有扎实的专业知识，而且要具备开拓创新的科学研究能力。尽管"提高图书馆员科研能力"的呼声很高，然而，据兰孝慈、王江的研究，不少"211大学"图书馆员硕士以上学历高达50％，而提供的服务仍然是简单的借还、上架管理等低层次服务，缺乏深层次服务的意识、技能及科研能力。[①]"211大学"的图书馆服务尚且如此，在办学规模、生源质量、政府支持、馆员素质等方面处于相对劣势的地方一般本科院校中，其服务能力与服务水平也就可想而知了。我们在图书馆工作多年，遇到各式各样的读者需求，现举几例以说明培养图书馆员科研能力对深化图书馆服务工作的重要性。

实例4 一日，有读者就学术期刊上一篇论文后的参考文献提问："请问老师，这里的'［M］、［J］、［D］、［C］'是什么意思？"辛亏此时我们已走上了学术科研之路，对论文写作的这些专业问题已是烂熟于心，才使这位读者在请教了多位图书馆员不知后得到了满意的答案。

实例5 再一日，我们接待了美术系的一位书法老师，此时，他正准备报考南京艺术学院徐利明教授的博士研究生，来馆寻找其导师2005年以前发表在报纸上的学术文章。因既不知报名，也不知报纸年份，仅知作者姓名，若要到报纸实体上寻找，无异于大海捞针。可是图书馆又没有购置"报纸数据库"，常用的期刊库资源是派不上用场的，怎么办呢？情急之时，我们想到了平日科研中曾利用过的"读秀学术搜索"，并顺利地帮助这位老师找到了想要的文献资料。

从以上实例可以看出，图书馆员在从事科学研究的同时也培养了自身提供知识服务的能力。很难想象，一个毫无科研素养的图书馆员，能够为读者的个性化深层次问题提供富有价值的信息产品，能够为问题的解决提供富有导向作用的方案。正如美国杰出的图书馆学家谢拉所言："早期的图书馆员都是学者"。期望通过"多研"来促进"馆员学者化"，从而实现"服务知识化"。

服务是一门艺术。知识服务既要用情感，又要用知识，更要讲究艺术。

---

① 兰孝慈、王江：《论"211大学"图书馆的科研产出力》，载《图书馆工作与研究》，2010年，第3期，第107页。

高校图书馆员面对着高素质的读者群体，不仅要具备高雅的气质、不俗的谈吐、得体的妆容、暖人的微笑，而且还必须具有深厚的知识、丰富的智慧。古人云：学高为师，身正为范。高校图书馆员只有不断钻研，潜心修炼，才能无愧于大学生读者对图书馆员的"老师"称谓，才能使图书馆的各项功能真正落到实处。

第二节　当代高校图书馆员的科研能力培养

在美国图书馆界流传这样一句话："在图书馆所发挥的作用中，图书馆建筑占5%，信息资料占20%，图书馆员占75%。[①]"由此可知，图书馆服务能力的强弱很大程度上取决于图书馆员服务能力的高低。如今，信息环境下，图书馆的服务项目不断拓展，对图书馆员的服务能力也就提出了新的、更高的要求：只会"借"与"还"是不行的，还需要"研"与"创"。因此，科研能力成了当代图书馆员亟待需要培养的一种能力。

一、高校图书馆员科研能力培养之必要性分析

（一）培养图书馆员科研能力是图书馆服务创新的需要

有学者对辽宁省116所高校图书馆2006—2015年发表的论文数量进行统计，结果显示，年均发文量超过10篇的图书馆有17所，仅占该省高校图书馆总量的14.6%。[②]由此可见，大多数高校图书馆的科研状况不容乐观，图书馆员的科研能力有待进一步提高。特别是在网络环境下，图书馆的传统"借还"业务正在萎缩，新的服务项目不断涌现，如学习服务、馆外主动服务、预期式信息服务、图书馆环境下的联机服务、个性化定制服务、互动式多媒体用户教育等[③]，这种服务项目的创新，直接要求图书馆员服务能力的提

---

① 吴建中：《21世纪图书馆员的使命》，载《图书馆杂志》，1999年，第3期，第22—24页。

② 杨艳君：《提高高校图书馆员科研能力的有效途径》，载《鞍山师范学院学报》，2016年，第4期，第87—90页。

③ 吴慰慈、董焱：《图书馆学概论》，北京：国家图书馆出版社，2008年，第188—190页。

高。根据徐双、刘勇的"'图书馆人'素质模型[①]"，科研能力作为服务能力的一个重要指标，自然成了当代高校图书馆员必须培养的一种核心能力。

（二）培养图书馆员科研能力是图书馆员职业地位提升的需要

所谓职业地位，是由不同职业所拥有的社会地位资源所决定的，往往通过职业收入和职业声望的形式表现出来。根据美国广泛流行的理查德·赛特的职业地位分层理论[②]，在率先实行图书馆员准入制度的美国，"图书管理员"职业在赛特按从高到低分为 7 个层级的职业地位分层表中，也仅仅排在第 4位。在尚未实施职业准入制度的中国图书馆界，图书馆员的职业地位恐怕会更低。因此，要想提高图书馆员的职业地位，首先就必须提高图书馆员的职业收入。提高职业收入的有效途径之一就是申报高一级职称，科研成果作为职称评定的核心指标，需要全体图书馆员自觉培养自己的科研能力以提高科研产出力。其次必须提高图书馆员的职业声望。职业声望的高低有赖于职业"知识含量"的多寡。当前，读者走进图书馆，享受到的只有简单的"借还"服务，"为人找书、为书找人"仅仅停留在有限的范围内，"为人找馆，为馆找人"则更是一句空话。由于图书馆员提供的服务中缺少"知识含量"，读者的许多知识诉求得不到满足，直接影响着图书馆员的职业声望。要想改变这种窘境，图书馆员就得钻研知识，培养科研能力，从而提高自己的业务水平，以实现提升职业地位的目标。

（三）培养图书馆员科研能力是现代图书馆科研条件与资源充分利用的需要

首先，图书馆是为科学研究搜集、整理、提供文献信息资料的社会机构，其活动本身就是科学研究活动不可分割的组成部分。图书馆对于科研工作的重要性，犹如实验室对于科学研究活动的重要性。其次，图书馆中大量学术性很强的工作都隐藏在流通阅览工作的背后，如文献分类、主题标引、文献编目、文献管理、参考咨询等，这些具有一定难度的工作，没有一定科研能力的人是不能胜任的。再次，随着各种现代化设备在图书馆的使用，图书馆的各个工作环节也开始电子化、网络化。如在线编目、网上订购、网络检索、文献数字化等工作，都是学术性、技术性很强的业务，要求工作人员具有较

---

① 徐双、刘勇：《融入图书馆文化的图书馆员培训——基于"图书馆人"的视野》，载《图书馆建设》，2010 年，第 6 期，第 109—111 页。

② 王荣发：《职业发展导论——从起步走向成功》，上海：华东理工大学出版社，2004年，第 13—14 页。

高的学术科研水平。然而，由于图书馆员科研能力的缺失，使得高校图书馆的科研条件与资源优势并没有得到充分利用与发挥。

二、高校图书馆员科研能力培养策略创新

（一）科研评价机制创新

当前，科研产出并未纳入高校图书馆评估考核中，科研产出量也并未纳入图书馆员个人绩效考评指标中，这是导致高校图书馆不重视科研的主要因素。在单个图书馆无力改革"高校图书馆评估指标"的条件下，图书馆必须致力于对馆员绩效评价机制的创新。湖南人文科技学院图书馆制订出了一个"科研"与"服务"双赢的馆员绩效评价方案：每年的年终评优有两项内容，一是学校优岗，二是馆内先进。其中学校优岗把"公开发表学术论文"作为参评的一项硬性指标。不少馆员为此目标在科研的道路上努力着。然而，撰写学术论文并非一件轻而易举的事情，需要图书馆员具备深厚的专业理论知识、熟练的信息检索和信息加工能力以及勇于创新的学术灵感，才能写出被审稿专家认可的好文章。因而仅此一项，就把"学校优岗"的参评面缩小到有限的几个人之内。为了不挫伤大部分人的工作积极性，图书馆又设置了"馆内先进"，除被评为"学校优岗"的馆员外，在剩下的人当中，评选出工作扎实、服务态度好的馆员作为"馆内先进"，其待遇与"学校优岗"相同。这样的评价机制，既激发了馆员从事科研的热情，又保证了馆员敬业于基础性服务的动力。

（二）科研宣传方式创新

"知识结构的单一性"限制了图书馆员科研能力的提高。"学习＋实践"是科研能力提高的捷径。作为学术传播的有效途径之一——学术讲座，是促使图书馆员知识结构趋向多元、学术眼界得以开阔的催化剂。综观当前各所高校的办学，越是注重教学科研的学校就越加重视学术讲座的主办。一学期下来，一个学校举办学术讲座的场数多的达几十上百场，少的也有数十余场。图书馆作为大学的教辅单位，除了馆内举办的专业讲座集体参加外，其他"学科的""综合的"讲座是很少有机会参加的，其中一个重要的原因就是"信息不通"。各个院系举办的学术讲座只通知本院系的师生参加，对于其他院系的师生来说，仅仅只能在校门口悬挂的标语上及相关电子显示屏上看到"热烈欢迎＊＊大学＊＊学院＊＊教授来我校讲学"的欢迎词，而在这些欢迎词中，丝毫也不涉及关于"讲座时间、地点及内容"的信息，想参加的师生

员工还须付出额外的时间成本去寻找相关信息。对于每天"按部坐班"的图书馆员来说，等到"找到信息、调好班"已是"亡羊补牢，为时已晚"，不仅使图书馆员失去了一个开阔眼界的良机，而且使学术讲座的传播面大打折扣。因此，我们建议，创新宣传方式。在这些醒目的欢迎标语中附上"讲座时间、地点及主题"（字体较欢迎辞小，清楚就行），这样做，既能给有需求的听众指明方向，又能大大提高举办学术讲座的效益。

（三）科研培训要求创新

为了提高全体图书馆员的专业知识与业务能力，各省图书馆每年都会举办为期 10－15 天的业务知识培训班，各市、县级公共图书馆及各高等院校图书馆在经费紧张的情况下，仍然会选派馆员轮流参加培训。按理说，每个爱岗敬业的图书馆员，应该非常珍惜这来之不易的继续教育机会。可现实却并非如此。尽管培训时间并不算长，但是中途返家的人员不在少数，耽误的学习时间少则一两天，多则一周左右。尽管"省图"为了提高培训质量，特为培训班设置班主任，并采取"查到、作业、考试"等办法，但仍然有人把"参加培训"当成了旅游度假逛街的良机，无故缺课者比比皆是。针对此种情况，我们认为，应该创新培训要求，即各图书馆应对选派去参加培训的馆员提出明确的培训要求，可以要求馆员学成回来后写一篇学习心得，或者在全馆员工会议上谈谈学习体会，抑或每人提交一篇经验小论文，以保证培训效果。对于被选派去参加国图专题培训以及各种学术会议的馆员代表，也可提出同样的要求。除了参加馆外培训外，还可发挥自身专业人才优势，进行"馆内培训"。这既是一种培养非专业馆员业务能力的经济实惠方法，又是一个提高专业人才自身科研能力的良策。无论哪一种培训，具体明确的培训要求和可操作的培训考核方式必不可少，因为它们是实现培训目标的有力保障。

（四）科研增长方式创新

从 1999 年推行的旨在"刺激国内消费、拉动经济增长"的"黄金周"政策开始，旅游就成为当今国人度假的一种首选方式。对于高校师生来说，更喜欢选择暑假外出旅行，图书馆也不例外。每到暑假，许多图书馆就会与旅行社联系，选择 2－3 条旅行线路，全馆员工按意愿分成 2－3 个小组，组团到全国各地的风景名胜区观光游览，既能为国内经济增长作出贡献，又能开阔馆员视野，增进馆员之间的感情，不失为一种打造"和谐奋进"图书馆团队的好方法。人们常说："走得多，看得多，眼界自然就开阔了。"我们想到，创新旅游方式，使图书馆员在饱览自然人文景观的同时，也能扩展业务视野。即在旅行安排中，要求增加一天的时间，参观访问旅游地或邻近地方有名的图书馆。这样做，能以最少的时间与经济成本，收到"旅游"与"工作"双赢的效益。对于有志于从事学术科研的图书馆员个体来说，也应该有意识地利用私人旅游机会、外出培训机会、参加学术会议机会，参观当地的图书馆。图书馆不论性质、规模及好坏，都有值得看的地方，从中发现问题，寻找差距和优势，馆员从事学术科研的灵感就在这外出游览、参观访问中悄然滋长。

（五）科研管理制度创新

当下，图书馆员从事学术科研无论是论文写作还是课题申报都是个人行为，很少有集体行动。究其原因主要还是科研工作没有纳入图书馆的日常管理工作中，也没有明确分管科研工作的责任领导。在高校各院系的中层领导岗位设置中，一般都设有分管科研的副院长或副主任，而在许多图书馆的领导岗位设置中，并没有分管科研的副馆长一职。于是乎，学校的课题申报、学术讲座等方面的信息全靠个人去获取，论文写作与发表也无人指导，图书馆员即使是趋于晋升职称目的而从事学术科研也只能单枪匹马、孤军奋战。许多找不到外力援助的馆员只能望而却步，安于现状。因此我们呼吁：创新图书馆的管理制度。应该把科研工作纳入图书馆日常工作的统筹规划中，并明确具体负责的领导，鼓励馆员从事学术科研工作，积极申报高一级职称，并能给予有针对性的指导与帮助。如举办馆内学术征文活动，设立馆内科研项目，组建馆内学术指导委员会，为致力于学术研究的馆员提供外出参观、参会的机会等，赋予力求上进的图书馆员走进科研殿堂的金钥匙。

"创新"是科研的灵魂，科研来源于思考与实践。现代图书馆，既是服务机构，更是科研重地。随着图书馆现代功能的拓展，科研能力成为当代高校图书馆员急需拓展的一种能力。培养和发展图书馆员的科研能力，既是手段，又是目的。只有提升图书馆员的科研能力，才能深化并开创图书馆的业务工作，才能正确地服务并指导读者。

第三节　图书馆员从业心理调适与职业活力激发

"治疗人的精神或心理疾病，帮助普通人生活得更充实幸福，发现并培养具有非凡才能的人"是心理学从哲学中分离并取得独立地位后面临的三项主要使命。

对这三项使命的同等关注被战争无情地打破并留下了"后遗症"。第二次世界大战后，人类面临着一个千疮百孔、生存艰难的现实世界，对各种问题的修复和解决成了战后最紧迫的任务。"心理学"也自然地放弃了后两项使命而把注意力集中在第一项使命上，以矫治社会或人存在的问题为中心，期望通过修复人类的损坏部分来达到心理健康和社会健康，使得心理学具有了病理学特征而被称为"病理式"心理学，亦称消极心理学。受此影响，个体的自我完善、自我激励等正常而又积极的功能受到极大限制，学界研究也习惯于从问题入手，提出解决问题的意见和措施。根据美国心理学家迈尔斯的调查，从 1887 年到 2000 年在因特网上公布的心理学文章的摘要来看，关于消极情绪的文章与关于积极情绪的文章之比达到 14∶1，即使在电脑中输入"治疗（treatment）"和"预防（prevention）"这两个词进行检索，它们之间的比例也高达 7∶1。[①] 此结果在关于"职业"的研究中也得到了印证。对于图书馆职业的研究，学界更是将重点放在情绪衰竭（缺乏工作热情，有挫折感）、去人格化（对上级和服务对象挑剔冷漠）、低成就感（自我评价低、对职业的认可度低）等方面，关于"职业活力""职业投入"等的积极情绪研究极其稀少。这一状况随着积极心理学的兴起有望得到改观。本节拟从积极心理学的视角，对图书馆员的职业活力激发进行探讨。

一、"积极心理学"要义之解读

积极心理学是致力于研究人的主观幸福感、发展潜力和美德等积极品质的一门科学，最早由美国心理学家塞里格曼于 1998 年在艾库玛尔会议上提出。积极的情感体验、积极的人格特质、积极的社会制度系统是积极心理学研究的三大主要内容。积极心理学的产生源于对传统心理学研究的批判和反思。以精神分析和行为主义为代表的传统心理学一直以来都是把自己的重心放在心理问题的研究上，如心理障碍、婚姻危机、毒品滥用和性犯罪等，尽管这种病理式心理学对人类社会发展做出了很大贡献，但它背离了心理学存在的本意。积极心理学认为，积极是人类固有的一种本性，只有人自身的积极品质和积极力量才是预防问题的最好工具。人的生命系统不是由问题构成的，而是一个开放的、自我决定的系统，既有潜在的自我内心冲突，也有潜在的自我完善能力。即使是面对各种挑战、挫折和困境，绝大多数有着理性思维的人都有能力使自己活得更美好、更旺盛。因此，"实现心理学的价值平衡、强调研究每个人的积极力量、提倡对问题做出积极的解释"[②] 是积极心

---

① 任俊：《积极心理学》，上海：上海教育出版社，2006 年，第 83 页。

② 任俊：《积极心理学》，上海：上海教育出版社，2006 年，第 21 页。

学的三大主张。

积极心理学强调，人不是为了没有问题而存在，人是为了生活幸福而活着。积极和消极就像一枚硬币的两面，它们之间既存在着对立性，也存在着同一性，在一定条件下还可能相互转化。积极心理学并不提倡人类故意避开或忽视自己的某些消极方面，而是提倡人类要学会在消极和积极之间寻找关联，从而创造条件来促使消极向积极转化。个体的发展和杰出是因为他们了解自己独特的长处和才能，并且把这些优点与才能应用到自己的工作与生活情境中，在心理上不断进行积极的自我暗示，从而增进自我效能感，减少和弱化挫折感。以往关于职业发展的研究更加关注职业压力、职业倦怠等消极心理的影响，着眼于对负面心理因素的矫正；而积极心理学则从工作的趣味、投入、满意、敬业、进取等积极能量的扩展入手，致力于员工的职业活力与工作创造性的激发。尽管积极心理学诞生的历史并不长，但它的成果已经被应用到管理、教育、临床医疗等多个领域，正成为一种世界性潮流，受到越来越多的学者关注。近年来大众媒体对幸福感、获得感的采访讨论就是积极心理学的一个具体应用。

二、图书馆员从业心理状况分析

（一）现实从业者：自我边缘化、幸福感缺失

边缘乃"边远之谓也"，由于边缘位置与中心位置有一段距离，因此，处于边缘位置的人或事物对处于中心位置的人或事物所起的作用减弱、功能衰退，甚至呈现出可有可无的状态和趋势，这种处于非中心的状态即可称之为"边缘化"。如果某种社会主体或事物处于边缘化的状态，就会在某些方面表现出对自己极其不利的趋向或与主流社会相悖的行为。边缘化从主体上可分为自我边缘化和他人边缘化。自我边缘化是自己把自己放在边缘位置的状态，即主动边缘化；他人边缘化是他人把自己放在边缘位置的状态，即被动边缘化。所谓外因是变化的条件，内因是变化的根据，自我边缘化比他人边缘化带来的危害更大。当下图书馆员自我边缘化的表征是"职业信仰变得脆弱、对图书馆核心价值的认同感不断动摇、对行业前景与个人发展持悲观看法"[1]。

现实观察发现，"郁闷"是图书馆员群体自我表达时使用的高频词，流通阅览岗的馆员大多认为自己的工作简单、枯燥而辛苦。"在图书馆待久了，人

---

[1] 徐建华：《图书馆员刻板印象视角下的图书馆事业边缘化分析》，载《图书情报工作》，2015年，第7期，第57页。

都变傻了"是不少一线从业员工常说的抱怨之语。范并思教授认为"开放、平等、包容、隐私"与"服务、阅读、管理、合作"是表述现代图书馆理念与图书馆行业特征的核心价值[①]，然而，这套价值体系在现实从业的图书馆员心中的认同感却不容乐观，他们大都认为"自己只是称职的图书保管员"[②]，离"信息资源组织管理者、信息提供者与传播者、信息利用导航者和教育者"的"优质服务者"角色相差甚远。实证研究显示，现实从业的图书馆员中，约有一半的人认为图书馆员社会地位低[③]，职业发展通道狭窄，缺乏专业归属感和职业幸福感，属于社会的附属群体。这部分图书馆员对自己所从事的职业感到自卑，工作缺乏热情，容易沦为"隐形馆员"[④] 而失去自身价值。

（二）未来从业者：教育与职业疏离、自豪感缺失

疏离乃疏远离开之意。教育与职业的疏离通常发生在专业化职业领域。"未来从业者在择业时的职业背离"与"专业化职业在择人时的专业背弃"是教育与职业疏离的两大表征。所谓专业化职业，是指由掌握专业知识和技能的专家从事的职业。在现代社会，只有少数行业（如教师、医生、律师、会计等）被赋予专业化地位。专业化职业通常拥有较高的社会声望和相对优越的经济地位，它还通过垄断性服务（行业准入制度）来掌控社会权势和影响力。对于从业人员来说，专业化职业是一种身份的象征。"具有大学水平的教育、具有比较系统的、非大众化的知识体系、具有正规的行业协会、具有系统的职业道德"[⑤] 是专业化职业的四大特征。照此标准，高等教育中图书馆学专业的设置、图书馆学知识体系的建立、国际图联与各国图书馆协会的成立、图书馆员道德规范与职业行为规范的颁布实施，无疑说明图书馆员职业是一种专业化职业。然而，在我国，图书馆员职业的专业化程度远远逊色于教师、医生、律师等传统职业。图书馆学专业的学生对图书馆职业的背离与图书馆职业实践对图书馆学专业学生的背弃是影响图书馆员职业专业化程度的两大

---

① 范并思：《构建中国图书馆核心价值体系之思考》，载《图书与情报》，2015 年，第 3 期，第 50—55 页。

② 俞碧飔：《图书馆员自我刻板印象分析》，载《图书馆论坛》，2014 年，第 6 期，第 58 页。

③ 俞碧飔：《图书馆员自我刻板印象分析》，载《图书馆论坛》，2014 年，第 6 期，第 62 页。

④ 刘学健、童静：《图书馆"隐形馆员"现象及其破解对策》，载《新世纪图书馆》，2011 年，第 1 期，第 74—76 页。

⑤ 于良芝：《图书馆学教育呼唤战略思维》，载《图书与情报》，2006 年，第 4 期，第 26—33 页。

因素。

学生对职业的背离分为主动背离与被动背离。主动背离是指图书馆学专业的学生毕业后不愿意去图书馆及其相关行业工作的现象。原因主要有二：一是大学里就读图书馆学专业的学生大都因专业调剂而来，他们本就不喜欢这个专业甚至厌恶，相比牛气专业（如高分子材料、金融学、建筑学等）学生"横着走路"的霸气，图书馆学专业的学生毫无专业自豪感，他们走路更愿意"贴着墙角慢慢挪，生怕被人撞见、被问起什么专业"[①]；二是自 20 世纪90 年代以来，图书馆学教育大量删减图书馆学主干课程，增加如信息管理与系统、企业战略信息管理、知识管理等新兴学科课程，使得图书馆学教育的就业版图不断拓宽。诚如学者所言，"专业教育没有使更多的未来职业者从主观上愿意投身到图书馆职业中，相反，促使他们更加想离开图书馆职业。"[②]被动背离则是指图书馆学专业学生就业时主观上愿意去图书馆行业工作，可因流通阅览、参考咨询、采访编目等图书馆传统岗位需求下降，学生自身的专业素质又难以胜任如软件开发、网络数据库管理、数字化生产、知识产权、公共关系、行政管理支持等一些图书馆新兴岗位的要求，使得图书馆在补充人才时，优先考虑其他专业的相同学历毕业生，然后才考虑本专业毕业生的现象。图书馆学专业学生对图书馆职业的被动背离就是图书馆实践对图书馆学专业学生的一种主动背弃。相关研究证明："专业背景对图书馆员胜任力的影响广度和深度都不及学历因素，是否具有图情档教育经历对工作所需的知识和技能并不产生显著影响。"[③] 此观点为图书馆界在人才招聘时对图书馆学专业学生的背弃提供了学理支持。学生的职业背离与实践界的专业背弃也让图书馆学教育陷入了两难的"囚徒困境"。

（三）社会公众：学科专业模糊、获得感缺失

公众的看法作为一种社会环境，间接地影响着图书馆员的从业心理。近年来，尽管业界致力于专业化图书馆、专业化图书馆员形象建设，学界也积极倡导图书馆价值与使命、图书馆精神、图书馆理念等研究，然而，在社会公众的眼中，图书馆员并不需要什么使命感，只需要管理图书、具备最基本

① 凌冬梅：《图书馆界原来这有乐趣》，载《图书馆论坛》，2012 年，第 2 期，第163 页。

② 王翩然：《图书馆学专业学生职业背离的危机预警》，载《图书情报工作》，2013年，第 21 期，第 59—64 页。

③ 王晴：《学历和专业背景对图书馆普通员工职业胜任力的影响分析》，载《国家图书馆学刊》，2017 年，第 2 期，第 37—44 页。

的服务者素质和最简单的专业素质即可。公众普遍认为：图书馆员是一个社会地位尚可、清闲、稳定、有些重复、不枯燥、有一定时间照顾家庭、既不算体力劳动也不算脑力劳动的职业；对于没有太大经济追求、年岁偏长的女性来说，这份职业是完全符合他们期待并且值得去竞聘的好工作。[①] 这种介于体力劳动与脑力劳动之间的职业判断，只要是无经济压力的女性都能胜任的职业理解，恰好说明图书馆员职业在公众眼中是不具备专业性的。事实上，职业的专业化程度越高，经济收入越可观，去体力劳动性也越强，相应地，职业门槛也越高。

无怪乎，在被誉为"图书馆之城"的深圳，也常有人提问"图书馆与书店有什么不同？"甚至还有主管官员提议书店与图书馆"联营"，书店给图书馆发奖金，图书馆则变为书店垃圾书刊的"收容所"。[②] 尽管公共图书馆零门槛开放已实行多年，可图书馆特别是基层公共图书馆依然门庭冷落。不少人认为图书馆不仅已经变得可有可无，有的图书馆甚至从来就没有走进底层百姓的生活，更不用说从图书馆中体验获得感了。一些地处三、四线城市的县、市级公共图书馆，长期处于关闭或半关闭状态，还有高达 37.8% 的大一新生因为从未使用过任何类型的图书馆而把书店当成了他们心目中的图书馆形象。[③] 这些不争的事实表明图书馆在公众心中的专业形象是模糊的，含混不清的，尤其是得不到支配话语权的社会精英群体的认同，他们对图书馆服务的满意度最低，对图书馆工作的舒适度却有着强烈的偏见。

三、图书馆员职业活力激发的三维构建

"活力"一词源于生命，指的是一种有能量的、热情的、有精神的状态。职业活力是指从业者个体在工作中充分释放心理潜能，体验工作和自身发展的快乐与幸福，并由此产生的能为外界和自身感受到的社会价值认同和一定美誉度的职业状态。[④] 图书馆员职业是具有内在生命价值体认和外在服务价值

---

① 徐草：《内外群体理论视域下图书馆员刻板印象》，载《情报资料工作》，2015年，第2期，第6—13页。

② 吴晞：《天下万世共读之：公共图书馆与阅读推广》，上海：上海科学技术文献出版社，2014年，第71页。

③ 刘时容：《大一新生"图书馆认知"状况调查》，载《图书馆》，2011年，第6期，第89页。

④ 丁冬、张长秀：《积极心理学视域下的图书馆员职业活力激发》，载《图书馆工作与研究》，2016年，第12期，第42—43页。

体现的统一体，两者的有机互动与结合就会激发出职业活力。

（一）创造积极体验，激发职业乐趣

体验是人对外界刺激做出的一种心理反应，它常常以情绪的方式表现出来，所以又称为情绪体验。积极的情绪体验有满意感、满足感、成就感等（针对过去的）；福乐感、快乐感、愉快感等（着眼现在的）；乐观感、期待感等（面向未来的）。图书馆创造积极的情绪体验包括注重用户的积极体验与关注现实从业者的积极体验两个方面。

1. 注重用户的积极体验

图书馆用户体验是用户在利用图书馆的过程中的全部印象和感受，它决定了图书馆的服务质量和用户的满意度及忠诚度。感官体验、交互体验和情感体验是图书馆用户体验的三个层次。[①] 环境心理学认为：舒适、幽雅、整洁、安静的环境能够给用户带来积极的感官体验。图书馆应该通过情景化实体及终端环境的布置和打造给用户以全方位的感官刺激，为用户营造良好的初始印象。图书馆实体资源与虚拟资源的可用性、可找到性、可获得性是影响读者交互体验的三大因素。为此，图书馆可从时间、地点、获取三个方面考虑用户使用图书馆的便利性，基于用户需求和使用习惯开发和改进图书馆服务系统；打造"关键时刻"（如各种仪式典礼、新生入校季、毕业离校季、读书月等活动）为用户创造独特体验，展示服务特色。图书馆为用户提供的情感体验要突出用户使用产品和服务时的愉悦感，让他们感受到关爱、互动和有趣；可以针对不同的用户提供定制化服务（如为毕业生提供阅读清单定制服务等），搭建平台与用户共同创造价值（如利用图书荐购系统让用户参与图书采访，利用超星云舟知识空间创建学习社区，开展真人图书馆活动建立读"人"平台等）。事实上，用户体验是在图书馆和用户的服务互动中共同创造的。图书馆为社会公众创造了多少积极体验，就为自己赢得了多少社会支持，图书馆员也能从中感受到多少职业乐趣。我们也不就难理解，吴晞先生在带领深圳图书馆团队研发"城市街区 24 小时自助图书馆系统"时，希望能够"赋予自助图书馆一个具有人文情怀的'灵魂'，而不是一台冷冰冰的机器"的情结了。他们也终于不负众望，"一名深圳员工因使用了自助图书馆这项便民服务设施而放弃回老家发展计划"的故事让深图员工们倍感荣耀，因为用户的满意就是现代图书馆社会价值的体现，更是图书馆员职业乐趣之

---

① 张明霞：《图书馆用户体验的内涵及提升策略》，载《新世纪图书馆》，2015 年，第 7 期，第 10—13 页。

所在。

2. 关注现实从业者的积极体验

对于个体来说，一个人从事什么职业很多情况下不是由自己的兴趣和才能决定，更多可能是由偶然的机遇或迫于生活的压力等外在原因所决定。常常抱怨和郁闷的图书馆员大多只把工作当成一种谋生的手段，面对任务和挑战往往只是被动地服从，缺少主动承担的心态。这种失去自我主动性的"被动的我"是很难体验到职业乐趣的。因此，积极心理学强调发展个体的业余爱好，因为业余爱好是一种自带目的的、没有任何外在要求的活动，容易产生福乐体验（指人们对某一活动或事物表现出浓厚的兴趣并能推动个体完全投入该活动或事物的一种包含愉快、乐趣等多种成分的积极情绪体验）。体育活动、业余唱戏、社会交往、工作、学习和做研究等是经常会产生福乐体验的活动。一些西方学者认为，练瑜伽时的心理投入要远远大于身体投入，极易诱发福乐情绪，因而鼓励人们用练瑜伽的方式来对待自己日常的单调工作，这样可以帮助自己从单调或不愉快的工作中获得好的心情和快乐。所谓天生我材必有用，每个人都有一把"刷子"，哪怕这把刷子的用途与职业无关，只要能发挥到极致，同样可以生活幸福。我们身边不乏这样的事例：酷爱吟诗的馆员巧用职业的"清闲"而出版了诗集，并派生出对职业的喜爱而评上了副研究馆员；擅长文学写作的馆员因在各种征文中摘得桂冠而名震学校；喜欢运动的馆员常常代表学校征战省内外，诸如此类，这些积极的事件为图书馆员带来了积极的体验，其产生的能量不断激发着他们的职业乐趣，也在悄然培养着他们对职业的积极情感。正如图书馆学家陈誉先生所言："我和图书馆学的'结合'，不是自由恋爱，而是'父母之命'，因为开始不是我选择了'她'，而是'她'选择了我；但是很快，我就爱上了'她'，正式选择了'她'，并且愉快地进入了角色。"[①] 谁又能说在普通图书馆员身上不会发生"爱屋及乌"式的情感迁移呢？

（二）塑造积极人格，促进职业幸福

人格是支持个人生活的认知、情感和行为的复杂组织，它既包含人先天的基因因素，也包含人后天的生活经验，具有统一性、稳定性、复杂性、独特性等特点。人们相信，在每个人的内心深处都存在两股抗争的力量，一股力量是消极的，它代表压抑、侵犯、恐惧、贪婪、自卑、怨恨、说谎等；另

---

① 中国图书馆学会：《中国图书事业百年》，北京：北京图书馆出版社，2004年，第11—17页。

一股力量是积极的，它代表喜悦、福乐、爱、希望、负责任、投入、活力、幸福等。积极心理学强调必须研究人内心存在的积极力量，只有人固有的积极力量得到培育和增长，人性的消极方面才能被消除和抑制。[①] 增加心理享受、培养良好自尊是个体积极人格培育的两条主要途径。

1. 增加心理享受

心理享受是一种积极的情绪体验，当个体超越了自身的原有状态，如当运动员超越自己创造新的纪录、艺术家完成前所未有的最好表演、学生解决百思不得其解的难题时，就会产生心理享受。这是一种自我实现以后的高峰体验。个体一旦产生了这种心理享受，它就能持续相当长的一段时间，并能迁移到自己生活或工作的其他方面。虽然现实从业者很难在普通的图书馆员岗位上创造出诸如运动员、艺术家那样的惊艳成绩，但也可以通过一些平凡的小事来给自己创造积极的心境。笔者初入科研之路时，投稿四处碰壁，在坚持不懈的努力下，也常能收到稿件录用通知，每次都给我带来极大的心理享受，并让我在此后的数周甚至数月内都能哼着歌儿工作，浑身上下似乎有一股使不完的劲。当曾经参与"真人图书馆"活动的学子在毕业离校之际，特意来办公室向我们告别时，作为图书馆员的职业幸福感油然而生；也曾看到业内同行在诉说自己曾被邀请参加毕业典礼和毕业聚餐时的自豪之情。这样的心理享受积累得越多，就越能激发和强化个体的潜在能力，并使之变成一种习惯性的工作方式。个体一旦在主观认知和情感上对所从事的职业有了内在认同感，就能正视工作中的消极因素，面对失败和挫折时，也能做出积极的心理归因，从而形成乐观型解释风格，即积极人格。拥有积极人格特质的员工更容易产生职业幸福感。研究发现，"由于被试者在工作中找到了强烈的内在满足感，因而容易把经济的回报或声望因素赋予次要的价值，并在工作时感到幸福。"[②] 在现实岗位上工作的图书馆员，应该有意识地把外在职业规范转化为自身内在的职业德性和职业特长，积累心理享受，做一个价值型馆员。

2. 培养良好自尊

自尊是个体自我评价后做出的并长久保持的一种对自己持赞许的看法，它表明了个体对自己的能力、重要性和价值性的一种认同程度。任何人都有自尊，只不过不同的人在自尊的程度方面存在一定的差异，有高自尊和低自

---

① 任俊：《积极心理学》，上海：上海教育出版社，2006 年，第 206—209 页。

② 《心理学百科全书》编辑委员会：《心理学百科全书》，杭州：浙江教育出版社，1995 年，第 1248 页。

尊之分。根据美国心理学家詹姆斯提出的自尊测量公式"自尊＝成功的结果/期望或抱负"①，每个人都可以通过增加自己的成就或者降低自己的期望来提高自己的自尊水平，通常人们更愿意采用前种方式。自我成就一般来源于个体认为重要的生活领域。例如，"相夫教子"是每一位女性的重要使命，因此当丈夫事业有成、子女学有所成时，作为妻子和母亲的女性会有一种强烈的自尊感。依照岗位要求做好自己，通过自己的人格魅力和知识素养来赢得读者敬重是图书馆员找到自尊的一条有效途径。我们在随书光盘的外借服务中，遇到实体光盘未藏时，都会给读者传授电子光盘的借阅技巧。看到一张张喜悦的求知脸庞，我们也能感受到一种被人尊重的幸福。相反，一次因沉浸于论文写作而对前来反映"不满"的读者的怠慢（态度欠热情）所带来的网上负面评价，却让人郁闷了好几天，也让我们深深地感觉到，图书馆员的自尊就藏在读者的一次次"谢谢"中。心理学家库里认为，自尊其实就是"镜中自我"，他人和社会犹如一面镜子，个体的自尊表面看来似乎是自己对自我的看法和态度，实则来源于其周围人对他的评价。因此，一个能够从工作中体验到自尊的图书馆员也一定是一个拥有职业幸福感的从业人员。

（三）构造积极制度，提高职业声望

职业声望是人们对一种职业的总体评价，反映了社会对该职业和群体的认可度。职业功能、职业待遇、职业环境、职业要求是决定职业声望高低的主要因素。我国图书馆员的职业声望总体偏低，构造积极的制度环境有利于提高图书馆员的职业声望。积极心理学认为，积极的制度既是建构积极人格的支持力量，又是个体产生积极体验的最直接来源。积极的社会制度包括国家制度、工作制度、学校制度等几个方面，而从国家层面与单位层面构建积极制度无疑有利于图书馆员职业活力的激发。

1. 国家层面：推行图书馆员职业资格认证制度

图书馆员职业资格认证是指"按照国家或图书馆协会制定的职业技能标准和任职资格条件，通过政府主管部门认定的考核机构，对图书馆从业者的技能水平和任职资格条件进行考核和鉴定，对考核合格者授予相应证书，获得证书者，就获得了从事图书馆职业的资格。"② 英国是最早推行这一制度的国家，经过上百年的发展，已经形成了三种机制：大学专业教育认可、注册

---

① 郑雪：《积极心理学》，北京：北京师范大学出版社，2014年，第118页。

② 吴慰慈：《图书馆职业资格认证制度》，载《图书馆建设》，2004年，第2期，第7—8页。

专业人员、国家职业资格体系。美国的图书馆员职业资格一般分为专业馆员、支持馆员和学生助理，专业馆员要求有图书情报学硕士学位，专业图书馆如法学图书馆还要求有法学博士学位。日本图书馆员的专业资格分为司书和修补司书，要取得这两种资格，必须在规定的大学修满一定的学分，在学校图书馆工作的馆员，还必须取得"教谕"资格。韩国、加拿大、澳大利亚、法国等图书馆事业发达的国家都实施了这一制度。从实施效果来看，美国图书馆从业者的平均受教育程度有了很大的提高，图书馆对从业者的职业技能和专业理论的要求越来越高，甚至要求精通多国语言，图书馆员职业的专业性也得到了社会公众的高度认可。2012 年，美国哈里斯民调用公众的认可程度来表示职业声望的高低，其中认可度最高的为消防员，其次是医生，再次是图书馆员。[①]

由此可见，推行图书馆员职业资格认证制度，将从源头上解决图书馆职业中存在的各种问题。首先，图书馆员职业资格是图书馆招聘、录用人才的主要依据，有利于推进图书馆人事管理制度的改革，彻底改观"图书馆是闲杂人等收容所"的尴尬局面，从而大大提高图书馆员在公众眼中的专业化形象。其次，图书馆员职业资格认证制度将成为一种激励和监督机制，既能激励现实从业人员重新定位自己的职业，树立正确的职业观和价值观，又能促进图书馆学专业教育的发展，有效解决教育与职业的疏离问题。

2. 单位层面：创建积极的工作制度

工作特性模型理论认为，技能的多样性、任务的同一性、任务的重要性、任务的自主性、任务的反馈性是影响个体对其工作是否满意的五大因素。这五大因素会直接导致个体产生三种心理状态：对工作意义的理解（主要由前三个因素决定）、对工作结果的尽责（由第四种因素决定）、对造成结果的起因的了解（由第五种因素决定）。根据"潜力激发分数"（motivating potential score，简称 MPS）计算公式 MPS＝（技能多样性的数目＋任务重要性的程度＋任务一致性的程度）÷3×任务自主性程度×任务反馈性程度，可以看出，任务自主性程度和任务反馈性程度具有乘法效应，对单位员工工作动机的激发和潜力的开发起着关键的作用。[②] 这一研究结果在现代企业管理实践中得到了印证。现代企业管理有两个重要法则：一是增加员工在工作中的自由度，如让员工自己控制自己的工作时间、工作方法甚至工作地点；二是对员工增

---

① 徐长生：《我国图书馆员职业资格认证制度问题研究综述》，载《图书情报工作》，2009 年，第 3 期，第 87—90 页。

② 任俊：《积极心理学》，上海：上海教育出版社，2006 年，第 259 页。

加工作反馈的次数，如由月薪制改成周薪制，将工资和奖金分开发放等。

因此，图书馆各项规章制度的设计既要合情合理，又要重视其蕴含的积极意义。首先，图书馆可以根据不同岗位的工作性质制定不同的上班制度。如行政后勤人员采用八小时正常坐班制，流通阅览人员实行早晚倒班制，编目人员启用任务定量制（每日只需完成规定数量的图书著录即可），阅读推广人员由于阅读推广活动的阶段性和周期性，如遇特殊情况，亦可采用异地工作制（借助发达的网络和通信工具，活动前期和后期的工作可在异地完成，只需活动中期在馆即可）。其次，建立每周巡查制度。记得软图书馆学佳作《小猫杜威》中的微奇·麦仑馆长每天上班做的第一件事情就是逐层逐室地巡视图书馆，因不少高校图书馆馆长兼具教学任务而不太可能做到每日巡视，但每周巡查还是切实可行的。这既可以督促各库室馆员尽职尽责做好本职工作，发现问题及时反馈，还可将巡查结果作为馆员年终评优评先的依据。再次，建立人才发展制度。图书馆人才发展主要涉及与图书馆工作有关的各种知识技能的吸收利用以及个体职业能力的提升。我国杰出的图书馆学家袁同礼先生有一套独特的人才发展方法："选才凭学术，用才看志趣，育才重成长，留才靠魅力。"[①] 袁先生通过与国外大学合作、向基金会争取奖学金、与国外图书馆交换馆员等方式培养出如严文郁、汪长炳、王重民、向达、李芳馥、曾宪三、黄维廉、徐家璧、钱存训等著名图书馆学家，使得当时的北平图书馆人才济济，盛极一时。试想，如果图书馆员都能成长为业务专家或学术专家，又何愁图书馆员职业没有声望呢？高校图书馆员更当如此。袁先生的人才发展方法值得当下图书馆界学习借鉴！

面对图书馆事业和图书馆员职业发展中存在的诸多问题，用一种积极的方式去应对，可能会有更好的效果。图书馆员的从业心理既影响着工作的质量，又关系到生活的幸福。如何实现图书馆员生命激情和职业活力的激发，积极心理学不仅为我们提供了一个开放和欣赏的视角，还让我们拥有了一种全新的解决途径。

第四节　图书馆员学术行走之参会攻略

会议作为人类社会发展到一定阶段的产物，已成为人们交流信息的一种

---

① 潘梅：《袁同礼的图书馆人才培植方法及启示》，载《图书馆建设》，2011年，第11期，第80—84页。

必不可少的工具。"人们无法消灭会议，会议就像蒲公英一样，你把它们连根拔起，但它们还是春风吹又生。"相信细心的读者都能够从美国加利福尼亚管理顾问威廉·丹尼尔斯的这段话中解读出人们对会议的复杂情感。有学者研究认为，会议具有"集中时间、集中精力、集中权力、集中智力、集中情感、集中信息、集中声势、集中见证、集中财物、集中监管"[①] 十大功能。尽管每一次会议这十大功能未必同时出现，但其中几项功能的组合足以成为人们开会的理由。根据会议交流的内容人们把会议大致分为工作性会议、学术性会议、商业性会议三大类。图书馆界的会议以工作会议和学术会议居多。工作会议如馆长联席会、图书馆学会理事会、地方文献工作研讨会等，其会议名称即指明了参会对象为馆长、理事、相关部门负责人，与普通图书馆员基本无缘。相比而言，学术会议如省图书馆学会年会、中国图书馆学会年会等因覆盖面大、普及人群广而给底层图书馆员提供了参会的机会。俗话说，机会只给有准备的人。本节拟从学术会议的视角，谈谈普通图书馆员的参会攻略。

一、"择会"：切合实际

参加学术会议是了解学术前沿、开阔知识视野的一条重要途径。作为一名图书馆员，应该积极主动地参与行业学术会议，吸取工作经验，提高科研能力，以实现个体发展与图书馆整体业务的同步提升。然而，面对业界和学界琳琅满目的大小会议，图书馆员该如何选择呢？我们的经验是：切合实际。

（一）估计经济承受力

常言道：钱不是万能的，但没钱却是万万不能的。具体到一个单位，也是如此。特别是处于三、四线城市的地方图书馆，在财政预算制度全面实施的当下，图书馆员选择会议时首先要对经费开支进行估算。会议经费主要包括会务费、交通费、住宿费三大类。首次参会的图书馆员最好选择开会地点离家较近的会议参加，以节省交通费，提高参会的批准率，从而树立会议自信。如我们首次参与的学术会议是 2014 年在湖南长沙举行的"出版界图书馆界全民阅读年会"，花费经济成本 855 元（500 元会务费＋115 元车费＋240 元住宿费）。因为是在"家门口"开会，在"全民阅读"与高校图书馆似乎还有一段距离的当时，领导欣然同意。

---

① 韩国海：《论会议的功能》，载《嘉兴学院学报》，2005 年，第 S2 期，第 97—99页。

（二）判断学术含金量

随着学术市场的繁荣，学术会议的数量不断增多，学术规格深浅不一，针对的群体也各有侧重。一般来说，本省图书馆学会年会、多省图书馆学会联合年会等，因学会挂靠单位在省图书馆、开会地点也在省图书馆而颇受公共图书馆员的青睐。对于高校图书馆员来说，由本省高校图工委组织的研讨会、多省高校图工委联合举办的高校图书馆学术年会、中国图书馆学会高等学校图书馆分会举办的"中国高校图书馆发展论坛"等是含金量较高的学术会议。我们有幸参加了"2015年中南六省（区）高校图书馆学术年会"，精彩纷呈的年会项目如专家报告、各省高校图工委工作交流、阅读推广优秀案例分享、会议论文专家点评、获奖作者论文交流、数据库商信息发布等吸引了湖南、湖北、广东、广西、河南、海南六省的300余名高校图书馆员参加，堪称一次学术的盛宴。

（三）冲刺高端会议

中国图书馆学会年会自1999年由文化部首次举办以来，目前已召开18届，参会人员涉及各省（区、市）文化行政主管部门负责人，全国各级各类图书馆工作人员，图书馆学教育的专家、学者及学生，文化名人，报刊编辑，图书馆相关企业代表等，融工作会议、学术会议、商业会议于一体，每年与会者多达数千人。我们以论文作者身份参加了2016年中国图书馆学会年会，国内外的学界大腕、业界精英、刊界名编分别就全国图书馆所涉及的各类学术问题进行报告、交流与专题介绍，谓之图书馆界的"学术风暴"一点也不为过。作为一名普通图书馆员，也许努力一生也无法走进国际图联大会IFLA的会场，然而，冲刺中国图书馆学会年会的信心还是应该有的，也是切实可行的。

二、"参会"：循序渐进

近年来，我国的学术会议呈现出联合化发展趋势。[①] 根据"中国学术会议在线"网上会议点击率排名抽样调查，多单位合作办已占学术会议的半壁江山，尤其是高校与学会联合办会的比例较大。[②] 因此，图书馆员首先应该积

---

① 刘兴平：《学术会议的兴起与发展》，载《科技导报》，2010年，第28期，第23页。

② 中国科协学会学术部：《学术会议过程与使用语言研究》，北京：中国科学技术出版社，2008年，第34页。

极参与本地高校承办的相关学术会议。如 2016 年 11 月 5 日—6 日，湖南人文科技学院承办了由教育部中国教育报刊社主办的第 57 届全国高校科研工作研讨会，会议邀请了国家社科基金二级管理单位负责人、教育部人文社科项目研究专家、《新华文摘》主编、教育部中国教育报刊社培训中心负责人、国家社科基金项目主持人等 9 位专家就"项目申报与高水平论文发表"做了学术报告。外地代表参会需交 1800 元的会务费，本校老师只需报名即可免费听会，本地科研人员（包括公共图书馆员）只要知晓信息也是有办法开绿灯的。如此近水楼台，实乃值得一听。

其次，图书馆员应该主动参加本省图书馆学会举办的各种培训活动。如湖南省图书馆学会每年举办的全省图书馆基础业务培训班，培训课程除《图书馆学概论》《文献分类学》《文献编目》《信息资源建设》《图书馆管理》等传统图书馆学专业课程外，学会还就图书馆事业发展前沿与图书馆员科研需要量身定制如《图书馆宣传推广与阅读促进》《图书馆学专业论文撰写实务》等学术课程，采取理论提升与参观学习相结合的授课方式，对于非图书馆学专业出身的馆员来说，是一个接受专业教育、培养学术兴趣的良机。

再次，图书馆员应该瞄准中国图书馆学会各分会主办的各种研讨会。目前，中国图书馆学会共设有 17 个分支机构，各分支机构针对本分会的工作特点每年开展全国性的职业培训研讨活动。如 2014 年中国图书馆学会高等学校图书馆分会在湖南大学举办的"大学生阅读推广与校园文化建设培训班"，吸引了来自全国 29 个省市、120 所高校的 240 余名图书馆员参加；两天的培训课程共聆听了 6 个专题讲座，4 个精品案例，可谓营养丰富。在"全民阅读"已成国家战略的当下，由中国图书馆学会开展的"阅读推广人培育行动"也是一个值得图书馆员参与的项目。

三、"备会"：细针密缕

尽管学术会议面向全体图书馆员，然而它也是有门槛的。图书馆员首先要准备的是会议征文。征文通知一般会提前数月发布，并就征文主题、征文要求、征文评奖等事项做详细说明。因此，密切关注征文信息，提前准备学术论文并精心修改是备会的第一关。若征文有幸获奖，您将会收获会议邀请函。于是，请求馆领导、校领导批示成了备会的第二关。一般来说，领导批会首先关心的是经费问题，经费越少，获准的可能性就越高。其次是会议的重复度问题，图书馆员应该尽可能避免重复参与同一类型的会议，以提高资源配置的有效率。只有领导批准，才算是拿到了参会的入场券。备会第三关则是研究会议日程。可以从会议网站上了解会议大体信息，关注会议召开前夕的新闻，研究参会专家的学术结构及其代表性论著，做好参会的专业准备。此外，如果还能在思想和旅行等其他方面做好充分准备，参会收获会更大。[①]

四、"听会"：双管齐下

随着电脑、智能手机的普及，传统的听课笔记已经被手机、平板拍照、拷贝 PPT 等电子笔记所取代。有人认为这是现代科技给人类学习带来的福利，可以将"手"解放出来，集中精力于"听"。也确有学生感言"课堂上只顾埋头记笔记不一定来得及听，当信息量大时，若是因记笔记而漏掉老师讲的重点，反而得不偿失。"[②] 也有人认为，PPT 上记录的仅仅是讲课的大纲和说话的逻辑，专家的许多经验之谈与人生体悟都是临场发挥的，而许多智慧的火花都藏在这些题外之语中。甚至还有老师上课拒绝使用 PPT，因为他们认为 PPT 损坏了学生的想象力。因此，手写笔记的优势无法替代。我们认为，一方面，PPT 上记载的无疑是讲课的重点和核心，相较于手写速记，用拍照或拷贝的方式记录下来，自然是事半功倍。另一方面，在专注于"听"的同时，用笔记下 PPT 外转瞬即逝的连珠妙语、灵感火花，为日后启迪思维与创新实践积累材料；特别是会场上的互动交流环节，因其能实现会议"集中智慧"的功能，所以更应该用笔进行详细记录。基于此，移动互联网时代，记笔记的方式也要灵活变通，无论是听课还是听会，最好能做到电子笔记与手写笔记双管齐下。

五、"串会"：有的放矢

从小父母便教育我们做事要"有始有终"，不能"虎头蛇尾"。因此，上课时若中途离场是对老师的大不敬，是会受到家长和校方的严厉批评的。到了大学，学生的自由度相对宽松，翘课现象也时有发生，"上课点到"便成了老师确保学生到课率的通行做法。然而，如果秉持这样的思维定式去参加全国性的大型学术会议，收获便会大打折扣。2016 年 10 月 26 日—27 日，我们首次参加中国图书馆学会年会，4 个主题论坛、25 个分会场密集地分布在一

---

① 束漫：《图书馆文化传承和交流的社会机构——2009IFLA 参会有感》，载《新世纪图书馆》，2009 年，第 6 期，第 8 页。

② 王司云：《如何记笔记——我在课后记笔记》，载《成才与就业》，2015 年，第 23 期，第 46 页。

天半的时间内，每个半天安排了 9—11 场学术会议。几经权衡，本着"远水解不了近渴"的原则，准备选择工作研究中急需的三个会场聆听。第一个半天，我们"善始善终"。晚餐时，不少同仁在讨论"这半天"的收获，有馆员说他分听了两个会场，收获颇丰。第二个半天，我们除了认真听会，还留心观察了会场情况。会议中场，发现身边已换了邻伴；入口处，出出进进的大有人在。这才恍然明白，在内容如此丰富的年会面前，在分身无术的现实面前，必须创新思维：串会。然而，串会也不能盲目，必须有的放矢。首先，必须认真阅读会议指南，明确哪些专家报告是你最想听的；其次，估算时间。为了确保会议内容有效落实，举办方预先将会议时长分配到了每一个环节、每一个专家的发言上。经过估算，如果此会场的次要信息时段正好是心仪的彼会场的主要信息时段，即可串会。事实上，在一场长达 3 小时的会议中，其内容一定有轻重主次之分，即使是专家发言，也要避免"老言重听"，以便腾出更多的时间吸收新观点与新思想。当然，信息的主次之分也是因人而异的。

六、"议会"：开诚相见

为了使学术会议能够收到"百家争鸣"的效果，近年来，国内学术会议逐渐朝着平权化方向发展。与会人员无论职务高低、职级大小、学术成就多寡，都可以围绕共同感兴趣的学术问题平等自由地交流讨论，切磋质疑。发言者越是就自己的工作经验、研究难点、实践疑点开诚布公地实话实说，就越能引起与会者的共鸣。2016 年中国图书馆学会年会第三分会场，黑龙江省图书馆副馆长毕红秋老师以"图书馆科研组织工作实践分享"为题，做了一个十分接地气的报告。她认为：图书馆员从事科学研究，对业务实践的理论总结能够反作用于业务实践，同时也解决了图书馆员职业生涯规划问题，是图书馆留住人才的一条捷径。国际图联素养与阅读委员会 2011 年发布的《在图书馆中用研究来促进识字与阅读：图书馆员指南》中也说："研究能够帮助图书馆员在工作中自始至终都能有效地收集数据和时时测评，并且能够帮助他们在推广效力及其重要性方面提出切实可靠的要求。"[①] 两种观点都说明了图书馆员从事科研的重要性。然而，前者侧重于从图书馆员自身发展的角度思考问题，后者更多地是从图书馆工作的视角来考量的。所谓"民以食为

---

① 范并思：《阅读推广的理论自觉》，载《国家图书馆学刊》，2014 年，第 6 期，第 4 页。

天"，毕红秋老师的表述更容易让普通图书馆员接受理解，也更能激发他们的科研自觉。

在湖南省高校图工委举办的一次阅读推广研讨会上，小组讨论时，我们就平时工作中的困惑和盘托出：每年开展的"一校一书"共读活动，实施过程中遭遇了学校教授精英层的反对，理由是限制和干扰了读者的阅读自由权，其情形恰如美国纽约的"一城一书"活动[①]；针对大学毕业生开展的"阅读清单传递"活动也被质疑侵犯了读者的隐私权；想把"真人图书馆"的活动视频挂到网上传播，又被冠上了"侵犯知识产权"的罪名。如此种种，让人诚惶诚恐，真怕一不小心招来"牢狱之灾"。一番大实话，打开了大家的话匣子，现场展开了热烈的讨论。真可谓"有听有说，有会有议"。其实，"议会"不只体现在会上的互动，会下的交流更广泛，也更重要。由于不少人不善于在大庭广众之下发言，可在双人交流的相对私密空间里，却往往能够滔滔不绝。因此，就餐、坐车、乘梯、散步、购物、出游都是绝好的会议交流机会，只要彼此开诚相见，就会有所收获。

七、"延会"：走访调查

俗话说，走得多，看得多，眼界自然就开阔了。可对常年坐班的图书馆员来说，"图书馆"与"家"两点一线的规律生活是很难实现"行万里路"的。因此，图书馆员应该充分利用外出参会的良机，在不影响工作的前提下，适当延长会期，进行走访调查。无论是游览自然景观，还是进行文化考察，都会有意想不到的收获。山西财经大学的吴汉华[②]老师就曾利用参与"民间图书馆论坛"的机会进行现场问卷调查，以了解论坛绩效及民间图书馆的发展状况，可谓有备而来，一举两得。我们也利用参与 2016 中图年会之机，在铜陵市图书馆新馆泡了半天。当逐一访问各库室时，书标上除索书号外的一长串数字（经比对系该书条码号）引起了我们的注意：两本图书信息完全相同的《安徒生童话》，一本条码号为 20177130，另一本为 30135665。一般来说，图书编目时粘贴于书内题名页上的条码号通常反映的是该书到馆时的馆藏量信息，在藏书量还未突破百万册的铜陵市图书馆，其条码号的编制有何学问

① 吴彩凤：《美国"一城一书"阅读活动的推广实践及思考》，载《图书馆学研究》，2013 年，第 3 期，第 97 页。

② 吴汉华：《民间图书馆论坛（2015）评估报告》，载《山东图书馆学刊》，2015 年，第 6 期，第 114—119 页。

呢？经过咨询才粗略得知：其以数字"1""2"开头的条码号系分馆购书，以"3"开头的条码号为新馆（总馆）购书；为了方便按总分馆分类图书，遂将条码号印制于书标上。如果不是亲自体验，也许此生我们都不会主动去关注条码号中潜藏的学问吧。

尽管当下全民阅读理念已深入人心，可在百姓的实际生活中，不便阅读之处还比比皆是。火车上，人们常用吃东西、聊天、睡觉、玩手机或电脑等方式来打发过长的坐车时间。果真是国人不爱阅读吗？未必！年会出行，本着"轻松上阵"的原则，未带任何纸质书，然而，非手机控的我们在高铁上能够寻找到的唯一纸质读物是一本为中国高铁做宣传广告的内部刊物，让人真有点"度时如年"的感觉。这样的现象在医院也如出一辙。由于纸质读物不能唾手可得，许多家长不得不用零食、玩具来陪伴喜欢听故事的儿童打发难熬的候诊时间。返程时，为了度过从傍晚6点到凌晨2点漫长的候车时间，我们来到了铜陵火车站内的一个小书吧，杂志中的一篇文章引人入胜，因而驻足了好一会儿，店主多次发出"非买勿看"的信号。我们忍不住轻轻地说了声"这里不是书香铜陵吗？"店主幽幽地回道："书香铜陵也要吃饭呀！"看来，如何让商品经济下的书店生存与书香社会建设和谐共处是一个需要政府部门着力的问题。尽管"公共图书馆＋新华书店＋高校图书馆"的馆店融合模式让我们看到了铜陵人民在文化供给侧改革、城市转型升级、图书馆发展理念上的创新实践，然而唯一一条开往铜陵市新图书馆的公交线路发车间隔时间为20分钟的事实，还是从一个侧面反映了"书香"与民众的距离。如此收获，谁说不是"延会"的功效？

八、"整会"：细嚼慢咽

对参会过程中所获取的原始资料进行加工整理，使之系统化和条理化，是一件重要而有意义的事情。会议资料的整理主要包括两个方面：一是纸质资料的整理，二是电子资料的整理。纸质资料通常包括会议资料、广告资料、赠阅资料三大类。其中会议指南、会议名录、会议笔记值得永久保存，因其是研究会议以及会后与馆界同仁联系的重要信息源；涉及图书馆当下需要购买的设施、设备等广告资料可在图书馆内进行传阅，以借众人之慧眼考究产品之优劣；赠阅资料如内刊、内报、书签、作品集等可加收藏，因其是图书馆阅读共享空间建设的一个样本，能为本馆的同类实践提供参考依据。电子资料的整理则聚焦于PPT与照片两大类。照片作为参会的见证，具有纪念意义，可分类保存；PPT则需要重温研读，还可与现场的手写笔记进行对照阅读，从而深刻领会专家思想，真正把握学术学沿；对于特别重要且常用的电子报告还可打印成纸质文稿，以便随时翻阅。如 2016 年中图年会期间，《图书馆阅读推广理论进展：2005－2015》研究报告就是采用现场扫描二维码下载的方式发布的；会后，与会人员如果不对其进行整理阅读，细嚼慢咽并消化，那它就只是手机里的一个档案文件，也就失去其"引领阅读推广理论研究"的报告功能了。

参会犹如旅游，如果不掌握一定的方法和技巧，即使数次"身在此山中"，也会有"不识庐山真面目"之感，这便是导游职业的必要性。基于广大普通图书馆员"导会"的需求，我们撰写了本节，期望每一个参与学术会议的图书馆员都能够实现会议效益的最大化。

第九章

来自图书馆里的调查与研究

没有调查，就没有发言权。系统、科学、细致、深入的调查研究，是我们搞好高校图书馆工作的生命线。本章选取"大一新生""大四学生""真人图书馆"三个有代表性的调查对象，以"图书馆认知""图书馆利用""真人图书馆应用"为分析研究的视角展开调研。"大一新生图书馆认知状况调查"，以一所地方普通本科院校为例，对大一新生"图书馆认知"情况展开调查，了解他们对馆藏、服务、图书馆知识、规章制度等方面的认知程度，把握他们的阅读喜好与图书馆利用习惯，以加强新生入馆教育的针对性，明确图书馆为新生读者服务的重点与方向。"大四学生图书馆利用状况调查"，以即将步入社会的"大四毕业生"为特定对象，开展图书馆利用状况调查，旨在全面收集这一群体利用图书馆的行为习惯与真实感受，从中发现图书馆读者服务中存在的问题，并提出相应对策，为图书馆领导决策提供参考依据。

"真人图书馆在国内高校的应用调查"，从实践者的视角，对国内22所高校图书馆网站发布的真人图书馆信息进行调查，发现国内高校真人图书馆存在与已有服务重合度高、缺少运营团队、缺乏隐性知识的转移记录、活动信息传播无序、缺失活动评价等关键问题，提出高校真人图书馆可以采取划出生存空间、组建运营团队、记录阅读过程、设立专有栏目、重视活动评估等策略，以提高真人图书馆的活动价值，使其走得更顺更远。

第一节　大一新生图书馆认知状况调查

知识经济时代，图书馆作为社会的"信息中心"与"知识传播中心"，在个体与群体发展中起着举足轻重的作用。对于刚刚步入大学校门的新同学来说，他们的"图书馆认知"情况又如何呢？基于此，我们对湖南人文科技学院的大一新生展开了"图书馆认知"状况调查。

一、大一新生图书馆认知状况调查的目的与方法

（一）调查目的

大学因所处档次和地域的不同，生源也会有所不同。不同生源的"图书馆认知"也是有差异的。湖南人文科技学院作为一所省属综合性公办普通本科大学，现有 14 个教学院系，35 个本科专业，每年招收大一新生近四千人。这一群体有着怎样的阅读喜好与行为习惯？他们对图书馆的馆藏、服务、规章制度、相关知识了解多少？对"图书管理员"这一职业如何认识？诸如此类，构成了我们开展此次调查的初衷。一句话，此次调查的目的是全面把握大一新生对"图书馆认识、知道、了解"的程度，从中发现高校图书馆工作的缺陷，从而加强新生入馆教育的针对性，更好地为新生读者服务。

（二）调查方法及过程

本次调查采用随机抽样问卷调查法，由担任新生入馆教育的 5 位资深图书馆员负责实际调查工作。2010 级大一新生共有 3665 人，根据 Sevilla Consuello G.. 等关于用户调查样本数的计算公式[①]：

$$n＝N/\left[1＋N\ (e)^2\right]$$

其中 n＝样本数，N＝目标用户数，e＝边界误差 0.05

计算得出 95％可信度的抽样调查用户数为：

$$n＝3665/\left[1＋3665×\ (0.05)^2\right]＝361\ （人）$$

因此，本次调查共发放问卷 400 份，覆盖全校 14 个教学院系近 100 个班级的大一新生，调查问卷采用随机发放，并由调查对象当场填写，随即回收。结果共收回问卷 386 份，回收率 96.5％，其中有效问卷 360 份，有效率 93.3％。

二、大一新生图书馆认知状况的调查数据分析

本次调查的数据统计分男性问卷与女性问卷两类进行。合计男性问卷 169

---

① 徐革：《我国大学图书馆电子资源绩效评价方法及其应用研究》（博士论文），西安：西安交通大学，2006 年，第 90 页。

份，女性问卷 191 份。试图知晓对"图书馆的认知"是否存在性别上的差异。

（一）新生基本情况分析

根据调查，2010 级大一新生出生于 1990 年前、后的分别有 13 人与 347 人，分别占被调查总数的 3.6%与 96.4%。他们分别来自于乡镇、县城、地级市、省城、首都等不同区域的中学（如图 9-1 所示）。

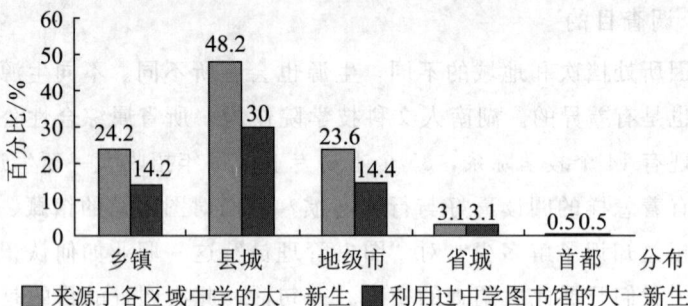

图 9-1　湖南人文科技学院 2010 级新生"中学来源"及
"利用过中学图书馆"人数百分比示意图

从图 9-1 中可以看出，近 3/4 的新生来源于县乡级中学，可见"就近入学"仍是广大学生与家长的首要择校依据。有 62.2%的同学利用过中学图书馆（或图书资料室），仍有 37.8%的新生从未利用过所读中学的图书馆（或图书资料室）或不知道是否有图书馆或图书资料室，来自省级以上城市中学的大一新生全部利用过中学图书馆（或图书资料室）。这说明"素质教育"在各级学校的贯彻执行存在区域差异，教育资源的均衡配置仍有较长的路要走。调查还显示，去过大学图书馆、县（区）图书馆、市级以上图书馆的新生人数分别占被调查总数的 1.4%、2.3%和 13.1%，说明大学图书馆的社会服务功能发挥十分有限，县市级公共图书馆的知晓率与利用率都相当低。

（二）新生阅读喜好与业余时间分配情况分析

调查结果表明，大一新生最喜欢的阅读媒介依次为图书、杂志、网络、报纸及其他，分别占被调查人数的 42.5%、30.5%、18.9%、7.3%、0.8%。其中男生与女生的阅读喜好有明显差异，喜欢看报的男、女生比率分别为 13.6%与 1.6%；喜欢网络阅读的男、女生比率分别为 25.4%与 13.1%。在业余时间的支配方式上，男女生都选择了把"看书学习"放在了首位（如表 9-1 所示），这可能与高中强大的升学压力有关。

表 9-1　"业余时间花费最多"的事情分类统计

	看书	看电视	上网	运动	逛街	其他	总计
男生	29％	16.6％	28.4％	20.7％	0.6％	4.7％	100.0％
女生	35.1％	31.9％	16.8％	3.7％	7.9％	4.7％	100.0％

从表 9-1 中还可以看出，业余时间，男生比女生更喜欢上网和运动，女生比男生更喜欢看电视和逛街。

（三）新生对图书馆"馆藏""服务""相关知识""规章制度"的认知情况分析

调查显示，新生对图书馆"馆藏"的认知，传统纸质文献如图书、报纸、期刊的知晓率远远高于非纸质文献如光盘、投影片、录音带、缩微资料、数据库，分别为 71.9％与 28.1％。

在填答"您认为图书馆能提供哪些服务"一题时，有 334 人知道图书馆是一个"看书学习"的场所，317 人知道图书馆能提供"借还书"服务，分别占被调查人数的 92.8％与 88.1％；对图书馆开展的"图书预约、资料复印、读者培训等常规服务，知晓度并不高，分别只有 24.4％、14.2％与 14.7％；对图书馆提供的"数据库利用、文献检索、科技查新"等信息服务，知晓度则更低。说明大一新生对"图书馆服务"的认知仍停留在传统领域。

在上大学之前，只有 30.6％的同学了解"索书号、图书分类、图书排架"等与图书馆学相关的知识。有 92.2％的同学知道"污损图书要赔偿"这个规定，这种"损坏东西要赔偿"的意识可能来自于父母从小对孩子的教育。有 26.7％的同学并不了解图书馆的"逾期罚款"借书制度，可见大一新生的"期限约束"意识还不是很强。

在给"您最想了解关于图书馆的哪些内容"一题按想了解的程度从强到弱排序时，排在前两位的分别是"藏书布局"与"书目查询"（表 9-2 所示），这与大一新生急于想知道"如何到图书馆借到自己想要的图书"心理相符。新生对图书馆提供的"信息服务"内容关注度不高，这表明，当前大一新生的信息意识并不强。新生普遍不太关注与"图书馆学"相关的知识，而这方面正好是学生所欠缺的，这种"欠缺"又是导致"图书乱架"的直接根源。

表 9-2 "想了解的图书馆内容"排序统计

（最想了解填 1，其次填 2，再次填 3，依此类推）

	藏书布局	书目查询	读者服务	规章制度	信息服务	相关知识
填"1"的人数	132	71	67	38	28	24
占总人数的百分比	36.7%	19.7%	18.6%	10.5%	7.8%	6.7%
填"1、2、3"的人数累加	226	213	184	128	111	109
占总人数的百分比累加	62.8%	59.2%	51.1%	35.6%	30.8%	30.3%

（四）新生对"图书管理员"职业角色的认可情况分析

调查表明，有 90.8% 的学生认可"'图书管理员'这个职业需要一定的专业知识"这一观点。仅有 45% 的学生愿意称呼"图书管理员"为"老师"，这样称呼的理由 75% 来源于"尊重"（表 9-3 所示）；51.9% 的学生更愿意称呼"图书管理员"为"叔叔阿姨"，称呼理由 87% 来源于"亲切"。

表 9-3 对"图书管理员"的称呼统计

	老师	叔叔阿姨	服务员	其他	总计
人数	162	187	6	5	360
所占百分比	45%	51.9%	1.7%	1.4%	100%

事实上，"叔叔阿姨"这个称呼更显大众化，只要符合"年龄"特征的人都可以这样称呼，而能被称为"老师"的人约束特征相对较多。可见高校图书管理员能作为"老师"角色被学生认可还须付出努力。

（五）新生"图书馆利用习惯"情况分析

从调查结果看，78.1% 的大一新生认为图书馆将在自己的大学学习中发挥很大的作用。而在填答"您打算以后每周（按 7 天计算）去几次图书馆"一题时，仅有 59 人选择 6－7 次，160 人选择 4－5 次，分别占总人数的 16.4% 与 44.4%，累计得出打算"经常（≥4 次/周）去图书馆"的学生仅为 60.8%，这个比率与之前有 78.1% 的学生认为"图书馆将在自己的大学学习中发挥很大作用"这一结果有一定距离，这也许就是一个人"思想"与"行动"之间的差距。

当问到"在利用图书馆的过程中碰到困难，会如何寻求帮助（多选题）"时，高达 91.4% 的同学选择了"向馆内老师咨询"，其次为"通过查看读者指南、入馆须知、借阅规则等宣传资料与指示牌自己摸索解决"和"向身边同学请教"，也还有 1.9% 的学生选择了"不寻求任何帮助，放弃'利用图书馆'"这一选项。由此可以判定，馆员的服务态度对图书馆作用的发挥有着至关重要的影响，入馆指南、借阅须知、楼层索引等导向性资料与标志也是图书馆所必需的，且要求醒目并张贴于合适位置。

当问及"您会通过何种方式向图书馆提出建议或意见（多选题）"时，84.2％的同学选择了"写字条放入'读者意见箱'"，其次为"直接向值班老师提出"和"向馆领导提出"。仅有1.7％的学生选择了"放在心里，什么也不说"。因此，图书馆设置"读者意见箱"与"馆长接待日"是十分必要的。

在调查"是否愿意到图书馆当义工"时，283人填答了"愿意"，占总人数的78.6％；高达96.7％的学生表示，愿意做图书馆的文明读者（见表9-4）。由此可见，90后一代"奉献精神"仍然凸显，他们绝大多数主观上追求文明行为，图书馆员在工作中见到的破坏图书馆设施、违背图书馆规章制度、乱扔垃圾等不文明行为并非故意，只是良好的行为习惯还未形成。同时我们也应看到仍有极少数同学的不文明行为存在主观上的故意。因此，图书馆应下力气督促学生养成良好的行为习惯，对"主观故意"的非文明行为坚决杜绝，并保留必要的惩罚措施，还应对这部分学生做好耐心细致的说服教育工作。

表9-4　是否愿意"当义工"和"做文明读者"统计

	当义工		做文明读者	
	人数	百分比	人数	百分比
愿意	283	78.6％	348	96.7％
不愿意	29	8.1％	9	2.5％
无所谓	48	13.3％	3	0.8％
总计	360	100.0％	360	100.0％

另外，根据调查，大一新生除了在阅读喜好与业余时间支配方式上存在明显的性别差异外，在图书馆认知、利用习惯、图书馆员职业认可等方面并无显著性别差异。

三、大一新生图书馆认知状况调查的思考与启示

（一）加强中学图书馆建设，提高县市级公共图书馆的知晓度与利用率

中学图书馆作为中学教育的一个信息窗口，应该成为全校师生的学习基地①。

---

① 张艳红：《发挥中学图书馆在教学中的作用的思考》，载《今日科苑》，2009年，第19期，第148页。

而在当下，我国的中学图书馆在规模、设施、馆藏、服务水平等方面存在巨大差异。许多图书馆并未发挥其"学校实施素质教育的主阵地"作用。面对"新课改"的大好形势，中学图书馆在争取领导重视与财政支持的同时，应该加强自身建设。通过调整藏书结构、优化图书管理、提高人员素质、改善服务环境等办法，努力把图书馆构建成为学生最向往的课堂。

对于大多数县市级基层图书馆来说，尽管目前存在着资金短缺的问题，但它也有自己的发展优势。由于它处于整个图书馆服务网络体系的底端，直接与广大民众发生联系，而成为公共图书馆实现其价值的重要渠道①。据湘潭市图书馆的读者调查，该馆读者群的年龄以 7—17 岁和 18—34 岁读者最多，分别占了 45.7％和 42.3％的比重②。而这一读者群正是国家发展"现在"和"未来"的中坚力量，满足他们学习需求的重要性不言而喻。鉴于此，县市级图书馆应创建多元化投入机制，想方设法提高自身的知晓度与利用率，这也是创建学习型社会、提高全体国民素质的要求。

（二）督促新生养成良好的阅读习惯

随着网络时代的来临，"读'书'被读'网'取代"的担忧并不是空穴来风。面对强大的"高考"压力，"上网"仍然成为许多中学生日常必做的事情。走进大学校门，学业压力解除，业余时间增加，一旦沉迷网络，后果严重。因此，作为大学"信息中心"与"学习研究中心"的高校图书馆，应该有目的、有计划地督促大一新生养成良好的阅读习惯。一方面，在"浅阅读"泛滥的当下，图书馆应该倡导学生阅读经典，组建"经典"阅览室或"经典"书库，使"经典"之门畅通，让读者触手可及。另一方面，图书馆应该大力开展多样化的阅读活动，营造"深阅读"的文化氛围。通过举办"读书会""专题讲座""主题征文""书评"等活动，加强读者之间的交流，分享阅读成果，使每一个阅读个体不仅从自己的阅读中获得智慧，还从他人的阅读中吸收灵光，从而导引着阅读不断走向深处，在潜移默化中促使学生养成良好的阅读习惯。

（三）开展个性化的新生入馆教育

传统的新生入馆教育都是在固定的时间就固定的内容采用固定的方法进

---

① 张广钦、张丽：《关于面向公众的基层图书馆服务网络建设》，载《中国图书馆学报》，2008 年，第 2 期，第 33—37 页。
② 刘军：《湘潭市图书馆读者调查报告》，载《图书馆》，2008 年，第 2 期，第 95—96 页。

行，馆方像在例行公事，学生只是被动应付。这样的入馆教育效果可想而知。大一新生"图书馆认知"现状调查，为入馆教育"个性化"提供了依据。一方面，把"图书馆机构设置、馆藏布局、书目查询、借阅流程、规章制度"等常识性内容录制成光盘，分发给新生班级（每班一套），以班为单位灵活选时（军训期间，尽早为好），利用多媒体教室组织观看，看完后光盘回收，来年循环利用。军训期间，图书馆开辟绿色通道，由"代理班主任"带队组织各班新生入馆实地参观，无须使用"门禁系统"。另一方面，对于"图书分类与排架、数据库利用与文献检索、科技成果查新与定题服务"等专业性问题，图书馆应组织专门人才举办专题讲座。新生根据已有知识结构自由选择聆听主题，取长补短。讲座集中在大一上学期进行，不必局限于军训期间，给主讲人充分的准备时间。还可把"讲座"做成光盘，供读者借阅。

（四）强化馆员教育，提升职业声望

图书馆员作为图书馆服务的主体，其素质的高低直接影响着图书馆作用的发挥。在美国曾有这样的说法，即在图书馆所发挥的作用中，图书馆的建筑物占 5%，信息资料占 20%，而图书馆员占 75%。对于高校馆来说，为高素质的读者提供服务，强化馆员教育更显重要。一般来说，"自学"和"他学"是提高馆员素质的两条主要路径。首先，每个馆员都应该利用业余时间积极主动地"自学"，以"与时俱进"的精神，自觉更新观念、陶冶情操，以铸就"和蔼之态度"与"丰富之常识"①。其次，图书馆应该为每个馆员提供"他学"的机会，采取"把馆员送出去、把专家请进来"的方法，让馆员接受前沿的专业培训，使他们的知识结构逐渐走向多元、科研能力得到提高。只有具备了过硬的专业素质与服务技能，高校图书馆员才有可能作为"教师"角色被学生认可，其职业声望才有提升的可能。

（五）细化读者服务工作

"细节决定成败"。读者是图书馆前进的动力。图书馆提供的服务，如果哪项工作不及时、不到位，就会影响读者情绪，甚至放弃"利用图书馆"，导致读者流失。因此，图书馆应该把握好读者服务的每一个环节，把工作做细。如在采购服务时，多关注读者需求；流通服务时，多为读者引路；参考咨询时，多为读者微笑。读者意见及时"看"，读者建议及时"采"，"馆""读"矛盾及时"化"。把服务的真诚留在每一个细节处，让"温暖"长驻读者心中。

---

① 刘国钧：《图书馆馆员应有之素养》，见刘国钧：《图书馆学论文选集》，北京：书目文献出版社，1983 年，第 73—74 页。

第二节　大四学生图书馆利用状况调查

"读者第一、服务至上"是高校图书馆一贯秉持的服务理念，开展读者调查工作则是图书馆了解读者需求、发现存在问题的一个重要途径，也为图书馆制订服务目标、确定服务方向、实施服务策略提供重要依据。大四学生在图书馆里浸泡的时间最长，因而对图书馆的发展变化、功能作用、服务质量最有发言权。基于此，特面向大四学生开展图书馆利用状况调查。

一、大四学生图书馆利用状况调查之目的与方法

（一）调查目的

湖南人文科技学院是一所省属综合性公办普通本科大学，学校设有 13 个教学院系，46 个本科专业，2015 届毕业生 3514 人。此读者群体在利用图书馆的资源、技能、目的、习惯等方面具有哪些特征？他们有着怎样的需求与兴趣？对图书馆的读者服务是否满意？图书馆在他们四年的大学生活中到底发挥了多大作用？这就是我们开展此次调查的初衷，旨在全面收集这一群体四年来利用图书馆的行为习惯与真实感受，从而推动图书馆的服务更上一层楼。

（二）调查方法及过程

当前，图书馆的调查研究以服务满意度、电子资源建设和使用、文献收藏及使用、信息素养现状等为专题的调查报告居多，而以即将步入社会的"大四毕业生"为特定对象进行的调查目前还极少见，仅在《高校图书馆读者借阅权限满意度调查与分析》[①] 一文中对读者对象进行了"大一、大二、大三、大四、研究生、教工"的分类统计与分析。究其原因，大概因为大四学生学分基本修完，在实习、撰写毕业论文、寻找工作的多重事务下，在校时间不固定且十分有限，很难找到读者本人导致纸质问卷调查无法进行。因此，本次调查在时间的选取上，我们充分利用大四下学期毕业生在开学一个月内提交毕业论文初稿的宝贵机会，在院系学生辅导员老师及班级干部的帮助下，

[①] 黄雪雄：《高校图书馆读者借阅权限满意度调查与分析》，载《图书馆论坛》，2013年，第 2 期，第 82—86 页。

于 2015 年 3 月 12－17 日，随机发放调查问卷共计 400 份，覆盖全校 13 个院系近 100 个班级的大四学生。回收 367 份，回收率 91.8％，其中有效问卷 358份，有效率 97.5％。

二、大四学生图书馆利用状况的调查数据分析

本次调查的数据统计分自科类（包括农业与生物技术学院、数学系、化学系、能源与机电工程系、信息科学与工程系）男性问卷与女性问卷、人文社科类（包括中文系、外语系、教育科学系、经济与管理系、政治与法律系、音乐系、体育系、美术系）男性问卷与女性问卷 4 个类别进行。合计自科类问卷 155 份，其中自科类男性问卷 96 份，女性问卷 59 份；人文社科类问卷203 份，其中人文社科类男性问卷 72 份，女性问卷 131 份；试图探究大四学生在图书馆利用状况上是否存在性别与大专业上的差异。

（一）毕业去向及"毕业季"系列活动需求分析

调查开始时，大四学生实习已经结束，学校已为即将毕业的学生举行过大型招聘会，考研的初试成绩也已公布。因此，本调查就大四学生毕业去向设计问题。调查显示，18.7％的大四学生毕业后选择继续读书深造，说明这部分学生要么已经考上研究生要么有志于全力提高自己的学历；20.7％的学生此时已经找到了工作；47.5％的学生正在寻找工作；也有 13.1％的学生对毕业后的生活没有明确方向，感觉很迷茫。

"阅读清单传递"活动与"真人图书阅读"活动是我们开展的首届"毕业季"系列活动的核心内容。参与阅读清单传递活动的读者只需将自己的借阅证号、姓名、邮箱编辑短信发送至指定号码，读者邮箱就会收到自己大学四年在图书馆里借阅图书的详细清单，图书馆同时提供普通纸质版与纪念保存版的纸质清单供读者选择。然而，只有 53.4％的读者明确表示自己"需要"这份阅读清单，还有 46.6％的读者可能因为自己在图书馆里借阅图书不多而选择了"不需要"这份清单或者"无所谓"的模糊态度。（如表 9-5 所示）

我们每个人的经历本身就是一本书。当读者把自己的故事说出来让大家用面对面交流的方式进行阅读，读者就成了"真人图书"。调查发现，66.8％（选项 A＋C）的读者很愿意成为"真人图书"被他人阅读，说明此项活动在大学生读者中受欢迎程度较高，具备开展的思想基础；然而，由于大学生个人阅历、社会体验、生活经验的欠缺，仅有 32.7％（选项 A＋B）的读者认为自己身上具备供他人阅读的正能量；又由于个人口头表达能力、沟通技巧与主观意愿等方面的差异，只有 16.8％的读者表示自己具备足够的正能量并且

愿意被他人阅读；再加上实际操作过程中存在组织、场地、经费与设备上的困难，致使此项活动目前仅限于条件较好的图书馆开展，还未在国内图书馆界流行推广。

表 9-5　"阅读清单传递"与"真人图书阅读"活动需求情况

调查项目	选项	人数	占有效问卷百分比
图书馆系统里收藏了您从大一到大四借阅图书的总清单，也将对大四学生开展"阅读清单传递"活动。您需要这份清单吗？	A 需要	191	53.4%
	B 不需要	115	32.1%
	C 无所谓	52	14.5%
您认为您身上具备被学弟学妹们阅读的正能量吗？您愿意成为"真人图书"吗？	A 具备；愿意	60	16.8%
	B 具备；不愿意	57	15.9%
	C 暂时还不具备；愿意	179	50%
	D 暂时还不具备；不愿意	62	17.3%

（二）馆藏资源采访与获取情况分析

图书馆网站是图书馆发布和接收信息的一个重要渠道，也是读者了解图书馆资源与服务、咨询问题与反馈意见的一个重要平台。调查显示，只有 8.7% 的读者经常访问图书馆主页，对主页设置的栏目内容十分了解；72.8% 的读者只是偶尔访问图书馆主页，对栏目内容有一定了解；仍有 18.7% 的读者表示大学四年从未访问过图书馆主页。由此看出，当下大学生的信息意识仍有待加强。此观点在调查"如何获取学术讲座信息"项目中得到了印证，并且统计数据惊人地吻合。（如表 9-6 所示）

表 9-6　网站访问与学术讲座听取情况

调查项目	选项	人数	占有效问卷百分比
您是否经常访问图书馆主页？对主页设置的栏目内容是否了解？	A 经常访问；熟悉栏目内容	31	8.7%
	B 偶尔访问；对栏目内容有一定了解	260	72.8%
	C 从未访问；不了解栏目内容	67	18.7%
您是如何得知学术讲座信息的？您听学术讲座的频率是：	A 主动收集讲座信息；经常听	33	9.2%
	B 院系分派的任务；偶尔听	261	72.9%
	C 信息闭塞；很少听	64	17.8%

读者如果熟悉图书馆分类与索书号的相关知识，就相当于掌握了在书海中寻找目标图书的捷径。经过四年时间对图书馆的了解，72.7％的读者表示熟知图书分类索书号，能够较快找到自己所需要的图书；但仍有27.3％的读者不太了解图书分类知识，需要帮助才能找到目标图书。在调查"您主要通过何种途径查询想要借阅的图书"（多选题）项目时，60.1％同学选择"使用书目查询"，同时也有60.1％的同学选择"直接在书库中找"。可见大学生随着对馆藏布局的熟悉与检索技能的提高，大部分同学在图书馆里找书就如囊中取物般熟练敏捷。在调查"您认为在图书馆里借不到想借图书的原因"（多选题）项目时，46.1％的读者选择"未收藏"，53.4％的读者选择"书目查询中有，架上无书"，另有50.6％的读者选择"放在密集库，借不到"。可见仅仅通过"招标采购图书"一种途径来补充文献资源未免太显单一，长年累月，就会导致馆藏资源无法满足读者的文献需求。而在调查"图书馆馆藏是否能满足您的文献需求"项目时，只有55.6％的读者选择"满足"或者"基本满足"，不满足率（含不清楚）达44.4％，此比率与以上46.1％的读者认为"未收藏"是影响他们借不到图书的主要原因又出现了惊人的吻合。此外，乱架或者未及时上架是影响读者借阅的又一主因。为了解决馆舍空间问题，把"较旧、利用率较低的图书密集存放"是当前图书馆的通行做法，可因人员编制问题使得不少高校图书馆的密集书库未开放，由此也给读者造成了借阅障碍。

在数字资源利用方面，人文社科类学生与自科类学生有明显差异。自科类学生最常使用的电子资源排名前四位的分别是中国知网、万方数据系统、湖南省高校数字图书馆、维普期刊资源库；影响自科类学生使用电子资源的三大主因依次是缺少检索技能、没有需要信息与不了解数字资源。人文社科类学生最常使用的电子资源排名前四位的依次是中国知网、学习资源数据库、万方数据系统与湖南省高校数字化图书馆，影响他们使用数字资源的三大原因分别是缺少检索技能、网络条件限制与没有需要信息。

在调查"您是通过哪些途径来搜集毕业论文材料"项目（多选题）时，69.7％的自科类学生与77.8％的人文社科类学生选择"网络搜索引擎"，其次是"图书馆电子资源"与"纸质资源"，只有18.4％的学生选择"自己购买"来满足毕业论文材料需求。这也从一个侧面佐证了大学生对专业数据库不了解并且缺乏相应的检索技能。比较而言，搜索引擎的检索方法相对简单，因而成了大四学生搜集毕业论文资料的首选工具。

（三）图书馆读者服务情况分析

调查采用五级测评法将读者对图书馆服务工作的满意度与个人的情感体

验对应起来，即 5 分：很满意（激动、感谢）、4 分：满意（愉快、赞扬）、3分：基本满意（好感、肯定）、2 分：不满意（抱怨、不愉快）、1 分：很不满意（生气、烦恼）。[①] 结果显示，图书馆整体形象（包括设备设施、环境布局、功能作用等）评价平均得分 3.44 分，满意率 88.3%；图书馆员的服务（包括语言、仪表、技能、道德等）总体评价平均得分 3.42 分，满意率 89%。两者的高度吻合有力地证明了图书馆员的综合素质与图书馆的组织形象高度相关。

在调查"您认为图书馆员是否具备解答读者问题的知识和能力"项目时，14.5%的读者认为"具备，疑问能得到满意解答"，64.8%的读者认为"基本具备，能解答大部分问题"，仍有 20.6%的读者选择"不太具备，很多问题得不到解答"。调查还发现（如表 9-7 所示），一方面，与 45%的大一新生愿意称呼图书管理员为"老师"相比[②]，大四读者常常称呼图书管理员为"老师"的比率为 61.7%，有较大提升，说明随着接触的增多，读者对"图书管理员"职业更加了解，图书馆员作为"老师"角色被认可的程度也相应提高。另一方面，图书馆员如果不能提供富有知识含量的服务，其"老师"形象就会大打折扣，称呼也会随之而变成"服务员"或者"其他"。

表 9-7　大四毕业生与大一新生对"图书馆员"称呼情况对比

调查项目	选项	占有效问卷百分比（来自 2015 年 3 月大四毕业生调查）	占有效问卷百分比（来自 2010 年 10 月大一新生调查）
您常常称呼图书管理员为：（大四毕业生问卷）您愿意称呼图书管理员为：（大一新生问卷）	A 老师	61.7%	45%
	B 叔叔阿姨	26.5%	51.9%
	C 服务员	7.5%	1.7%
	D 其他	4.2%	1.4%

为了让广大读者更便利地使用图书馆的电子资源，湖南人文科技学院图书馆于 2014 年 4 月开通了移动图书馆服务项目，并先后进行了移动图书馆的现场体验、有奖注册、使用最多评比等活动，还在电子大屏幕、网站、公告栏等地方发布了相关活动信息。调查显示，服务推出一年后，仅有 45.6%的读者使用过此项服务，高达 54.4%的读者表示"不知道有此项服务，还没使

① 宋志红：《关于高校图书馆读者调查问卷设计的思考》，载《农业图书情报学刊》，2010 年，第 3 期，第 127 页。
② 刘时蓉：《大一新生"图书馆认知"状况调查》，载《图书馆》，2011 年，第 6 期，第 90 页。

用过"。从中可以看出，高校图书馆为了实现功能拓展而推出的创新服务项目，只有持续宣传才能提高知晓度，大一新生入馆初期尤其如此。

在调查"您希望图书馆经常举办哪些活动"项目时，人文社科类学生较自科类学生更喜欢"征文""展览""读者调查"与"电影欣赏"活动，自科类学生则更喜欢"讲座"活动。整体而言，"展览""讲座"与"电影欣赏"是排在前三位的读者喜爱的活动。可见，充分发挥图书馆的"场所"功能是图书馆吸引读者、提高影响力的一条有效途径。

（四）图书馆利用习惯情况分析

图书馆是公益性的文化服务机构，"收费"是读者最敏感的话题，而超期罚款制度却在图书馆界一直沿用至今。读者对此项制度的看法如何呢？调查显示，80.8%（选项A＋B）的读者支持这项制度，71.5%（选项B＋D）的读者有着良好的期限约束意识，按时归还图书，从未缴纳过罚款，仅有6.4%的读者在不情愿的情况下缴纳过超期罚款。（如表9-8）

表9-8 "超期罚款制度"认知情况

调查项目	选项	人数	占有效问卷百分比
您认为"图书借阅超期缴纳滞纳金"合理吗？您缴纳过滞纳金吗？	A 合理；缴纳过	79	22.1%
	B 合理；按时归还，没缴纳过	210	58.7%
	C 不合理；缴纳过	23	6.4%
	D 不合理；按时归还，没缴纳过	46	12.8%

在调查"大学四年，您认为图书馆在您的学习生活中发挥了多大作用？您去图书馆的频率如何？"项目时，26%的读者选择"有很大作用，经常去图书馆"，68.2%的读者认为"有一些作用，偶尔去图书馆"，仍有5.9%的读者表示"没多大作用，很少去图书馆"。记得有学者用"三读"（读老师、读同学、读图书馆）来回答"上大学，读什么？"这个问题，颇有智慧。简概之，即为"读人"和"读书"。毫无疑问，要想多读书、读好书，就去图书馆。而在图书馆界兴起的"真人图书馆"活动，就是要为读者搭建"读人"的平台。因此，图书馆除了静态地提供文献资源外，还应开展丰富多彩的动态活动，对读者进行学习方法指导与利用习惯培养，使图书馆的作用全方位地嵌入大学生的学习生活中。

当问到"使用图书馆资源遇到问题您是如何解决"时，排在前三位的方法依次是"到馆内咨询老师（58.1%）""咨询同学（44.1%）""看使用帮助

（39.9％）"，也有14.5％的读者选择"不咨询，放弃使用"。由此可以判定，馆员的服务态度对图书馆作用的发挥有着至关重要的影响；入馆指南、借阅须知、楼层索引等导向性资料与标志也是图书馆必须提供的，且要求醒目并放于合适位置。当问及"您是通过何种途径来反馈对图书馆的意见和建议"时，36.9％的读者选择了"直接向工作人员说明"，同样多的读者选择"写字条放入读者意见箱"，16.8％的读者表示"打电话给领导"，也有27.9％的读者表示"没考虑过，不在乎"。由此可见，图书馆设置"读者意见箱"与"馆长接待日"是十分必要的；同时，图书馆员在工作过程中要善于"察言观色"，主动向"转一圈就走"的读者发问，诱导他们说出意见，寻求帮助，减少"放弃利用图书馆"事件的发生率。

在给"您到图书馆的主要目的是什么"一题按从强至弱排序时，排在前三位的分别是"自习""借还书"和"阅览报纸、期刊"（如表9-9），说明图书馆传统的借阅功能在逐渐萎缩，利用馆舍空间进行自习的功能不断加强，已成了名副其实的"自主教育中心"。同时，随着手机、个人电脑在大学生中的全面普及以及信息技术的不断发展，高校图书馆中电子阅览室的作用大大削弱。可考虑将电子阅览室中的电脑设备分散存放于书库、阅览室、咖啡吧、走廊等合适位置并免费使用，同时添置自助打印、复印设备，收取工本费。此外，高校图书馆的休闲娱乐功能与学术交流功能还有待加强。

表9-9 "到图书馆的主要目的"排序统计（最强填"1"，其次填"2"，依此类推）

	借还书	阅览报纸、期刊	自习	上电子阅览室	上咖啡吧	听讲座
填"1"的人数	111	43	178	10	10	6
占有效问卷的百分比	31％	12％	49.7％	2.8％	2.8％	1.7％
填"1""2""3"的人数累加	256	214	295	103	94	20
占有效问卷百分比	71.5％	59.7％	82.4％	28.8％	26.3％	5.6％

三、大四学生图书馆利用状况调查的思考与启示

（一）强化信息素养教育

信息素养是人们适应信息社会发展所必备的基本素养。在学界，关于信息素养的研究也久盛不衰。毋庸置疑，大学生应该是当今社会中信息素养较高的一个群体。可本调查却凸显出当前大学生信息意识不强，专业信息检索

能力欠缺。因此，高校图书馆应该开展具有针对性的信息素养教育。首先，针对当前大学生信息意识低的现状，图书馆可开展信息敏感度、信息价值观教育，使受教育者在信息领域里树立起强烈的需求意识、获取意识、创新意识。[①] 在面对纷繁复杂的具体信息时，能够做出快速自觉的心理反应与精准定位。其次，创造条件，开设信息检索课程。信息检索课是提高大学生专业信息能力的根本渠道，应该像"大学英语"一样成为各专业的公共课程。此外，还可定期分主题高频率开展数字资源利用讲座，切实有效提高大学生对专业数据库的信息检索技能。

（二）加大服务宣传力度

调查显示，图书馆的传统借阅功能正在萎缩，拓展服务项目势在必行。而每一个新的服务项目的推出，宣传是第一步。当前，高校图书馆的信息发布大多以网站、海报、电子显示屏、横幅等为主要渠道，宣传地点囿于馆内或馆门前，宣传时间主要集中在项目推出前的有限时间段内，宣传内容也大多停留在读者管理制度、文献资源分布、环境布局等图书馆工作表层，缺乏系统宏观深度的宣传推广，导致新服务项目的知晓度不高，项目效益十分有限。为此，高校图书馆在继续发挥传统宣传手段优势的同时，还应该充分利用现代信息技术，增加手机短信、电子邮件、微博、微信等信息发布渠道。其次，高校图书馆的读者具有较强的流动性，每年都有成千上万的读者毕业离校，同时又有成千上万的中学生走进高校成为大学生读者。因此，高校图书馆推出的新老服务项目每年都应在新生入馆后一段时间内进行持续有效的宣传推广。再次，应该丰富宣传内容，特别应该加大对服务项目与数字资源利用方法的宣传力度，以提高图书馆的服务效益。

（三）鼓励馆员从事学术研究

调查发现，馆员素质与图书馆的服务能力高度正相关。此观点在业界也已形成共识，各高校图书馆都在想方设法培训现有馆员，引进专业人才，以提升图书馆的服务层次。然而，在现实工作中，不少高校图书馆拥有的硕士以上高学历人才数量过半，可提供的服务仍然是简单的借还、上架管理等低层次服务，缺乏深层次服务的意识、技能与科研能力，从而导致图书馆的发展远远滞后于大学教学科研的发展。究其原因，与当前高校图书馆中普遍缺乏鼓励馆员从事学术研究的制度与氛围不无关系。不仅科研工作没有纳入图

---

① 赖华：《高校图书馆学生用户信息素养培育的研究》，载《高校图书馆工作》，2008年，第1期，第87页。

书馆的日常管理工作中，也没有像院系一样有明确的分管科研工作的责任领导，科研产出量更未纳入图书馆员个人绩效考评指标中。于是乎，学校的课题申报、学术讲座等方面的信息全靠个人去获取，图书馆员的学术权利被忽视也无力维护，即使从事学术研究也只能单枪匹马，孤军奋战。许多找不到外力援助的图书馆员只好望洋兴叹，安于现状。因此，高校图书馆应该创新管理制度，把科研工作纳入图书馆日常工作的统筹规划中，并明确具体负责的领导，鼓励馆员从事学术研究，积极申报高一级职称，并提供针对性的指导与帮助，赋予力求上进的图书馆员走进学术殿堂的金钥匙，从而通过馆员"学者化"来实现服务"知识化"。

（四）培育特色社团致力阅读推广

建立阅读社会成了当今世界的潮流，阅读推广成了图书馆功能拓展的新方向。在当前高校图书馆阅读推广人员缺乏的情况下，与学生社团合作开展阅读推广工作是一条可取之径。首先，在全面掌握校园社团信息的基础上，有选择地吸收学生社团如文学社、国学社、读者俱乐部、记者站、电影协会等加入图书馆的读书月活动。其次，在选中目标社团后，图书馆应该充分信任，大胆放手，注重鼓励和引导，以锤炼学生社团的社会实践能力与团结合作精神。[①] 最后，通过考察比较，将图书馆开展的各种活动与相应的学生社团对接，如我们就将读书月的征文活动委托给 4 个文学社团策划组织，将真人图书馆活动交由大学生科协承办，将新生入馆教育视频拍摄的任务交给微时代协会，将文学名著电影欣赏节的承办权交给文学社团与电影协会，将自习室的管理工作交给志愿者服务部，图书馆在其中只起着引导、帮助、协调、监督的作用。此举既充分调动了学生社团的积极性，又促进了他们的壮大与发展，同时，也有力地推动着图书馆活动品牌的成长。

（五）发挥"第三空间"的服务功能

"第三空间"是近年来学术研究中的一个热门话题。美国学者克里斯蒂娜·米昆达提出了城市"第三空间"概念，认为第一空间是居住场所，第二空间是工作场所，第三空间是情感精神场所，如图书馆、咖啡馆、公园等。与此相对应，高校图书馆刚好是大学生除宿舍（第一空间）、教室（第二空间）之外的第三空间的最佳载体。在这里，学生们可以暂时放下各种压力，

---

① 李艳萍、鄢朝晖：《以学生社团建设为推手构建校园阅读文化》，载《高校图书馆工作》，2014 年，第 2 期，第 12 页。

在其中休息、阅读、交流、娱乐。① 本调查显示排在前三位的读者喜爱的活动分别是展览、讲座与电影欣赏。这就要求高校图书馆应该从原来单纯的收藏、借阅图书的资源中心转变为读者学习、互动、休闲的多功能场所。可采取以下途径实现这种改变：第一，合理安排馆舍空间。在馆舍的功能布局上，要兼顾读者学习、社交、休闲的多种需求，保证读者既有安静学习的文化空间，又有沟通互动的社交空间与放松心情的休闲空间。除安排传统的借阅区与自习室外，还应充分利用大厅、走廊、天台等闲置场所，设置展览区、视听区、晨读区、咖啡吧、学术交流中心等动态功能区。第二，搭建社交平台。读者活动是促进读者交流互动的重要平台。作为第三空间的图书馆要积极举办各种活动，如真人图书馆活动、文学名著电影欣赏节、阅读风景摄影大赛、读者沙龙、名家讲坛等，通过活动，建立读者互动团体，既为兴趣相投者提供一个有组织的交流平台，又能协助图书馆做好读者服务工作。

调查显示，人文社科类学生与自科类学生在数字资源利用与读者活动喜好上存在明显差异，在馆藏资源采访与图书馆利用习惯上并无显著的性别差异。本调查统计数据凸显三次高度吻合：①读者对图书馆网站的访问频次与听取学术讲座频次高度吻合；②馆藏不满足率与图书拒借因素率高度吻合；③馆员服务满意度与图书馆整体形象满意度高度吻合。这三次吻合折射出本调查具有较高的信度与效度，可作为国内同类高校图书馆服务决策的参考依据。

第三节　真人图书馆在国内高校的应用与调查

真人图书馆自 2008 年引入我国以来，国内图书馆界及一些民间组织相继开展 Living Library 活动，尤其以高校图书馆开展的活动较多，也较为规范。学界关于真人图书馆的研究也日益升温。以"中国知网"为信息源，逐篇访问发表关于"真人图书馆"研究论文的作者单位网站，结果显示，大多数作者单位并未开展真人图书馆活动。发文作者大多以旁观者身份，采用网络调查、文献研读等方法对真人图书馆开展研究，少有以实践者身份对真人图书馆进行论述的，从而导致学界总结出的诸如缺乏统一的真人图书馆规范、不

---

① 吴惠如：《高校图书馆作为第三空间的价值及实现》，载《图书馆工作与研究》，2013 年，第 5 期，第 14 页。

同组织者之间缺乏合作①、理念建设推广存在误差②等问题在实践者眼中却并非"关键"与"核心"，不免让人产生"理论脱离实践"之感。基于此，本调查将从实践者的视角对国内高校图书馆的真人图书馆活动进行探究。

一、真人图书馆在国内高校图书馆的应用调查

（一）样本选取

以"真人图书馆"＋"高校图书馆"并含"实践"为主题在中国学术期刊网络出版总库中检索，共检到目标记录18条（截至2017年1月30日），逐条登录作者单位网站，并根据文献中提及的开展过真人图书馆活动的高校信息（排除重复），遴选出上海交通大学、同济大学、江苏大学、石家庄学院、大连民族大学、广东外语外贸大学、上海电力学院、华东师范大学、广西师范大学、南京师范大学、武汉大学、浙江师范大学、清华大学、济宁学院、华中科技大学、大连医科大学、苏州大学、四川大学、南方医科大学、海南大学、太原科技大学、湖南人文科技学院等22所高校图书馆为样本，进行调查。

（二）调查方法及数据

采用网络调查方法，逐一访问各高校图书馆网站，详细查看首页中的"通知公告""新闻消息"及"动态"等栏目，仔细阅读有关真人图书馆的活动通知与新闻报道，直至记录回溯完毕。收集到的活动数据如下表：

表9-10　真人图书馆在国内高校图书馆开展情况一览表

序号	举办单位	首期活动时间	"图书"来源	借阅方式	备注
1	上海交通大学图书馆（主办）图书馆学生管理委员会（承办）	2009—3—18	教师、学生、社会名流	1对多多对多	每月一期，持续开展。截至2016年12月2日已开展活动83期。

---

① 唐野琛：《我国真人图书馆发展现状、问题及对策研究》，载《图书馆建设》，2013年，第1期，第47页。

② 张真一：《真人图书馆在我国的发展瓶颈与对策》，载《图书与情报》，2014年，第4期，第134页。

序号	举办单位	首期活动时间	"图书"来源	借阅方式	备注
2	上海电力学院图书馆（以图书馆为主导，根据"书"的出处联合学校相关部门开展活动）	2014—11—18	师长、学生、家长、小孩、社会百姓	1对多多对多	每学期不定期安排活动，持续开展。截至2016年12月13日已开展活动13期。
3	大连民族大学图书馆	2012—11—12	教师、学生、社会精英	1对多	持续开展。截至2016年11月21日，共开展活动30余期，其中2015年11月开展9期，堪称"真人图书馆活动月"。
4	广西师范大学图书馆	2013—11—3	教师、学生、社会名流	1对多多对多	持续开展。截至2016年12月1日，共开展活动13期。
5	南京师范大学图书馆（主办）校文学院学生会（承办）	2012—9—15	教师、学生、社会人士	1对多	持续开展，每学期一季，一季推出多本图书，同一时段在同一地点以大厅酒席式开展活动。截至2016年11月13日，共开展活动10季。
6	武汉大学图书馆（主办）前7期由信息素养协会承办；后由微天堂成长计划承办	2013—4—18	学生为主	1对多	持续开展。截至2016年12月18日，共开展活动16期。

序号	举办单位	首期活动时间	"图书"来源	借阅方式	备注
7	浙江师范大学图书馆	2014－5－29	教师为主，辅以社会名流	1对多	每月一期，持续开展。截至2016年12月16日，共开展活动25期。
8	清华大学人文社科图书馆、清华大学文化素质教育基地、清华大学研究生会联合举办	2013年5月	国家级大师与前辈	1对多	持续开展。从2013年9月24日起真人图书馆活动纳入《文化素质教育讲座》课程，并按课程要求举办，读者刷卡入场。
9	济宁学院图书馆（主办）读者工作委员会（协办）	2014－4－22	馆长、馆员、教师、学生	1对多	每月一季，持续开展。截至2016年11月24日已开展活动22季。
10	海南大学图书馆（主办）天涯在线（协办）	2013－5－25	教师、社会名流	1对多	持续开展。截至2016年11月26日已开展活动10季。
11	湖南人文科技学院图书馆（主办）大学生科技创新协会（承办）	2015－4－24	学生为主，辅以教师、馆员、校友	多对多	每学期三期，持续开展。截至2016年12月9日已开展活动12期。

续表

序号	举办单位	首期活动时间	"图书"来源	借阅方式	备注
12	大连医科大学图书馆	2010－5－19	教师、学生	1对多	每年于读书节前后举办一届活动。至2014年9月16日第五届活动后停办。
13	华东师范大学图书馆	2014－7－28	教师、学生、馆员	1对多；多对多	共开展了五期活动。于2014年12月22日第五期活动后停办。
14	广东外语外贸大学图书馆	2011年11月	学校著名人物	1对多	将该馆网站首页的"本馆新闻""通知公告"回溯至2006年，仅在2013年6月9日发布有真人图书馆活动通知，估计已停办。
15	苏州大学图书馆	2014－6－11	教师、学生、社会人士	1对多	仅尝试一次活动后停办。
16	同济大学图书馆	2009年5月	教师、学生、社会人士	不详	网站首页新闻公告中找不到相关信息，估计已停办。
17	江苏大学图书馆	2010年5月	学生为主	不详	网站首页通知公告回溯至2014年，不见相关信息，估计已停办。

序号	举办单位	首期活动时间	"图书"来源	借阅方式	备注
18	石家庄学院图书馆	2009 年 12 月	全校招纳活人"图书"	不详	2016 年网站改版，找不到往年信息，也未见最新相关活动信息，估计已停办。

说明：在华中科技大学、四川大学、南方医科大学、太原科技大学四所高校图书馆网站访问（截至 2017 年 1 月 30 日）中，找不到任何与真人图书馆活动相关的信息，故未在上表中列出。

（三）调查数据简要分析

在被访问的 22 所高校图书馆网站中，有 15 所能够找到真人图书馆活动信息（截至 2017 年 1 月 30 日），说明这些图书馆肯定开展过此类活动。另据文献[①]记载，同济大学、江苏大学、石家庄学院 3 所高校图书馆属于国内首批开展真人图书馆活动的高校，可时隔数年，因网站信息更新或改版，已找不到当年的活动记录，也未见最近开展过活动的信息，据此推测，真人图书馆在上述三所高校可能已停办。此外，华中科技大学、四川大学、南方医科大学、太原科技大学等高校图书馆，偶见文献中提及开展过真人图书馆活动，但在网站访问中不见任何活动信息，其真实性还有待调查。不过，网站作为图书馆发布通知、新闻的一个主要平台，若见不到近两年的相关活动记录，说明近期未开展过此类活动的可能性较大；即使开展过，活动的规模及影响可能也相当小，还够不上发布活动信息的档次，抑或者此类活动早已停办。仔细阅读相关活动通知及新闻报道后，发现当前高校真人图书馆活动存在以下共性：

第一，"图书"来源以在校学生和教师为主。尽管学界早就看到"Living Book 存在单一、重复"[②] 的问题，可在实践中，真人图书来源却很难走出校园。即使是少有的社会百姓类真人书，如上海电力学院图书馆邀请的校友、

---

① 徐炜、徐璟：《鲜悦 Living Library 在上海交通大学图书馆的实践与拓展》，见陈进：《大学图书馆文化体系建设》，上海：上海交通大学出版社，2013 年，第 153 页。

② 张真一：《真人图书馆在我的发展瓶颈与对策》，载《图书与情报》，2014 年，第 4 期，第 134 页。

校内临时工、物业工作人员、职工家属等，也都或多或少与高校有缘。究其原因，很大程度上与活动经费有关。异地真人书即使免费公益，可因车旅、食宿产生的费用也不少，因而不太具备可行性，也就并非真人图书馆活动中存在的关键问题。相反，高校学生的高流动性不仅为真人图书馆源源不断地输送新鲜血液，而且节约了活动成本，使得这项"以人为书"的服务有了持续开展的可能。

第二，活动主题紧密联系读者的学习生活与工作研究。虽然有学者诟病高校真人图书馆活动的"功利性"[①]，可在我们看来，大学生是未来社会的精英，修身、齐家、治国、平天下是他们必须具备的个体素质与社会担当，通过真人图书馆活动让大学生的知识结构得到优化、科研兴趣得到培养、人格得以完善，应是一件值得点赞的事情，其功利性自然也应包容。

第三，借阅方式以"1对多"的围桌会议式为主流。1本真人图书为一桌，读者围桌而坐，或说或笑，或弹或唱，气氛友好而亲切。南京师范大学的真人图书馆持续四年执行此种借阅方式，堪称业界典范。大连民族大学、广西师范大学、济宁学院等高校图书馆都曾有意效仿。当真人图书为学生时，活动大多采用"多对多"的借阅方式，这可能与学生真人书因人生经历与个人阅历不太丰富，一本真人书还够不上一期活动的时长有关。如湖南人文科技学院的真人图书馆为了弥补学生真人书的以上缺陷，每期采用同一主题邀请多本图书同场被多人阅读的方式开展活动。"1对1"的借阅方式基本被国内高校真人图书馆所摒弃。原因主要有二：一是"1对1"的阅读使得真人图书馆活动成了一件极其私密的事情，组织方既难介入也不必要；二是成本与效益悬殊太大，有悖"理性经济人"原理而失去被采用的价值。

二、真人图书馆在高校图书馆应用中存在的问题

对比研究持续举办与已经停办的真人图书馆后发现，国内高校真人图书馆存在与已有服务重合度高、缺少运营团队、缺乏隐性知识的转移记录、活动信息传播无序、缺失活动评价等诸多关键问题。

（一）与已有服务重合度高

最初的真人图书馆，活动目的很简单：通过对话，增进理解，消除偏见。我国的真人图书馆从引进到现在，一直被赋予了与其核心理念不相关的诸多

---

① 潘欣：《我国真人图书馆活动本土化实践的理性思考》，载《新世纪图书馆》，2016年，第1期，第71页。

任务，如与参考咨询服务联系起来、与学科馆员服务联系起来①、与讲座服务联系起来等，使得高校真人图书馆要么因不堪重负而扭曲变形，要么因与已有服务重合度高而失去生存空间。如华东师范大学图书馆的读者服务既丰富又高频率，其讲座培训周周有，"闭馆音乐"定时更新，"我和馆长有个约会"广开言路，影视艺术欣赏经常举办，还有各种研讨会、阅读沙龙不定时召开，已有的形式多样、内涵丰富的读者活动严重挤压着真人图书馆的生存空间。因此，该馆在2014年7月至12月间，尝试开展5期活动后，真人图书馆项目停办。

（二）缺少运营团队

真人图书馆运营团队的缺失，将会直接影响活动的持续性与规律性。如苏州大学的首期真人图书馆活动，由于没有组建运营团队，工作人员从图书馆的读者服务部、查新工作站、信息咨询部、图书馆第四党支部②等多个部门临时抽调，致使人员工作时存在内容断裂、管理杂乱、时效感不强、工作积极性不高等弊端，再加上活动经验欠缺，尽管首期推出了5本主题各异的真人图书，但到达现场阅读的读者共计仅有36名，有的真人书阅读者寥寥无几，工作人员又没有直接参与阅读过程，活动效益很难评估，且与投入相比，收益不明显。运营团队的缺失，导致该馆的真人图书馆活动难以持续，尝试一期后即停办。海南大学真人图书馆③在创办之初即有天涯社区海南在线的参与，却并未形成具有凝聚力的运营团队，因而在2013年5月推出1本真人图书开展首场活动后，直到2014年才开展第二季活动。在已开展的前7场活动中，5场无活动主题，1场无任何活动信息。主办方大概也意识到了活动中存在的问题，在用心学习他馆经验后，2016年的第八季活动全新改版。据我们的实践经验，导致此种困境的关键原因多半与缺少务实的运营团队相关。

（三）缺乏隐性知识的转移记录

真人图书馆这种服务方式实现的不是显性知识的传递，而是隐性知识的转移。④可因各种原因，隐性知识转移的时间和空间基本局限在真人图书馆活

---

① 潘欣：《我国真人图书馆活动本土化实践的理性思考》，载《新世纪图书馆》，2016年，第1期，第72页。

② 苏州大学图书馆：《我馆开展 Living Book 阅读活动》，http：//library. suda. edu. cn/info Detail. action？id＝557&type＿id＝1&c＿page＝5&from＝more。

③ 海南大学图书馆：《真人图书馆》，http：//library. hainu. edu. cn/xinban/newslist. asp？typeid＝13。

④ 王培林：《真人图书馆隐性知识转移的元认知模式》，载《图书馆论坛》，2016年，第4期，第20页。

动现场，受益人数相当有限。事实上，无论是"名家版"的真人图书馆还是"平民版"的真人图书馆，都有智慧的火花闪耀其中，若能用文字或声像的形式将隐性知识的转移过程加以记录整理，转化为显性知识进行传播，将会使真人图书馆的活动价值数倍提升。然而，国内许多高校如华东师范大学、武汉大学、大连医科大学等举办的真人图书馆多见活动通知，鲜有活动报道，隐性知识的转移记录更是缺乏，不仅业内同行无法远程学习取经，就连本校绝大多数未能直接参与活动的读者也很难间接受益。

（四）活动信息传播无序

研究表明：在纷繁复杂的信息活动中，极少有读者会对图书馆的每一个活动都一一进行详细了解，他们更倾向于老师、室友、社团成员及朋友等熟人的推荐，通过人际传播途径传播的信息指向性更高。[①] 我们在网站访问过程中，发现大多数高校有关真人图书馆的信息散见于图书馆网站首页的最新消息、通知公告或者动态中，如浙江师范大学图书馆将真人图书馆活动信息归类于"培训与活动"，广西师范大学图书馆则将其列于"最新消息"中，网站又未设计"站内搜索"功能，使得活动信息查找起来不仅费时费力，而且弱化了活动的整体形象。这种缺乏指向性的信息无序传播方式无疑降低了真人图书馆活动的宣传效果与影响力。

（五）缺失活动评价

对活动进行总结评估是图书馆提高阅读推广水平的一个重要手段。调查中，大多数高校真人图书馆忽视了"用"的过程，甚至存在着与实体图书馆"重藏轻用"如出一辙的问题。特别是实施"个体借阅"的真人图书馆，采用"放羊式"阅读，组织方未曾介入"用"的过程，因而对"图书"质量、交流广度和深度、阅读障碍、阅读效益等方面的问题知之甚少，"阅读"完全成了读者与真人之间的私密事件，自然也就无法对活动做出客观全面的评价。只有活动通知鲜见活动报道的真人图书馆大多缺失活动评价。因为活动评价的缺失，也就缺少了活动改进的依据和方向，致使一些高校真人图书馆只是昙花一现，仅在世界读书日、读书节等某个时间节点举办一次[②]；还有一些真人图书馆虽然开办多年却仍未形成自己的特色，也没有成熟的活动模式，持续

---

① 曾小娟：《通过议程设置视角解读高校"读者服务月"传播效果》，载《图书馆论坛》，2012年，第1期，第149—151页。

② 刘欣：《真人图书馆品牌构筑及实践探索》，载《大学图书情报学刊》，2015年，第5期，第77—82页。

一段时间后不得不停办。无怪乎，学界有人担忧，"真人图书馆，还能走多远"①？

三、真人图书馆在国内高校图书馆中的应用策略

（一）划出生存空间

随着"全民阅读"理念的深入人心，开展阅读推广活动也从过去图书馆的一项边缘性业务发展成为主流服务与核心业务工作。② 不仅活动类型不断创新、活动内容不断丰富，而且活动还不断朝着品牌化、常态化方向发展。因此，高校图书馆很有必要对当下纷繁炫目的阅读推广活动进行整体规划，给不同的活动项目划出生存空间。如清华大学图书馆的讲座服务堪称品牌，各种学术报告、培训活动、资源利用都是以讲座形式开展的，就连真人图书馆活动也不例外。尽管形式雷同，但内容却有划分：学术报告以学术科研为核心，教学培训以数字资源的利用为主旨，真人图书馆以分享国家级大师的人生故事见长。尽管该校的真人图书馆在其创办之初，也想以小规模面对面交流的方式开展活动，可因"图书"都是鼎鼎有名的大家、令人敬仰的前辈，读者如潮。为了满足读者需求，同时也为了节省真人图书的劳动成本与时间成本，数月后即转型为"讲座"模式，真人图书馆却并未因此而受影响，鲜明的内容特色使其获得了生存空间。湖南人文科技学院在创办真人图书馆时，就有明确的活动定位：为了避免与"教授博士名家讲坛"活动的同质化，不仅邀请的真人书以学生中的榜样人物为主，而且严格控制活动时间，约定每本真人图书主题讲述时长为 10 分钟，总体讲述时长与互动交流时长之比约为1:1，以确保活动形式既有别于"讲座"又有别于"参考咨询"，再加上"图书"特色突出，因而为真人图书馆的发展创造了生存空间。

（二）组建运营团队

根据管理学大师斯蒂芬·P·罗宾斯理论③：团队就是由两个或两个以上相互作用、相互依赖的个体，为了特定目标而按一定规则结合在一起的组织。

---

① 凌美秀：《真人图书馆，还能走多远》，载《高校图书馆工作》，2013 年，第 4 期，第 94—96 页。

② 吴晞：《十年种木长风烟——纪念中国图书馆学会阅读推广委员会成立十周年》，载《高校图书馆工作》，2016 年，第 1 期，第 5 页。

③ ［美］罗宾斯（Robbins S. P.）：《管理学》，北京：清华大学出版社，2005 年，第 8版。

该组织合理利用每一个成员的知识和技能协同工作，解决问题，达到共同的目标。务实的运营团队能够收到 $1+1>2$ 的工作绩效。如南京师范大学的真人图书馆从创建开始就交由校文学院学生会承办，每学期策划一季活动，每季推出多本"图书"，并在同一时间同一地点开展"大厅式酒席"活动，每桌1本真人书、1名秘书、10余名读者；从真人图书招募到读者预约，从阅读记录到活动报道，因为运营团队的始终如一，活动井井有条，走上了可持续的品牌化发展轨道。上海交通大学图书馆首创的"鲜悦 Living Library"品牌，甚至将图书馆学生管理委员会作为主办方，实行图书馆指导下的学生社团责任制，使得"鲜悦"获得了很好的传承，已发展成为国内真人图书馆的一面旗帜。武汉大学的真人图书馆项目先后与信息素养协会及微天堂成长计划合作运营，先后尝试在咖啡厅、音乐欣赏厅、会议室及公园门口开展活动，也曾尝试与华中农业大学、江汉大学三校联合招募真人图书，共同开展活动，并秉着宁缺毋滥的精神，不断开拓创新，使得该校的真人图书馆生机盎然。

（三）记录阅读过程

真人图书馆依托"真人"这种活态资源，提供隐性知识的双向流通服务。正因为知识的载体为"活态人"，所以使得真人图书馆活动具有了"情感"和"温度"；又因其知识的"内隐性"，所以将阅读知识的过程进行记录并固化传播就显得尤其重要。记录阅读过程的方法大致有两种：一是在解决"隐私与权益"问题的前提下，将活动过程拍摄录制成视频文件，在网上传播。此种方法对设备要求、图书要求与技术要求都很高，且后期的剪辑制作耗时量大，对绝大多数高校真人图书馆来说不太具备可行性。二是用录音笔将活动过程全程录音，活动后对录音材料进行二次加工。将真人图书智慧、双向互动撞击出的思想火花提炼成文字材料，附于新闻报道后，供更多不在场的读者阅读。当活动积累到一定期数，还可编辑成"真人图书馆"语录，装订成册甚至出版成书，从而实现隐性知识的共享与重复利用。此种方法因为传播的大都是正面积极片断的精神思想，不太涉及隐私与权益问题；再加上对设备和图书要求适中，耗时相对较少，因而具备可操作性。

（四）设立专有栏目

根据传播学的使用与满足理论，受众面对大众传播并不是被动的，而是主动地选择自己所偏爱的和所需要的传播内容。因此，新媒体环境下，高校图书馆的信息服务应该密切关注受众注意力，网站设计尤其要关注用户体验，

275

以用户需求为中心，还应在信息传播过程中加强信息冗余管理。① 信息冗余主要表现在两个方面：一是用户所需信息分散于所获得的大量无用信息中；二是在有用信息中存在重复现象，用户需要对所获得的信息进行分析筛选。为了克服信息冗余，高校图书馆可在网站首页设立"真人图书馆"专栏。如济宁学院图书馆在网站首页设立的"子悦 Human Libraby"栏目，包含有说说"子悦"、志愿者招募、借阅流程、借阅须知、新书上架、子悦书库、悦读时光等内容，无论是想要参加活动的校内读者，还是想要取经的业内同行，查阅起来既方便又全面。这种分众化传播使得信息可以高效有序传达给目标受众，减少信息冗余，也使得真人图书馆的影响力不断扩大，美誉度得到提升。

（五）重视活动评估

真人图书馆作为高校图书馆的一种全新服务模式，可以从读者的认知、感受和期望等方面采用问卷调查的方式对服务进行评价。湖南人文科技学院的真人图书馆在每期活动尾声，发放调查问卷，且大部分调查项目相对固定，以方便进行对比分析。如针对读者认知设计问题"您对真人图书馆活动了解吗？"；针对读者感受设计问题"您参加本期真人图书馆活动有收获吗？"、"请您用五分制分别对本期真人图书、主持人、活动整体情况打分"等；针对读者期望设计问题"您希望阅读哪类真人图书？""您希望通过哪种渠道接收真人图书馆活动信息？""您希望真人图书馆在哪些方面做改进？"等，还可设立留言册、留言墙来收集读者意见。由于每期活动评估及时，遇到的问题在下期活动中得到了有效弥补，湖南人文科技学院图书馆的真人图书馆项目正朝着"品牌化"方向发展，先后荣获 2016 年"中国高校图书馆发展论坛"优秀案例二等奖、2016 年湖南省普通高校阅读推广"创新案例奖"。实践证明，重视活动评估是真人图书馆能够得到持续开展的一个主要动力，更是运营团队提高活动组织水平的一个重要手段。

真人图书馆作为一种服务创新方式，自引入以来，国内高校图书馆相继将其付诸实践。从实践结果看，有些因为定位准确、组织得当而走上了可持续的品牌化发展轨道；有些因与已有服务同质化严重、缺少运营团队与活动评估等关键问题而陷入困境甚至停办。因此，高校图书馆开展真人图书馆活动绝不能跟风，必须根据各自的校情和馆情，将已有服务进行整体规划，以用户需求为中心，找准生存空间，突出特色，从而提高真人图书馆的活动价值，使其走得更顺更远。

---

① 秦萍、王锐：《新媒体时代高校图书馆信息传播研究》，载《情报探索》，2012 年，第 8 期，第 32—33 页。

第十章
阅读的图书馆员及阅读释义之花

藏书的图书馆不读书。借书的图书馆员不阅读。有书不读，罔入宝山空手归。这是现代图书馆员的一种背反性的生存困境。"阅读的图书馆员"是提高图书馆员职业素养与人文情怀的最大捷径。本章是作者特意选取有关图书馆与阅读问题的西方世界的五本名著《包法利夫人》《图书馆之恋》《夜晚的书斋》《小猫杜威》《图书馆：不落幕的智慧盛宴》作为阅读对象，在细细地阅读品味之余，虽非权威性专业释义，却有很多意味深长的感悟与教益值得图书馆工作者们共同思考与借鉴；这也为改进和提高我国高校图书馆阅读推广工作的理念、思路、方法和形式提供了十分开放而且有益的另类启迪。

第一节 "阅读的"包法利夫人及其警示

"阅读"培养了情调高雅、知性诗意、富有品位、充满反抗的爱玛少女；同时也为培植她作为女性所特有的内趋性情感饥渴的心灵状态埋下了健实的种子。畸变的阅读行为、过分单一的阅读偏好、缺乏理性思辨的阅读方式容易给读者带来"危险与毒害"。女性阅读尤其如此。现代图书馆是阅读推广的主阵地，应该在阅读兴趣发展、人书关系构建、阅读习惯培养、阅读治疗服务等方面对读者加以指导。

一场被当局以"有伤风化、诽谤宗教"为罪名提出的公诉使得福楼拜的《包法利夫人》[①] 一发表就成为文学畅销书。左拉高度评价《包法利夫人》：

---

① ［法］福楼拜：《包法利夫人》，周克希译，上海：上海译文出版社，2007年。

"排除任何故事性成分，准确复制生活。"福楼拜自己也说："就在此刻，同时在二十二个村庄中，我可怜的包法利夫人正在忍受苦难，伤心饮泣。"正如"文学是人类生存深层困境的符号化审美象征，既是一种人文现象，更是一种人性故事的审美讲述"①，因此，无论是过去、现在、还是将来，"包法利夫人"作为一个符号化的审美象征，普遍存在于现实生活中，对"包法利夫人"的研究也永远都具有现实意义。然而，《包法利夫人》的研究者们大多从心理学、哲学、艺术、叙事等层面对文本进行诠释，少有从阅读角度对包法利夫人的悲剧命运进行探析的。正所谓一千个读者就有一千零一个"哈姆雷特"（包括文本塑造的"哈姆雷特"），我们将从阅读历程、阅读警示与阅读指导三个方面展示一个与众不同的"包法利夫人"。

一、包法利夫人的阅读历程考微

在对原著《包法利夫人》的细读过程中，一个非常有趣的现象或者叫"细节"，不断地凸显出来，那就是一个酷爱阅读的爱玛（包法利夫人），作者从字里行间反反复复不厌其烦地向我们讲述与呈现，以至于我们不得不有所觉察、有所反思、有所重视。

少女时代，倾心阅读；少妇时期，迷恋阅读；情妇期间，畸形阅读。探微包法利夫人的阅读历程，我们会惊奇地发现，作者无论是在人物性格形成与刻画还是悲剧命运的安排上，都是大有深意的。同样，也是"阅读"的催化与滋养，成就了包法利夫人鲜明而又具概括性的个性特质：天赋异禀却才质平庸；情调高雅却贪图享乐；寂寞空虚却恣肆放纵；个性叛逆却迷失自我。从而使得作为小说人物的"包法利夫人"成为一道千古谜题，任人读解与释义；使得作为小说的《包法利夫人》成为一张无底棋盘，任人博弈并游戏其中。

"阅读"培养了情调高雅、知性诗意、富有品味、充满反抗的爱玛少女；同时也为培植她作为女性所特有的内趋性情感饥渴的心灵状态埋下了健实的种子。作为少妇的爱玛，养尊处优的小资生活，特别是当她的女性意识被逐渐唤醒，"沉迷嗜好、不动脑筋"的阅读，却深深地迷失了包法利夫人的心灵。她的这种"内趋性的情感饥渴"，已经开始泛滥，远不是自慰性的阅读可以满足，从而使她走上了背离理性、背离道德、背离家庭伦理、背叛真爱她

---

① 周兰桂：《释义与循环——试弈中国文学的"无底棋盘"》，成都：电子科技大学出版社，2014年，第60页。

的可怜的包法利的不归路。

情感饥渴，可以导致人类迷恋阅读；迷失的阅读，又反转来加速加重情感饥渴的病症。从内趋性走向外趋性，生活本身无法实现爱玛这种想象性诗意性生存，忠厚老实的乡村医生夏尔满足不了她，胆小功利的小地主罗多尔夫满足不了她，浪漫倜傥年轻的书记员莱昂也同样满足不了她。她总幻想在生活中寻找她心灵的对应物，可最终她发现自己错了。

这种内趋性的情感饥渴，必然导致过度并走向畸变的阅读行为、过分单一的阅读偏好、缺乏理性思辨的阅读方式，这样也必然给女主人公带来"危险与毒害"。所以，女性更喜欢甚至更迷恋阅读，因此，也就有了"阅读的女性是危险的"[①] 的命题出现。

二、包法利夫人的阅读警示

"缀文者情动而辞发，阅文者披文以入情"。言说与阅读，初看是相对而存在的。阅读的深层目的不只是为了理解、还原与充分释义，更多的时候是获得自我精神灵魂的确证与释放。正如尼采、维特根斯坦们所理解的，我们从文本中所读出的原来是我们预先塞进去的而已。这也是接受美学家们所强调的"召唤结构""期待视野"与"接受心境"。所以，从此种意义上说，阅读也同样是一种言说与表达。阅读是自我的重新发现、确定与再创造。因此，阅读可以分为学习模仿性阅读、功利实用性阅读、文化审美性阅读与消遣娱乐性阅读。包法利夫人少女时代的阅读主要是学习模仿性阅读，少妇时期的阅读兼具实用性、审美性与娱乐性，而情妇期间的阅读更多的是为了消遣娱乐。古人云："学而优则仕""腹有诗书气自华""读书破万卷，下笔如有神"，这些家喻户晓的哲言，道出了阅读的益处。然而，并非所有的书籍都开卷有益，读者从阅读中获取的也并非全部都是正能量。包法利夫人就是一个被"阅读绑架"的案例，从中可以得到许多启示。

（一）阅读的"危险"溯源

阅读的危险性来源于书籍、读者与阅读本身三个方面。首先，"危险"来源于书籍。书籍是知识、智慧的载体。从有文字开始，图书就被认为是一种威胁，既能给人力量，又能产生危害。在审查官的眼中，书就是一种明确的思想。他们认为，未能通过审查的书籍，或者具有无法估量的刺激人做坏事的能力，或者因为书中的内容与人们接受的观点和信仰相抵触，或者因为作

---

① 斯特凡·博尔曼：《阅读的女人危险》，周全译，北京：中央编译出版社，2010 年。

者失去信任，甚至受到羞辱，被认为是"恶"的帮凶，所以有了清理灵魂的火堆，有了书籍审查制度。因此，人们有理由相信这样的论断："未能出版的图书，其文化价值绝不比出版了的图书低。"① 接此逻辑，出版了的图书未必就没有审查官们担心的危害。其实，在读者眼里，书籍的力量与危害远远没有审查官们认为的那么大。

其次，"危险"来源于读者。"读书的人会东想西想，东想西想的人会有自己的意见，有自己意见的人会偏离路线，偏离路线的人便是寇仇。"② 于是，有了"焚书坑儒"，因为强权畏惧一切读书之人。在男权社会里，男人畏惧读书的女人。因为读书的女人喜欢追问，而追问之后就会打破根深蒂固的成规旧章，能够识破男人的花招，获得一种反叛的力量。于是，有了"女子无才便是德"，有了当下的"剩女"是"甲女"，有了一切的妇女问题。

第三，"危险"来源于阅读。阅读使书籍得以复生。因此有哲人言："毫无疑问，图书馆里各种各样的书，无论是稀有或者普通，古书或者新书，它们的性质和品质都没有它们的在场和流通重要。"③ 正是因为阅读在书籍和公众之间建立的身体和智力的联系，才使得图书馆承袭了书籍的教化功能，使得阅读之人从书籍中获得了一种威胁世界秩序的能量。然而，女性阅读的危害更多地是指向自身。因为女性的"语言拜物教"天性以及理性思辨能力的缺失，使得女性很容易就被作家的文字罗网"诗意地征服"，从而成为文本的奴隶而非文本的解构者。

（二）女性阅读的"危险"表现

德国女作家斯特凡·博尔曼曾在《阅读的女人危险》一书中列出了 6 种性格特质的女性阅读潜藏着危害，它们是天赋异禀的女读者、自视甚高的女读者、全神贯注的女读者、陷入沉迷的女读者、多愁善感的女读者、寂寞难耐的女读者。包法利夫人兼具以上六种特质，阅读的危害成倍扩大。主要表现在以下三个方面：

一是有如纵欲一般的自慰性阅读会危害身体。福楼拜也曾说过："承受人生的唯一方式是沉溺于文学，如同无休止的纵欲。"爱玛就是这样一个阅读

---

① 赵毅衡：《未刊本图书馆：一个尚非后现代式的建议》，载《文学自由谈》，1994年，第 2 期，第 151 页。

② 斯特凡·博尔曼：《阅读的女人危险》，周全译，北京：中央编译出版社，2010 年，第 13 页。

③ [法] 让·马里·古勒莫：《图书馆之恋》，孙圣英译，上海：华东师范大学出版社，2007 年，第 185 页。

狂。阅读激发出爱玛无限的想象力，使其偏离当下的生活。在爱玛的世界里，虚构就是真实，想象就是生存。不是爱玛在读书，而是书在"读"爱玛。① 爱玛为了消磨时光、消解痛苦、自我催眠而玩文学，结果却被文学"玩"了，而且还玩出了泪，玩出了血，玩掉了性命。然而，懂得这种危害并且大加批判而且还开出了"处方"的是包法利老太太。她曾训诫夏尔："你知道你老婆该要的是什么吗？是强迫她做事，干手工活儿！要是她也像旁人一样自食其力，她就不会犯这种头晕气郁的毛病了，整天无所事事，脑子里装着这么些乱七八糟的念头，当然就要犯这种病喽。"

二是过分单一的阅读偏好会导致知识结构单一化。尽管包法利夫人也曾想试着阅读历史和哲学著作，可终因兴趣不浓而时作时辍，虎头蛇尾。因而一头扎进了矫饰浮夸的言情小说，让她只瞥见了生活中喧闹繁华、淫逸享乐的一面，其他的生活场景都被她的这种阅读偏好通通掩埋。这种"沉迷嗜好、不动脑筋的阅读"产生的结果就是"毫无意义地铺张浪费，难以纠正的好逸恶劳，漫无节制的耽于奢糜，受到压抑的良知召唤，对生活的厌倦和提早死亡。"② 当下大学生人文精神的缺失，与过分细化的专业培养产生的阅读偏好不无关系。

三是缺乏理性思辨的阅读会毒害心灵。保罗·德曼认为在文学文本中"真理和错误同时存在"。③ 所谓"旁观者清"，读者在阅读时只有与文本保持距离，才能具备清醒的自我意识，取其精华，去其糟粕。"爱玛与文学本文之间几乎没有距离，在她的爱情故事里，她甚至就是本文。"④ 爱玛的阅读只是一味地接受，把幻想等同于生活，丝毫不存在批判与反思。因此，当她依样画葫芦地把文字编织的"爱情"照搬进生活时，现实给了她残酷的教训。无疑，包法利夫人这种缺乏理性思辨的阅读，深深地毒害了她的心灵，让她加速走向死亡。

---

① 张凌江：《被文本吞噬的爱玛——对〈包法利夫人〉的女性主义解读》，载《铁道师院学报》，1999 年，第 5 期，第 61 页。

② 斯特凡·博尔曼：《阅读的女人危险》，周全译，北京：中央编译出版社，2010 年，第 25 页。

③ 保罗·德曼：《解构之图》，李自修译，北京：中国社会科学出版社，1998 年，第 189 页。

④ 张凌江：《被文本吞噬的爱玛——对〈包法利夫人〉的女性主义解读》，载《铁道师院学报》，1999 年，第 5 期，第 61 页。

三、任何"包法利夫人"都需要阅读指导

"我们都是包法利夫人"。① 包法利夫人的阅读警示人们：危险不只藏在书籍中，更多的是藏在阅读中。现代图书馆作为书籍的藏身之所，阅读的主阵地，已经有条件也有责任开展阅读指导服务。

(一) 发展广泛的阅读兴趣

社会生活在不断变化，人们的阅读对象也需要不断更新。读者只有不断转化阅读视角与心智模式，才能适应社会发展的需要。既要阅读如图书、报刊等有字书，也要阅读如自然、社会等无字书；既要阅读通俗读物，也要阅读学术读物；既要阅读人文社会科学，也要阅读自然科学。因此，现代图书馆既要充分利用丰富的馆藏文献，帮助读者发展广泛的阅读兴趣；又要开展多彩的社会实践阅读，通过阅读对象的变换来扩大读者的阅读视野，促进心智发展，激发内在潜能。

(二) 构建良好的人书关系

阅读是心灵与书的对话。在现实世界里，我们无法认识足够多的人，所以我们必须在精神世界里阅读更广泛的书籍，以发现人类灵魂的全貌。然而，书海无涯，人生有限。作为个体的人无论多勤奋也无法做到皓首穷经，因此，图书馆要指导读者构建良好的人书关系。一是要指导读者寻找好书。但凡能够伴随、指引我们人生之路的好书，也往往是难懂的书。而难懂的书在未读之前是很难引起读者兴趣的，甚至还有点想规避的感觉。所以，读者不应当把阅读的范围始终局限在自己的兴趣与能力程度以内，而应不断提升自己，克服难懂的书，多读与自己意见不合的书，以培练心智，让心灵获得成长。二是要培养读者自由出入书本的能力。人不能做书本的奴隶，要批判地阅读，有"自己"存在，不为书所囿。读者既要能沉下心钻进书本吸取精华，更要能放开眼跳出书本察觉偏见而去其糟粕。文学作品的阅读尤其如此。

(三) 培养思考的阅读习惯

阅读时要想自由驾驭书本，最好的方法便是用心思考。古人云："学源于思，思则明，不思则误。"这便是说，学习要勤于思考，只有力学加上深思，才能真正获得阅读的好处，一方面吸取前人养分，一方面开自己的花，结自己的果。同时，思考不但能使你与别的读书人拉开距离，也能使你与书本拉

---

① 言子：《我们都是包法利夫人》，载《散文百家》，2008 年，第 4 期，第 26 页。

开距离，真正做到"活学活用"。可是，在读图读网泛滥的当下，现代人的思考习惯已经普遍式微。承担阅读推广使命的图书馆，一方面应该大力提倡经典阅读。图书馆可调整布局，把分散存放于各个书库的典籍与精品图书整合起来，集中存放于同一地点，设置"经典"书库或"经典"阅览室。另一方面，图书馆要开展多样化的阅读活动，搭建读者沟通平台，使每一个阅读个体不仅可以从自己的阅读中获取智慧，还可以从他人的阅读中吸收灵感，思考的习惯也在这丰富多彩的阅读活动中逐渐养成。

（四）提供有效的阅读治疗

所谓"心病还需心药医"，阅读相应书刊这味"心药"来获得心理帮助、排解困扰，是心理疾病患者最好的自我救助方式。美国精神病专家高尔特曾指出：图书馆是一座心智的药房，存储着为各类精神失常病人治疗的药物。因此，图书馆应该对心理疾病患者提供有效的阅读治疗服务。既可将存储在图书馆里的众多精神药物分门别类列出清单，在方便患者取"药"的同时，保护患者隐私。又可创建"阅读疗法"阅览室，并配备优秀称职的阅读治疗人员，编写大众化的图书疗法书目，开辟"聊吧"角，让患者在轻松愉快的聊天过程中完成诊疗。包法利夫人就是一个患有"神经官能症"的心理疾病患者，她的阅读只停留在感性认识层面。倘若那时能有人对她的阅读加以引导，凭着她过人的天赋，人们丝毫也不用怀疑，爱玛也许会成为一个作家、钢琴家、画家，抑或时装设计师。

由此，我们可以达成两个共识：第一，阅读作为一种知识习得的方式，本身并没有错。然而，一个"沉迷嗜好，毫无头脑"的人读了大量的书，"危险"就产生了。"包法利夫人"就是这样一个深受阅读危害的人物。她的可悲之处在于她是一个"完全接受"型读者，她的阅读既不能识别书之良莠，又缺乏批判的眼光和反思的能力。从迷失阅读到阅读迷失，这是爱玛式阅读的警示，是女性阅读的警示，也是人类阅读的警示！

第二，阅读主体是千差万别的，阅读效果受到个体知识经验和思维方式的影响，而每一个人的知识经验都是有限的甚至是有"缺陷"的，这就导致个体阅读时会对文本产生片面的理解甚至错误的理解。可是，知识经验的积累又不可能一蹴而就，思维方式的形成也不可能一次完成，因此，阅读特别是儿童、青年及心理病患的阅读是需要指导的。现代图书馆是阅读推广的主阵地，应该在阅读兴趣发展、人书关系构建、阅读习惯培养、阅读治疗服务等方面对读者加以指导。

第二节 《图书馆之恋》：
"古勒莫式"阅读之路的启示

《图书馆之恋》是古勒莫从读者角度出发对欧洲和美洲图书馆所做的比较研究。探寻古勒莫的阅读之路，所有如古勒莫般爱书、爱阅读、爱图书馆的读者都是天赋、兴趣和教育的结果。

读罢《图书馆之恋》[①]，被该书的作者——一个生活在图书馆星球的小王子——让·马里·古勒莫深深地感动。因为爱书，爱阅读，古勒莫也爱屋及乌地恋上了图书馆，恋上了收藏图书，恋上了观察图书馆的读者。诚如他自己所说："除了研究之外，我为书而活，也因书而活。我在图书馆里读书，在课堂上点评书，在报纸和广播里评论书，热衷于收藏书""我从书里学会了爱和恨，学会了忍让和对话，学会了看和观察"；并且毫不避讳地承认"我是一个特例，是属于拜书教的一员，甚至可以当一名祭司。"这样的一个特例，是他接受教育的结果吗？古勒莫也在问自己同样的问题。人们也不禁要问：他是如何走上阅读之路的呢？他与图书馆之间有着怎样的故事？他思考过图书馆的过去、现在与未来吗？他对图书馆的各种威胁因素又有着怎样的忧虑？为什么图书馆让人觉得既软弱又有力量呢？……所有这些，还是让我们从探寻古勒莫的阅读之路说起吧！

一、孩提时代的阅读：逃避现实

"从我开始记事的时候，我就喜欢书。很小的时候，我就开始阅读，或者躲在自己的房间里，或者是在自家种的一株很矮的欧楂树的树荫下。阅读帮助幼年的我逃避他人，逃避他们的要求乃至苛求。……早在我之前，我的哥哥就已经使用这种技巧躲避到一个既不会更好也不会更糟，但是只存在于书籍中的世界里。"这段记载在"最初的发现"里的文字清晰地告诉人们：幼时的古勒莫就是使用"阅读"这种温柔的方式来对抗成人世界的。在目睹其兄长使用"阅读"来躲避大人的要求甚至是苛求并获得成功时，古勒莫也无师自通地学会了使用"阅读"来逃避现实。可喜的是这种行为得到了祖母的默

---

① ［法］让·马里·古勒莫：《图书馆之恋》，孙圣英译，上海：华东师范大学出版社，2007年。

许与父亲的鼓励。因为他的祖母是一个认真的报纸读者。晚餐后大人们在尚有余温的火炉的温暖下念报纸的模样成了幼时古勒莫模仿的对象。出差归来的父亲常把题好铭的新书作为礼物送给他。家长们的这种爱书爱阅读的行为直接激发了古勒莫的阅读兴趣，再加上古勒莫的阅读天赋——饱满持续的激情与精确的记忆，使得孩提时代的古勒莫就像脑子里长了一双好眼一样常常看到书里去了。

二、求学路上的阅读：兴趣使然

正如古勒莫所说："没有人被强迫走进图书馆或者去读别人强塞给他的书。阅读都是自由的。"从艰辛的求学路上一路走来，一切都是兴趣使然。

早在读小学的时候，在家庭阅读氛围的熏陶下，古勒莫萌发了浓厚的阅读兴趣，读了无数遍方托姆、拉乌尔、加斯东、魔术师芝德拉克还有依普尔·吉尔比的历险故事，还悟出了"文字和图画可以统一并且同时被阅读"的秘密。当家里的书籍资源很快不够用时，童年的古勒莫便把目光转向了规模非常有限的班级图书收藏。1944 年漫长炎热的夏天与哥哥的一次游泳开启了他到图书馆借书的历程。那时的他还无法想象图书馆也是一个阅读的地方，对他而言，图书馆还只是一个放书的仓库，一个储藏间而已。

中学时代的古勒莫成绩中等，犹不擅长数学等自然科学学科。然而，法语和历史课上第一名的位置却凸显了他的与众不同，对书的热情也与日俱增。在邻座父亲的帮助下，古勒莫成了凡尔赛军官俱乐部图书馆的常客，同时也开始了他的图书馆阅读之旅。之后，在准备技术会考和工艺美术学校的入学考试的技术班上课时，大卫小姐声情并茂的法语课让古勒莫与文学结缘。几年以后，已读哲学班的古勒莫第二次来到了凡尔赛市立图书馆。此时的他已是一个不折不扣的书迷，开始探索整个世界。正是这一次的到来，凡尔赛市立图书馆成了他的第一所真正的图书馆。因为在那里，他学会了如何使用目录，如何记笔记，如何为了写报告而进行思考性的阅读，然后是如何写文章，最后是如何写他的最初的几本书。也是在那里，古勒莫结识了该馆优秀、积极、称职的馆长布雷亚先生。与布雷亚先生的持续友好交往更加激发了古勒莫对书籍和图书馆的爱好，也培养了他对珍本收藏的兴趣。

1959－1960 学年古勒莫以奖学金学生的身份在西班牙马德里大学学习一年的西班牙语。正是这次西班牙的留学经历点燃了他关注异域文化的兴趣。通过艰苦的努力过了西班牙语言关以后，古勒莫成了西班牙国家图书馆的一名读者。西班牙国家图书馆里设有酒吧和咖啡馆，酒吧里的激情喧闹帮助他扫除了语言理解上的障碍，咖啡馆里的言论自由使他对独裁和压迫有了全新的理解。对战争期间纳粹间谍活动的老巢比什罗兹书店的经常光顾让他了解了什么是旧制度下的默许，对阿尔泰内奥图书馆卫生间里的涂鸦的调查使他觉察到了西班牙人无处发泄的性与政治的混合情绪，在马德里大学文学系放映室里看电影的经历让他收获了爱情。用古勒莫自己的话说："马德里的一年让我发现了一个非凡的文化宝藏：文学、绘画、建筑，从而怀着满腔热情疯狂地投入在图书馆的阅读之中，以至于完全忽略了对西班牙的大学教育的关注。马德里的经历促使我拒绝那些重新燃起斗争热情、阻止思考前行的简单化的图解。这种意识应该归功于马德里的图书馆，归功于在那里读过的书，进行的谈话。因为在那里，我确认了自己作为一名读书人的使命。"

留学归来的古勒莫继续他的求学之路，师从本科导师让·法布尔先生，从事关于雷纳尔神父的研究。在导师的帮助下，古勒莫获得了一张当时并非易事的法兰西国家图书馆的读者卡。也就是在这个位于巴黎黎塞留路的国家图书馆里，古勒莫开始了解图书馆的运行，观察图书馆的读者，养成利用图书馆的习惯，并且打造了他作为得到承认的研究者的最初武器，从而形成了他的图书馆印象——图书馆就是天堂存在的证据。

三、工作研究中的阅读：图书馆的哲思

艰辛的求学之旅、兴趣盎然的疯狂阅读，直接造就了一个学贯古今、精通欧美文学、从教四十余年的法国文人让·马里·古勒莫。在四十年的教学生涯中，由于工作研究的需要，图书馆的阅读成了他生活的主要内容。在大小不一、各具特色的各种图书馆的帮助下，完成了他的一项又一项研究，也引发了他对图书馆、书籍、阅读、管理员、读者等方方面面的思考，从而形成了他丰富的图书馆学思想。

（一）对图书馆的起源与现实的研究，引发了古勒莫对图书馆使命、图书馆工作、图书馆发展动力、图书馆威胁、图书馆命运的思考。

亚历山大图书馆作为人类古代文明开创的一个典范，从一开始就被亚里士多德这位伟大的书籍爱好者用于教学，并对其弟子们开放，使得这座神奇的私人图书馆从诞生之日起就获得了半公开的地位，并随着弟子们的聚合与离散而被当时的希腊、埃及、罗马、古犹太国等的人们所熟知。因而古勒莫认为："公共图书馆的含义更应该是指广泛告知自己的存在和财富的图书馆，而不应过多地纠缠于对更普通、更多的民众的开放问题。"用现代市场学的话来说，公共图书馆的首要任务应该是向公众推销自己，提高自己的知名度。

这一思想在今天听来仍然具有借鉴意义。国内的许多县市级公共图书馆，正是由于营销策略的缺失，使得许多基层民众与中小学生从不知道有此机构，直到成了大一新生还把书店当成了他们心目中的图书馆形象。

国王托勒密·菲拉戴普王直接参与图书馆购书和资金管理的行为，使得古亚历山大图书馆的藏书飞速增加，到尤利斯·恺撒用火摧毁时，其藏书量已达 700000 本。这一事实告诉人们，尽管社会力量资助成为 21 世纪图书馆事业发展的一个重要动力，但仍然不要忽略各级行政首长强势推动的效果。

随着图书馆收藏文献的不断丰富，如果从时间维度来考察图书馆的发展，图书馆的一切工作都是围绕着"收集时间——阅读时间——传播时间"这根链条展开的，因为文献是时间的产物。

图书馆的历史和想象充满神话，从巴别塔、亚历山大到普罗米修斯。"不管人们有没有意识到，所有的图书馆都服从于一种普罗米修斯般的使命：掌握知识，组织与破坏性时间对抗，拥有一种能够威胁世界的秩序的能量，使自己变得强大，并通过这些方式来争取与神平等。"

然而，亚历山大图书馆的大火却让古勒莫看到了"拥有威胁世界秩序能量"的图书馆脆弱的一面，火作为一种极端的惩罚方式，成了图书馆悲剧命运的魁首。除了那种不加选择、不分先后、不顾感情地吞噬书籍的明火外，更有宗教的、意识形态的或者是政治的火刑，没有哪个时代、哪个社会能够幸免。而且无论是物质之火还是精神之火，给图书馆放大火的正是读书人的杰作，还是以书的名义发布的命令。于是，古勒莫不无忧伤地说："图书馆是脆弱的，是会死亡的。"

庆幸的是在联合国教科文组织的资助下，亚历山大图书馆于 20 世纪 90 年代得以重建。尽管现代化的亚历山大图书馆提倡文化对话，反对国家对抗，是南北之间、东西之间相互理解的一种象征，也表明了人们对未来的期许。然而，伊拉克战争让人们看到了一个残酷的现实：图书馆面临着消失。因此，人们不无担忧：这座建立在被战争、恐怖主义、兼并政治、种族仇恨和不宽容撕裂的土地上的新的亚历山大图书馆，会不会重蹈覆辙？

古勒莫通过对亚历山大图书馆从起源→繁荣→死亡→重生这段历史的考察，让人们清晰地觉得图书馆既软弱又有力量，也让人们对现代图书馆的未来充满着深深的忧虑：因特网的飞速发展和书籍的数字化让网络阅读大有取代传统阅读之势，日益紧张的国际局势、此起彼伏的恐怖袭击使得整个世界充斥着战争的火药味，图书馆的未来还像人们憧憬的那样美好吗？

（二）对被占领时期法兰西国家图书馆和它的读者进行的调查研究，引发了古勒莫对处于战争中的图书馆责任与发展及读者使命的思考。

在法国被占领时期，许多图书馆毁于炸弹。如图尔市立图书馆有 200000 本书，400 本印刷术发明初期出版的书，还有 400 部手稿与之一起消失。在波维，图书清理行动被爆炸打乱，42000 本书化为了灰烬。然而，法兰西国家图书馆在当时的馆长贝尔纳·费伊的领导下，图书馆建筑不仅没被炸毁，反而得到了修复和革新，而且其规模和人员都得到了扩大，馆藏书籍也得到了保护和充实。这到底是值得庆幸还是悲哀？

古勒莫对"如此有力量"的馆长贝尔纳·费伊进行了仔细深入的研究。在"黑色年代重建的记忆"里，他用了大量的篇幅来介绍这位曾经与德国纳粹合作过的前国家图书馆馆长。二战期间，贝尔纳·费伊被当成了维希政府的一个傀儡，并因此而犯下了一些罪行，如为德国军官预备座位，强制购买德文书籍，查封失去国籍的法国犹太人或共产主义者的图书馆，组织剥夺共济会的文件档案，设立可疑分子档案，拒绝犹太读者入内，开除犹太员工等。因为这些，二战后贝尔纳·费伊被逮捕，解职，被判处终身劳役。

就是这样一位有着历史污点的人物，古勒莫仍然以他独特的、百转千回的方式小心翼翼地引导着人们进行客观的思考：在战争的大背景下，面对邪恶势力的非人道政策，各种公职机构的行政长官们除了同意担任行政长官以及无论是自愿还是被迫实施这些政策外，还应该承担什么样的责任呢？他们是否还能够有其他的做法？反对这些政策会怎么样呢？像贝尔纳·费伊这样的被控有罪的人回答说他们无能为力，只能服从命令。人们也许会认为这种把整个法国放在被告席上的做法是把责任无限稀释的一种方式，这种反对意见自有它的公正性，因为责任分不同的等级。

然而，在一个被占领的国家里，维持行政系统的运转对未来而言也并非就不重要，因为人们也应该活下去，毕竟只有活下去国家才有希望。更何况是在如此恶劣的政治环境下保护图书、扩大馆藏呢？如此看来，贝尔纳·费伊的行为是否有了一点点可以被理解的理由？

图书馆在被占领时期为那种对时代的不幸漠不关心的读者提供安全的地方，古勒莫认为图书馆的这种做法是有罪的。因为对于这种冷漠的读者来说，书籍最终会取代外部的危急，这种冷漠造就了一些无害的人，它让人体会到的是一种耻辱，同时也有违书籍在人们生命过程中理应扮演的角色。

因而尽管古勒莫对阅读有着早熟的爱好，但是在被占领时期，他并没有经常光顾国家图书馆的阅览室。而那些以二战时期积极抵抗纳粹而闻名的读书人，如萨特、波伏瓦等，他们以其智慧与思想的自由而让读者敬仰，甚至被一些杂志誉为是点燃了革命之火的榜样式的抵抗者。可是，在残酷的现实世界中，他们却不过是一些趁机霸占犹太人职位或者间接为占领当局工作的普通人而已。对此古勒莫更加忧心忡忡，并开始质疑知识的力量。"如果知识让人对人间悲剧视而不见的话，那它们还有什么用呢？"

古勒莫的研究让人们看到：和平年代的图书馆责任与战争时期的图书馆责任是有出入的，而读者的使命却是相通的。读者们在利用图书馆净化灵魂提升自己的同时，更应该抬起头来，关注人间疾苦，承担社会责任。那种自私地享受阅读之乐的沉默读者无论什么时候都是不被人尊敬的。

（三）对被焚烧、删节或扭曲的书的研究，引发了古勒莫对书籍功能、书籍审查制度与书籍命运的思考。

古勒莫反复强调："书籍是一个再现的世界，它或者是科学的、历史的或者是哲学的。在图书馆里唯一需要考虑的事实就是它的功能的事实。"从古至今，书籍的最大功能莫过于它的教化功能了。而这种教化功能却只有通过读者的阅读才能实现。正是因为阅读在书籍和公众之间建立的这种身体和智力的联系，才在整体上赋予了图书馆的教化功能。因此，古勒莫一再表示："图书馆首先是人们来阅读的地方。保存在图书馆里的各种各样的书，无论是稀有或者普通，古书或者新书，毫无疑问，它们的性质和品质都没有它们的在场和流通重要。"也许正是基于此种意义，才有了今天图书馆的新的财富概念：持证读者数与图书流通率。也许正是因为有了书籍的教化功能，所以人们丝毫也不用感到惊讶，为了实施一项再教育的计划，在一所不实行系统性灭绝的纳粹集中营里会成立图书馆。对刽子手们来说，集中营里图书馆的存在是完全必要的。因为在这里，书籍证明了他们的人道，图书馆为他们挽回了面子，并成为一种绝好的"人道主义障碍法"。

然而，在审查官的眼中，书就是一种明确的思想。因此，负责审查色情、下流、淫秽书籍的审查官比爱好低等文学的放荡者更认为，他们审查的书籍具有无法估量的刺激人做坏事的能力，"这些书会导致强奸和性乱，会威胁家庭的稳定、女人和少女的安全，还有读者的健康"；负责审查宗教、政治、意识形态领域书籍的审查官，"因为仇恨和恐惧，因为书中的内容与人们接受的观点和信仰相抵触，并且为思考和梦想开拓了新的道路，或者迫使人们反省自己，以新的眼光审视这个世界，又或者因为它们的作者失去了信任，甚至受到羞辱，被认为是恶的帮凶"；于是就有了清理灵魂的火堆，有了书籍审查制度，而且这种破坏的欲望从来就没有真正离开历史的堤岸，发展到信息社会，便有了信息审查制度。其实，对于焚书的火焰，古勒莫清楚地告诉人们：愚蠢根本不在书籍中，而是在阅读中，并且认为书籍审查是对书籍力量的最夸张的承认。事实上，在读者眼里，书籍的力量远远没有审查官们认为的那么大。

因此，古勒莫满含深情而又不无忧伤地说："对于书籍来说，人类既是它最好的朋友，也是它最大的敌人。人类对书进行保护、分类、整理，同时也进行审查。人们对它们悉心呵护，也让它们承受暴行。"人类发动的武装斗争，无论是公正的还是不公正的，都把书送上了不归路，也使图书馆时刻面临着死亡的威胁。

（四）对美国大学图书馆的深入考察，既引发了古勒莫对书籍失窃现象与图书管理员职业的思考，也让古勒莫体验到了天堂的感觉。

校园，是一个多么令人心驰神往的地方。在校园里，曾经信任统治一切。人们根本不会想象一个学生会偷书。可如今，情况已经发生变化。在法国，许多大学图书馆成为偷窃的目标，不是珍本和数量很少的藏书，而是常见的文本和比较便宜的袖珍书。可恨的剪杂志行为不仅使书籍遭受严重破坏，也使许多找不到所用资料的教师和学生大受其害。在美国，普林斯顿大学图书馆发生了多起窃书事件，一些专业人员在一些充当监察员的肆无忌惮的学生的帮助下，进行着有选择性的偷窃。在今天的图书馆里，窃书行为又何尝没有呢？出现在图书馆里的各种先进的防盗系统不就是证明吗？

难以理解的窃书现象让古勒莫对偷窃行为进行了经济学意义上的反思：公共图书产权的不明晰使人们更愿意相信"属于所有人的财产其实不属于任何人""所有人拥有所有物的权利将逐渐导致所有人缺失所有物"。据此，人们也就不难理解许多非常普通的、原价的、二手的、只不过比一包普通香烟稍贵点的书籍被偷，因为偷书者也是所有人中的一员，既然是属于所有人的财产，也就有"我"的一份。

对于令人头疼的图书乱架现象，古勒莫也有自己独到的见解。在美国的路特格大学图书馆里，曾经发生了一件这样的事情：一个居心叵测的学生把相距很远的书架上整排的书都换了位置，导致了完全的而且是不可弥补的混乱，通过分类编号找书完全不可能了。这场由恶作剧的学生引发的混乱，向人们揭示了目前所有图书馆应该有的共识：收藏书籍并不仅仅是为了保存，而是为了方便接触汇集到一起的书籍。

古勒莫也从中发现，每一位图书管理员身上都存在着一个矛盾："怀着希望书籍远离大众的隐秘的、不可吐露也从未吐露的愿望搜集书籍。"难道管理员不想借书给读者？国内外任何一个图书管理员都会坚决否认。因为没有读者就没有管理员。然而"一些图书管理员慵懒地拒绝帮助读者找书"的事实不就说明了真相吗？日复一日单调又乏味的整架工作，管理员们难道不希望书籍永远像是第一天摆上去的样子？于是人们不得不正视古勒莫对于图书管理员职业的思考：图书管理员职业是一种被整序与乱架这对永远也不可能解决的矛盾所折磨的职业。从这个意义上说，"所有图书管理员都是读者的敌人"也不无道理。

旅美期间，古勒莫参观和利用过许多美国大学的图书馆，他们的许多做法让这位法国文人体验到了天堂的感觉。美国大学的财富在于大学的理想，在于让学生投身于学习，在于捐赠者的慷慨。因此，在耶鲁和哈佛等许多声名显赫的大学图书馆里收藏了很多前学生留下来的作家档案、手稿、摄影文件、珍稀版本、各式收藏、雕刻作品等，前学生的金钱捐赠也成了图书馆丰富储量的重要途径。美国大学图书馆里的珍本图书人人可借，经常举办的售书活动让人们意识到维护"购买与出售"的动态平衡是图书馆馆舍空间得以合理开发利用的基础。

约翰·霍普金斯大学图书馆的许多做法更是让古勒莫倾心不已。如人们可以要求某门课推荐的书籍被放到一边以方便上课的学生查找；可以要求紧急采购与馆际互借；可以要求图书馆收藏和外借电影及 DVD；可以要求在专业人员的辅导下由带薪学生担任书籍分类与外借、展览接待等工作，以便增强学生对大学的归属感；既不是为了阅读也不是为了学习而是专门为聚会设计的图书馆大厅让学生们在此找到了睡觉乃至喧哗发泄的理想场所；图书馆可以根据这位或者那位老师，这位或者那位博士生的要求增补期刊；教师们经常收到图书馆的电子邮件，被告知已到新书、目录的变化，咨询他们对购书的意见，让人们看到了大学内部各院系与图书馆之间的真正合作；无须填表只需给图书馆负责人发一封电子邮件就能把事情办妥的既直接又容易的用户干预方式，使得美国大学图书馆的服务走在了全世界的前列。

所有这些，使得曾经在约翰·霍普金斯大学授课的古勒莫在决定进行最后一次美国之行时，首要的就是去校园里做最后一次阅读，以便提前体验他期望的天堂的感觉。约翰·霍普金斯大学图书馆的这些做法，在今天国内的各级各类图书馆中，无论是已经实现的、正在实现的，抑或还未实现的，人们也都期望，走进图书馆能够收获如古勒莫般的天堂感觉。

我们可以看到，造就古勒莫这样一个爱书、爱阅读、爱图书馆特例的是天赋、兴趣和教育的结果。古今中外，大概所有如古勒莫般奏响《图书馆之恋》的读者都是如此吧！诚如作者所言，《图书馆之恋》是他从读者角度出发对欧洲和美洲图书馆所作的比较研究。因此，人们称古勒莫是一位优秀的图书馆学家丝毫也不为过。《图书馆之恋》中蕴含的图书馆学思想还有很多，在此只想诉说我们心中的"哈姆雷特"，与读者诸君共享。

第三节 《夜晚的书斋》：书香人生的奇妙境遇

《夜晚的书斋》可以当成一本兴趣盎然的故事书、一本令人深思的图书馆学著作、一篇慰藉心灵的情感美文来阅读。较之艰涩、枯燥的硬图书馆学教材，《夜晚的书斋》可谓一本营养丰富、容易消化的软图书馆学佳作，是图书馆员实现快乐充电的一剂良方。

偶然遇见《夜晚的书斋》[①]，一下就被书名中的"夜晚"所吸引，因为它让人瞬间产生疑问：为什么非得是"夜晚"？它与白天的书斋有什么不同？探秘的心情伴随着同样喜欢夜晚的我们，阅读一气呵成，许多话涌上心头。

一、书斋里有"动人的故事"

《夜晚的书斋》可以当成一本兴趣盎然的故事书来阅读。正如该书作者阿尔贝托·曼古埃尔在前言中所说："这本书就是讲述寻找的故事，想给世界寻找到一点类似意义和秩序的东西。"这种意义和秩序隐藏在书斋的故事里。

（一）"巴别塔"与"亚历山大"

"巴别塔"的故事出自圣经《创世纪》第十一章。相传，一次洪水过后，大地上的人们向东迁移到示拿，决定在那儿建造一座城和一个通天塔。上帝知道了，决定降临看看世人所建造的城和塔。谁知，一看吓一跳。上帝说："看哪，他们团结一致，都说一样的语言。既然他们开始做这件事，以后他们要做的事就没有做不到的了。让我们下去，变乱他们的语言，使他们无法相互了解沟通。"于是，上帝创造了多种语言，为的是防止人间齐心合力，让人类无法超越原有的能力。据犹太教公会的说法，通天塔曾经耸立的地方现在仍然与众不同。直到今天，谁经过那里都会把他的全部知识忘得干干净净。

---

① ［加拿大］阿尔贝托·曼古埃尔：《夜晚的书斋》，杨传纬译，上海：上海人民出版社，2012 年。

为了实现亚里士多德的教导"用于教学，并对其弟子们开放"，公元前 3 世纪末托勒密历代国王创建了亚历山大图书馆。据说托勒密一世为了建立包罗万象的图书馆，曾写信给"大地上所有的君主和长官"，请求他们寄来每一个作者写出的每一种书。亚历山大图书馆的管理员们也在不遗余力地搜集世界各地的书籍，以便抄写。在国王和管理员们的努力下，亚历山大图书馆拥有了当时世界上最大的藏书量。为了提高藏书的利用率，托勒密还想出了一个妙招：邀请当时许多国家的名流学者，如欧几里得、阿基米德等人，请他们住在亚历山大里亚，付给他们可观的用费，只要他们好好使用图书馆的财富就行。亚历山大图书馆因此而成为当时全世界智慧和学问的储藏室，引领风骚长达 700 年。然而，由于火灾、地震、战争以及基督教的反异端暴乱等原因，古亚历山大图书馆于公元 4 世纪死亡。

据此，曼古埃尔认为：巴别塔的故事是人类征服空间欲望的最好诠释。它反映了人类的直觉，感到有一个统一的、连续的宇宙，其语言是天地通用的。亚历山大图书馆则反映了人类的信念，认为用不同语言写成的书，每一本都是个复杂的宇宙，都想以其独有的特色向人类述说，它凸显了人类想要征服时间的美好愿望。无怪乎，古今所有图书馆，不论大小，都想包含巴别塔的所有语言，占有亚历山大图书馆的所有书籍。因此，人们也就不难理解，当前国内图书馆建设中为什么会存在"大而全、小而全"的怪圈了。

（二）"书堆里的求救"与"舍命救书"

图书馆是一个不断生长的实体。它生长的力量大概就来自于"穷尽天下所有图书的收藏梦想"吧！书斋也不例外。2003 年圣诞节后不久的一天，从纽约居民 43 岁的藏书家帕里斯·穆尔的书斋里传出了呻吟和求救声，邻居们闻讯报了警。几分钟后，消防队员赶来，用撬棍打开了被书堵住的大门，挖开了坟墓一样的书堆，在楼房的角落里找到了穆尔先生。消防队员们费了 3 小时的工夫，把各种书刊装进 50 多个麻袋搬出门外，才救出了被崩溃的书堆埋葬了两天的穆尔先生。原来，压倒穆尔先生的书本杂志是他 10 多年来积下的，他顽固地保留着不加处理，直至房子被不断生长的书籍彻底侵占，险些连生命也被书本吞没。

为了解决书籍增长与空间有限之间的矛盾，人们要么新建馆舍，要么裁减宝藏。然而，不幸的是，因为设计不周，旧金山公共图书馆的新馆大楼仍然没有足够的空间来存储书籍。为了弥补这种缺点，旧金山市政当局决定从图书馆内撤出几十万册藏书，充当填土之用，凡是长期没有人借阅的书刊都以此种办法销毁。消息一经传出，旧金山图书馆的管理员们表现出惊人的英勇精神，他们乘夜间偷偷溜进书库，把虚假的出借日期印在即将清除的书本上，从而挽救了大量的书籍。

由此可见，无论是书斋还是图书馆，空间问题都是任何图书收藏与生俱来的问题。爱书之人对书籍细心呵护，甚至不惜献出生命，如此壮举令人敬佩。可是，人们丝毫也不要忘记，世界的百科全书，包罗一切的图书馆，只有世界本身。

（三）矛盾的祖马腊加

1468年，胡安·德·祖马腊加出生于西班牙的杜兰歌，早年在巴斯克地区的阿朗扎祖的方济各修道院学习。1536－1543年，祖马腊加担任墨西哥宗教裁判法庭庭长。在此期间，他为新入天主教的土著人撰写了《教义问答》《教义简明课本》等书籍，主持将《圣经》翻译成几种土著语言，还在特拉特罗柯创建了圣克鲁兹学院，吸收当地贵族子弟进校学习。1547年，祖巴腊加被教皇保罗二世任命为墨西哥首任大主教。然而，他所做的足以影响墨西哥历史的两件大事却是相互矛盾的：第一，为了转变土著人的宗教信仰，将教义准确地翻译成土著语言，祖马腊加在当地建立了第一个印刷厂。第二，祖马腊加毁灭了阿兹特克帝国的大量文献材料。他在主持宗教裁判法庭后之久，就派军队搜查涉嫌隐匿阿兹特克宗教器物和书籍的人士，搜集阿兹特克贵族隐藏的重要文物及大量本土图书，并把它们高高堆在特拉特罗柯的市场上，一把火烧掉，火势几天几夜不熄。

像祖马腊加这种一手造书，另一手毁书的矛盾行为在许多名人身上也屡见不鲜。曼古埃尔还发现，"杜威十进位分类系统"便是麦维尔·杜威广阔视野与狭隘胸襟的奇异组合，而卡内基图书馆始终就是一对矛盾的综合体：既是创建人安德鲁·卡内基的纪念碑，又是唤醒千万才俊的有效工具。祖马腊加的故事表明：人类本身就是一个矛盾的结合体，绝对的"善"与绝对的"恶"在客观世界难以找寻。基于此，人类之于图书馆，既是朋友，又是敌人。

二、书斋里有"醒人的哲学"

《夜晚的书斋》可以当成一本令人深思的图书馆学著作来阅读。曼古埃尔的书斋就是一个私人图书馆，他在里面工作、研究、阅读、思考，收获了许多图书馆学的智慧之花。

（一）关于"阅读"的哲学

书是用来读的。从古至今，书籍的最大功能莫过于它的教化功能了，而这种教化功能却只有通过读者的阅读才能实现。正是因为阅读在书籍和公众之间建立的这种身体和智力的联系，才在整体上赋予了图书馆的教化功能。因此，保存在图书馆里的各种各样的书，无论是稀有或者普通，古书或者新书，它们的性质和品质都没有它们的在场和流通重要。这一点想必国王托勒密是有所领悟的，不然也就不会有聘请专门学问的读者驻扎亚历山大图书馆的创举，而这一创举的直接结果就是新的书籍和注解不断诞生。于是乎，曼古埃尔觉得：现代的读者阅读过去的书，书在阅读的过程中就变成新的了。每一个读者都使某一本书获得了一定程度的不朽。在这个意义上，阅读就是使书籍复生的仪式。

在阅读的方式上，曼古埃尔赞成人文主义大师巴蒂斯塔·瓜里诺的观点：大声朗诵。根据瓜里诺的说法，大声朗诵对于理解大有裨益。因为人耳在听到仿佛是外来的声音后，就会刺激思想提高注意力。大声读书还可以增加热量、冲淡血液、清洁血管、扩张动脉，不允许多余的水分停滞在消化食物的管道之中，从而帮助消化。恰巧，在整个伊斯兰中世纪时代，人们也认为，通过聆听朗诵来学习比个人阅读学习更有价值。因为只有如此，文章才能通过心灵进入身体，而不是仅仅通过眼睛。因此，曼古埃尔常在他的书斋工作室内独自朗诵，为的是仔细体会文章，更好地将内容据为己有。

（二）关于"书籍"的哲学

通过对亚历山大故事的解读，曼古埃尔发现，早在公元 2 世纪，学界就已确立了一项重要的认识论法则，规定"最近期的文献可以代替所有前期的文献，因为后来的成果应当包罗以前的成果。"根据这一法则，近代作家马拉梅做了一个大胆的设想："世界可以归结为一本好书之中。"接此逻辑，曼古埃尔追述：前书是后书的预兆，后书是前书的回声。具体到文学领域，任何一个文学瞬间都必然与其他瞬间相连。

通过对古今一切焚书之人的行为逻辑的考究，曼古埃尔认识到：书是流动变化的。没有一个图书馆和它创建时是一模一样的。图书馆的命运往往不决定于它的创建者所赋予的优点，而决定于它的破坏者所强加的种种罪过和缺点。至此，曼古埃尔感慨：图书馆既树立权力的威信，又质疑权力的威信。事实上，从有文字开始，书籍就被认为是一种威胁。正是因为书籍拥有这种威胁世界秩序的力量，才有了图书馆对权力威信的"树立"和"质疑"。由此，人们也就不难理解，"9·11"恐怖事件后，美国国会为什么会授权联邦调查局，允许他们获取任何公共图书馆的出借记录以及任何私营书店的售书记录了。

（三）关于"图书馆"的哲学

记忆就是力量。图书馆的本领就在于它积极主动的记忆能力。它能够通过书页的启示去主动选择人类经验的某些重要时刻，把一个人的经验通过文字的魔力变成所有人的经验，把过去的片断回忆带到现在，从而与时间的压力作斗争。因此，曼古埃尔认为：图书馆不仅是人类运用思想来行动的能力标志，同时也是人类企图战胜死亡的纪念碑。

秩序是记忆之光。很小的时候，曼古埃尔便从不断摆弄的书堆里明白：秩序会产生秩序，只要确立了一种类别，它就会暗示或强加给你其他许多类别。因此，没有一种分类方法是圆满无缺的，不论在纸上或在书架上都是如此。同时，他还发现，人类如何对书籍分类编目，会改变这些书籍被阅读的性质，分类编目本身也会因为这些书而改变；并且，分类愈宽，书受到的约束就愈小。尽管每一种分类方法都存在这样或那样的缺陷，然而书目却是任何一座书斋和图书馆必不可少的。正如曼古埃尔所言：如果图书馆是宇宙的一面镜子，那么图书目录就是镜子的镜子。

图书馆既包容，又排斥。这种排斥性隐含在它"寓禁于选"的购书原则中。因为图书馆的每一种选择都排除了未被选择的东西，所以，读什么书，永远与禁止读什么书平行发展。每个图书馆的存在本身，都会招来一个被禁止被遗忘的孪生影子——一个看不见的图书馆。由于品质、题材、体积种种理由，它被认为不适宜在同一个屋顶下生存，因此被消灭了。

曼古埃尔还对图书馆的建筑进行了专题研究，得出方形空间适于包容也适于分割，圆形空间表示延续，富于想象。而对读者来说，最理想的图书馆建筑设计方案是方圆结合，或者圆形与长方形交错，或者椭圆与正方形相间，因为"方圆结合"的空间具有既宽敞又封闭，既宏大又互不干扰的双重优点。

然而，无论建筑多么宏伟、范围多么广阔的图书馆，都是远不会给人们一个"真实世界"的。曼古埃尔借用法国评论家鲁多的定义"真实世界客气地允许人们感知它"，分析得出：真实世界指的是人们感受痛苦和幸福的日常世界，而图书馆给人们的只能是体验、知悉、记忆某些事情的可能性，通过某个故事给人们一种直觉，通过哲学或诗意的思考给人们一种猜测。因此，图书馆只能给人们真实世界的可伸缩形象。难怪有哲人认为：战争时期，图书馆为那种对时代的不幸漠不关心的读者提供安全的地方，图书馆的这种做法是有罪的。

（四）关于"互联网"的哲学

发达的互联网技术对图书馆事业的发展会产生怎样的影响？曼古埃尔对

此进行了深入的思考。他认为，互联网有许多优点：没有民族的区分，不受审查的约束，速度和思想一样快，海量信息简明多样，变动无常，永远处于"现在"。互联网也有许多缺点：只强调速度而不重视思考，只强调简明而不重视复杂，喜欢零碎而不喜欢详尽；因为它永远处于"现在"，所以排除了历史的意识；尽管信息海量，却如海水般容易蒸发，多达70％的信息维持不到四个月；因为键入速度快，所以丢失记录也快。因此，曼古埃尔呼吁：互联网只是一种工具。它的诞生并不意味着过去工具的死亡。尽管古登堡计划和谷歌公司都有庞大的图书数字化计划，但是互联网始终也代替不了一所实体的综合性图书馆。在他看来，电脑屏幕和手抄本应该相得益彰，友好共存于读者的书桌上，纸质图书馆和电子图书馆应该并存，而且也能够并存。

三、书斋里有"醉人的温情"

《夜晚的书斋》可以当成一篇慰藉心灵的情感美文来阅读。每个书斋都可算是主人的自传。曼古埃尔自幼在书堆里长大。"事实上，从我能记事开始，就没有一天不是在书堆里生活的。七八岁起，我就在房间里凑集了一个微型的亚历山大图书馆，大概有上百本大大小小各种题材的书。为了变花样，我总是不断改换这些书的排列组合。比如说，我会按照书的形状大小来安放，每个架上只放同样高度的书……但是有的时候，我又不满意这种安排秩序了。我又按题材重新组织我的书……有的时候，我会按语言种类来重组这些书，或者按颜色分类，或者按我喜爱的程度分类，所有这些只不过为了变花样而已。"这段记载在《书斋——秩序》里的文字，清晰地表明：书籍是幼时的曼古埃尔最好的玩具。私人书斋的优点就在于它的分类可以充分适合个人的口味，甚至是奇思妙想。这一点，曼古埃尔深有体会。

"我记得在少年时期曾经怀着惊异恐慌的心情看着我的书架逐渐被填满，仿佛它们自己每夜都在生长，直到一点空隙都留不下来。"这难道不是"图书馆是一个生长着的有机体"的真实写照？

"后来，在我多伦多的家里，书架放得到处都是——卧室、厨房、走廊、浴室，甚至带顶的门廊里也有书架。我的孩子们都抱怨，似乎需要一张图书借阅证才能回家。"寥寥数语，藏书之多、书籍对生活空间的侵占、家人的理解支持，跃然纸上。

"白天，书斋是秩序统治的领域。但是到了夜间，气氛就变了。外在的声音变得模糊不清，思想却愈加响亮。天黑以后，密涅瓦（罗马智慧之神）的猫头鹰就会起飞。"

"如果早晨的书斋象征这个世界一本正经而且相当自以为是的秩序，那么，夜间的书斋似乎就沉浸在这个世界本质上混沌的一片欢乐之中。"

"白天，系统与集中吸引着我。我写作、浏览，重新排放书籍，把新获得的书籍列入书架，为了节省空间而调整分类。晚上，我怀着轻松的心情读书。为了让夜间的想象灿烂开放，我把各种感官都动员起来——看一看、摸一摸书页，听到书页翻动的唰唰声，听到可怕的书脊活动声，闻到书架的木头味，包书皮革的麝香味，记事本发黄纸页的酸味等等，这样我才能够入睡。"

为什么非得是"夜晚"？它与白天的书斋有什么不同？答案便在这字里行间一一呈现。读书成了曼古埃尔最好的安眠药。正因为如此，才有了他令人感动的誓言：只要还待在坟墓的外边，就不会有"最后一次"买书。

"在书斋里读书的人都知道，书页上的文字需要光明。黑暗、文字、文明组成了良好的循环。文字帮助了光明的诞生，又哀叹光的消逝。""在光明中，我们读别人编造的故事；在黑暗中，我们自己编造故事。"白天与夜晚，光明与黑暗，辩证的思考，丰富的哲理，直叫人感叹，真是心有灵犀一点通！

"在傻乎乎的青年时代，朋友们都梦想在工程界、法学界、金融界和政界干出一番大事业，我却梦想当个图书馆管理员。……现在我已经五十六岁，我又回到了早年的理想。"如今的曼古埃尔，已是世界知名的文选编纂家、翻译家、散文家、小说家和编辑，曾荣获法国艺术及文学勋章军官勋位，这段充满"梦想"的文字谁说不是对图书管理员职业的最好褒奖？

"任何图书室都能向探索者提供他所寻求的映像，提供一丝诱人的直觉，提供窥视自己秘密性格的机会。……纽约市皇后区图书馆是美国最繁忙的图书馆，每年要周转一千五百多万册图书以及音像制品，主要借给外来移民。这个区的居民三分之一以上生在外国，一半以上在家中不讲英语。图书馆的工作人员能讲俄语、印地语、汉语、朝鲜语、古吉拉语和西班牙语，向新来的读者解释怎样获得驾驶证，怎样使用国际互联网，怎样学英语。那里最受欢迎的是译成移民本国语言的美国畅销书。"在中国的城镇化进程中，越来越多的农村务工人员来到城市打拼；在文化大发展大繁荣的时代背景下，占据城镇中心位置的区域图书馆，该如何拓展他们的服务功能，创新服务方式，扩大服务对象，提升服务素质，真正实现大众"公共书房"的温情诺言，纽约市皇后区图书馆是一个值得学习的榜样。

《夜晚的书斋》用优美流畅的行文带领读者走过了一条关于书的时光隧道。书斋里的每一个故事、每一次经历，都蕴含着丰富的图书馆学哲理。较之艰涩、枯燥的硬图书馆学教材，《夜晚的书斋》可谓一本营养丰富、容易消化的软图书馆学佳作，是图书馆员实现快乐充电的一剂良方。

第四节　《小猫杜威》："特别的爱给特别的你"

一只名叫杜威的小猫在斯潘塞镇图书馆里出色地扮演着医生、哨兵、朋友与亲善大使的角色。斯潘塞镇图书馆因推出的服务深入人心而深受社区居民喜爱。从《小猫杜威》中，人们能看到爱意融融的家庭、热爱生活的居民、和谐友爱的社区。《小猫杜威》用温情挚爱的语言教会人们：只要真心付出爱，就会收获沉甸甸的爱。

一直认为，在贫富差距悬殊的现实社会里，富人衣食无忧之后的首要选择是向处于贫困线上的同胞伸出援助之手，因而对一些人士花费重金购买、喂养、打扮宠物，与宠物同床共枕，甚至倾尽家财收养流浪宠物的做法不敢苟同。《小猫杜威》[①] 读后，之前的固有观念被彻底颠覆。一只名叫杜威的小猫用它特别的爱改变了一个图书馆、一个小镇以及小镇上的每一个人，并且这份爱还不断繁衍传播壮大，最终扬名海内外。下面请听爱的赞歌：特别的爱给特别的你

一、小猫杜威：爱的使者

1988 年 1 月 18 日，星期一，清晨，美国依阿华州斯潘塞镇图书馆馆长薇奇·麦仑一如往常驱车来馆上班，意外地在还书箱里发现了一只被人遗弃的瘦弱小猫：脑袋无力低垂，骨头清晰可见，四爪冻坏，全身发抖，站立不稳。面对如此可怜的小猫，薇奇决定收养它，并给它取名为杜威·读书郎·开卷（Dewey Readmore Books）。期望图书馆、儿童、阅读能在这只小猫身上有机融合，这便是薇奇馆长的初衷。杜威也不负众望，在图书馆里出色地扮演着医生、哨兵、朋友和亲善大使的角色。

（一）医生杜威

"如果你想了解杜威给斯潘塞带来的影响，只需看看那些孩子们。他们走进图书馆时脸上的笑容，他们寻找它、呼唤它时的喜悦，他们找到它时的兴奋。"事实上，陪同孩子们玩耍、与他们一起上故事课是杜威最爱做的事情之

---

① ［美］薇奇·麦仑、布赖特·维特：《小猫杜威》，马爱龙译，上海：上海译文出版社，2011 年。

一。自从有了杜威的陪伴，孩子们学会了控制自己的情绪，变得安静、听话而认真，身体与心理的许多小毛病也不治而愈。如对猫过敏的孩子不再过敏，惧怕猫狗的孩子成了杜威的粉丝。杜威对薇奇女儿乔迪形影不离的陪伴治好了乔迪的抑郁症，母女关系得以修复。不只是薇奇与乔迪，斯潘塞许多父母因忙于生计而无暇顾及子女，孩子们在杜威的陪伴下欢乐地度过了无数原本孤独难熬的时光。杜威充当着父母与子女之间爱的桥梁。更值得称道的是杜威对一个不会说话、四肢不能自控、只能坐轮椅的 11 岁残疾女孩克里斯托的毫无偏见的爱与关注，使得克里斯托长久以来毫无表情的脸上绽放出灿烂明媚的笑容，彻底改变了她的生活，让她真实地体验到了幸福。关注、陪伴、一起玩耍不正是无数像乔迪与克里斯托这样的孩子所需要的最佳处方吗？

（二）哨兵杜威

每天早上跟着薇奇馆长巡视图书馆是杜威必做的功课，巡视完毕，挨个儿拜访每位员工是杜威养成的固定习惯。正是这个看似寻常的习惯，杜威第一时间发现了晕倒在员工休息室地板上的馆员多丽丝·阿姆斯特朗，并一路叫跑着领来了薇奇及同伴们，从而挽救了多丽丝的生命。也是杜威第一个发现了童书区天花板横梁后面倒挂着的蝙蝠，并用来回不停奔跑甚至在童书卡片上撒尿的异常方式告诉薇奇，使得蝙蝠隐患得到及时清除，有效地保护了孩子们。自此后，每天早晨嗅闻斯潘塞图书馆里暖气管的味道成了杜威自觉做的事情。它在用行动告诉人们："我有责任利用我敏锐的嗅觉来保护图书馆里的每一个人。"正如薇奇馆长所言：尽管杜威的故事传遍了全国各地，而它却只想蹲守在图书馆里，为它所爱的人站岗放哨。

（三）朋友杜威

"杜威就有那种人格魅力：热情、诚实、可爱、乐观、谦逊，还有更重要的，它是每一个人的朋友。……杜威让每个人都觉得特殊。"杜威让每个人都觉得特殊的本领来源于它能够敏锐地发现人们的心事，并且愿意花时间陪伴他们，满足他们的情感需求。如，杜威任由患有唐氏综合症的小女孩艾米抚摸，倾听她传递爱的声音"你好，杜威，我爱你"，就如女孩母亲待女孩一样。当年近四十的单身女人伊冯娜·贝利在失去自己宠物猫的那天来图书馆时，尽管杜威并不知道发生了什么事情，但它能意识到有点不对劲。因此，平时只陪她坐 15 分钟的杜威那天特地陪她安静地坐了两个多小时。杜威与一个胡子拉碴、不爱梳头洗脸的无家可归的男人成了最好的朋友，常常躺在他的肩头静听他诉说自己的秘密。杜威与薇奇女儿乔迪的男友司各特相依相亲的样子让薇奇放心了女儿的选择。还有，主动向新来的童书助理管理员朵娜

·斯坦福亲近，认真地倾听她给它念童书；陪一个坐在婴儿车里的小女婴玩耍，任由她用力捏耳朵。这些更是杜威经常做的事情。安静陪伴、耐心倾听、热情友好、明辨是非，让每一个"你"都觉得自己特殊，这样的杜威，说它是每一个人的朋友、知己，一点也不为过。

（四）亲善大使杜威

在一家名为"店酷"的大型商业连锁企业为筹集善款而举办的宠物照片比赛中，杜威的照片以压倒多数取胜。之后，杜威开始出现在《得梅因记录报》上的"衣阿华男孩"专栏里，出现在当地的电视新闻上，出现在其他城市和州的电台里，出现在一份发行量 500 多万册的全国性杂志《乡村》上，出现在许多猫咪杂志上，出现在加拿大、新西兰的广播节目中，上过几十个国家的报纸和杂志。杜威获得了人们梦寐以求的知名度。世界各地、男女老少、一切爱猫人士都寻找机会来斯潘塞图书馆看杜威。有专门驱车几百英里来斯潘塞待一天的游客；有见过杜威后每年寄来 25 美元作为杜威生日礼物和圣诞礼物的游客；还有荷兰、南非、挪威、澳大利亚等六七个国家的笔友定期给杜威写信；日本公共电视台更是派出了摄制组从东京来到斯潘塞小镇图书馆专门拍摄杜威。斯潘塞的居民在外出旅游时只要一提起杜威便会成为旅游中的热门话题，甚至因此而给他们带来好运。居民麦克和派格因杜威而从游船上的底层舱被请上头等舱的事实就是一个有力佐证。杜威成了斯潘塞的亲善大使，斯潘塞因此而成了全美的旅游胜地，闻名全球。

二、图书馆：爱的乐园

一个伟大的图书馆，并不一定很大、很漂亮，并不一定拥有最好的设施、最有效率的馆员或最多的读者，但它一定是一个与社区生活高度融合、满足人们需求、懂得给予、让人觉得必不可少的图书馆。斯潘塞镇图书馆就是秉持这样的理念在薇奇馆长的带领下，一步步伟大起来。

（一）图书馆对居民的关爱

1980－1994 年由美国银行危机带来的严重农业危机席卷了美国的头号玉米生产州——衣阿华，它的隶属小镇斯潘塞也没能幸免：店铺关张，农庄易主，居民失业。面对如此困境，斯潘塞镇图书馆尽全力为居民提供服务：设立就业服务资料库，列出所有工种以及关于工作技巧、工作性质和技术培训的书籍；在电脑还为稀有之物的当时，图书馆还专门配备了一台电脑供小镇居民写信和简历。为了驱散失业的阴霾，鼓舞人心，同时也给生活增添乐趣，在小猫来图书馆不久，薇奇馆长组织了一场给小猫起名的竞赛，参赛人数多达 397 人。在集合众人智慧的基础上，最终给小猫取名杜威·读书郎·开卷，以寄托图书馆对小镇的美好祝愿：人人进入学习心境，小镇从此变得博学多才、见多识广。

为了治愈一个四岁女孩的猫狗惧怕症，薇奇馆长更是精心策划了一场为杜威庆祝生日的活动。在家长与孩子们的笑声中，在与杜威的零距离接触中，女孩的恐惧症自然消失。当得知医院招聘护士的消息后，图书馆及时更新医疗手册，并与当地大学合作，旨在帮助居民充分利用图书馆的资源。为了鼓励妇女出门工作，图书馆晚上开办故事课，白天集中办好日托中心，以解决家长的后顾之忧。为当地中小学特殊教育班每周举办一次特殊故事课更是图书馆几十年如一日坚持做的事情。就连向居民提供做蛋糕的模子也成了图书馆的服务内容。图书馆提供的服务就是居民生活之所需，图书馆也因此而伟大。也许这正是国内图书馆功能拓展的方向。

（二）居民对图书馆的深爱

在薇奇馆长的带领下，图书馆推出的服务深入人心，人们也用自己独特的方式回报图书馆，集中体现在图书馆的装修过程中。1989 年 7 月，斯潘塞镇图书馆决定重新装修。全体居民鼎力相助：出租汽车公司捐献出仓库供图书馆堆放图书和设备；扶轮国际分社（由工商业和自由职业人员组成的群众性服务社团）与金色基瓦尼俱乐部（企业家、律师、医生等自由职业者的会社）负责搬运图书；小镇发展总管鲍勃·罗斯负责搬运书架；馆员多丽丝·阿姆斯特朗的丈夫杰瑞负责固定书架上的钢板；镇上的商人免费给大家供应饮料和快餐；为了解决图书馆资金紧缺的问题，图书馆里的每一幅字画都被社区成员一一"认领"回去，由他们付钱装裱……正是在小镇居民的大力支持下，图书馆的装修才能在短短三周内完成。装饰一新的图书馆也处处为居民着想：儿童藏书室添置了摆动式长躺椅，方便母亲一边摇晃一边念书给孩子听；图书馆推出了新的拓展和娱乐计划；馆员们个个精力充沛，提供的服务比以往任何时候都好。人们来图书馆借阅电影 DVD 和电视游戏，免费上网，中学生来图书馆欢度业余时光，老人翻阅报纸，商人阅读杂志，不光是斯潘塞的居民，更有来自周围几个县的人们。图书馆的客流量显著增加，与社区居民的生活也更加融合。图书馆与居民便在这种良性互动中收获双赢。

（三）图书馆员对职业的钟爱

找准自己的位置，投入十分的热情，不管职业地位是否卑微，都会在平凡中现出伟大。薇奇·麦仑就是这样一个伟大的图书馆员。初涉图书馆行业的薇奇也像大多数人一样，以为做一个图书馆员就是在图书背后盖上还书日期。当她投入十分热情认真扎进图书馆的各项事务中时，薇奇看到了一个强有力的图书馆对社区产生的影响，意识到图书管理员是一个值得她终身热爱的职业。因此，当前任馆长调离时，薇奇毛遂自荐，说服图书馆董事会成员把图书馆长的职位给了她。为了做一名合格的馆长，单身母亲的薇奇进修了图书馆学硕士课程，并活跃于州图书馆界。她在担任衣阿华小图书馆协会会长期间，把一个因为小、不起眼、没人在乎因而自暴自弃、安于现状、缺乏工作热情的小图书馆协会在短短两年内就改造成了一个全州最活跃、最受尊敬的协会。

　　在决定图书馆养猫这件事上，薇奇更是做了许多耐心细致的工作：考察小猫性格，给镇上打电话，咨询镇上的律师、兽医，与图书馆董事会成员见面，与镇上每个对图书馆养猫担忧的居民通电话，并且承诺图书馆的经费一分钱也不会用在养育杜威上。诸如此类，不正是业界倡导的图书馆精神的最好解读吗？

三、《小猫杜威》：爱的范本

（一）爱意融融的家庭

　　爱的基因是可以遗传的。父母如何爱子女、爱他人，子女就会以同样的方式去爱他们的下一代，爱他们周围的一切。薇奇·麦仑就是成长在这样一个爱意融融的家庭里：母亲玛丽·马尤勤劳善良，富有爱心，对任何事情从不轻言放弃，尽管自家也并不富裕，但她从不拒绝帮助任何人，以至于整个社区的孩子都把她当成自己的母亲。父亲维林·基普森智慧能干，开朗乐观，喜欢跳舞和写诗。父母一生共同养育了六个孩子，他们深爱着自己的家人与朋友。无论生活多么艰难，只要有了成绩或值得家人高兴的事情，父母便会举行家庭派对，而基普森家庭乐队的演奏永远是 Party 上的主要节目。正是父母积极向上的生活态度给了薇奇无穷的力量，以至于在她遭遇病痛、债务、离异需要救助时，她向福利救济机构提出的要求竟然是"送我上大学"。在母亲卧病在床的最后八个月里，全家人日夜不停地照顾她，共同分享生活中所有的痛苦和欢乐，这段困难的日子反而成了孩子们最幸福难忘的时光。记得有言：分享痛苦，痛苦减半；分享幸福，幸福加倍。薇奇的大家庭就是斯潘塞无数爱心家庭的一个缩影。

（二）热爱生活的居民

　　斯潘塞人民善良、可靠、勤劳、骄傲又谦逊。他们热爱生活，热爱居住的小镇。他们看上去普普通通，但你一旦了解，就会觉得他们出类拔萃。1992年，当斯潘塞镇领导本着为小镇居民创造就业的好心，想让总部在科罗拉多的一家大型肉类加工企业蒙特福公司进驻斯潘塞时，3000多居民参加了镇议会举行的公共论坛讨论会，人们纷纷发表意见，最终因支持的居民不足100人而被否决。同样的事情在2003年又上演，当斯潘塞的头头想要增加经济实力欲使卡西诺赌场落户小镇时，又被社区居民投票否决了。居民们反对的不是就业和经济发展，而是污染。人们不愿意为了小小的几百份工作就出卖自己的生活方式，而让他们的人居环境与心灵家园蒙受巨大损失。这就是斯潘塞人民，理性而富有正义，他们是斯潘塞独特而有价值的财富。在污染由城市向乡村转移的当下中国，斯潘塞人民的做法尤其值得国内村民学习。

（三）和谐友爱的社区

社区居民共患难，同担当，齐心协力建设美好家园是斯潘塞的一种文化传承。早在1873—1876年间，斯潘塞就遭遇了三次蝗灾。蝗虫吃掉谷穗，农庄主们颗粒无收，纷纷搬离小镇。留下来的斯潘塞人们团结一心，互相帮助，度过了漫长而饥饿的冬天。1931年的一场大火更是斯潘塞历史上最为惨重的人为灾难。尽管损失高达200万美元，为了保护幼小的纵火男孩，人们还是不约而同地选择了隐藏他的身份，共同承担损失。尽管时值大萧条的顶峰，镇委员会还是决定按照当时最繁华城市的风格重建小镇。20世纪80年代末，斯潘塞又一次齐心合力，镇上的店铺共同出资改善基础设施，增设夏夜娱乐设施，装修图书馆，一个生机勃勃的小镇赫然呈现在人们面前。镇议会做出的决策也更加顺应民意。当薇奇决定进修图书馆学硕士课程又因需全职工作和照顾女儿而无法接受脱产学习时，是地区的行政官员约翰·霍拉汉的强烈要求，说服了恩波里亚州立大学在依阿华州的苏城设立了全美第一个图书馆协会认可的远程硕士点，圆了薇奇的硕士梦。也是镇议会设立的就业者教育基金替无数重返校园以提高其职业技能的雇员的学费买了单。小镇与人们就是这样互相依靠扶持着在和谐友爱的氛围中持续向前发展。

（四）温情挚爱的语言

《小猫杜威》是一部温情之作。作者薇奇·麦仑并不是一个专业作家，她只是一位尽职尽责的小镇图书馆员，在职25年，担任馆长20年。在兢兢业业工作的同时，薇奇练就了一双体察民情的眼睛与一颗博大无私的爱心。她能从一个男人"弓起的后背，刮得干干净净的脸上日益加深的皱纹"看出这个男人的压力与苦难，也能从"一个男孩穿着去年冬天的旧大衣，他的妈妈不再化妆，最后连首饰也不戴了"的衣着细节中体察到处于农业危机中的许多斯潘塞家庭都在受苦。

薇奇与杜威朝夕相处 19 年，在杜威形影不离的陪伴中，薇奇修复了与女儿乔迪的亲密关系，度过了无数个孤独而又紧张的论文写作之夜，更是杜威恒久的爱抚慰着薇奇那颗饱受病痛折磨的心灵。因此，当薇奇从兽医那里得知杜威患有巨结肠症而便秘、挑食、必须多喝水时，"我们试了热水，试了凉水，试着每过 5 分钟就重换一遍水，试了不同的水龙头，试着把冰放在饮水盆里，试着把它的脑袋摁进水里强迫它喝，试着不喝水就不给饭吃威胁它喝。"如此这般关怀备至软硬兼施，不正是一个母亲对子女无微不至的爱的真实写照吗？无怪乎，薇奇常常称呼杜威为"我的小男孩""我那容易满足的小男孩"。当杜威病逝后，薇奇更是从奥马哈的航班上一路哭到休斯敦。在埋葬杜威骨灰时，"我把我朋友的遗骸放在地里，简单地说：'你永远和我们在一起，杜威。这是你的家。'"看似简单的语言，却饱含着真挚的爱，让人无比动容。

"爱的教育其实很简单，就像小猫杜威，你爱它，它也会毫不犹豫地爱你。只要人们真心付出爱，也会收获一份沉甸甸的爱。在墨香中生活，受到了墨香熏染的小猫用它独特的方式与人和谐相处，给人丰盈的心灵慰藉。"①。在物欲横流、人情冷漠、利益交际的当下，《小猫杜威》是一剂让爱回归的良药。

第五节　《图书馆：不落幕的智慧盛宴》之细读慢品

图书馆是人性的备忘录，是族群和传统的储藏库，是人类未来的奠基石。美国作家斯图亚特·A. P. 默里的专著《图书馆：不落幕的智慧盛宴》以生动的语言、翔实的史料为人们提供了一趟精彩的知识探秘之旅。

从古老的美索不达米亚泥板文书到日益繁荣的电子图书，从古巴比伦石刻的楔形文字到古登堡的金属活字印刷术，从公元前 7 世纪的亚述巴尼拔国王图书馆到波士顿公共图书馆，从亚里士多德的私人图书馆到法国的巴黎大

---

① 石凌云：《爱，创造奇迹——读〈小猫杜威〉》，载《教师博览》，2010 年，第 10 期，第 36 页。

学图书馆，从莫高窟藏经洞到美国古文物收藏家协会，从大英博物馆的圆形阅览室到美国史密森学会庞大的图书馆系统，从古亚历山大图书馆到今亚历山大图书馆，从书吏到信息导航员，从为极少数社会精英服务到为普通大众公平服务……图书馆的发展轨迹，是一趟精彩的知识探秘之旅。美国文人斯图亚特·A. P. 默里的专著《图书馆：不落幕的智慧盛宴》[①] 以生动的语言、翔实的史料讲述了图书馆从最初的雏形到今天的发展脉络。

一、"智慧盛宴"：感悟图书馆的功能延伸

图书馆从诞生之日起，就肩负着保存人类文化遗产的光荣使命。正如上海图书馆馆长吴建中先生所说："无论是大学图书馆还是公共图书馆，无论是古代图书馆还是现代图书馆，它们的基本使命都没有变化，那就是保存人类文化记录，而且保存人类文化记录始终是第一使命。"[②] 那么，是从什么时候开始，图书馆被赋予了教育功能呢？图书馆从封闭走向流通又经历了一个怎样的过程？是什么原因促使着单一功能的古代图书馆逐渐发展到现代集文献保护、信息搜集、学术研究、科学教育、休闲娱乐为一身的多功能复合型图书馆呢？《图书馆：不落幕的智慧盛宴》给出了答案。

（一）繁荣的古希腊文化赋予了图书馆教育功能

公元前 6 世纪，古希腊的图书和档案事业进入繁荣期。此时，除了寺庙藏书之外，富有的市民和医生学者等专业人士也纷纷修建优雅的建筑，以作藏书之用。如古希腊学者柏拉图、欧里庇得斯、修西底德斯、希罗多德、亚里士多德等都拥有大型的私人图书馆。这些伟大的先知们不仅自己读书，而且也允许他们的学生和同行入馆读书，从而使得图书馆成为当时希腊文化和教育的中心。图书馆的教育功能也由此诞生，以至于后来的马其顿国王亚历山大大帝在征服希腊后，因全盘继承和发扬了古希腊的教育传统，才有了人类古代文明创建的典范——古亚历山大图书馆的辉煌。

（二）教会主导的修道院图书馆，开始从封闭走向流通

在西方图书馆的发展史上，修道院起着举足轻重的作用。而公元 6 世纪本笃会建立的修道院图书馆可谓影响深远。本笃会规告诫本笃会修士不可虚

---

① ［美］斯图亚特·A. P. 默里：《图书馆：不落幕的智慧盛宴》，胡炜译，广州：南方日报出版社，2012 年。

② 吴建中：《转型与超越：无所不在的图书馆》，上海：上海大学出版社，2012 年，第 33 页。

度光阴，要合理制定时间进行体力劳动和虔诚的阅读，并且明文规定每一位修士必须坚持每天阅读和写作。他们大都被雇佣为抄写员，或是抄写书籍，或是把希腊文作品翻译成拉丁文。因此，当时的本笃会抄写室成了中世纪书籍的最大生产地，而翻译工作也使书籍得以面向更广泛的读者群。随着人们对书籍的需求与日俱增，书本逐渐在修道院之间自由流通，不仅可以互相借抄，还可以以书换书。在一些修道院里，甚至开始提供对外租借图书的服务，借书人只须留下与书籍等价的物品就可以把书借走。于是，书籍使用的对象和范围向平民阶层大幅扩散，图书的流通功能开始具备，图书馆的"公共性"初现端倪。

（三）私家藏书遗赠大学的做法，使得图书馆的休闲娱乐功能开始显现

1450 年，古登堡发明了金属活字印刷术。这一创举彻底改变了欧洲的书籍、出版业和图书馆，极大地推动了阅读的普及和学术的繁荣。教会学校的创办与大学的兴起进一步强化了图书馆的教育功能。许多藏书家把私人藏书遗赠给大学的做法不仅丰富了图书馆的馆藏，还使得有些没有图书馆的大学因接受遗赠而建立图书馆。藏书家在把藏书捐赠给大学的同时，也把他们的藏书偏好、藏书思想、藏书管理方法传授给了大学。英国牛津大学的博德利图书馆便是外交家和藏书家托马斯·博德利（1545－1613 年）的心血之作。他和当时所有献身于图书馆建设的人一样，博得利非常认真地记录了每一本书的购买和捐赠情况，在印刷的书目中详细地说明如何建立整套藏书系统，并且规定图书馆每天开放 6 小时（周日除外），所有牛津人可以自由使用图书馆。博得利在为图书馆挑选藏书的时候不再执着于宗教和神学，而是抱着开明的态度，以至于当时的许多作家，都以自己的作品能够被博得利图书馆收藏为荣。许多诗歌、小说以及探险家的回忆录被博得利图书馆收藏，学子们来图书馆，不仅仅是为了学术研究，同时也是为了休闲、放松，甚至还为了享受图书馆的环境和氛围。博得利图书馆因此而变得地位显赫，后来发展成为世界上第一个有权获得所有新版书"呈缴本"的图书馆。

（四）咖啡馆精神催生了会员图书馆，卡内基捐助极大地推动着公共图书馆的发展，图书馆的功能不断丰富

流行于 17 世纪中叶的欧洲咖啡馆，是人们思考问题、辩论时政、放飞梦想的大舞台。咖啡馆本着对所有人开放的理念，无论是车夫、农民、机械师、大学教授还是政府职员、军官抑或是经常在宫廷走动的食客，都能在咖啡馆里平等自由地议论交流。从战争、政治、经济、科学、社会发展到国家地位等，都能够在一杯价值一便士的咖啡中得到思考和分析，咖啡馆因此而成为了各种精神思想的集散地。一些志趣相投的学者和爱书之人甚至自发组织起来，成立会员图书馆。美国的第一所会员图书馆就是在波士顿印刷商本杰明·富兰克林的带动下建立的。在咖啡馆精神的有力推动下，许多活跃的读者纷纷加入会员图书馆，图书馆为了迎合会员们的爱好和特殊口味，书目选择的种类不断拓宽，藏书内容不断丰富，从而也推动了出版业的发展，为新书的洪流提供了一个出口，使得下层社会的人们有了"读书"和"被别人阅读"的机会。

从1886年起，安德鲁·卡内基对美国公共图书馆的捐献使得图书馆的发展走上了免费的道路，同时也被纳入了各个社区政府必须维持的公共设施范畴。而开放式书库的卡内基图书管理哲学则赋予了图书馆更多的功能：保存、外借、阅读、浏览、参观、研究、学习、交友……正如约翰·科顿·丹纳于1899年在其撰写的《图书馆入门》一书中所述："图书馆应该成为孩子们的学校，成年人的大学和教育活动的中心。"

（五）互联网技术的高速发展，引发了图书馆的转型与超越

现代信息技术的发展和应用彻底改变了图书馆的工作环境，也给图书馆带来了全新的发展机遇。图书馆正在成为人们生活、工作和学习中不可缺少的公共空间。图书馆作为"场所"的功能正在不断地被人们发掘利用，作为"城市第三空间"的价值也在不断彰显。越来越多的图书馆利用信息通信技术，推进虚拟与实体空间的高度融合，力图将图书馆打造成为温馨亲和、信息通畅的知识交流空间。未来图书馆将是一个无所不在、无边界的知识共享空间。①

二、"智慧盛宴"：细读图书馆的睿智哲思

图书馆是收藏、记录知识的地方，是人类的集体记忆库。打开这座记忆库的大门，前人的许多睿智哲思便迎面扑来。早在公元前1304—公元前1237年，古埃及第十九王朝的拉美西斯二世在首都底比斯建立了一所图书馆，并在入口处立了一块石碑，碑上刻有"拯救灵魂之处"几个大字。可见，早在古代，人们就认为圣贤的智慧具有慰藉灵魂之功效，也就不难理解一部诋毁伊斯兰先知穆罕默德的电影会给美国驻利比亚使馆的工作人员带来杀身之祸了。

---

① 吴建中：《转型与超越：无所不在的图书馆》，上海：上海大学出版社，2012年，第53—69页。

　　"公共图书馆能把作者的智慧变成公共财富"的群体意识使得古罗马帝国的图书馆在当时已知的世界范围内生根发芽，甚至连公共浴池也不放过。也正是这些智慧的古罗马人发明了书籍的侧装订形式，不仅方便了阅读，而且双面使用的书页大大降低了书籍的成本。

　　中国古代造纸术与印刷术的发明应用极大地推动了亚洲文化的发展与传播，莫高窟藏经洞的稀世珍宝记录下了丝绸之路曾经的繁荣兴旺。始建于1150年的法国巴黎大学、1163年的英国牛津大学、1366年的德国查理学院成了大学图书馆建设的先驱。1737年建立的德国哥廷根大学图书馆因其做到了"自由地、不使人为难地使用馆藏"而成了早期大学图书馆的楷模。哈佛大学校长伊里亚德的名言"图书馆是大学的心脏"，直到今天仍然是大学图书馆建设的指南。

　　图书馆的智慧就是人的智慧。英国法理学家、政治家、科学家、作家和哲学家弗朗西斯·培根爵士（1561－1626年）的经典语录"知识就是力量"影响了一代又一代读书人，而他的知识分类思想与体系"人类的知识与人类认知的三个方面相呼应：记忆力归于历史，想象力归于诗歌，理解力归于哲学"曾经被许多图书馆使用，因为分类愈宽，书受到的约束就愈小。

　　德国著名的数学家、科学家、哲学家、法理学家戈特弗里德·威廉·莱布尼兹（1646－1716年）撰写的书籍涉及20多门学科，曾经的图书管理员身份使他不仅参与了欧洲最早的专门的图书馆建筑设计，还设计了一套被其他图书馆广泛采用的图书编目系统。更值得人称道的是他声称自己更喜欢"小型的、选择精良的图书馆，而不是用一大堆书籍作为摆设的图书馆"。这种思想对当前国内"大而全、小而全"的图书馆建设仍然具有重要的借鉴意义。

　　罗马政治家西塞罗的名言"秩序是记忆之光"则道出了图书管理员工作的实质就是"序化知识"。依靠私人图书馆自学成才的墨西哥著名作家胡安娜·伊内斯·拉·克鲁兹修女因对科学知识的不懈追求与对"女性受教育权利"的伸张而被人们誉为"墨西哥凤凰"，是北美殖民地时期优秀女性的代表。

　　美国杰出的图书馆学家麦维尔·杜威创立的杜威十进分类法开创了文献分类法的新纪元，而他在纽约市创立的哥伦比亚图书馆管理学校，不仅是美国第一所教育图书管理员的学习机构，也开了世界图书馆学教育之先河，从此，图书管理员走上了职业化的发展道路。

　　英国哲学家、传记作家和历史学家托马斯·卡莱尔（1795－1881年）震耳欲聋的一问"为什么每个小镇没有皇家图书馆，全国上下有的只是皇家监狱和绞刑架？"推动着英国早在 1850 年就有了《公共图书馆法案》。相比之下，《中国图书馆法》时至今日也迟迟不能出台，图书馆事业发展的差距令人深思！

美国国会图书馆馆长安斯沃斯·兰德·史波福（1825－1908 年）在其撰写的《致所有读者书》中，明确指出图书管理员必须拥有"对书籍的广泛知识""了解古今文学""熟知多国语言""拥有坚实的教育基础"以及"要熟悉图书馆书籍的分类，了解装订修补程序，以便能够修复书籍，供读者使用"。史波福对图书管理员的职业素质要求在百余年后的今天仍然具有强大的生命力。

三、"智慧盛宴"：慢品该书中的插图之美

斯图亚特的《图书馆：不落幕的智慧盛宴》，共为人们提供了 150 幅精美的插图，内容大多与文字、书籍、图书馆、人物、阅读有关。囿于篇幅，在此选取其中四幅，借以阐述我们的审美感受。

图 10-1 是《图书馆：不落幕的智慧盛宴》一书的封面插图，也是该书目录页后的一幅单页插图，虽然图旁未附任何说明性文字，文中也找不到任何与此图有关的介绍，但是，久久凝视，会有穿透灵魂之力，亦有"疗伤"之效。

一束强光从屋顶斜射进来，照在有八层搁板的古典式书柜上。书柜里满满的书籍大小不一，有的竖放，有的平放，有的斜放，有的装帧精美，有的装订普通，看上去整齐中透出些许凌乱。一位身穿长袍、白发苍苍的老者站在五层书梯的顶端，正在从书柜顶部寻找他想要的书籍。他的两腿间夹着书，左手腋窝下夹着书，右手拿着一本翻开的书，左手举着一本书正在阅读。从他眼睛与书本的距离可以看出老者

图 10-1 智慧之光

的视力并不太好，可他仍然看得那么入神，完全忘记了自己正站在窄窄的书梯高处，稍不注意就有摔下的危险。从他手脚并用一次想取 4 本书的姿态可知这是一位兴趣广泛、饱读诗书的老学者。书柜贴墙而放，房间里没有灯光，

除了自然光束斜射到的一小块地方呈现光明外，四周略显阴暗，也不见有阳光从窗户射进来，想必这是一个密闭而幽深的书库吧，抑或是一个古老修道院的藏书室，老者也许是一位资深的修士。尽管藏书室里设备简陋，然而正是因为有了成千上万如老者般不辞劳苦、虔诚耕耘的智者，才有了图书馆永照后人的"智慧之光"。

四层搁板的厚重书柜赫然屹立在《图书馆：不落幕的智慧盛宴》一书的衬页里。书柜里装满了书籍，每一本都被系上了铁链，书口朝外，整整齐齐地竖立在搁板上，这就是欧洲中世纪流行的锁藏书柜。这种用链拴书的做法带有防盗的目的。书籍在装帧时，在封面上钉上铆钉，并且用铁链拴住，然后固定在书柜的铁棍上。因为书必须在链条的长

图 10-2 锁藏书柜

度内才能阅读，所以在书柜的合适高度安装了一块平放的木板，这就是"读书台"。读书台有坐式和站式、单面和双面之分。图 10-2 中呈现的是一个带有双面坐式读书台的锁藏书柜。一本带链的典籍从柜中取出，翻开平放在读书台上，像是刚刚被人阅读过，耳畔似乎还萦绕着铁链发出的"嗦嗦"声，这种嗦嗦声持续时间之久是一般人意想不到的。1742 年曼彻斯特的谢哈姆大学和 1751 年的波德雷恩大学都有购买新链条的记录。牛津的马格德林大学直到 1799 年拴书的链条才被摘除。书籍的"自由之路"如此漫长，这也从一个侧面反映出当时典籍的昂贵与难求。

当书籍一改往日严肃的面孔，人们不再把它当作是教育、宗教的神圣源泉，而是休闲娱乐的媒介时，便有了好书与坏书之分，有了书籍审查制度，有了焚书之人，图书的战争因此而起。图 10-3 中这幅名为《书的战争》的木刻画生动地展示了这样一个场景：古典书籍和现代书籍在国王的图书馆里大打出手，它们争论的核心在于"受理性和科学思维启发的现代思想是否优于古罗马和希腊的'迷信'观念"。学者们纷纷著书立说发表自己的观点，一部分人认为 18 世纪是"理性

图 10-3 书的战争

的时代"，宣称当时的知识已经超过了古人；另一部分人则认为现代知识只是站在诸如荷马和亚里士多德这样的巨人肩膀上发展而来的，而先哲的作品已经包含了人们所需要的一切。于是作家们纷纷化身为勇敢的骑士，头戴铁盔、手执长矛、骑着高头大马在图书馆里激烈地争抢着古典书籍和现代书籍，其场景丝毫也不亚于一场需要流血牺牲的军事战争。

图 10-4　战火中的演奏

图 10-4 是一张照片，灰暗的底色中透出一片明亮，只见一位艺术家身穿演出的燕尾服，左手握着大提琴，右手拉着琴弓，庄严地坐在一栋大楼的断壁残垣中，聚精会神地演奏着，周围没有任何观众，只有亡灵和废墟在倾听。如果不看背景材料，你或许以为这是一次强烈地震后的场景。然而，这并非是一次人力所不可抗拒的自然灾害，而是好战者们的血腥之作。1992 年，南斯拉夫解体，新成立的塞尔维亚共和国派遣军队包围了波黑共和国最后的堡垒萨拉热窝城。城内的图书馆无一幸免，馆藏成了灰烬，馆舍成了废墟。图中演奏的大提琴家名叫韦德兰·史麦洛维克，演奏的地点就在波黑国立图书馆的废墟上，据说这位音乐家一连持续了 22 天这样的演奏。这一场景有幸被一位俄罗斯记者捕捉到了，于是，瞬间成为永恒。史麦洛维克在用音乐控诉罪恶战争对人类文明的摧残，也在用音乐激发富有正义感的人们重拾人性的尊严与和平的生机。同时也让人们铭记，战争是图书馆最大的敌人。

人性是善的，于是，人们对书籍进行分类、整理、细心呵护，甚至不惜献出生命。人性是恶的，于是，人们对书籍进行审查、焚烧，甚至发动战争，使其彻底毁灭。斯图亚特讲述的一个个故事、一幅幅图画清晰地告诉人们：图书馆是人性的备忘录，是族群和传统的储藏库，是人类未来的奠基石。人类之于图书馆，既是朋友，又是敌人。

第十一章
阅读的图书馆员及学术行走拾贝

　　读万卷书，行万里路。阅读即行走。行走即阅读。本章选取我国当下与图书馆业务工作联系得比较紧密的"三书一报"作为阅读学习的对象：首先是王波先生的《快乐的软图书馆学》，"荐书、刻人、普会、绘图、导写、播爱"是《快乐的软图书馆学》带给图书馆界学人的六大营养功效，多营养、易消化的"软图书馆学"是图书馆员们实现快乐充电的良方。其次是吴晞先生的《天下万世共读之》，阅读此书，就像在听一位兢兢业业的师者，在耐心细致地传道、授业与解惑，从中也能感受到一位图书馆人坚守志业的精神与风骨。让普天下所有的人都有书读，让普天下所有的人都爱上读书，这是每一个图书馆员终身为之奋斗的目标。再是赵俊玲先生的《阅读推广：理念·方法·案例》，该书既可作为阅读推广理论学习的启蒙书来读，也可作为阅读推广活动策划的益智书来读，还可作为阅读推广案例写作的指导书来读，可谓一本功能多样的阅读推广宝典。此外，以《图书馆报》为行业专刊，推介图书、普及会议、开阔视野、关注热点、激发灵感、催人奋进是《图书馆报》带给业界学人的营养功效。图书馆员只要持之以恒地加以阅读，就能在轻松愉快地氛围中练就一个出类拔萃的自我。最后，笔者还附录了近几年参加各种学术会议的文字记忆与阅读花絮，以写实的方式记录了学术行走的足迹与自我成长的心路。

第一节 《快乐的软图书馆学》
——多营养易消化

第一眼看到《快乐的软图书馆学》①，书名中的"软"字立即吸引了我们的眼球，因为它让人瞬间联想到"软件与硬件""喜软怕硬""软硬兼施""轻言细语""敬酒不吃吃罚酒"等内涵丰富的词汇，从而对"软图书馆学"有了表层的理解。阅罢此书，我们发现，对"硬图书馆学"之味有点腻了的图林人而言，"软图书馆学"不愧为一剂中和提神的良方，对有"喜软怕硬"基因的非专业馆员来说，"软图书馆学"不愧为一道正合其胃的美食：营养丰富，容易消化，并能迅速补充体能。

一、推荐图书

在"跟风书""克隆书"泛滥的当下，畅销书未必有营养，有营养之书不一定畅销。因此，图书采访馆员们需要一双慧眼才能购买到质量上乘的书籍，不同类型的读者也需要符合各自阅读嗜好的荐书专家。循着王波的阅读轨迹，《快乐的软图书馆学》给已经或即将成为图书馆员的人们推荐了一系列古今中外的好书。如软图书馆学著作有《书林清话》（〔清〕叶德辉著）、《书天堂》（钟芳玲著）、《21世纪图书馆展望》（吴建中著）、《战略思考：图书馆发展十大热门话题》（吴建中著）、《建中读书》（吴建中著）、《阅读疗法》（王波著）、《阅读史》（〔加〕阿尔维托·曼古埃尔著）、《图书馆之恋》（〔法〕让·马里·古勒莫著）、《小猫杜威》（〔美〕微奇·麦仑，布赖特·维特著）、《夜晚的书斋》（〔加〕阿尔贝托·曼古埃尔著），等等。

硬图书馆学著作除了《图书馆学基础》《信息资源建设》《文献分类学》《信息资源编目》《信息检索》《目录学概论》《情报检索语言》等图书馆学专业教材外，《快乐的软图书馆学》还推荐了一大批中外名家的论著，如《图书馆学要旨》（刘国钧著）、《图书馆学通论》（杜定友著）、《文献交流引论》（周文骏著）、《图书馆学导论》（黄宗忠著）、《晚清图书馆学术思想史》（程焕文著）、《图书馆精神》（程焕文著）、《图书馆学理论变革：观念与思潮》（范并思著）、《知识交流与交流的科学》（黄纯元著）、《中国旧书业百年》（徐雁

---

① 王波：《快乐的软图书馆学》，北京：海洋出版社，2010年。

著）、《图书馆学导论》（于良芝著）、《中国读书大辞典》（王余光、徐雁主编）、《外国图书馆名著选读》（袁咏秋、李家乔主编）、《图书馆英语：图书馆日常用语》（潘华栋、陈兆能主编）、《图书馆学五定律》（〔印〕阮冈纳赞著）、《图书馆管理》（〔英〕克拉克著）、《图书馆学导论》（〔美〕巴特勒著）、《列宁论图书馆工作》（〔苏〕克鲁普斯卡娅著），等等。

拓宽知识面之书包括史书、哲学著作、文学名著等，其中重点推荐的有《隋书经籍志》、《汉书》、《程氏家塾读书分年日程》（〔元〕程瑞礼撰）、《欧美环游记》（〔清〕张德彝著）、《天龙八部》（金庸著）、《美学散步》（宗白华著）、《春醪集》（梁遇春著）、《泪与笑》（梁遇春著）、《四十自述》（胡适著）、《四十不坏》（孔庆东著）、《周易文化十二讲》（崔波著）、《影响中国历史的三十本书》（王余光编著）、《中国百年畅销书》（徐丽芳等编著）、《中国读者理想藏书》（王余光主编）、《历史的起源与目标》（〔德〕卡尔·雅斯贝尔著）、《论出版自由》（〔英〕约翰·密尔顿著）、《人是机器》（〔法〕拉梅特里著），等等。

正如费尔巴哈的名言——"人是他所吃的东西"，读什么样的书，吃什么样的精神食粮，就会造就什么样的人。但愿我们从《快乐的软图书馆学》中解析出的这份书单对诸位读者有所帮助，能让您顺藤摸瓜，顺着书中之书大练吃功，因为书来源于书。

二、刻画人物

图书馆学专业教育是图书馆事业发展的智力资源。《快乐的软图书馆学》刻画了一位位形象生动、个性突出、才华横溢、成就斐然的当代图林教育名家，让千万普通图书馆员在短短的时间内与这些精神导师们来了一次全面的心灵对话。南京大学图书馆学系的徐雁教授因其弃官、编书、藏书、读书的职业选择与个人爱好而成为临书仙精神的最好诠释，更因其"行走在时尚的都市、怀揣着古典的情怀"的女弟子规而闻名业界，也因其为喜欢阅读学研究的读者在许多图林名刊中开辟了根据地而被《快乐的软图书馆学》誉为阅读学研究领域的"孙中山"。获得日本东京大学图书情报系博士学位却不幸英年早逝的黄纯元老师因对图书馆学的三大杰出贡献（为数字图书馆祛魅、以知识交流说解读图书馆学的本质、推动图书馆学研究实证化）而被《快乐的软图书馆学》誉为图林的"承影剑"，喻指"人虽逝，术长存"。大器晚成的范并思教授不仅教学科研双丰收，而且还是图书馆界的博客高手，被《快乐的软图书馆学》誉为图林的"日月剑"，喻指"教研、开博齐耀眼"。中山大学资讯管理学院的程焕文教授观点犀利、发力刚猛、爱憎分明、嫉恶如仇、著作等身，因其最讲图书馆精神而被《快乐的软图书馆学》誉为图林的"舍神剑"，正话反说，寓意无穷。任教于南开大学图书馆学系的于良芝教授是一位从英伦之拉夫堡大学学成归来的女博士，她率先把国外图书馆界研究的前沿概念引入国内，如图书馆政治经济学、图书馆现代性构建、图书馆学科学化、图书馆职业精神、图书馆学教育殖民化等，让国内图书馆的工作者与研究者大开眼界，被《快乐的软图书馆学》誉为图林的"巾帼佐罗"。在亚健康席卷国人之时，郑州大学的崔慕岳教授不仅事业有为，而且驻颜有术、精力旺盛，被《快乐的软图书馆学》誉为"嵩山童翁"。北京大学信息管理系的王锦贵教授不仅精心传道、授业、解惑，而且善于以师德感化人，以宽容激励人，与学生同欢欣共忧愁，被《快乐的软图书馆学》誉为图林的"极品导师"。任职于浙江大学的叶鹰教授因其"化学学士、图书情报学硕士、哲学博士、计算机博士后"的跨领域多学历背景而被《快乐的软图书馆学》誉为"叶四变"，其浓厚的传统文化功底与多专多能的超人高智商堪称图书馆界的神人。

除了以上这些图林名师，《快乐的软图书馆学》还给读者刻画了许多极富创新精神与鲜明特征的图林名编，如具有菩萨心肠、博爱又敬业的"贺岁刊"导演邹荫生老师，吸足了西湖美丽与韵味的美女编辑吴荇老师，将编辑部华丽转身为国有企业的名编周金龙先生、勾学海先生，重视编辑部人才培养与和谐氛围建设的名编毕红秋女士，坚持学术立场的王宗义老师，有着收藏癖的李金荣老师，极具敬业精神而又不耻下问的王景发老师，造星大腕韩继章老师，形似毛委员的张欣毅老师等人，都给图书馆人留下了深刻的印象。

书中着力刻画的这些图林教育名家与名编们，有些是该书作者的业师，有些因为工作关系与其有过亲密接触，因此着墨较多。诚如该书作者所言，还有许多学术大师与资深名编们作者暂时还无缘对其进行深层次的全面了解，于读者而言，不能不说是一种遗珠之憾。

三、普及会议

一直以来，参加学术会议是绝大多数普通图书馆员做梦都不敢想的事情。庆幸的是，该书中描绘的各种学术会议图景让底层图书馆员们有如身临其会，大开眼界；同时也让学术会议的营养价值得以大面积地传播。如以图书馆界博客精英为主要参会成员的上海图书馆 2.0 会议，2006 年中国图书馆学会年会，纪念《文献交流引论》出版 20 周年座谈会，北大信息管理系 60 周年庆典会,《中国图书馆学报》50 岁生日庆祝会,中国数字图书馆建设 10 周年纪念会,Web/Lib2.0:西湖论剑会,中国图书馆学会第四届青年学术论坛会等。无论是只有几十人参加的小型座谈会,还是数百人参加的大型学术年会,都是名家云集,精彩纷呈,可谓为图林人提供了一个思想交锋、激情点燃、梦想放飞的大舞台。当前,大多数基层图书馆员只知道学术会议以追踪学术前沿的学术理论性著称,却不知道还有以观赏性为重要会议评价指标的图书馆年会的存在。在以图书馆员为全部演员阵容的图林青年学术论坛联谊晚会上,图书馆知识竞猜、给晚会当天过生日的馆员发纪念品,图书馆礼仪表演、书车舞、图书馆标语和规章制度改错 PK、"扮馆长"四幕折子戏等,真是幕幕精彩,让人浮想联翩。这种"学术可视化、论坛话剧化"的别开生面的学术论坛,堪称图书馆界的"春晚",相信每一个稍具图书馆精神的馆员都会心驰神往。

四、描绘"图林"

金庸的《天龙八部》描绘了一张天下武林布局图,王波的《快乐的软图书馆学》则描绘了一张中国图林布局图。首先,该书为中国图书馆界解构出了一位图书馆员职业神:他既有"辨章学术、考镜源流"之深厚功力,又精通荐书之道与阅读之法;既是一位全能的图书馆员,又是一位出色的学科馆员,他就是《天龙八部》第 43 章出场的司书僧。其次,在图书馆学教育繁荣的当下,该书以"精神气质"为核心评价指标,为喜欢排座的国人描绘了两大图林门派:北京大学是图林的武当派,武汉大学是图林的少林派。它们就像双子星,闪耀在中国图书馆学的星空。第三,"大学之大,非大楼之大,乃大师之大",此语可谓人尽皆知。可以说《快乐的软图书馆学》给当下每一个有志于成为图书馆人的莘莘学子绘制了一幅图林教育达人布局图,如北京大学有李国新、王子舟、王余光、王锦贵、周庆山、王益明、刘兹恒等,武汉大学有王新才、肖希明、秦健、刘家真、胡昌平、邱均平、黄葵、李明杰、吴永贵、黄如花等,华东师范大学有范并思、陆建平、金武刚等,中山大学有程焕文、曹树金等,南开大学有王知津、柯平、于良芝等,南京大学有徐雁、叶继元等,郑州大学有崔慕岳、崔波等,浙江大学有叶鹰、李超平等。第四,该书还为每一个图书馆员编制了一张有为馆长名录,如前国家图书馆馆长詹福瑞,中国科学院国家科学图书馆馆长张晓林,上海图书馆馆长吴建中,首都图书馆馆长倪晓健,杭州图书馆馆长储树青,深圳图书馆馆长吴晞,苏州图书馆馆长邱冠华,北京大学图书馆馆长朱强,厦门大学图书馆馆长萧德洪，上海大学图书馆馆长任树怀，内蒙古大学图书馆馆长阿拉坦仓等，有了这张名家图谱与馆长名录，想了解他们学术造诣与管理经验的图林人，只要在 CNKI 或百度中搜索，各种学术营养与先进理念便会迎面扑来，让读者想"瘦身"都难。

五、指导写作

不写作与常写作的图书馆员区别很大。首先，王波先生为读者讲述了北京大学图书馆史上著名的男女二梁的故事。爱写作的梁遇春虽然只活了 26 岁，却在北大学习和工作的 8 年时间里留下了二三十种译作和 37 篇散文，虽然不是与图书馆学相关的论著，但却是中国现代史上最有社会影响力的普通图书馆员之一，被文学界誉为青春写作的先驱，就连青春放笔的李敖和余杰也被认为是秉承了梁遇春的遗风。更令人意想不到的是，在他辞世 60 多年后，不仅其著作畅销，而且还为后来的图书馆同仁在爱情上谋福利，漂亮的小妹因为痴迷和爱慕梁遇春的文字而爱上了普通的图书馆员。相比之下，不太写作的梁思庄尽管于 1930 年获加拿大麦基尔大学文学学士学位，1931 年获美国哥伦比亚大学图书馆学学士学位，但由于时代冲击和个人兴趣等原因，没有成为文思滔滔、著作等身的学问家，因而其劳模馆长的形象只活在了与她同时代的老馆员、老教授的记忆里。在新成长起来的图书馆员那里，梁思庄的名字越来越陌生，影响他们的前辈都是那些有著作传世的名家。因此，王波呼唤：每个图书馆员，应该发扬为职业尽忠、为学科尽孝、为个人尽责的"书间道"精神，用文字记录下对图书馆职业哲学的反思、工作理念的升华、实践经验的总结、专业理想的探索、服务前景的描绘，共同推动图书馆事业的发展。

其次，王波先生既是《大学图书馆学报》的编辑，又是论文写作的高手，在该书的许多篇什里，他向热衷于写作投稿的图书馆员透露了编辑选稿、期刊发文的秘方与治学作文的诀窍。

"它虽然被宣讲过，可是却从未被发表过，所以打着著作权的名义，一向对文章的贞操十分在意的期刊们还是对其表示了兴趣。"由此可知文章的原创性是稿件被采用的首要标准。

"编辑的责任说大也大，如果把错关，导错向，话语权分配不公，经年累月，对学术的扭曲、危害作用不可小视。"这就明确地告诉读者：不同的刊物有着不同的学术导向，同一刊物的不同栏目的发文数也是有规定的。

"有的刊物认为，图书馆学的发展是横向发展或向宏观发展，举凡知识管理、信息管理、竞争情报、政务信息等，都属于图书馆学的发展，所以发表的论文范围很宽。《大学图书馆学报》要求跟高校图工委的宗旨一致，……所以刊发的论文范围较窄，……还有不少图书馆学期刊，看着是图书馆学的园，长的其实是不明学科的苗。"因此，要想提高投稿的命中率，了解刊物的办刊宗旨与栏目设置非常重要。

"编辑们在做编辑工作的同时，兼做图工委秘书处的工作，经常组织或参与一些图书馆界的大型会议，这就极大地扩大了编辑们的视野。……感觉就像猛然站在了图书馆界的前沿高地上，……也能从全局角度和行业大势角度衡量来稿的价值了。"可见关注图林大小会议情况与业界征文主题是了解学术前沿动态的捷径。

"我是一个具有旺盛好奇心的人，每接到一个专家的稿件，就把求知的触角伸到他那个领域，捎带了解他的别的成果，久而久之，对自己的知识结构的完善、知识范围的扩大很有帮助。"相信每一个从事学术研究的图书馆员都能从这段文字中图解出读书治学的秘方。

"一些研究表明，目前学术界最经常将博客作为学术参考源的前三名学科分别是传播学、教育学、图书情报学。不仅行业新闻总是通过博客得到最新报道，许多理论问题都是通过博客进行预演、彩排和普及。"由此可见，图林名家博客、学者博文已成为图书馆人接受专业教育的第二课堂。

在《网络图林入正史》一文中，王波以他的名文《网络图书馆学的兴起与发展》的出炉过程为例，从侧面向图书馆员们进行了导写传授："古人治学，强调读书得间，就是要在不疑处生疑，找矛盾，找空隙，找盲点"。《网络图书馆学的兴起与发展》正是王波先生在"《大学图书馆学报》读者沙龙"的主持得间中与写博得间中捕获了灵感，由此生发开来而做的一套学问。"在文章出塞之前，我对文章又进行了全面的修复、再造与装修。首先，对文章的议论范围进行了校准……；其次，对文章进行了理论装修……；第三，对文章进行了语文装修，重点是把各个小标题修改得基本对仗，把文中所有用词的准确性进行了重新检查……范围校准、理论装修和语文装修应该说是论文修改的通用方法，希望大家在投稿前，也能在梳妆台前多花点时间，让文章以更姣好的面容打动编辑的凡心。"这字字句句、条条理理，不正像一个地道的语文老师在向学生传授作文之道吗？

六、传播"四爱"

"播爱"，在《快乐的软图书馆学》中包括两层含义，一方面，图书馆员应该具有"爱国、爱馆、爱书、爱人"的图书馆精神。这精练、简洁的"四爱"精神，许多人都耳熟能详。然而，王波先生却用网络图书馆学词汇，将这"四爱"精神阐释为临书仙精神（临书而立，陶然若仙）、逗腐儒精神（微笑服务、乐观生活）、书骨精精神（书界骨干精英）、书间道精神（读书得间，书间求道），可谓风趣幽默而又不乏哲思睿智。

另一方面，中国图书馆学是一门爱情之学。首先，中国图书馆学教育之父——沈祖荣先生和夫人姚翠卿女士，谱下了同年同月同日死的千古爱情传奇。其次，据王波的考证，在图书馆学领域，凡是同系同学、同业同仁缔结姻缘者，多数婚姻美满，事业有成。如范并思和胡小菁、徐雁和谭华军、徐建华和唐承秀、姚伯岳和肖珑、代根兴和周晓燕、陈传夫和林嘉、谭祥金和赵燕群、曹树金和罗春荣、屈义华和曲晓玮等。无怪乎，"夫妻党"被誉为图书馆界的第一大党。所谓爱屋及乌，事实上，但凡爱阅读、爱书籍之人都是极其喜爱图书馆的，两个同时爱上图书馆的王子与公主互相擦出爱的火花就不足为奇了，同时也就不难解释当下的大学图书馆为什么会成为 90 后保鲜爱、播撒爱的爱意融融的伊甸园了。

王波先生用清新可人的随笔体着力打造的"软图书馆学"给业界学人带来了诸多快乐与营养，也给"吃软不吃硬"的馆员们开出了一张清甜药方，从而一改良药苦口的传统。在环境超负、生态失衡的当下，期望这张清甜药方能够早日传播到生态学、环境学领域，让人类在快乐地品尝多营养、易消化的软生态学、软环境学的过程中与地球永恒！

第二节 《天下万世共读之》
——传道、授业与解惑

曾经数年细致辛苦的图书编目工作让笔者对心仪图书有了一睹为快的优先权，无形中也培养了热爱阅读的习惯。出于专业与职业的需要，《天下万世共读之：公共图书馆与阅读推广》[①] 因此而来到了案头。该书系《中国当代图书馆馆长文库》之一，全书分为上、下两篇，上篇是关于公共图书馆的内容，下篇是有关阅读推广的内容，共收录了吴晞先生自 1998 年担任深圳图书馆馆

---

① 吴晞：《天下万世共读之：公共图书馆与阅读推广》，上海：上海科学技术文献出版社，2014 年。

长以来在学术刊物上发表的文章，各种培训班上所做的报告，大、小会议上的演讲、致辞以及部分专著上的序言等共计 33 篇文稿。吴先生用生动鲜活的文风把自己十多年来的知与行向业界学人娓娓道来，对广大底层图书馆员来说，就像一位兢兢业业的师者，在忠实地履行其传道、授业与解惑的神圣职责。

一、传道：深入浅出

从 20 世纪八九十年代图书馆的闭架、收费、不平等服务到 21 世纪初期的开放、免费、平等服务，这一过程吴晞先生不仅是亲历者，更是有力地推动者。遥想当年，年轻的华罗庚想要借阅学校图书馆里数论方面的藏书，却被老馆员视为闲书而遭训斥，不得不用日复一日在图书馆里打水做卫生的方式感动老馆员，才得书以读。电视剧《华罗庚》中的这一幕，也许当初只是无心的一瞥，却在吴先生的脑海里成了有心的永恒。在图书馆界从业后，特别是初任深图馆长之时，目睹重藏轻用、有偿服务、不平等服务等弊端在公共图书馆界积重难返，人本精神丧失殆尽，吴先生忧心忡忡，撰写了《图书馆与人文关怀》《天下之公器》《现代文明、公民阅读与公共图书馆》等一系列文章，旗帜鲜明地宣称：人的因素第一，公众精神至上，永远是图书馆的根本准则；现代公共图书馆是天下之公器，开放、平等、免费服务是它的核心价值观，并在深图首先践行。振臂一呼，效仿者络绎不绝。如今，开放、平等、免费服务已经上升为国家政策。这种进步，像吴晞先生这样的呐喊者与实践者实属功不可没。

尽管是图书馆学专业出身，可"什么是图书馆学""图书馆学算不算一门科学"这样的问题却是吴先生长期思考的。他在深入研究阮氏定律、要素说、机构说、知识集合论等大家理论的基础上，形象地定义：文献、读者以及居于其间的馆员（或图书馆）共同构成了图书馆学；文献、读者就像是图书馆学的两翼，居于其间驾驭的是馆员；并且指出，在学科发展史上，有关文献的大家和大作蔚为大观，涉及读者的研究成果却很少，图书馆学基础理论的研究尤其如此。他还生动直白地将图书馆学基础理论理解为整个图书馆行业的灵魂、精神和价值核心，一如人的大脑和神经中枢；同时还提出，尽管图书馆学是一门实践性很强的人文学科，但它的基础理论研究不能仅仅停留在"器"的层面，还要在"道"的层面取得成果，要有"形而上"的追求。因此吴先生强调，当下的基础理论研究要适当与实际工作分离，既不要陷入丧失学术尊严的"跟风式"研究中，也不要陷入跟在现实后面跑的"事后诸葛式"的研究中，要焕发理论研究的魅力。这无疑给广大图书馆人从事学术研究指明了方向。

任职中国图书馆学会阅读推广委员会主任后，以阅读为视角，吴先生的研究进入了全新的领域。他认为，只有图书馆才具有完备的文献资源保障体系，才能为读书人提供全面系统的文献服务，才能让读者领略到完整的科学知识体系和全部的人类文化遗产，从而使其站在巨人的肩膀上看世界。图书馆的这一功能是任何其他社会机构都不可替代的。因此，吴先生发出了"阅读，请到图书馆"的呐喊。为了使公众能够利用好图书馆的各种资源，他还谆谆教导：在图书馆读书，一是要学会利用各种工具书资源，二是要利用好系统收藏。何谓系统收藏？吴先生举例言之：一个研究者至少要掌握某一专题文献 100 篇中的 80 篇，才算得上对这一专题有个起码的了解，而社会上能够提供这种文献保障的机构只有图书馆，这 80 篇文献就叫做系统收藏。在《三个故事 一条宗旨》一文中，吴先生以奥巴马的精神、程焕文的论点、不看洁本《金瓶梅》的行为大声疾呼：阅读自由是图书馆乃至整个现代社会文明的宗旨圭臬。他还借用英国大文豪狄更斯的名言，指出当今社会既是一个阅读的最好时代，也是一个阅读的最坏时代。一方面读书人的阅读热情在不断高涨，而另一方面不读书的人数也在持续增加。面对这个极为矛盾的社会现象，吴先生鼓励图书馆人应该当仁不让地站出来，大声说："依靠图书馆阅读推广吧，让我们来把阅读推向千家万户，让所有的人都爱上阅读，这是我们每一个图书馆人的奋斗目标。"

二、授业：得心应手

从高校图书馆到公共图书馆，从馆员到馆长，从文化部官员到大学教授、期刊编辑、学会理事，可以说，关于图书馆，无论是微观的业务工作还是宏观的政策工作，无论是事务性工作还是研究性工作，吴晞先生都深有体会，授起业来自然也就得心应手。

为了说明"文明传承与图书馆藏书"的关系，吴先生以"大汉文章出鲁壁，千秋事业藏名山"这副楹联为材料，解读我们祖先的文献观：在中国的传统文化中，文献是"载道"的，其使命是"为天地立心，为生民立命，为往圣继绝学，为万世开太平"，因此，文献要藏之名山，流传万代。正因为文献在人类的历史发展中负有如此重要的使命，在"重藏轻用"大遭诟病的当下，在一些图书馆及地方官员将馆藏作为红包派发的糊涂认识中，吴先生在业界重申图书馆的藏书观：文献、藏书是图书馆的核心，既是图书馆学学科研究的核心，也是图书馆业务工作的核心。无论是传承文明还是服务社会，其前提和基础都是馆藏文献。在数字文献飞速发展、数字阅读成为潮流的今天，纸质文献依然不可或缺，并且强调"求全责备"与"敬惜字纸"应该成为图书馆特别是公共图书馆的两个重要的办馆方针，藏书建设永远是图书馆生存和发展的根本大计。

　　问题产生创新。21世纪初年，随着开架服务方式的大量采用，馆藏物理位置的凌乱加剧，已经成为图书馆管理和服务中亟待解决的迫切问题。其时，RFID技术的出现，给图书馆的智能化发展带来了机遇。正任深图馆长的吴晞先生，强烈的问题意识与敏锐的市场嗅觉让他带领深图技术团队，先后开发了文献智能管理系统、智能书车、城市街区24小时自助图书馆，实现了文献定位导航、自助借还、简化加工、典藏防盗一体化等功能。他还针对深图建馆历史不长，没有珍稀馆藏的特点，将"服务立馆"与"技术立馆"定为深图的办馆方针。无论是"服务立馆"还是"技术立馆"，人文关怀始终如影随形。在深图新馆建成开放之际，有人提议要将多媒体展示区设在大厅，以便大家一进图书馆大门就能感受到新技术的魅力。吴先生却另有考量。他认为，公共服务应该秉着"以人为本"的理念，特别是像图书馆这样的文化服务场所，不能摆出一副唬人的架势，对民众要有亲和力，让人感到有文化的可以来，没文化的也可以来；骄傲的可以来，自卑的也可以来。就连在研发"城市街区24小时自助图书馆系统"时，也希望能够赋予自助图书馆一个富于人文情怀的"灵魂"，而不是一台冷冰冰的机器。因此，当深图员工听说"一位女市民因发展不利正想回老家之际，只因使用了自助图书馆这项便民服务设施而改变主意，决定留下来做一个深圳市民"的故事时，研制者们倍感荣耀，甚至超过了之前所获的任何一个奖项，因为用户的满意才是现代图书馆社会价值的体现。伴随着如潮的赞誉，参观引进自助图书馆者纷至沓来。对此，吴先生再三申明：自助图书馆的应用需要一定的技术和社会条件做支撑，在条件不具备的地方，不能盲目引进。对前来考察的领导，吴先生及其同事们耐心细致地解释，甚至强迫他们参观后台运作系统，这种对"好心办坏事"的忧虑足见一个图书馆人的职业操守，也很好地诠释了吴先生的百姓情怀。

　　细心的读者还能从《书山求道，学海寻舟》一文中体会到领导决策的慎重。为了成立"公共图书馆研究院"这样一个以公共图书馆为研究对象的专业研究机构，吴馆长及其同仁们在大量调研的基础上，对研究院的性质定位、组织构架、经费保障，工作事务以及研究领域等方面都做了细致的安排与周密的部署。一年后公开出版发行的《中国公共图书馆发展蓝皮书（2010）》就是这种科学决策诞下的成果。

三、解惑：一语中的

当前，公共图书馆零门槛开放已经实行多年，可图书馆特别是基层公共图书馆依然门庭冷落。不少人认为图书馆不仅已经变得可有可无，有的图书馆甚至从来就没有走进过底层百姓的生活。一些地处三、四线城市的县、市级公共图书馆，长期处于关闭或半关闭状态，还有高达 37.8％的大一新生因为从未使用过任何类型的图书馆而把书店当成了他们心目中的图书馆形象。这些不争的事实都有力地印证着公共图书馆正在淡出人们的视野。即使是工作在沿海发达城市的吴晞先生，也常常碰到这样的问题：图书馆和书店有什么不同？甚至还有主管官员提议书店与图书馆"联营"，书店给图书馆发奖金，图书馆则变为书店垃圾书刊的"收容所"。针对此类荒唐言行，吴先生在"图书馆与城市文化高层论坛"上，在青年馆员培训班上，在百年馆庆会上，在区域图书馆高峰论坛上，在报纸和学术刊物上，或撰文，或演讲，不厌其烦地强调：图书馆有着比文化休闲更为重要的社会功能，那就是为社会的发展提供全面、完备、系统的文献资源保障，并承担文化传承的使命。这样的功能与使命，不仅以赢利为目的的书店不可能完成，就是任何其他社会机构也担当不起。正是出于这样的考虑，深图始终将建设学习型、研究型图书馆作为自己的发展方向。吴先生还从市民的视角，为城市图书馆的存在注解：图书馆是都市人的大书房，市民的起居室，终身教育的场所，都市人的精神家园，都市文明的收藏者、继承者和传播者，是城市可持续发展的资源保障。以此为立足点，在免费服务蔚成风气之际，吴晞先生如此解惑"服务创新与坚守底线"的关系：真理超越半步，往往就是谬误。图书馆的底线就是"藏书"，无论服务如何创新，图书馆人都必须坚定不移地守护其藏书，任何一种创新方式都不能以牺牲馆藏为代价。收费在图书馆也并不是被绝对禁止的。无怪乎，深图在探索免费服务的道路上，一面声称"到深图不用带钱包"，一面仍然保留了"外借押金"与"逾期滞纳金"。可见在信用制度尚未完善、公民素质仍待提高的当下公共图书馆界，还未找到比"收费"更好的收回外借藏书的方法。

经历过"文革书荒"年代的吴晞，饱受身体与精神的双重饥饿。在那黑暗的岁月里，因沾"军区司令被处罚"的光，有幸得《红楼梦》以阅五遍，因此而额外收获了坚实的旧体诗词创作功底。那时的阅读，远离了"名利"与"财色"，纯粹是为快乐而读。"读书的目的就是读书本身"，这样的睿智哲思非真正的读书之人是不可能领悟的。在"浅阅读"与"网络阅读"大受诋毁之时，吴先生正言相告：阅读的"深"与"浅"与文献的载体并无直接联系，那种认为"在电脑网络上只有浅阅读，一卷在手才算读书"的观点实乃无稽之谈。作为图书馆，不应排斥任何阅读方式和任何读书人。深读浅阅，儒者丐者，都要一视同仁。

对于"阅读，指导还是不指导"这个问题，在图书馆界，一直存在两种声音：一种认为，在高校图书馆，没有任何证据证明"图书馆员比大学生高明"，因此，高校图书馆员应该立场中立，不干涉读者的阅读自由。即使是在公共图书馆，阅读指导的对象也仅限于儿童与青少年。另一种则坚定地认为，阅读需要指导，图书馆需要阅读指导工作。因为读者的需求并不都是"天然合理"的，图书馆对读者的阅读现象也不能完全听之任之。这似乎是一个仁者见仁、智者见智的问题。对此，吴晞先生有着更深层次的思考：之所以会有这样的争论，问题不在于图书馆阅读指导工作本身，而是以往的阅读指导缺乏专业的方法，图书馆员指导阅读的业务素质太低，得不到读者的认可。对于许多图书馆来说，阅读指导不是该不该舍弃的问题，而是太少、太贫乏、水平太低，远远跟不上读者的需要。"英雄所见略同"，柯平教授在论及知识服务时曾这样说：信息服务首先考虑的是读者需求，而所有的需求供给并不都是对读者有用的；知识服务首先考虑的是对读者有益，而许多有益的东西读者并没有意识到需求。如果说信息服务馆员是一个懂得厨艺会做美食的优秀厨师，那么，知识服务馆员就不仅仅是一个有经验的优秀厨师，而且还必须是一个有知识的优秀营养师。[①] 如此看来，承担阅读指导工作的馆员，更应该是一个有知识的优秀营养师。

在该书《序言》中，吴晞先生坦言："我很少作高头讲章式的文字，对'特别学术的文字'缺乏好感。……文章是写给别人读的，因此要想方设法让人喜读、爱读，……只有深入者才能浅出，如果看不到课题中鲜活的生机，并且生动鲜明、酣畅淋漓地将之书写出来，只能说明作者还没有把课题吃透，还没有将其变成自己呼之欲出的东西。"吴先生就是用这样深入浅出的方式在向业界学人传道、授业与解惑。尽管其在编写该书时之所以保留一些内容重复之处，是基于这样的假定：阅读该书的读者大多是选取某些需要的文章看，而不大可能会通读全书。可我们不仅因这深入浅出的文字通读了全书，而且

---

① 柯平：《新世纪图书馆需要知识管理和知识服务》，载《新世纪图书馆》，2005年，第6期，第15页。

还深刻地体察到这位师者"诲人不倦"的苦心，自然也就"学而不厌"了。更值得称道的是他在书尾道出的职业梦，"让普天下所有的人都有书读，让普天下所有的人都爱上读书"，这也应该成为每一个图书馆员终身为之奋斗的梦想。

第三节 《阅读推广：理念·方法·案例》
——多功能实用宝典

岗位调整后，我进入了一个全新的领域：开展读者活动。尽管之前也常常阅读图书馆学专业期刊，还是《图书馆报》的忠实读者，对图书馆界开展的活动也算略知一二，但要实实在在地策划、组织并实施一项具体活动，却有点力不能及，只好赶鸭子上架，边学边做。当收到《首届全国高校图书馆阅读推广案例华中分赛区参赛通知》时，平日只关注学术论文写作的我，对案例写作却有点犯难。无奈之下，只好请教书本。就这样，《阅读推广：理念·方法·案例》①一书被快递到了我的案头。阅罢全书，强烈地想为它点"赞"，理由有三：此乃一本功能多样的实用宝典，既是阅读推广理论学习的启蒙书，也是阅读推广活动策划的益智书，还是阅读推广案例写作的指导书。

一、阅读推广理论学习的启蒙书

进入新世纪以来，随着全民阅读活动的持续深入开展，阅读推广已经成为图书馆的主流服务。然而，在当前图书馆界，不仅缺乏专业的阅读推广人，而且也缺乏基础的阅读推广理论。许多从事阅读推广工作的馆员只能摸着石头过河，边做边学边改进。《阅读推广：理念·方法·案例》一书可谓"生逢其时"。全书长达273页，仅以很短的篇幅介绍了阅读和阅读推广，却开启了我们对阅读推广理论学习的兴趣。

（一）阅读理论启蒙

很久以来，我们很多人，一直都将阅读看作是个体行为，是一件极私密的事情，读不读、读什么、怎么读都是个人的事，与他人无关；只要识字，只要愿意读，就能成为一个阅读主体。该书却告诉我们，这样的认识是片面

---

① 赵俊玲、郭腊梅、杨绍志：《阅读推广：理念·方法·案例》，北京：国家图书馆出版社，2013 年。

的。尽管阅读本质上是一种个性化的体验。不同的读者阅读同一本书籍会有不同的阅读感受，即使是同一个读者在不同年龄段阅读同一本书籍也会产生不同的阅读效应，再加上认知水平与心智成熟的差异，读者从阅读中汲取的能量并非总是正向的和乐观的。要想成为一个合格的阅读主体，光有阅读意愿还不够，还必须具备一定的阅读能力，并且从事具体的阅读活动，只有三者具备，才是真正意义上的阅读主体。该书认为，阅读能力应该包括选择文献的能力、理解内容的能力、阐释能力与批判分析创新能力四个方面。笔者所见略同。名著《包法利夫人》中的女主人公包法利夫人（爱玛）自幼酷爱阅读，却因为十九世纪中期的修道院教育缺乏必要的阅读指导，使得具有阅读天赋的爱玛缺失了选择文献的能力与批判的眼光，一味地沉溺于自己的嗜好——阅读浪漫爱情小说，并且按照书中的范式去塑造婚后的生活，结果硬生生把生活中拥有的真正爱情扼杀了。债务缠身的包法利夫人，只好把自己躲藏在书籍的虚拟世界里，不动脑筋的阅读让她忘记了现实的痛苦，却在毒害着她的心灵，成了她走向死亡的催化剂。可以这样说，缺乏文献选择力与批判反思力的读者就是在用自己的大脑为作者跑马，包法利夫人就是这样一个案例。然而，在我们的大众意识中，阅读能力就是理解力与阐释力，往往忽略了选择力与批判力。因此，在进行阅读推广时，不能单纯地提升读者的阅读理解能力与语言表达能力，更要关注读者的选择文献能力与批判性分析创新能力。

（二）阅读推广理论启蒙

从事阅读推广工作的人常常问自己"阅读推广是什么？阅读推广为什么？阅读推广应该怎么做？"等问题，该书从阅读推广的主体、客体、对象和方式四个方面给出了答案。阅读推广主体是阅读推广项目的策划者、组织者、实施者和管理者，具有多元化、合作化和层次化的特点。阅读推广客体是阅读读物、阅读能力和阅读兴趣三者的结合。阅读推广对象是阅读推广项目的目标群体。阅读推广方式是指在向特定目标群体进行推广时所采用的具体策略。该书还特别强调阅读推广机构必须突破"阅读推广就是举办阅读活动"这种认识，专业阅读推广机构不仅仅是阅读活动的举办者，还应该成为阅读活动的指导者和组织者；并就国际图书馆协会联合会、国际儿童读物联盟、国际阅读协会等主要国际组织的构建和主旨进行了简要介绍。对广大基层阅读推广人而言，该书就是一本简明易懂的基础理论启蒙书。

二、阅读推广活动策划的益智书

《阅读推广：理念·方法·案例》以较长的篇幅介绍了美国、俄罗斯、德国、加拿大、新加坡、韩国、日本等国家的阅读推广情况以及公共图书馆、高校图书馆、民间公益阅读推广机构、私营阅读推广机构、幼儿园等不同类型机构的阅读推广，还就面向青少年、成年人、老年人等不同人群的阅读推广特征进行了介绍，相信国内的每一个阅读推广主体都能从中获取智慧。

（一）医院成了面向婴幼儿进行阅读推广的主体

当前，针对儿童的阅读推广项目已经成为各国阅读推广的重心。国内公共图书馆在面向儿童进行阅读推广时，不仅对儿童年龄细分不够，而且缺少对婴幼儿的阅读推广项目。在这方面，德国的做法尤其值得国内同行学习。德国的"阅读起跑线"项目提供了三个年龄段的阅读大礼包，医院给 10－12 个月大的孩子派发第一个大礼包，图书馆给学龄前儿童派发第二个大礼包，学校给小学一年级新生派发第三个大礼包。随着婴儿阅读大礼包派发的"阅读测量尺"极具可操作性，父母只要用该尺给孩子量一下身高，就能在三个大礼包中找到孩子相应的阅读书目，轻而易举地解决了困扰中国父母给孩子选择读物的难题。韩国、加拿大的做法与德国如出一辙。韩国于 2003 年起，也以礼物袋的形式为 6 个月以上的幼儿家长提供图书和阅读书目清单。加拿大的阅读推广项目"读给我听"更是在每个新生儿出生 24 小时内就会收到医院送发的书袋。美国创立的"触手可读"项目则享誉全球。该项目主要面向 6 个月到 5 岁的儿童，由医务工作者利用儿童体检和治疗时间进行阅读推广，并制定了切实可行的方案：最初的保健护理机构，保证每个上学前的孩子收到 10 本赠书；在检查室，医生和护士对儿童家长进行阅读指导培训；医院负责把每一个儿童候诊室布置成为兼具候诊与阅读功能的阅读室。由此可见，医院不约而同地成为美国、德国、加拿大、韩国等国家进行阅读推广的主体。相比而言，国内的医疗机构却仍然置身事外，许多家长不得不用零食、玩具来陪伴儿童打发难熬的候诊时间，此种现象实在令人深思。

（二）青少年不仅是阅读推广对象，而且是阅读推广者

人们认为青少年心智发育尚不成熟，自然是阅读推广的重点对象，却忽视了青少年也是具有一定行为能力的个体，且可塑性极强，容易接受新生事物，如果引导得法，是能够成为阅读推广者的。英国阅读社推出的 Head-Space 项目，就是在图书馆里留出一块区域，让青少年自己设计，自己选择书

籍，自己推出相关活动。新西兰的公共图书馆经常会将一面墙留给青少年，让他们自己刷墙，在墙上绘画、装饰。德国的"阅读童子军"项目与英国的"阅读带头人"项目更是充分运用同龄互染的优势，对一些酷爱阅读的学生进行培训，然后依靠这些同龄人来激发和传递青少年对于阅读的热爱。这些由图书馆主动赋予青少年任务的做法，一方面满足了青少年自己做主的心理需求，另一方面一旦图书馆的服务中有了他们的劳动，他们才会觉得图书馆是他们的图书馆，无形中培养了青少年的主人翁意识与对图书馆的感情。

（三）在学校教育中推行阅读学分制

在学校的阅读推广项目中，加拿大和韩国的做法尤其值得称颂。为了培养孩子的阅读习惯，提高阅读水平，在加拿大，不仅每所小学都有图书馆，而且还开设图书馆课，就如数学、科学课一样正式，且课程内容随着年级的不同而不同。老师会定期对学生的阅读水平进行测试评级，并提供相应级别的读物，而体育比赛门票、音乐会门票等则成了鼓励学生阅读的奖品。韩国江原大学不仅推出了阅读认证制度，还成立了阅读认证运营委员会，出台了配套的规章制度，使得阅读认证同外语认证、计算机认证一起被称为该校的三种毕业资格认证。学生必须选择其中两种达到一定学分，才能毕业。这种把阅读以选修或必修课的形式贯穿在学校教育中的做法值得国内教育界效仿推广。

（四）推广家庭阅读是书香社会之智举

人们常说，父母是孩子最好的老师，阅读也是如此。为了提高母亲的文化素质，俄罗斯的大多数图书馆都设有"妇女读书咨询中心"，根据妇女的兴趣和生理特点，举办诸如厨艺、育儿的培训班，为各年龄层的妇女提供阅读信息与推荐书目，既有关于妇女妊娠、产后时期的阅读计划，又有 0—6 岁的亲子阅读大纲。德国的阅读促进基金会则推出了"爸爸给我读"项目，在激发儿童阅读兴趣的同时也开发了父亲的阅读兴趣。日本的图书馆鼓励并指导家庭开展"晨间阅读"，通过阅读促进家人之间的感情交流。这种大面积的"晨间阅读"家庭版在国内可不多见。都说家庭是社会的细胞，像德、俄、日等国家想方设法向充当孩子"阅读点灯人"的父母传播先进的读书理念、努力把他们培养成为家庭阅读推广人的做法实乃书香社会建设之智举。

（五）注重项目评估

提高阅读推广水平的有效手段之一是对活动进行总结评估。国外的很多阅读推广项目都十分注重活动评估。如美国的"触手可读"项目就采用访谈儿童家长、访谈医疗工作者、对家长和儿童进行观察、对家长的感谢信进行定性分析等方法来评估活动效果。英超俱乐部"阅读之星"项目则采用比较研究方法，通过问卷调查与访谈等形式对项目实施前后的效果进行评估，并设计了一系列易于回答的问题，如对阅读的态度是否改变，阅读的数量是否增加，使用图书馆的频率是否增加，选择图书的能力是否增强，写作方面是否更加自信，是否带动了他人阅读，口头表达愿望是否加强、表达能力是否提高等来反映阅读推广的成效与不足。英国 Booked Up 阅读推广活动的评估人员不仅要求有相关领域的调查评估工作经验，还必须经过严格的申请面试程序才能确定。这种聘请专门评估机构和评估人员的做法既可以提高评估效率，又保证了评估结果的客观公正与可信，同时也有力地推动了活动项目朝着具有旺盛生命力与广泛影响力的文化品牌迈进。

（六）别具匠心的阅读推广智慧

国外的很多阅读推广项目，经过长期的发展与改进，已经具备品牌效应，其中的许多智慧值得称道。为了赢得青少年的阅读兴趣，德国的罗普图书馆不收藏任何与学校考试相关的资料，不强迫孩子看名著经典，并且充分利用孩子喜欢玩游戏的特点，不仅把馆员培训成游戏专家对学生进行游戏指导，而且还定期组织电子游戏比赛以发现特殊人才，通过游戏吸引孩子爱上图书馆，爱上阅读。针对男孩阅读意愿和阅读能力普遍比女孩低的现象，加拿大魁北克省的教育部与体育部合作推出了"男孩与文学"项目，美国推出了男孩专用阅读推广网站 Guys Read。英国的阅读推广更是无孔不入，不仅推出了期望能够用足球踢开男孩阅读大门的英超俱乐部"阅读之星"项目，还推出了基于暑期阅读的"夏季阅读挑战"项目，采取一系列措施鼓励 4—12 岁的儿童和青少年在暑假期间到图书馆阅读 6 本书，并给完成的孩子颁发证书和阅读奖牌；"信箱俱乐部"计划则是一个专门面向寄养儿童的素养项目，在每年的 5 月至 10 月，连续 6 个月给 7—13 岁的家庭寄养儿童邮寄装有书籍、数学游戏以及其他学习材料的包裹，以提高寄养儿童的学习热情、乐趣与自信心；英国阅读社还开展了面向成年人的"阅读六本图书"挑战赛，希望那些不爱读书的或者在阅读方面不自信的成年人能够养成他们的阅读习惯。美国的"力量午餐"项目则通过志愿者利用午餐时间到附近的小学，给来自低收入家庭的学生进行一个小时的志愿阅读，以帮助孩子克服阅读的困难和恐惧。在"读遍美国"项目中，组织方不仅设计了统一的项目标志——戴帽子的猫，还制作了统一格式的宣传海报、获奖证书与感谢信，统一的主题歌、主题曲与阅读誓言，孩子们在读书日活动中必须庄严宣誓终生热爱阅读，这些别具匠心的推广创意使得"读遍美国"项目家喻户晓，深入人心，走上了可持续健康发展的轨道。面对浩如烟海的图书，在民众文献选择能力普遍欠缺的情况下，美国还出现了负责向公众推荐图书的电视节目"奥普拉图书俱乐部"，每月向电视观众介绍一本精品图书，并且邀请作家到节目中与现场观众进行交流，以激发公众阅读的兴趣。在出版物总量跃居世界第一与电视全覆盖的当下中国，此方法为推动全民阅读提供了新思路。

三、阅读推广案例写作的指导书

《阅读推广：理念·方法·案例》以超过一半的篇幅对国内外 20 个阅读推广经典案例进行了深入剖析。虽然书中并未对案例写作进行方法论上的具体指导，但每一个稍具写作能力的阅读推广人都能从这 20 个样本中窥见案例写作的诀窍。一般来说，一个大型的阅读推广案例文本应该包括案例简介、案例开展的主要活动、案例特点分析以及案例启示四个部分，如"读遍美国""2012 澳大利亚国家阅读年""英超俱乐部'阅读之星'""直击阅读""青少年阅读周"等项目的文本结构基本属于此种类型。对于一些别具特色的项目可以根据活动开展的具体情况构思文本写作结构，如"触手可读"项目的文本写作就分为"项目概况、运作模式、组织模式、特殊项目、资助方和合作方、志愿者、效果评估及成就、启示"八个版块；"阅读带头人"项目的文本结构由"活动简介、活动框架、活动实施步骤、注意事项、活动效果"五个部分组成；"Story Tubes"项目的文本包括"背景、组织和实施、推广及效果、结语"四个部分。特殊情况下，也可打破常规写作思路，如由郭英剑先生撰写的《中央民族大学外国语学院"同读一本书"活动》，采用文学手法对案例进行描述，文本分"中国内地的大学生与美国大学生的巨大阅读差距、'同读一本书'的'顶层设计'、如何精选'同读'书目、四个'演讲嘉宾'的故事、读书需要引导、遗憾与期许"六个部分呈现，一改案例写作的常规风格，用灵动的笔调、讲故事的方法将活动情况娓娓道来，让人身临其境。真所谓"文有章法，又无定法"，只要能够让读者从中比较全面地了解阅读推广项目的开展情况，并能在操作应用层面上提供一些参考，便达到了案例文本传播的目的。

《阅读推广：理念·方法·案例》一书集中展示了一幅国内外阅读推广开展情况的全景图，呈现了海内外阅读推广工作者的智慧，极大地开阔了国内同行的视野，为政府、图书馆界、出版界、非营利机构、教育机构、医疗领域、大众传媒等各类阅读推广主体提供了必要的文化创意素材乃至直接的思想启迪，也为广大基层阅读推广人进行了阅读推广理论启蒙，同时也为从事阅读推广的研究人员提供了参考案例，实乃一本功能多样的阅读推广宝典。

第四节 《图书馆报》
——职业理性工具之便

自从《图书馆报》于 2013 年驻阵报刊阅览室以来，周周与她如期相约。一年下来，记录的心得笔记累积了两大本。重读心得，发现正是这份职业理性工具，让我们植入了图书馆精神，爱上了科研，并迅速成长为一名业务骨干。

一、推介图书，普及会议

《图书馆报》是经国家新闻出版总署批准，中国出版集团总管，新华书店总店主办，中国图书馆学会协办的一份面向图书馆市场、为图书馆消费群体服务的行业媒体。其前身是《新华书目报·图书馆刊》，于 2010 年 1 月 1 日正式独立发行。作为图书馆界唯一的一份行业报，推介图书、普及会议自然是《图书馆报》的第一要务。为了让新书、好书在第一时间走入读者心房，编委们可谓动足了脑筋。"新书快评""独立书评""名家书评""馆员书评""海外书评""书评园地""馆长荐书""发行荐书""出版动态""本报荐读""精品推荐""晚报排行""销售排行""借阅排行"等精心设置的栏目，为我们的购物车里荐入了《请容许我悲伤》《我的阅读观》《胡适口述自传》《图书馆学研究的理性与感性》《湖南近代图书馆史》等诸多书籍，也让文津图书奖与好书榜上的许多精品图书加入了借阅清单。相信不同阅读嗜好的读者都能以此版块为源头，在茫茫书海中找到心仪的"她"，一睹为快。

一直以来，参加学术会议是绝大多数普通图书馆员做梦都不敢想的事情。庆幸的是，《图书馆报》描述的各种学术会议图景让底层图书馆员有如身临其会，大开眼界，同时也让学术会议的营养价值得以大面积地普及传播。如《图书馆报》第 176 期刊发的出版界图书馆界全民阅读年会特刊，精彩纷呈的主旨报告，让人爱不释手。别出心裁的各种研讨论坛，如学术出版论坛、馆长论坛、馆社论坛、图书馆学博士生学术论坛、未成年人服务论坛、编目工作研讨、民国文献保护研讨、视障服务工作研讨等会议，让图书馆员足不出户就能分享各界达人的睿智哲思。别开生面的文博会、书博会、数博会、图书订货会等文化产业成果博览会，《图书馆报》对它们进行全方位的会前、会中、会后报道，既为想参会的厂商、馆社、读者提供了详细信息，也让博览会的经济收益与社会效用得以大幅度提升。

二、开阔视野，豁然精神

《图书馆报》的"海外馆情"栏目，既有开阔视野、增长见识之营养，又有取长补短、豁然精神之功效。

长期以来，"安静"是图书馆的第一馆规。若是有人胆敢在各库室大声朗读，那就是冒馆界之大不韪，立即会招来注目与规劝。然而日本学校的晨读活动让人们看到了大声朗读的魅力，于是有了山东临沂大学图书馆开设"朗读专区"的计划。美国的梅西百货长年帮助"阅读是基础"项目募集资金的做法，为我国图书馆界阅读推广活动开展的长效机制构建提供了一种运营模式。加拿大卡尔加里市图书馆把"大奖发给借书不还的人"，启发公共图书馆界催回图书也可作出另类思考。美国北卡罗莱纳州立大学图书馆着力打造的包含有学术交流中心、信息技术教育中心、数字出版中心、学习技术服务处以及各种实验室的学习研究中心，为国内高校图书馆的服务延伸指明了方向。墨西哥设在一辆大型集装箱货运卡车上的 A47 公益性移动图书馆、阿根廷改装的"福特 1979 年猎鹰"汽车图书馆、保加利亚的无轨电车图书馆、泰国的码头图书馆、意大利的葡萄园露天图书馆、美国的机场图书馆，让人坚信"有多少图书馆就有多少文化"[①] 绝非虚言。荷兰鹿特丹市书山图书馆里设置的环境教育中心、会议室、报告厅、国际象棋俱乐部、咖啡厅、商业写字楼、零售商店，成为"图书馆是第三空间"的典范，也为当前国内图书馆的功能拓展提供了参照物。采用绿色环保设计的台北市立图书馆北投分馆、创建空中花园的高雄市图书馆新总馆、打造绿色屋顶的加拿大温哥华公共图书馆，则让人们看到了生态图书馆建设的未来。

三、关注热点，倾听新声

调查走访、参观考察是需要时间成本与经费支持的。《图书馆报》设置的"特别策划""记者观察""热点关注"等栏目，让图书馆员不花分文就能"图事尽知"。

阅读，是图书馆的永恒话题。2013 年堪称图书馆的阅读年，不仅出版界、图书馆界召开了以"携手共促全民阅读"为主题的全民阅读年会，政府也将

① 程焕文：《图书馆有多大　舞台就有多大》，载《公共图书馆》，2013 年，第 2 期，第2页。

开展全民阅读上升到了国家战略的高度，针对全民阅读立法更是被提上了议事日程。《图书馆报》也就数字阅读、名家话读、图书漂流、馆配服务、儿童阅读等热点问题进行了大范围的调查走访。其中少儿阅读服务尤其令人关注。

王余光教授有言：阅读，要从孩子抓起。重庆图书馆开创的"读、讲、编、演"绘本的四位一体创意阅读模式让枯燥的阅读变得活色生香起来。温州市图书馆首创的"儿童知识银行"阅读品牌，让儿童对"知识即财富"的道理在很小的时候便有了直观感性的体悟。相当一部分人直到大学毕业还未养成利用图书馆的习惯，从一个侧面说明，让孩子尽早利用图书馆是培养终身学习者的捷径。屡见曝光的儿童性侵害事件折射出我国儿童性教育的缺失，而让孩子自由阅读性教育图书则是家长摆脱"谈性色变"尴尬的一种有效途径。当前国内儿童读物的低俗化、成人化倾向让人们意识到加强少儿阅读指导的重要性。"从儿童优先到谢绝入内"的粗糙服务方式提醒人们思考：图书馆的人性化服务何时才能真正落到实处？在北京国际图书展览会上的童书展区里，有声书、触摸书、游戏书、礼品书、布书、洗澡书等形态各异、装帧精美、育人无痕的外国童书，凸显出国内童书发展的差距。作为儿童中的弱势群体，流动儿童与留守儿童的阅读关爱，尤其值得社会重视。

四、激发灵感，挖掘选题

灵感是创新之源。阅读他人作品是激发灵感的一种有效途径。《图书馆报》"每周声音"栏目涉及的议题因很接地气而容易引发读者的心灵碰撞与共鸣。

馆员作为图书馆的主要财富，他们的职业幸福与生存诉求是最需要人文关怀的。晋升职称是所有图书馆员都必须面对的一个现实问题，自然，写、发论文也就成了馆员们必须要过的坎。《怎样过这座"火焰山"——一位基层图书馆员的职称苦恼》一文中提到的"评聘难、指标难、论文难"就像三座大山横亘在"职称"这条蜀道上，让不少图书馆员望而却步。绝望之时，年轻的图书馆员若能读读《图书馆员该如何规划未来》一文，并尽早付诸实践，也许您的职称之路就不会走得如前文基层馆员那么艰辛。若是有心，再读读《一线馆员也能研究图书馆学》一文，也许您的论文写作之路就此开启。日积月累，当您创齐条件，来到晋升职称队伍中时，研读一下《写一线述职报告，不容易》一文吧，或许您能从中找到灵感，使您的述职报告于平凡中现出伟大，从而打动评审专家的凡心。

都说图书馆员工作清闲，读罢《图书馆里话"清闲"》一文，眼前便浮现出一个"吃得苦、受得气、忍得寂"的别样图书馆员形象。是否正是缘于这种"吃苦受气、忍饥耐寂"的职业形象而给图书馆员冠上了"服务员"的称呼呢？尽管"读者第一，服务至上"是图书馆秉持的服务理念，但是"服务员"的称呼还是让不少一线馆员的职业幸福感降至了冰点。那么到底该如何称呼图书馆员呢？淮海工学院的图谋先生建议，应该大大方方称呼图书馆员为"老师"。然而，"老师"就是知识、修养的代名词，图书馆员只有树立"理论"信念和追求，用知识武装自己，用知识服务来实现"完善自我、点亮他人、影响社会"的人生超越，图书馆员的"老师"形象才会被广大读者接受和认可。

读者是图书馆的发展动力。图书馆既要吸引读者，又要对读者的不良行为进行监督和教育。大声喧哗、乱吐乱丢、损坏偷盗等现象在图书馆里屡有发生。罗振津老师的细心之作《列举不文明读者的十宗罪》与《读者的短视与图书馆的长痛——损害书报刊的不良行为何时休》，用身边的真实案例对以上行为进行了详细地分析与有力地规劝。《现代图书馆应是"知识公园"——为无门图书馆叫好并憧憬》《图书馆应该是家的模样》两文，无疑是在为图书馆吸引读者支招。《图书馆防盗系统弊端有待消除》《思考高校图书馆占座现象及治理》《对少儿阅览室服务工作的几点建议》《新生入馆教育：我说了，你听了吗》等文章，让人看到，图书馆学的研究课题就藏在这日日接触的一线服务中。只要你留心观察，用心思考，是能写出打动人心的学术文章的。在繁忙琐碎的工作之余，若能坚持阅读《图书馆报》，跟踪业界大小年会主题，关注各种研讨论坛会议，一段时间后，便会发现自己的学术理论水平有了质的飞跃，论文选题也就触手可得。

五、催人奋进，诱人反思

排队借阅书刊的读者犹如排队买单购物的顾客一样络绎不绝，这一幕曾有幸在湖南省图书馆看到。一种无形的力量鞭策着省图人奋发进取，终于在全国以较少的投入收获了名列前茅的效益。《图书馆报》的"图林漫步"栏目也常给人这种"催人奋进、诱人反思"的疗效。

阅读《我是一名图书侦探》，被作者的为人找书事迹深深感动。反思自己的服务工作，一位八旬老人来报刊阅览室搜寻资料，尽管也曾热情地帮助老人查找，却未能使出如文中般"掘城三日"的功夫，终究未能达成老人心愿，甚至连致歉短信也没发一条便不了了之。许多读者偶然在别处与某书相遇而来馆借阅该书时，只要无馆藏记录便不再另费力气。相比"图书侦探"，鄙人的服务真叫人汗颜。《图书馆里摆书摊》让人明白：无论是私人书斋还是公共书房，空间问题永远都是藏书建设无法回避的问题。只有维护"购买与出售"的动态平衡才是馆舍空间得以合理开发利用的基础。要维持图书馆的日常运转，没经费不行，但也并不是所有问题都唯经费是用。在图书馆里发生丢包事件已是司空见惯，大多数馆员都认为，只要购置了如超市一般的存包柜，丢包问题便会迎刃而解。然而，读罢《闲话图书馆存包问题》，比照传统的解决办法（选择性带包入内），让人油然而生"存包柜不购比购更好"。说到24小时自助图书馆，您首先想到的一定是一台价值几十万元有如自助柜员机般的自助借还书设备吧。然而，南宁市图书馆设置的既有桌椅藏书又能低成本运营的24小时自助书屋，让人感到别有一番情趣在里头。

具有"购物中心化趋势"的广州图书馆建筑，让人看到精英图书馆正在向贴近生活的民众图书馆转型。《令人感动的流浪汉》《关爱读者的同时也要关爱馆员》《从仰望星空到脚踏实地》……《图书馆报》刊发的吴汉华老师及其弟子的一系列调研手记，就像一堂堂生动形象的实地调查课，让图书馆员懂得：调研过程中的一切所见所闻、所言所感，如同问卷数据一样珍贵，值得记录收集，因为它更能触动人心。江富军老师"荐书即荐心"的感悟让人对图书推荐工作肃然起敬，也就不难理解《图书馆报》为什么要以如此多样的栏目，花大力气长篇幅向各色读者推荐图书了。

《图书馆报》以丰富的栏目、灵活的笔触倡导业界学人独立地思考，自由地表达。作为一把便利的职业理性工具，图书馆员只要持之以恒地阅读，就能在轻松愉快的氛围中练就一个精力充沛而又出类拔萃的自我。

第五节　学术会议记忆与阅读花絮小撷

一、学术会议记忆

（一）《邂逅"全民阅读"》

一个阳光明媚的下午，我像往常一样给新到的报纸分类上架。偶然地，一则"出版界图书馆界全民阅读年会征文"的消息吸引了我的眼球，征文主题：与"阅读"有关的一切论题及案例；截止时间：2014年9月10日；开会地点：湖南图书馆。这不就是在我们家门口开会吗？今天不就是9月10日吗？暑假期间不刚刚完成一篇论文还没来得及投稿吗？我思考着，对参与学术会议的巨大向往驱使我抓住这最后的机会。简单对文稿作些处理后，我把它投向了《图书馆报》的征文邮箱，同时投出的还有我的期冀与希望。20天后，电话里传来的清脆声音告诉我论文获得了一等奖，并邀请我参加在长沙举行的全民阅读年会。我真开心呀！多少年了，作为一名在一线工作的底层图书馆员，对参加全国性的学术会议从不敢奢望。向来参加图书馆界各种大小会议的人不是领导就是负责人，况且"全民阅读"与高校图书馆似乎还有一段距离，我手攥邀请函，对领导是否能够批准我参会而心中忐忑。没想到，馆领导在仔细阅读了邀请函后二话没说就签下了"同意参会"四个字，校领导更是高兴地说"出去走走看看好！"于是，我如期来到了会议现场，亲自品尝这学术年会的滋味。

"阅读的好时代与坏时代"的呼声还犹萦在耳，"阅读的传统与全民的阅读"又已奏响；兼具售书功能与阅读功能的24小时书店让图书馆不得不重新深入思考其存在的理由，并想方设法拓展其生存空间；"使不爱阅读的人爱上阅读，使不会阅读的人学会阅读，使阅读有困难的人跨越阅读障碍"的教授智慧为阅读推广人指明了奋斗的目标；图文并茂的务实案例则是公共馆与高校馆的一线阅读推广人带给与会代表的营养快餐。缺少时尚衣着、只有默默耕耘的图书馆员手持获奖证书在主席台前拍照留念的瞬间，个个都露出了幸福而满足的笑容。正是他们，为图书馆人赢得了许多被政府与社会"看见"的机会。电梯里、餐桌旁、客房外，处处都能看到相谈甚欢的场景，尽管大家都是素昧平生，一番交谈下来，就成了朋友知己，既像似曾相识，又感相见恨晚。时间匆匆，大家互留联系方式，阅读推广的力量便在这不知不觉中凝聚成长。

都说机会只会眷顾有准备之人，与"全民阅读"的这次邂逅，带给我许多学术灵感，点燃了我的阅读推广热情，相信下次不再是"邂逅"，而是"约会"。

（二）《营养丰富的别样培训》

2014年4月2日至4日，中国图书馆学会高等学校图书馆分会在湖南大学举办了"大学生阅读推广与校园文化建设"培训班，共有来自29个省市、120所高校的240余名图书馆员代表参加了此次培训活动。紧锣密鼓的两天培训课程，学员们共聆听了6个专题讲座、4个精品案例分析，可谓营养丰富，受益良多。

中国图书馆学会阅读推广委员会副主任、国家图书馆社会教育部主任汤更生以"全民阅读的十年"为主线，用生动的图片、具体的事例、深入的思考，给学员们介绍了全民阅读的产生和发展过程，分享了国图在从事阅读推广活动中的艰辛与欢乐。"全民阅读"始于2004年"世界读书日"国家图书馆策划的一场阅读宣传活动。2006年"全民阅读"得到中宣部的认可，被写进《国家"十一五"规划纲要》。2009年4月23日，时任总理温家宝光临国图讲坛，这一天，是所有图书馆员感到最完美、最幸福的一天。2013年，"全民阅读"被写入十八大报告，"全民阅读立法"也被提上议事日程。2014年，"全民阅读"更是被写进了政府工作报告。关于"全民阅读"的这一件件大事，直听得人群情激昂，热血沸腾。

长沙理工大学图书馆馆长成松柳教授计划用3年时间阅读200本经典图书，目前已完成了50本。成教授从个人亲历的阅读出发，就国内外主流图书评奖与推荐书目的异同进行了比较分析，并分类对大学生的阅读书目做了个人推荐。丰厚的人文底蕴、独特的阅读视角与流畅的学术表达，让讲座大放异彩。

南京师范大学图书馆常务副馆长张建平先生以多彩的照片介绍了南师大的阅读推广活动。"借阅排行榜"既是目前所有高校图书馆普遍采用又是最易操作的阅读推广方式。当南师大图书馆在给借阅排行时，发现一名学生以年借阅量620册高居榜首。张馆长在查看了她的阅读清单并对其学习生活情况进行全面了解后，得知此人就是"中国十大孝子"之一的吕达，并现场播放了她的采访视频。直观形象的画面、真实感人的事迹，让在场的每一位馆员热泪盈眶。她的事迹也同样感动了南师大的每一位师生，以至于次年当借阅排行榜的桂冠被生命科学系的一位理科生以年借阅量470册摘得时，系主任欢呼"我简直想以放鞭炮的方式庆祝"。"借阅排行"，就是这样简单的阅读推广方式，也能在全校师生中产生如此大的影响力，足见南师大图书馆在阅读推广工作中用力之深久。张馆长的一句快语"我与爱人没关系（实则为我的图书馆工作与爱人没关系）"到"我与爱人还是有关系的"，引笑全场，培训就在这样轻松愉快的氛围中传递营养。

南京大学图书馆副馆长邵波先生不仅讲座出彩，主持也十分到位。讲座与讲座之间的串联词都经过了精心考虑，过渡自然流畅。恍惚间让人觉得这不是在参加培训而是在看一场精彩的演出。午餐时，正当我在考虑是否要返回培训教室取忘带的水杯时，湖南大学图书馆的汤洁老师已经手拿两个水杯，正在向学员询问失主。为接送学员服务的赖宁老师、赵研科老师，更是从早上7点忙到晚上7点。如此敬业又细心的图书馆员，用他们的实际行动又给学员们上了生动的一课。

（三）《令人难忘的学术盛宴》

作为一名基层图书馆员，参加学术会议一直是我的梦想；征文获奖为我赢得了参会的门票；怀着崇敬的心情我来到了在广西桂林举办的中南六省（区）高校图书馆 2015 年学术年会的现场。紧锣密鼓的两天会议日程，吸引了来自湖南、湖北、广东、广西、河南、海南等 110 余所高校的 290 余名图书馆员参加。专家报告、各省高校图工委工作交流、阅读推广案例分享、会议论文专家点评、获奖论文作者交流、数据库商信息发布等精彩纷呈的年会项目牢牢吸引了与会代表的眼球，堪称一场盛况空前的学术盛宴。

北京大学的王余光教授以"高校图书馆经典阅览室与经典教育"为题，指出应试教育环境下，学生的阅读时间减少，通识教育应该受到重视；并以美国大学的做法为例，就经典阅览室的功用、建设、藏书、活动等方面进行了可行性分析与指导，让人看到了这位致力于阅读推广与阅读文化建设的专家对经典教育的重视。东南大学的顾建新教授以最近一次对美国大学的访问为题材，所做的《美国大学图书馆的馆舍空间组织和再造》的报告，用精美的图片与翔实的介绍带领与会代表一同游历了哈佛大学、麻省理工学院、普林斯顿大学、哥伦比亚大学等十余所美国著名的高校图书馆，让人深刻地领会到空间资源是图书馆一个重要且独立的资源，图书馆既是一个 Space，更要是一个 Place。因此，如何把一个"空间"变成一个"场所"，这是当下图书馆学人需要研究的一个重要课题。

省高校图书情报工作委员会作为省内高校图书馆工作指导的一个半官方半民间的组织，因省情的不同而各有亮点。如广东省高校图工委在全省高校的电子资源共建共享实践中摸索出了一套行之有效的办法；湖南省高校图工委致力于全省高校的整体建设与协同发展，目光从资源的共建共享拓展到了阅读推广工作，"一校一书——经典、精读、经世"阅读活动逐渐发展成为湖南省高校协同推广阅读的活动品牌；海南省高校图工委通过组织专业技能竞赛，让馆员的专业知识与服务能力在快乐中得到提升，收到了明显的效果；湖北省高校图工委号召全省高校积极承担社会责任，在社会化服务方面成效显著，很好地继承和发扬了韦棣华女士的文华公书林精神；广西高校图工委在高职高专图书馆建设中特色突出，自 2011 年组建高职高专图书情报工作分委会以来，已举办高职高专图书馆学术年会 4 次，业务技能大赛 3 次，图书馆管理培训班 3 期，极大地提高了高职高专图书馆服务学校教学、科研的能力，大有后发赶超之势。

在全民阅读蔚成风气之际，首届全国高校图书馆阅读推广案例大赛一等奖获得者武汉大学图书馆的《拯救小布之消失的经典》、二等奖获得者中原工学院图书馆的《阅读学的教育与探索》、优秀奖获得者广西经贸职业技术学院图书馆的《小空间带动大馆藏》充分展示了图书馆人在推广阅读过程中的智慧与实干。《图书馆界》主编陈大广老师对年会征文所做的客观全面的点评犹如一盏指路明灯，让从事学术研究的广大馆员拨开迷雾，敞亮前行。六位获奖论文作者的朴实讲述就像六本"真人图书"，让人明白学术并不是那么高深，课题就藏在我们的日常工作中，只要我们有一双善于发现的眼睛与一个勤于思考的大脑，人人都能从事学术研究。

短短两天，神奇优美的自然风光、热情好客的广西人民、充实丰富的会议内容、周密精心的会务安排、贴心细致的招待服务，让每一个与会人员心存感念，留连忘返。在神圣庄严的会旗交接仪式中，在广府神韵的视频观赏中，广州医科大学的尹梅馆长热情相邀，明年相约广东。那一刻，油然而生的感动与向往，让我热泪盈眶。

（四）《仰慕已久的年会》

不知不觉中，我在图书馆工作已有11个年头。大约从6年前开始，我萌生了参加中国图书馆学会年会的想法。当时的我，虽然已经掌握了熟练的图书编目技术与信息检索技能，但我的科研之路才刚刚开启，参加高端学术会议的想法只能深藏于心。随着专业知识的积累、科研能力的提高，我先后参加过湖南省图书馆学会年会、出版界图书馆界全民阅读年会、中南六省（区）高校图书馆学术年会等中小型会议，从中汲取营养，开阔视野，我迅速成长为一名图书馆的业务骨干，参加中图年会的梦想也日益清晰。为了实现这个梦想，2016年春节刚过，我便开始准备年会征文，并精心修改了三遍，终于等来了以获奖作者身份参加中图年会的邀请函。尽管请求领导批示的过程颇费周折，但在我的努力与坚持下，10月25日，我还是如期来到了仰慕已久的2016中图年会现场——安徽铜陵。当我领着会议资料入住酒店时已是晚上10点，顾不上洗漱休息和给家人报平安，我便打开会议指南，贪婪地阅读起来。

带着兴奋与渴望，10月26日清晨，我早早地来到了年会开幕式现场。9时整，年会正式开始。铜陵市委书记李猛先生、安徽省副省长谢广祥先生、国际图联主席多纳·希德女士先后致辞，文化部党组成员、部长助理兼办公厅主任于群先生宣布年会开幕。领导讲话后，最令人期待的"2016年最美基层图书馆"和"2016年中国图书馆榜样人物"揭晓，代表们都为中国图书馆事业的蓬勃发展而深感自豪，也被图书馆人全心全意为读者服务的图书馆精神而深深打动。

　　接下来的一天半时间，年会共举办了4个主题论坛，25个分会场，每半天安排了9－11场学术活动，学界、业界、刊界等各路名家大咖云集。该如何选择内容聆听，这可难住了许多与会代表。几经权衡，我选择了当下工作与研究急需的"研究方法论与青年图书馆员科研能力提升""阅读推广的理论引领与服务创新""书目书评与图书馆阅读共享空间建设"三个主题重点聆听，并串听了"图书馆员论文撰写与投稿""图书馆员：守藏与创新"两个分会场。黑龙江省馆的毕红秋女士所做的《图书馆科研组织工作实践分享》的报告引发了与会代表的共鸣：图书馆员从事科学研究，对业务实践的理论总结能够反作用于业务实践，同时也解决了图书馆员职业生涯规划的问题，是图书馆留住人才的一条捷径。正是基于这样的认识，黑龙江省图书馆自2013年成立学术委员会以来，加大馆员培训力度，创新馆员考评方法，鼓励青年馆员积极申报各级各类课题。近四年该馆成功获得黑龙江省社科规划项目、文化部文化艺术项目、科技创新项目，国家社科基金项目等省级、国家级科研项目10余项，被柯平教授誉为"科研天下第一馆"，让喜欢科研，却难觅知音、难获外援的我油然而生羡慕之情。百家讲坛特约讲师、著名学者鲍鹏山先生所做的"守藏与创新"的报告给当下"双创"背景中的图书馆员提了个醒：图书馆是保守人类德性、智慧、品位与人性的地方，我们不应该反对创新，但创新后一定要有一段时间的常规化。因此，在图书馆的业务分配中，"守承"应占90％，创新约占10％。只有这样，我们才能确保文化的积淀与传承，才能拥有文化的深度与厚度。在阅读推广日益成为图书馆主流服务的当下，由中国图书馆学会阅读推广基础理论研究专业委员会精心打造的《图书馆阅读推广理论进展：2005－2015》研究报告的正式发布可谓生逢其时，让广大一线阅读推广人在工作中能够有理可依，有据可寻，为阅读推广实践创新指明了方向。而年逾六旬、两鬓花白的范并思教授带领其弟子忙碌的身影无疑为在场的每一位图书馆员注入了奋斗的动力。

　　参会间隙，代表们不约而同地来到了年会展览会。文化事业展区、图书馆事业成果展区、文化创意产品开发展区、相关企业展区和国际展区，观众们忙着咨询、体验、欣赏、参观，既充分感受现代科技带给图书馆工作的便利，又用心学习他馆先进的服务理念。10月26日晚，代表们济济一堂，共同观看了由铜陵市人民政府精心策划的主题为"铜的故事——一座城市的文化记忆"的文艺演出。演出以歌舞的形式为三千余位观众展示了"古朴厚重、熔旧铸新、自强不息、敢为人先"的铜都精神，而"公共图书馆＋新华书店＋高校图书馆"的馆店融合模式更是让我们看到了铜陵人们在文化供给侧改革、城市转型升级、图书馆发展理念上的创新实践，直叫人慨叹"能够居住在文化服务如此贴近百姓生活的城市，真好！"

两天紧锣密鼓的会议，我不仅聆听了心仪已久的名家讲课，还与业界同行进行广泛深入交流。尽管当下中国高铁星罗棋布，人们出行已相当便捷，然而两次转乘，十余个小时的旅程，还是让缺乏方向感、很少独自长途外出的我吃了些苦头，但与参会的收获比起来，也就不算什么了。我也终于明白，作为一名基层图书馆员，对中图年会为什么会滋生仰慕之情了。虽然不知下次参会是何年何月何地，但保留一个参加高端学术年会的情结并为之不懈奋斗值得每一个图书馆员拥有！

（五）《为阅读推广人指明方向》

全民阅读时代，为了提升高校图书馆的阅读推广水平，培养专业阅读推广人，近日，湖南省高校图工委在湖南大学北校区图书馆举行了一次为期 2 天的阅读推广研讨会，来自全省 40 多所高校的 60 余名一线阅读推广人参加了此次活动。相比全国性会议而言，此次研讨会具有"小而精"的特点，可谓优质又高效。

来自华东师范大学的范并思教授以"高校图书馆阅读推广——理论与实践"为题，拉开了本次研讨会的序幕。他从国际与国外的最新文件中敏锐地捕捉到"阅读推广"已成为当代图书馆的一项新职能与评估定级的一项新指标，中国图书馆人开始在阅读推广理论、管理与服务三个方面走向自觉；他提出的问题"阅读推广是什么？阅读推广为什么？阅读推广怎么做？"引发了大家对于阅读推广基础理论的思考；并提醒大家在进行阅读推广活动时，必须遵循图书馆的核心价值理念，多做有价值的阅读推广服务，避免无价值的阅读推广行为；而他的三句箴言"让不喜欢阅读的人喜欢阅读、让不会阅读的人学会阅读、让阅读有困难的人跨越阅读障碍"则为广大阅读推广人指明了工作的方向。图书馆人都知道范教授长期致力于情报学理论与管理信息化研究，从 2009 年开始接触并关注图书馆界的阅读推广活动。因此，他很骄傲地告诉大家，他非常庆幸自己在学术生涯的最后一站选择了儿童服务与阅读推广研究。这无疑是对一线阅读推广人工作的肯定与鼓励，有了范教授的加盟指导，相信我国的阅读推广工作会更好更快地健康发展。

湖南大学文学院的刘再华教授别出心裁，从诗无达诂、以意逆志、知人论世三个层面，以李商隐的《锦瑟》、邵洵美的《季候》与张籍的《节妇吟》为例，向大家详细介绍了文学鉴赏的途径与方法，并指出西方文论重分析、讲逻辑，具有较强的明晰性，而中国文论重感悟，因而不可避免地存在着一定的模糊性；读者在阅读作品时，既要注意探索作品本身的旨意，又时刻受到自身立场、观点与方法的制约，读者必须尽可能地依据文本的意义结构生成自己的见解，只要是在文本本身意义辐射范围内的解读都具有其存在的合理性。正所谓一千个读者就有一千零一个"哈姆雷特"，刘教授用简明生动的语言给高校阅读推广人讲授了一堂精彩的阅读理论课。

与主旨报告相比，来自全省 16 所高校图书馆的 21 个案例介绍也毫不逊色。大家都结合自身的阅读推广实践就案例的实施背景、运作情况、效益评估、创新之处、活动启示等方面交流经验，有介绍读者活动月经验的，有讲述书友会情况的，有分享"真人图书馆"收益的，更有利用"迭代"培养阅读需求的，聆听者犹如身临其境，收获甚丰。在长达两个半小时的分组讨论环节，大家各抒己见，就平时工作中的困惑、难处、短板与优势如数家珍般和盘托出，互相给予建议与鼓励。大家都深切地感觉到，阅读推广路上，图书馆人责任重大，但也并非孤军奋战。为期两天的短时培训，既给各所高校的一线阅读推广人注入了丰富的学术营养与鲜活的实践范例，又给大家提供了一个见面交流的良机，阅读推广的力量就在这优质高效的研讨中迅速滋长。

二、阅读花絮小撷

(一)《让青春绽放的法宝》

为了响应 2014 年湖南省高校图工委组织的"一校一书——经典、精读、经世"阅读推广活动，在经全国 28 家主流媒体评选、中国图书馆学会阅读推广委员会力荐的 34 种精品图书中，《谁的青春不迷茫》以高票当选为湖南人文科技学院全体大学生的精读图书。我是在电视上的求职节目中认识该书作者刘同的。清爽的外形、犀利的言辞让我对他初生好感。读罢全书，书中的一些观点和看法，在长作者不少的我眼里，似乎还有点肤浅和幼稚，但是初生牛犊不怕虎的闯劲却跃然纸上，让人血液中涌动着想要沸腾的活力。

"思考""投入"与"累积"是贯穿全书的三个关键词，也是刘同让青春绽放的法宝。

"大一不知干什么，大二不想干，大三没时间，大四有时间却毕业了"，这是多年前在大学生中普遍流行的一种说法，从中可以看出大学生从"迷茫"到"懈怠"到"忙碌"到"珍惜"的成长轨迹。当大二的同舍兄弟们因无聊而准备通宵去玩电脑游戏时，20 岁的刘同已经懂得为自己的未来思考："当初我是好不容易考入大学的，四年之后，我该怎么出大学？难道兄弟们都已经知道未来去哪了吗？"正是因为这种对未来的追问，当他人在挥霍大学时光时，刘同却把他的宝贵时间花在了"爬格子"上。四年的光阴，不仅让刘同收获了第一张稿费单，还收获了几十万字的文字素材。当《职来职往》让刘同成为大学生的偶像时，他却有点惴惴不安，"这究竟是属于自己的，还是仅仅是因为外力？"时刻凝视反思自己，让刘同的人生境界不断得到升华。

当你清楚地知道自己想要什么时，就忘情投入吧！在医院长大的刘同，因酷爱文学而违逆父愿，勇敢地选择报考师范大学中文系。想要跨进大学的校门，成绩并不出众的刘同，废寝忘食几个月，终于如愿以偿。进了大学，一心想"与众不同"的刘同，拼搏于各种竞赛场上，为自己赢得了许多被他人"看见"的机会。进入职场，初出茅庐的刘同更是忘情投入于自己的每一份工作，抛开一切杂念，把自己变成"机器"，高效率运转起来。"一闭眼就睡觉，一睁眼就行动。"一个人如果拥有了如此强大的自我执行力，想要让他不出众都难！

生命在于"累积"。从知识的累积、经验的累积、财富的累积、人脉的累积乃至子孙后代的累积，正是因为"累积"，才有了怒放的生命，才有了绚丽多姿的生活。刘同便是如此。"这几十万字是我这些年，一点一点记录下来的。……这些图片是我每次出去，努力拍摄下来的。因为每一幅风景都在我们的成长中过去，唯有如此，你才记得住你经过的它们。"成长道路上的每一个细节，日常生活中的每一次思考，每一个感悟，经过记录、沉淀、累积，成了如今刘同以文字为生的丰厚资本。所谓"种瓜得瓜，种豆得豆"，刘同"种文字得文字"，万事皆一理，只要你肯做生活的有心人，生活一定会给你想要的回报。

（二）《通往幸福之路的风筝》

借着"一校一书经典阅读"活动的东风，美籍阿富汗人卡勒德·胡塞尼的成名作《追风筝的人》来到了我的案头，阅读一气呵成。作者用温婉动人的语言，讲述了一个阿富汗富家少爷阿米尔与仆人哈桑之间的故事。全书以风筝为主线，把主人公从童年、少年到青年、中年成长过程中发生的故事串联起来，并把它们放置在阿富汗从和平陷入战争的国家大背景下，给人一种强烈的感觉：作者眼中的风筝，并非普通的风筝，而是一只通往幸福之路的风筝，饱含着快乐、友谊、和平与希望。

1. 快乐之"筝"

尽管人类有着肤色、种族、地域的差异，然而，放风筝却是每个人心中最快乐的童年记忆，有些地方甚至因风筝而闻名，如我国的山东潍坊就被誉为"风筝之城"，而在阿富汗的喀布尔市，每年冬天都会举办风筝比赛。因此，放风筝成了阿富汗每个孩子的冬季趣事，在风筝比赛中夺冠成了每个阿富汗家庭的梦想，其荣耀丝毫也不亚于一个国际奥运会冠军。每当冬天来临，孩子们开始早早地准备，用节省了一年的零花钱买来风筝或者风筝材料亲手制作，并积极寻找自己的助手，以帮忙收放风筝线。阿米尔与哈桑就是这样一个强强组合：阿米尔是斗风筝的好手，哈桑是追风筝的好手。对于斗风筝的人来说，最大的愿望是割断敌手的风筝线，让自己的风筝成为最后一只翱翔在空中的"大鸟"；对于追风筝的人来说，最好的奖励是捡到比赛中最后掉落的那只风筝，并将其挂在壁炉架下，供客人欣赏赞叹。每当新年开学，同学们挤在一起，比较各自手上被风筝线割裂的伤口，且乐此不疲，似乎伤口越多，快乐也就越多。

2. 友谊之"筝"

故事主人公阿米尔少爷有着高贵的血统，接受着良好的教育，却生性胆小怯懦、敏感而自私；仆人哈桑出身卑微，从未接受过正规教育，却生来勤劳勇敢、忠诚而有担当。他们俩自幼一起长大，常在一起玩弹弓、看电影、讲故事、放风筝。只要是少爷的事，哈桑都会尽心尽力做到最好：少爷念书讲故事，哈桑是完美的听众；少爷遇到危险，哈桑挺身而出；少爷斗风筝，哈桑追风筝。因而，阿米尔与哈桑之间形成了高度的默契，哈桑是最明白阿米尔需求的人。1975 年，年仅 12 岁的阿米尔与哈桑再一次搭档，参加了在喀布尔举行的最大规模的一次风筝比赛，阿米尔成功地让自己的风筝成为最后一只翱翔在空中的"大鸟"，哈桑在追风筝的过程中尽管遭到一群不良少年的暴打，最后掉落的风筝还是如约被送到了老爷的手中，为阿米尔赢得了父亲的爱，也缓解了曾经一度紧张的父子关系。风筝成了两个少年纯洁友谊的见证。

3. 和平之"筝"

阿富汗是一个多民族的国家，普什图人是阿富汗的第一大民族，在国家的政治、经济、文化中占据着主要地位，而哈扎拉人是阿富汗人口第三多的民族，长期受到普什图人的歧视和压迫。这种根深蒂固的种族歧视充斥着整个社会，也在腐蚀着每一个阿富汗孩子的心灵，阿米尔也不例外。然而，在每年冬天举行的风筝比赛中，尽管最后取胜的只有一人，人们却不分种族与阶级，纷纷前来向胜利者道贺，获胜者也同他们一一握手致谢，此时的阿富汗，处处都充满了祥和、幸福的笑声。

随着苏联的入侵、塔利班政权的上台，阿富汗人民陷入了水深火热之中。教授沦为乞丐；为了生存，人们不得不出售义腿，出卖身体；耳朵听到的是炮弹落下、机枪嗒嗒的声音，眼中看到的是断垣残壁、无端杀戮、乞丐成群的景象，昔日快乐和平的风筝已不再飞扬。

4. 希望之"筝"

为了弥补儿时对哈桑犯下的过错，洗刷自己曾经被种族歧视腐蚀的心灵，长大成年后的阿米尔冒着生命危险，从美国飞回正处于塔利班白色恐怖统治之下的阿富汗，营救自己同父异母的兄弟也曾经是自己仆人的哈桑的儿子索拉博。此时的哈桑及其妻早已惨死在塔利班的枪口之下，还是孩子的索拉博成了孤儿，并且沦为了塔利班头目的玩偶，一如马戏团里的猴子。阿米尔几经周折、费尽艰辛，险些丧命，才把索拉博解救出来并带回美国，却不料因极度恐惧战乱生活而在自杀死亡线上走过一遭的索拉博此时已心如死灰，怀疑一切，自动关闭心门并拒绝和任何人说话。阿米尔及其家人给了索拉博无微不至的爱和包容，终于在 2002 年春天一个雨过天晴的午后，当消逝了 20 多年的风筝再次飞扬在重现和平的阿富汗上空时，在儿时的游戏中，久违的微笑回到了索拉博的脸上。高高飞扬的风筝让阿米尔看到了索拉博恢复正常的希望，也看到了所有阿富汗人的希望。

自 2001 年"9·11"恐怖事件发生后，全球的阿富汗人备受歧视，世界也急需了解阿富汗。在此当口，胡赛尼《追风筝的人》于 2003 年在美国出版，并在全世界范围内大受欢迎。此书让不同国家的读者对阿富汗及阿富汗人有了具体的认识，也让人们意识到：和平是宝贵的，生活在和平年代的人们是幸福的；贯穿整个文本的"风筝"，既是兄弟亲情得以延续的纽带，也是不同社会地位的民族和谐共处的桥梁。正如该书译者李继宏先生所言：也许我们每个人心中都有一只风筝，只要我们勇敢地去追，敢追就会赢。

（三）《阅读，改变人生——〈平凡的世界〉读后》

曾经多次在书籍报刊上看到"阅读，改变人生"的说法，让我半信半疑。直觉上，阅读作为一种知识习得的方式，应该能够改变我们的人生。可细思之，在人生的漫漫旅途中，阅读又是通过何种手段潜移默化地影响我们的人生，实现从量变到质变的呢？小说《平凡的世界》给出了答案。

初读《平凡的世界》，一个强烈的感觉就是文中没有华丽的词藻，也就由三千常用字编织而成，但读来却引人入胜；同时也印证了"经过时间沉淀的名著，真的值得一读，而且可以反复阅读"的观点。

再读《平凡的世界》，因为故事情节的熟悉，许多人物细节反倒凸显出来，尤其是酷爱阅读的孙少平，让我在他身上看到了那个似曾相识的"自我"。

　　小说一开篇，一个"因为家贫只能吃得起'黑馍'和'丙菜'，为了躲避同学异样的目光，每次吃饭总是姗姗来迟，悄悄地取走那份不体面的吃食，然后蹲在房檐下无声地消灭它"的青春少年向我们迎面走来，这就是主人公之一的孙少平。曾经懵懂无知的我，不也因为一成不变的"腐乳"和"豆豉"以及褴褛的衣衫而深深地自卑吗？也曾听说当下的"90后"因为父母的寒酸模样而拒绝他们来大学探望自己的要求，这种年轻而敏感的自尊心谁又曾没有过呢？

　　在物质生活匮乏的20世纪六七十年代，尽管"读书越多越反动"的论调泛滥，尽管处于半天劳动半天学习的"文革"非常时期，然而，一本《钢铁是怎样炼成的》还是在孙少平的心中播下了阅读的种子，让他第一次知道了双水村的外面还有一个辽阔的大世界；政治学习时看小说的行为被同学告发，老师小心翼翼的保护无疑加深了这个少年对书籍的感情。此后，孙少平在学校和县文化馆的图书室里千方百计地搜寻书籍，如饥似渴地读着，还在私底下和同学互相传阅，并且把阅读的习惯带出了学校，带到了建筑工地，带进了他的掏炭生活。阅读，使得贫困农民的儿子无论是在黄原揽工还是在煤矿挖窑，都能找到自己的精神寄托，并且散发出与众不同的生活气息，对艰难和困苦也有着更深层次的理解。面对十五六岁遭人欺负的女孩小翠，孙少平勇敢地教训了好色的包工头，还毫不犹豫地炒了老板的鱿鱼，并且把自己的一百多元工钱无偿给了小翠，直到把这个可怜的姑娘送上回家的汽车才放心。

　　俗话说，爱家人、亲人容易，爱他人、毫不相干的人就难了。满腔正气的孙少平，让我们看到了一个平凡人身上的一颗高贵的灵魂，也让我愈加喜欢上了这个小人物。也正是因为这种高贵的气质，我们的孙少平赢得了省报记者田晓霞的爱。晓霞英勇牺牲后，实习医生兼同乡妹妹的金秀又勇敢地向他表达了爱意，而惠英嫂和明明更是用洗衣做饭、嘘寒问暖、玩耍撒娇这样平凡的举动传递出他们对这个徒弟和叔叔的关爱与喜欢。同样因为这种高贵的气质，使得初入社会的孙少平，一路走来都有贵人相助。在当揽工汉时，因为他吃苦耐劳、诚实正直的品格而被黄原城郊阳沟大队的曹书记看中，欲招为女婿并动员其落户阳沟；也是在曹书记的推荐下，孙少平获得了去煤矿当工人的招工指标。朴实顽强、礼貌而有教养的处世风格让他赢得了女大夫的帮助。"别紧张，复查血压前喝一点醋"的宝贵建议以及矿工王师傅夫妇深夜免费提供的半瓶醋让孙少平顺利地通过了体检关，成了大牙湾煤矿的一名正式矿工。之后，勤学苦干的精神树立了他在矿工中的威信，王师傅的言传身教使他很快成长为一名业务骨干，对他人的体谅和关照使他成为一位受人欢迎的班长。为区队领导出谋划策，成功解决了麦收季节矿工回乡劳动与煤炭产量急剧下降之间的矛盾，充分显示出作为班长的孙少平的领导才能，让人刮目相看。更难能可贵的是在犹如战场般随时会丧命的掏炭生活中，孙少平丝毫也没有忘记学习，报考煤炭技术学校成了他的理想。他把所有的业余时间都奉献给了各种公式、定理和化学分子，也让他拥有了充实的心灵与昂扬的斗志。

如此热爱阅读的青年，又何愁没有一个熠熠生辉的未来呢？而孙少平人生轨迹的改变，谁又能说没有阅读的力量呢？反观自我，曾经的灰姑娘，不仅成功地跳出了"农门"，还成长为一名功夫过硬、甚受学生与家长喜爱的人民教师，不也是阅读所赐吗？

在合上经典的那一刻，我深深地意识到：一个人，无论生活多么艰苦，只要拥有一颗不甘平庸的心，即使没有任何收获的指望，也能心平气和地耕种。我一直觉得好事能让人感到幸福，但坏事能使人变得强大。因此，我们要做一个智者，遇好事、坏事都能提高自己。而阅读，是造就智者和不甘平庸之心的捷径。所以，我要大声说：

阅读，改变人生！

主要参考文献

1. 曾祥芹、韩雪屏. 阅读学原理 [M]. 郑州：大象出版社，2002.

2. 朱永新. 我的阅读观 [M]. 北京：中国人民大学出版社，2012.

3. [加拿大] 阿尔贝托·曼古埃尔.《阅读史》[M]. 吴昌杰译，北京：商务印书馆，2002.

4. 王余光、徐雁. 中国读书大辞典 [M]. 南京：南京大学出版社，1999.

5. 王确. 文学理论研究 [M]. 长春：东北师范大学出版社，2005.

6. 周兰桂. 释义与循环——试弈中国文学的"无底棋盘" [M]. 成都：电子科技大学出版社，2014.

7. 高建平、丁国旗. 西方文论经典：从文艺心理研究到读者反应理论 [M]. 合肥：安徽文艺出版社，2014.

8. 刘小枫、陈少明. 阅读的德性 [M]. 北京：华夏出版社，2006.

9. 曾祥芹. 文章阅读学 [M]. 郑州：大象出版社，2009.

10. 斯特凡·博尔曼. 阅读的女人危险 [M]. 周全译，北京：中央编译出版社，2010.

11. 李彬. 传播学引论（增补版）[M]. 北京：新华出版社，2003.

12. [荷兰] 罗林. 推广学：农业发展中的信息系统 [M]. 王德海、朗大禹译，北京：北京农业大学出版社，1991.

13. 刘恩财、谢立勇. 农业推广学 [M]. 北京：高等教育出版社，2014.

14. 张坤朋、马雪梅、张进忠. 农业推广学 [M]. 郑州：郑州大学出版社，2012.

15. 高启杰. 农业推广学案例 [M]. 北京：中国农业大学出版社，2014年，第2版.

16. 刘永炬．推广［M］．北京：中国工人出版社，2003．

17. 中国社会科学院语言研究所词典编辑室．现代汉语词典［M］．北京：商务印书馆，2002 年，第 3 版（增补本）．

18. 赵俊玲、郭腊梅、杨绍志．阅读推广：理念·方法·案例［M］．北京：国家图书馆出版社，2013．

19. 李俊国、汪茜．图书馆儿童阅读推广［M］．北京：朝华出版社，2015．

20. 李东来．图书馆数字阅读推广［M］．北京：朝华出版社，2015．

21. 李西宁、张岩．图书馆经典阅读推广［M］．北京：朝华出版社，2015．

22. 王波．图书馆时尚阅读推广［M］．北京：朝华出版社，2015．

23. 邱冠华、金德政．图书馆阅读推广基础工作［M］．北京：朝华出版社，2015．

24. 吴晞．图书馆阅读推广基础理论［M］．北京：朝华出版社，2015．

25. 肖雪．促进老年人阅读的公共图书馆创新研究［M］．天津：天津大学出版社，2010．

26. 张汉强．青少年阅读心理学概论［M］．武汉：武汉出版社，2008．

27. 方卫平、王昆建．儿童文学教程［M］．北京：高等教育出版社，2009．

28. 程焕文、张靖．图书馆权利与道德［M］．桂林：广西师范大学出版社，2007．

29. 吴慰慈、董焱．图书馆学概论［M］．北京：国家图书馆出版社，2008．

30. 于良芝．图书馆学导论［M］．北京：科学出版社，2003．

31. 黄宗忠．图书馆学导论［M］．武汉：武汉大学出版社，1988．

32. 初景利．复合图书馆理论与方法［M］．上海：上海交通大学出版社，2009．

33. 张怀涛．读书有方［M］．郑州：郑州大学出版社，2015．

34. 徐雁．阅读的人文与人文的阅读［M］．北京：科学出版社，2014．

35. 河南图书馆．豫图讲坛——2012 年讲座选集（下）［M］．郑州：郑州大学出版社，2013．

36. 赵静．高校图书馆的功能演进［M］．北京：清华大学出版社，2016．

37. 吴建中．转型与超越：无所不在的图书馆［M］．上海：上海大学出版社，2012.

38. 任俊. 积极心理学 [M]. 上海：上海教育出版社，2006.

39. [法] 让·马里·古勒莫. 图书馆之恋 [M]. 孙圣英译，上海：华东师范大学出版社，2007.

40. [法] 福楼拜. 包法利夫人 [M]. 周克希译，上海：上海译文出版社，2007.

41. [加拿大] 阿尔贝托·曼古埃尔. 夜晚的书斋 [M]. 杨传纬译，上海：上海人民出版社，2012.

42. [美] 薇奇·麦仑、布赖特·维特. 小猫杜威 [M]. 马爱龙译，上海：上海译文出版社，2011.

43. [美] 斯图亚特·A.P.默里. 图书馆：不落幕的智慧盛宴 [M]. 胡炜译，广州：南方日报出版社，2012.

44. 王波. 快乐的软图书馆学 [M]. 北京：海洋出版社，2010.

45. 吴晞. 天下万世共读之：公共图书馆与阅读推广 [M]. 上海：上海科学技术文献出版社，2014.

46. 刘浩明. 关于"阅读" [J]. 读书，1994 年第 9 期.

47. 周亚. "浅阅读"概念界定及相关辨析 [J]. 图书馆杂志，2013 年第 8 期.

48. 张怀涛. 阅读推广的要素分析 [J]. 晋图学刊，2015 年第 2 期.

49. 张怀涛. 阅读推广的概念与实施 [J]. 河南图书馆学刊，2015 年第 1 期.

50. 范并思. 阅读推广与图书馆学：基础理论问题分析 [J]. 中国图书馆学报，2014 年第 5 期.

51. 范并思. 阅读推广的管理自觉 [J]. 图书馆论坛，2015 年 10 期.

52. 范并思. 构建中国图书馆核心价值体系之思考 [J]. 图书与情报，2015 年第 3 期.

53. 范并思. 阅读推广的理论自觉 [J]. 国家图书馆学刊，2014 年第 6 期.

54. 李雯、陈有志、郑章飞. "互联网＋"时代高校图书馆组织结构变革研究 [J]. 图书馆，2016 年第 11 期.

55. 于良芝. 公共图书馆存在的理由：来自图书馆使命的注解 [J]. 图书与情报，2007 年第 1 期.

56. 于良芝、于斌斌. 图书馆阅读推广——循证图书馆学（EBL）的典型

领域 [J]. 国家图书馆学刊，2014 年第 6 期．

57. 于良芝. 图书馆学教育呼唤战略思维 [J]. 图书与情报，2006 年第 4 期．

58. 雷震.《普通高等学校图书馆规程》修订前后之比较 [J]. 大学图书馆学报，2016 年第 2 期．

59. 吴高、韦楠华. 我国高校图书馆阅读推广所存在的问题与对策研究 [J]. 图书情报工作，2013 年第 3 期．

60. 苏海燕. 大学图书馆阅读推广模式研究 [J]. 山东图书馆学刊，2012 年第 2 期．

61. 雷菊霞. 新环境下图书馆阅读推广工作探析——北京师范大学阅读推广实践与思考 [J]. 大学图书馆学报，2014 年第 5 期．

62. 岳修志. 基于问卷调查的高校阅读推广活动评价 [J]. 大学图书馆学报，2012 年第 5 期．

63. 李艳萍、鄢朝晖. 以学生社团建设为推手构建校园阅读文化 [J]. 高校图书馆工作，2014 年第 2 期．

64. 陈有志、赵研科. 协同背景下的阅读推广体系实证研究 [J]. 高校图书馆工作，2014 年第 2 期．

65. 凌美秀. 真人图书馆，还能走多远 [J]. 高校图书馆工作，2013 年第 4 期．

66. 吴汉华、王子舟. 开发读者知识资源的新模式：真人图书馆 [J]. 图书馆杂志，2010 年第 9 期．

67. 唐野琛. 我国真人图书馆发展现状、问题及对策研究 [J]. 图书馆建设，2013 年第 1 期．

68. 张真一. 真人图书馆在我国的发展瓶颈与对策 [J]. 图书与情报，2014 年第 4 期．

69. 吴彩凤. 美国"一城一书"阅读活动的推广实践及思考 [J]. 图书馆学研究，2013 年第 3 期．

70. 张凌江. 被文本吞噬的爱玛——对《包法利夫人》的女性主义解读 [J]. 铁道师院学报，1999 年第 5 期．

71. 言子. 我们都是包法利夫人 [J]. 散文百家，2008 年第 4 期．

后 记

福楼拜说，阅读是为了活着。的确，人们为了有尊严和品位地活着，从很小的时候起，便开始学着阅读。而我，对于阅读，有着深刻的个人体验。

记得我第一次阅读课外读物，是十一岁那年，读小学五年级，从同学处借来儿童读物《小蜜蜂》，在放学回家的乡间小路上忘形地读着，让我体会到了用文字编织的世界是如此的精彩。

还记得我第一次看电视是十四岁那年，初中毕业的那个暑假，趁着每天挑水的功夫，蹭在堂伯父家一台很小的黑白电视机前，痴迷着《红楼梦》中大观园里少男少女们的热闹生活，让我感受到了图像的魅力。

可是，这样富有吸引力的文字和图像，对于穷苦人家的孩子，是不常有机会阅读的。特别是在 20 世纪 80 年代还很偏僻落后的农村，作为家中老大的我，不仅要照顾弟弟妹妹，学做家务，还得帮着父母干一些力所能及的农活。因为十分厌恶烈日炙烤、蚊虫叮咬的田间劳动，放学回家，我仍然喜欢抱着书本在桌前写写算算。所幸的是，我的这种爱好得到了母亲无声的支持。只要我抱着书本，母亲是断然不会唤我去做别的什么事的。渐渐地，逃避现实的艰苦劳动成了我用功学习的主要动力。我也终于不负父母和师长希望，初中毕业时，以全校第一名的成绩被师范学校录取，成了全村第一个初中毕业便跳出"农门"的孩子。

师范三年，实乃"素质教育"的三年。既要学习普通的文、理科课程，又要学习语教法、数教法、心理学、教育学等教师专业课程，音体美、普通话、三笔字（钢笔字、毛笔字和粉笔字）更是需要过关和过级的。同学们丝毫也不敢怠慢学习。每周一次的图书馆借书，让我们有了接触古今中外文学名著的机会。李清照的词与琼瑶的小说因此成了我的最爱。正是这样严苛而全面的中等师范教育，培养了无数琴棋书画都有所涉猎的文艺青年。也正是这批有着文艺范儿的小青年，挑起了当下义务教育的大梁。

从教十六年后，我来到了高校图书馆工作。曾经市级"中青年骨干教师"和"优秀教师"的荣誉感、责任感和学习心，我一以贯之地落实到了我的图书馆工作中。数年细致辛苦的图书编目工作给了我心仪图书一睹为快的优先权，也重新激活了我的阅读爱好。大学新生初入图书馆时的小心翼翼与轻言细语，让我在读者服务时更加细心和耐心。自习室中早来晚归的莘莘学子，让我曾经拼搏奋斗的激情依然涌动。于是，不再青春的我，决定考研、读研、学做研究。

为了完成我主持的几个省级课题，我把工作、研究和阅读紧紧地结合在一起。特别是当我负责阅读推广工作时，常常把工作当成研究来做，又让研究来指导我的工作；也常常因工作而阅读，因阅读而获得灵感并付诸实践，因实践又收获了第一手资料，从而让我的研究有了底气和灵气，进而让我能更加科学合理地开展工作。这种良性循环在本书中的许多章节里随处可见。

天道酬勤。我也因此而被评为湖南省图书馆学会"优秀中青年人才"，湖南省高校图工委"优秀阅读推广人"，所主持的湖南省哲学社会科学基金项目的结题成果被评为"优秀"等级。

有了数年工作的积累、研究的积累、阅读的积累，本书的写作出版似乎应该水到渠成。然而，我还是深深地体会到了著书的不易，由此而让我对著作等身的学者和大师们更生崇敬之情。

好在我家先生的支持、关爱和指点，不断地滋养着我的心灵，让我有了克服困难的勇气、决心和力量。儿子的积极向上给了我放手一搏的空间和时间。学界大家们的科研成果为我开阔了思路，指明了方向。业界同仁们的交流碰撞让我感到有经可取，有音可觅。身边的领导和同事也用他们的方式默默地支持着我的工作和研究。特别是仅有一面之缘的在北大工作的王波老师，在本书还处于"计划"中时，便答应为我"作序"的不情之请，这给了我莫大的鼓舞。再加上出版社老师们的辛勤工作，使得拙著能够如期问世。在此，谨向我的家人、父母、学界精英、业界同仁、领导同事、出版社老师以及尊敬的王波先生一并致以深深的谢忱！

特别感谢湖南人文科技学院对优秀学术专著出版的资助！

由于本人才疏学浅，本书中的纰漏在所难免，恳请专家、同行与广大读者批评指正，并致以衷心的感谢！

刘时容
2017 年 10 月于湖南人文科技学院